黃河青山：黃仁宇回憶錄

Yellow River and Blue Mountains

黃仁宇◎著

張逸安◎譯

在長沙讀高中時，
年約18歲。

黃仁宇的母親。
約1955年攝於北京故宮九龍壁前。
黃仁宇這麼描述：
「母親臉上的憂慮，正是中國處
於動亂時期所有母親的寫照。」

1937年，中日戰爭爆發前數月。
當時正就讀於天津南開大學，充滿著快樂與自信的神情。
這是黃仁宇最喜歡的照片之一，常懸掛於臥室之中。

抗戰時著軍裝的黃仁宇
（後排最右），與親友合照。

1946年在美國堪薩斯州
雷溫烏茲要塞就讀陸軍
參謀大學。正在進行地
圖演練。

1946年就讀陸軍參謀大學時。

1946年就讀陸軍參謀大學時。

1949年在東京擔任中國
駐日代表團團長副官。

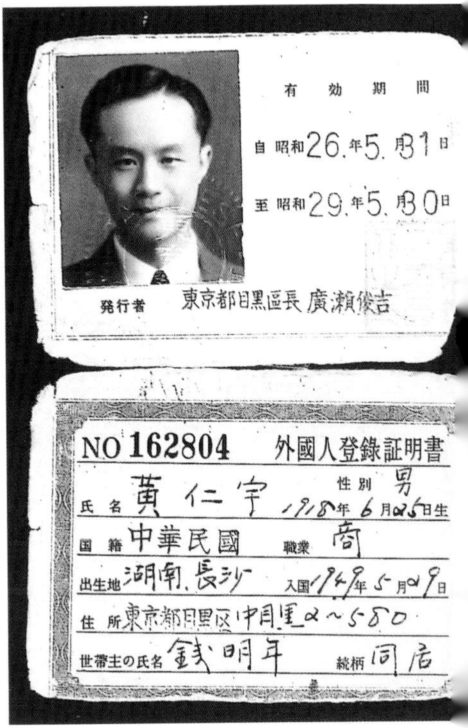

有効期間
自 昭和26.年5.月31日
至 昭和29.年5.月30日
発行者 東京都目黒區長 廣瀨俊吉

NO 162804 外國人登錄証明書
氏名 黃仁宇 性別 男 1918年6月25日生
国籍 中華民國 職業 商
出生地 湖南.長沙 入国 1949年5月29日
住所 東京都目黒区中目黒2~580
世帯主の氏名 錢明年 続柄 同居

1949年以「商務」名義
在東京取得的
「外國人登錄證明書」。

東京中國駐日代表團舉行宴會，
朱世明將軍（中）、何世禮將軍（著西裝），
黃仁宇（立於門口）與來賓握手致意。

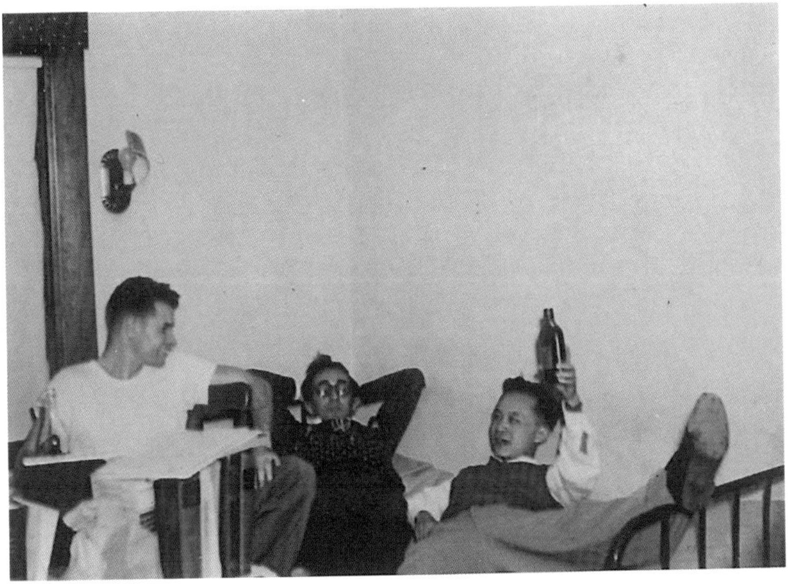

1952年11月10日攝於安亞堡，就讀密西根大學時。

1953年7月20日攝於安亞堡，就讀密西根大學時。

就讀密西根大學時。

在安亞堡半工半讀的黃仁宇。

1956年讀研究所時，已取得博士學位且正任教於
聖母大學（Notre Dame）的弟弟黃競存來訪時合影。

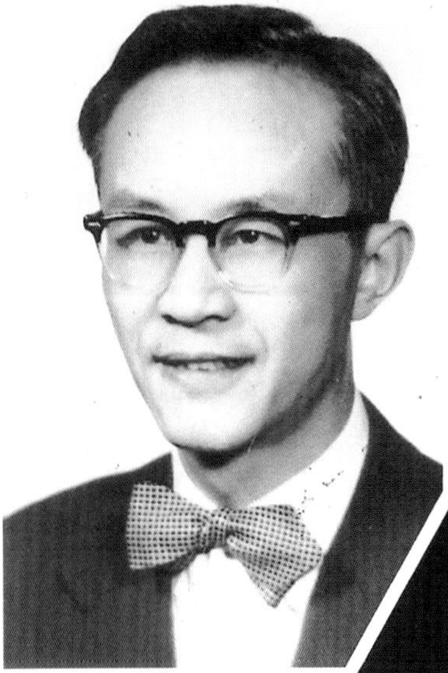

1960年代初的年輕學者黃仁宇。

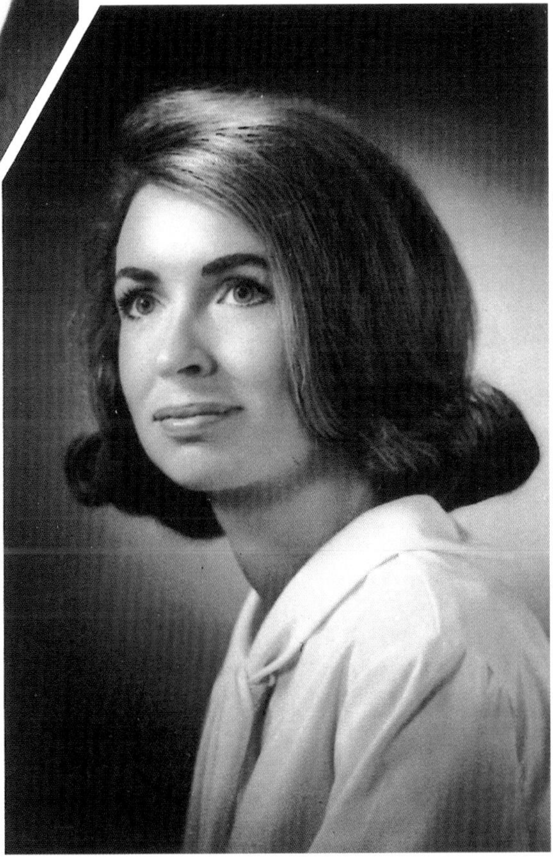

1960年代初的格爾
（Gayle Huang）。

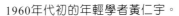

1966年8月21日與格蘭
在紐約Rye海灘度蜜月，
當時黃仁宇48歲。

1968年，
與兒子傑夫（Jefferson）
共進早餐，
攝於紐約紐普茲。

1973年英國《觀察家》（*Observer*）週刊，
以李約瑟博士、魯桂珍博士和黃仁宇博士三人為封面，做特別報導。

1978年5月，
與格蘭攝於田納西州
孟菲斯密西西比河河邊。

1979年，在紐普茲家中，與格蘭共同校閱手稿。

1986年黃仁宇首度
回到中國大陸，
與妹妹（黃粹存）
合影於桂林。

1993年11月與格蘭合影於台中日月潭。（林載爵攝）

黃仁宇的書桌。
他習慣將椅子斜擺，
並且刻意拆掉右邊的扶手，
以利工作。（林載爵攝）

1996年8月11日攝於赫德遜河畔。（林載爵攝）

1998年秋，與格蘭合影於佛蒙特州
Brattleboro近郊。（文庭澍攝）

1996年8月11日攝於自宅（10 Bonticouview Drive,New Platz）陽台前。（林載爵攝）

1997年8月2日與兒子傑夫、媳婦凱蒂（Catie）及新生孫子合影。

編者說明

黃仁宇先生以三年的時間完成本書，他從一九八〇年下半年開始撰寫，一九八三年九月底完成，其間經過不斷修改與重寫，最後的定稿只有原來的四分之一。定稿之後，即束諸高閣，未做任何增刪，因此，本書所述人事，僅止於一九八三年。

一九九六年八月，黃仁宇先生向我提及這本自傳，但言明必須在他逝世後才能翻譯出版。二〇〇〇年元月八日黃先生去世後，黃夫人格蘭（Gayle Huang）女士隨即寄下書稿，聯經編輯部委請張逸安女士開始進行翻譯。在作最後校訂時，格蘭女士不幸於十一月二十日逝世，終未及見本書之問世。

黃仁宇先生在一九八〇年離開教職後，戮力撰述本書，追憶個人平生經歷與學術志業之奮鬥過程，並闡明歷史觀點之形成與演進。人事交融，前後穿引，既細膩又壯闊，風格獨特。讀者當可藉由這本回憶錄，進入黃先生人格與思想之廣大天地，一窺究竟。

林載爵　謹誌

本書和作者

黃仁宇還是青少年時，夢想成為拿破崙。數年後他發現自己在蔣介石的軍隊中擔任下級軍官。他的士兵每月薪餉十二元，但如果攜帶一挺輕機關槍投奔附近山頭的土匪，每人卻能領到七千元。情勢如此，黃仁宇無法成為軍事英雄也不足為奇了。

他之後去過印度及緬甸。在本書中，西方世界的讀者將有第一手機會了解，史迪威將軍的美國幕僚群及中國野戰部隊之間如何進行惡意競爭，而且是站在後者的角度觀察。我們的作者就在現場。

對日抗戰勝利後，黃仁宇前往東北，見識到林彪的「人海戰術」。麥克阿瑟七〇大壽時，黃仁宇代表蔣介石去送禮：象徵長壽的盆栽。但在下一趟的台北之行中，黃仁宇和長官陸軍中將朱世明卻差一點被監禁，因為謠傳朱受到共產主義的影響。不過，直到今天，黃仁宇對蔣委員長仍然有一定的仰慕。他也以自己的特殊方式對毛澤東有一定的敬重。

本書作者畢業於美國堪薩斯州雷溫烏茲要塞陸軍參謀大學（U.S. Army Staff College

at Fort Leavenworth, Kansas），從國軍退伍後，到安亞堡（Ann Arbor）做按日計酬的工作，一邊攻讀密西根大學的博士學位。三十年來，他毫不間斷地研究歷史。他在數所重要學府做過博士後研究，其中包括哈佛及劍橋。他還出版過數本著作，發表無數的文章。他的《萬曆十五年》兩度提名美國國家書卷獎（American Book Awards），已被譯成中文，在中國出版，法文、德文及日文譯本即將出爐。

在中國歷史的學術研究方法上，黃仁宇博士不同於西方大部分的學者。他認爲，西方式的學院分工方式無法適用於中國文化的綜合研究，因此，西方觀察家通常不是將中國視爲「白雪公主」，就是看成「老巫婆」。事實上，中國兩者都不是。爲了獨排衆議，黃仁宇必須付出很高的代價。

中國出了什麼問題？黃仁宇會告訴你，中國是「潛水艇三明治」，上層是沒有明顯差異的龐大官僚體系，底層是沒有明顯差異的農民。他在本書中解釋，這是地理因素及歷史原因使然。至於補救之道，他建議「加強中間階層」，尊重農民階級的財產權，因爲到目前爲止，後者都是看各黨派的臉色。

黃仁宇在台灣及中國大陸還有許多朋友，其中有些位居高層。他勸他們從歷史深處去探討他們的問題所在。中國人可能要像橋牌選手一樣，祭出高明的策略。

至於刻下東方與西方的衝突，本書敦促雙方的公民停止自認道德優越，轉而接受事實，了解「兩個不完美的系統」都面對共通的「巨大數學問題」。意識型態上的對立通常來自於目的論的見解，將歷史解釋成三個步驟的直線發展：過去、現在及未來。這種乾淨俐落只適用於受限的視野或當地的事件。在「大歷史」中，作者必須想像我們生存在宇宙的螺旋之上。即使是偉大的領袖，也只能在彎曲的小徑施加小小的推力，其行動很少能配合其目的。重大戰爭只是啓動大規模的地緣政治趨勢，使好戰分子最初的軍事目的顯得無關緊要。然而，即使如此，黃仁宇堅決否認自己是目的論者或是哲學家。他是不折不扣的歷史學家，但不是理想派，而是實務派。他引用康德的話指出，沒有人可以自認了解「物自身」與「不可知」。但他也引用普里茅斯殖民區（**Plimoth Plantation in Plymouth**）及一八六二年的公地放領法案（**Homestead Act**），甚至在紐普茲（**New Paltz**）的休京拉移民（**Huguenot settlers**），以說明他的觀點。本書充滿了趣聞軼事。

黃仁宇的文字有時接近於自白。他承認自己最初被教導恨英國人，後來恨日本人，再來是俄國人，但最後他全部與他們爲善。在所有的人士中，他將他目前的心平氣和歸功於東北的俄國大使館館員，因爲後者阻止他槍決一名行竊的中國士兵。

本書究竟是一本規模非凡的自傳，或是以外射螺旋格式寫出的第一本大歷史，讀者可以自行決定。毫無疑問的是，作者傳遞給我們他脫胎於悠久文化的壯闊史觀，即使他對此文化不無批評之處。作者的文字淺顯明白，就算毫無背景的人也讀得懂。也許就是因爲如此，約翰‧厄卜代克（**John Updike**）才形容他的文筆彷佛具備卡夫卡的夢幻特質。

謹以本書獻給

富路德博士夫婦
（L. Carrington and Anne Swann Goodrich）
恭賀博士九十大壽

以及

我的繼子馬克·波利及穆瑞·波利
（Mark and Murray Boley）
他們的故事可望於另一本書中出現

目次

第一部

自己的浴室

中國內陸

在一九四五年末，我遇見一個比自己小一歲的女孩，名字叫安，我對她一見傾心。安的父親曾經顯赫於中國的外交領域，一家人曾經環遊世界，兄弟姊妹在家中以英文及法文交談。她家在前法國租界的西區，房子是西式風格，每一層樓都有浴室。在許多天的下午及黃昏時刻，我從第三方面軍總部借出吉普車，停在她家門口。佣人會帶我進到起居室，我就一直等，只聽到走道中某處有座老式座鐘發出的滴答聲。安很少讓我只等二十分鐘。

我的浪漫情懷一開始就注定挫敗。即使我的虛榮心再強，都無法騙自己說，安曾經愛過我。但我要求見面時，她回應熱切，有時我不去看她，她還會打電話問我是否安好。她派人送來「行行好，看在我的面上」、「讓我們來完成一齣悲喜劇」等等字條。還有一次，她甚至邀我參加家庭聚會。不過，她會以憂傷安撫的口吻對我說：「我好喜歡你啊」，也就是說，其中自有限度，我再努力也是徒勞，即使我當時並沒有競爭對手。這樣也好，因為如果她說：「讓我們結婚吧，你最好認真一點」，我就會不知所措。我阮囊羞澀，當兵這個職業的地位，在對日抗戰後達到顛峰——也許還是數百年來的最高點——已逐漸掉回原先的低點，甚至降得更低。我的新羊毛制服經過適當的熨燙後，勉強讓我可以在上海的社交圈中走動。但除此以外，身爲上尉的我，甚至負擔不起一間套房。我的母親、弟弟及妹妹仍然住在重慶的山間破屋中，甚至沒有自來水可用，更不要說每一層都有浴室了。

二十七歲的我，是個沒有職業的人。多年來我自認加入軍隊犧牲很大，其實也不算錯。但同時軍隊也充當安全網，讓我不必去思考個人的前途、婚姻、經濟獨立或職業。我深受教條洗腦，總覺得戰爭結束後，所有問題都可以迎刃而解。現在戰爭結束了，我第一次有機會去面臨橫在眼前的問題。

戰事於一九三七年爆發時，我的第一個反應是從軍。但我的父親勸我，他認爲，沒有宣戰的戰爭，可能隨時會被好戰分子所終止。既然我才在南開大學念完一年的書，終止學業去從軍相當不智，可能穿上軍服後才發現戰事已經告終。多麼巧合啊！九月，教育部要南開、北大與清華——中國北部的三所著名學府，校園已被日軍占領——合而爲一，在我的故鄉長沙成立「長沙臨大」，所有費用由政府支付。這真是奇妙的情勢，戰爭把我的學校搬到我的家鄉，我們一分錢都不用付。相反地，政府還負擔我們的食宿。此外，政府還發給我們一件棉大衣以禦寒。我聽父親的話，決定繼續學業。

事實上，很少人在那個學期念到書，許多同學及教職員很晚才到長沙。等到一切安排妥當，靠近上海的大前方防線卻已崩潰。十二月，日軍進入南京，長沙臨大奉令再撤到昆明。負擔起費用的人走海路，從香港及海豐到昆明的後方。同時走陸路的步行團也組織起來，兩個月期間的食糧，由政府配給。

我沒有簽名加入任何一種方式，至少有一段時間算是終止大學學業。我從來沒有想過，十四年後，我會在美國繼續我的學業。我在一九三八年年初下了決定，父親和我長談了一次。如果我一定要去從軍，他認爲我應該去念軍校，取得正式的軍官職位。大規模的戰爭將是延長的戰事，我必須想到遠期的後果。戰事如果拖延十年以上，對我會有何影響？我的父親多麼深謀遠慮，不幸的是，他活得不夠久，看不到他的許多預言成真。如果他活到抗戰勝利，一定會給我更多的勸告，不過我也可能不會聽。

但是在一九三八年年初時，我並沒有和他爭論很久。我們達成協議，我並沒有被強逼去昆明，加入軍隊的決定也延遲了半年。到了夏天，情勢應該比較明朗。如果到我二十歲生日時，戰事仍然持續，我就可以依我自己的選擇行事。我因此進入報界數個月，結識了廖沫沙。

一九三八年春天，我在長沙等待半年的緩衝期滿，無事可做，毛遂自薦去《抗戰日報》工作，以求換得食宿，他們也接納了我。這是一份愛國報紙，社長是劇作家田漢。報紙是採半開大小的畫報形式，所有報導都刊在一張紙上。事實上，田漢忙著其他的抗日活動，編輯工作落在廖沫沙身上，還有一些其他人也來幫忙。但是，有一段時間只有廖沫沙和我是全職工作，床就放在辦公桌旁。當時我從未想過，他有朝一日會成爲名人。他當然就是以「三家村」筆名寫作的廖沫沙，和其他兩位作家共用這個筆名，在北京的刊物上寫專欄，不時諷刺毛派分子。毛澤東對他們翻臉時，三個人都在一九六六年下獄，毛澤東趁此發動文化大革命。其他兩位作家就因此毀於大革命，只有廖沫沙倖存。至於田漢，在中國的地位就像美國的尤金・歐尼爾（**Eugene O'Neill**）或田納西・威廉斯（**Tennessee Williams**），也死於獄中。

直到最近，我才發現，我結識田漢及廖沫沙之前，他們已當了好幾年的共產黨員。不過對當時的我來說，不論知不知道，都沒有多大差別。在戰爭開打的頭一年，沒有人在乎誰是國民黨員或共產黨員。當時的共產黨員一派樂天，充滿溫情，和叛變壓根扯不上任何關係。唯一要注意的是，不要和他們起爭辯。他們會追著你到天涯海角，從戈壁沙漠跑到海南島，直到你同意他們的論調，他們才放你走。

我還在《抗戰日報》工作時，就聲稱要加入國民黨的軍隊。我的一些朋友雖然不見得是共產黨員，卻建議我改去延安；當時是毛澤東的根據地。他們設立了一所「抗日軍政大學」，林彪是校長。我有一些朋友和同學在那裡，因此我對當地的情況多少有些了解。在抗日軍政大學，他們顯然唱很多歌。有起床歌，有早餐歌，有演講前唱的歌，有演講後唱的歌。鋪路挖坑時都有歌，連上廁所都有歌可以唱。

此外，他們還有一大堆的「主義」。在延安，人人每個月領兩元的零用錢。如果把錢花在買菸草上，就是享樂主義。如果說了個不該說的笑話，就是犬儒主義。和女生在外頭散個步，就是浪漫主義。一馬當先是機會主義。看不相干的小說是逃避主義。拒絕討論私事或敏感的事，當然就是個人主義或孤立主義：這是最糟的。毛主席又增加了「形式主義、主觀主義及門戶主義」，全都不是好事。不過那是後話了。在一九三八年，我個人反對延安是因爲他們教的是游擊戰，並不合我的胃口。當時我暗地裡心懷壯志。多少受我父親的影響，我覺得如果要當職業軍人，就應該領導軍隊進攻，並採取防禦策略。我甚至想當拿破崙。躲在暗處放冷箭，然後快速逃走，聽起來可不光采，不是我要做的事。

因此我下了決心，延安就此出局。如果不當共產黨員，就是國民黨員了。不跟從毛澤東，就追隨蔣介石。這就是當時的情勢，也剛好發生在我身上。我考進成都的中央軍校，校長就是蔣介石，雖然他一年不過來視察一、兩次。人人都可以稱他是「委員長」，但在軍校中的我們，不論是學生或教師，都必須說「我們的校長」，說者或聽者都要立正致敬。

受訓時間長達兩年。學校的確教我們如何進攻及防禦，但必須先經過數個月的枯燥練習。大抵而言，可以說共產黨要求你和他們有同樣想法，但不關心你的外在，至少在戰時是如此。毛澤東自己總是一副沒理髮的樣子，衣領也弄得縐縐的。國民黨剛好相反，只要你表面效忠，內心怎麼想，沒有人管你。

如果軍校想要鍛鍊我們的心智，也是透過不斷的操練來訓練我們，頗有禪宗的味道。我們花了許多時間在操場上，演練如何立正。我們的軍官解釋，當一個人確實在立正時，他的觀察力也跟著凝結。爲了證明這一點，他命令我們長期處在這種不舒服的姿勢中。有一名軍官會伸出一隻手在我們前方，測試我們是否眨眼。另一名軍官會藏在我們身後，突然伸出兩隻手指，掐住某人的後頸，看他蹦緊的身體是否會像袋鼠一樣，用腳趾頭往前跳。如果是，就表示他仍需練習。教官說，如果一個人確實立正站好，頭蓋骨底部有壓力時，身體會直直地往前倒，就像一截木頭一樣。這時我們已經練習太久，全身酸痛，害怕再被罰，因此不敢要求長官示範。

我們的立正練到差強人意後，就學習如何敬禮及轉彎。訓練的目的在專心一致，不受外在干擾。我們必須無視於眼前潮溼土壤散發的蒸氣，雖然鼻子可能覺得不舒服。我們假裝沒注意到鄰近甘藍菜田裡的蜜蜂，雖然其聲嗡嗡顫顫，回響在春天的成都郊外。我們接下來就忘了自己身處中國，忘了自己在這個打著敗仗的國家，在這個每兩個月就淪陷一個省的國家。這個步驟完成後，接下來就練習踢正步。

踢正步的優美之處，不在於踢得有多高，而在於踢得有多慢。我們的長官告訴我們，要「半天一步」。在正常的行進中，我們每一分鐘可以走一百一十四步。如果慢到一分鐘不到一百步，場面會更加壯觀動人。有一連可以做到一分鐘九十步，簡直美得令人屏息。

不過，為達此目的，軍樂隊必須做特殊安排，重新調整節奏。

芭芭拉・涂克門女士（Barbara Tuchman）曾說，我們是「展覽用軍隊」。說得沒錯，我們的確常表演給來賓看，穿著制服和皮靴，戴著閃閃發亮的頭盔，配備閃亮的現代武器，觀者無不印象深刻。有一次，一組美國新聞影片記者拍了我們三天。四個兵團集合時，一字排開，占了好幾英畝。對他們而言，我們軍容壯盛，鐵定可以改寫中國數百年來的形象。但是，我必須要說明，我們無意欺瞞。

多年以後，經過不斷的閱讀和反省，我才了解到，國民黨對統治的心態，具體呈現了中國傳統的政治手腕。我們必須了解到，古代的皇帝無從知悉所統治百姓的數目，不清楚實際稅收，也無從掌握軍隊的確切人數。統計數字不過是粗略的估算，其準確度有多高，官員也不會太當真。在這種情況下，將所有公共事務都轉變成數字，再進行處理，是很不切實際的。為維持中央集權統治，另外一個解決之道是創造出一個完美的理想模式，將之標準化，再令各階層從而效法即是。如果產生實務上的困難，忠心耿耿及足智多謀的官吏必須絞盡腦汁，設法加以解決。如果解決不了，個人的犧牲在所難免。無可避免的是，理想和現實之間一定有落差。但在古代，中國在世界上具有無需競爭的地位，即使理想和現實有出入，也無關緊要。如果人人默不吭聲，缺陷就會縮到最小。只有在失調擴大到無法管理的規模時，才有必要進行改朝換代，歷史的曲線重新再走一次。

國民黨的難題是，它打算在二十世紀再重複這個過程，但中國的地位今非昔比，缺陷也無處可隱藏。將所有事物一一加以測試後，沒多久我就覺得理想破滅。

軍校畢業後，我取得任命狀，首先擔任排長，後來代理連長。不過我的這一連只有一名少尉及三十六名士兵。我隸屬於國民黨的第十四師，奉命駐守雲南邊界，緊鄰日軍佔領的越南。

第十四師一度擁有全國民黨最精良的武器，配裝最新的步兵裝備、德國鋼盔、防毒面具、帳篷等等。但這樣的裝備原本是爲了從中國沿海的都市出發，沿著鐵路移動。國民黨軍隊被趕到內地之後，失去了現代化生活的支撐，必須在明朝的生活條件下過活。許多美國人很難了解此話何解，在美國，從華盛頓的政府到鄉村地帶，有許多的聯繫，如公路網、法庭制度、銀行、電台、報紙、執法單位、民間團體、包括躉售及零售貿易在內的商業服務等。在戰爭期間，上述種種都可動員爲軍方所用。不只是牧師的訓道及教師的演講，連營建工人的爐邊閒談及理髮店、酒吧中的談天，都傳達了全國一致的關懷，即使目的各有不同。美國軍方還擁有自身的運輸及通訊系統。在雲南，如果我需要一頭驢來馱負重物，我必須派士兵到村落裡去找村長，在槍枝的威脅下，他可能聽從我們的差遣。至於郵政，要送一封信到鄰近的省分，必須耗上一個月的時間。我必須慎選辭彙，才能讓村民聽懂我說的話。

戰爭過了四年，快要邁入第五個年頭時，軍隊只剩骨架般的架構，居然還能維持戰鬥隊型，真是奇蹟。事實上，越野行軍、醫療設備及復健中心付之闕如，欠缺足夠的工程、後勤與運輸服務，這些因素所折損的人力，超過對日本人的實際作戰。當前的問題不在如何改進，而在如何避免進一步的惡化。

對我來說，生爲戰地軍官有不少不便及苦處。我必須睡在用門板改裝成的硬木板床上，至於勤務兵如何去找到這片門板，我決定不予過問。我腳上穿著草鞋，但沒襪子穿，草鞋總是磨著光腳，讓腳起水泡或磨擦成傷，長時間走在泥濘路後，更可能引起感染。我們大都吃玉蜀黍，這可不是香甜的玉米，而是比較粗的品種，每一粒都像是堅硬的石塊，外皮硬到必須被磨成粉後，我們再就著水勉強吞下。飲食情況如此，我必須盯緊我的屬下。只要有機會，他們可能從村民處偷來一隻狗，放進鍋裡煮，整隻吃乾淨。我的警戒並非出於道德、倫理、公共關係或甚至軍紀的考慮，而是出於實際而自私的想法。只要一有機會，他們就會大吃大喝，可能因此生病，更可能就此病亡。丟了一名士兵，從此就永遠少一名，再度行軍時，他所留下來的步槍和設備，就必須由我們來扛。步槍尤其重要，山頭上的土匪開出每枝槍七千元的條件，而且保障攜槍逃亡者的安全。我們的兵士每月薪餉十二元，身爲上尉的我，月薪也不過四十元。土匪甚至還出價買機關槍和軍官的手槍。有一次，團裡有一名勤務兵企圖帶著兩把手槍潛逃，但在逃到山頭之前被逮捕了。他在軍團前被判死刑，而且當場執行。我們的團長用硃砂筆劃掉寫在紙上的姓名，隨手把筆往肩後一拋。逃犯被帶往山丘的另外一邊，我們靜默等著，忽聞一聲槍響，響徹空中與群山之間，結束這個魯莽逃兵的一生。這次事件後，有些連晚上把步槍鎖起來，軍官睡覺時把手槍放在枕頭下。

除了物資缺乏以外，我們還面臨嚴重的運輸問題。雲南南部的山區人煙稀少。雨季時，拖在身後的一包一包軍備，不是無故消失，就是掉進及膝的污泥中。從村民中徵召來的驢子數量有限。一九四一年夏天，我們這一師，包括司令部及三個團，駐紮在村落中，彼此相隔二、三十哩。師部決定優先供給鹽與蚊帳。至於夏季制服，軍政部已經發給每人一套，發放地點在火車站，我們再自行送到駐紮地區。這一套制服，就是軍人所擁有的全部衣物。前一套早已磨壞，軍方高層從來不關心軍人有無內衣可穿。有一段時間，我們洗衣服的唯一機會，就是在晴天時把整連人帶到溪邊。人在洗澡和玩水時，制服放在一旁曬乾。萬一敵人抓住正確時刻突襲，會一舉捉到光溜溜的我們。夏天過了一半，情況多少改善了些。軍政部終於撥給師足夠的錢，讓我們可以在當地買第二套制服，但到那時，通貨已大幅貶值，資金縮水，而附近也沒有供貨商。我們的師長運用想像力，讓後勤官打扮成商人，從日本占領的越南購買騾子運來的白色布料。回到國內後，布料再交給當地的染工處理。顏色是否接近正規的草綠色，甚至沒有人去懷疑。其後數星期，所有師可以找到的縫衣機都派上用場，做的是短褲短袖，以節省布料。此時士兵才有第二套制服可替換。

戰爭的第四年，我們的徵兵制度和村長徵用騾子時差不多，都是將命令交派給職務較低的人，去欺壓弱勢者。我們連中有一個「落後五碼的唐」，我搞不清楚他爲何被迫入伍。唐有點駝背，肩膀顯然歪一邊，骨瘦如柴。然而他的主要問題似乎在心理方面，因爲他左右都分不清。我接管這一連沒幾天，才發現他的習慣很奇怪。我們行軍時，他總是落後，但總是保持一定的距離，不超過五碼。我們速度慢下來時，他也不會試著追上來。但我們加快速度時，他也設法加快腳步，因此始終保持五碼的距離。有一天我決定停止他的這項特權。我對他喊：「加油，跟上來，唐！我不想讓你裝做後衛。」

他沒有加快腳步，反而索性停下來不走了。他帶著乞求的神情望著我，喃喃自語，彷彿在哀求我：「腳很酸呢！」

「胡說，如果你可以在隊伍後頭走那麼快，沒有理由不能走在隊伍裡。」

他仍然動也不動。我失去了耐性，揮舞著拳頭對他吼：「笨蛋！你必須走在隊伍裡，要不然我就揍你！」

聽到我的威脅後，唐開始嚎啕大哭，一瞬間淚流滿頰，哭得像小孩子一樣。我愣住了。忽然之間，我想到我的前一任長官想要改變他並沒有成功，他的渾名並非憑空而來。我將那五碼距離認定成絕症，納悶軍中養這樣的廢物有什麼用。

賴中尉是個紅臉年輕小伙子，受過中學教育，擔任營裡的副官，他有好多故事可以說。他對我說，他的老家靠近洞庭湖，有一次一枚打算用來炸日本戰艦的魚雷漂到岸邊。這枚怪東西長了很多觸角，吸引一大群好奇的群眾，其中也有小孩。一個勇敢的人走過來，手上拿著一把螺絲鉗，自稱知道如何拆除魚雷，結果是轟的一聲，震動鎮裡所有房子。當天晚上，哀悼至親的哭聲從街頭傳到巷尾。賴中尉敘述故事時，心平氣和，彷彿他就在場目擊。我從來不曾問他如何得以不受影響，但是，我認定他很有智慧，神經比較粗。他看我和唐這樣的士兵過不去，有一天對我開罵：「你們這些軍校來的人老是自以爲是！想把這種人改造成軍人？門都沒有！」他搖搖頭。

接著賴副官跟我解釋，唐這種兵是用來充數的。作戰時，大半要靠受過射擊訓練的人，也許他們的技術不是很高超，但至少他們可以進行瞄準訓練。師裡設立訓練隊，讓他們熟悉步槍、手榴彈和自動武器。我這一連就有四個人曾經受訓。難怪他們舉止和別人不同，有時幾乎要反抗我的命令，讓我很生氣。他們知道自己的特殊地位，因爲未來我還要仰賴他們。至於其他人，最好還是不要在他們身上浪費子彈。只要他們射擊時大方向抓對，就算不錯了。至於「落後五碼的唐」，我大可自行決定。他不過是個小孩子，我之前爲何沒想到呢？

想通了後，我頓覺解脫，不必再去嘗試不可能的事。但我也覺得很沮喪，只要當大學生，我就不必當兵，可是我卻自願從軍。在軍校待了兩年，更多時間花在行軍上。我很想對國家有所助益，卻一點忙都幫不上。不論我是否在軍中，情況都沒什麼差別。我曾經幻想當拿破崙，但是眼見這樣的局勢，如果拿破崙大軍從莫斯科撤退時，我能置身後衛，就很榮幸了。

這樣悲觀的想法讓生活更難忍受。我們與世隔絕，沒有任何讀物，唯一的報紙是師裡的政治部門用油印機印的一張紙，消息來源是收聽廣播，重申我軍在前線表現有多優異，尤其是和英軍、法軍相比，更不用說俄軍，當時蘇聯軍隊也敗在希特勒手下。

一九四一年雨季，我們度過了一段艱苦的歲月。雨沒完沒了，無窮無盡地下著，有時是傾盆大雨，有時是濛濛細雨。如果能停半天，就相當不錯了。我感染了蝨子。在亞熱帶的雲南南部地區，夏季和秋季的白日很暖和，但夜晚氣溫陡降，山區更是如此。士兵穿著冬季的棉襖綣縮身體入睡，用蚊帳、毛毯或帆布當被子，抓到什麼就蓋什麼，甚至幾個人合蓋一床被。地板上則鋪著稻草，這樣的環境造就了蝨子的天堂。我們的除蝨行動從來不曾大獲全勝。有一天，我看到士兵把棉襖內部翻出來，在縫線中尋找蝨子，找到後就用大拇指掐住蝨子柔軟的腹部，嗶啪作響。不久後，我也拿出母親給我的羊毛衫如法炮製。一名中國作家曾發表一篇短篇故事，描寫掐蝨子時，看到拇指上沾著擠出來的血，不禁湧出復仇的快感。他一定有親身的體驗。

我感染過兩次輕微的瘧疾。我們從來不把瘧疾當一回事，醫生會給你幾片奎寧藥丸，認定你服了後就照樣活蹦亂跳。我的一些軍官同僚認爲，治療瘧疾的最好方法就是吃狗肉，我深感懷疑。這些人似乎找到了使軍中飲食多樣化的醫學藉口，結果我並沒有聽信這派的醫學理論。

雨季快要結束時，我們準備接受第九軍司令官的視察。我們盡心盡力清掃駐紮地所在的農莊。但是關麟徵將軍並沒有看到我們的努力成果。我們師裡的射擊手在他和隨從軍官前表演技藝，他再對我們進行一番小小訓示後，視察就結束了。

約莫在同時，我發現前線一些作爲令我心煩。第十四師夾在兩大軍團之間。西翼是第九軍，東側第一軍是由軍閥龍雲率領的雲南省軍隊所組成。他們都戴法國頭盔，裝扮也勝過我們。部分原因是他們和當地的聯繫較好，駐紮地區的公路也較好，因此狀況較佳。但是，他們的軍官從事走私貿易。騾隊通過他們的前線往返越南，一定要經過他們的默許。騾子運載桐油、水銀及錫塊到南方，這些都是日軍需要的戰略物資。回程時就載了鴉片、紡織品和香菸，不難想像他們從交易中取得暴利。對日本間諜來說，這也是很好的掩護。數月之後，我在重慶遇見老友盧益（音譯），在他催促下，我用化名將我的見聞寫成文章，由他替我發表。現在盧仍是上海兩所大學的新聞學教授。

在我們獲悉珍珠港事變前一周，我的父親過世了。因爲當時郵政緩慢，我收到妹妹寫的信時，已經過了一個月。信中她只提到父親病重，我把信給長官看，獲得第十四師批准「長假」，幾乎等於退伍令，我不用再回來服役。美國參戰時，我們覺得勝利在望。先前我方急著把軍隊派到雲南，認爲日軍一定會從越南入侵。然而，太平洋戰事擴大時，日軍卻移師他處，越南前線頓時清靜了不少。在那段期間內，我和弟弟將父親安葬在湖南，將母親和妹妹送往重慶。我不再返回第十四師，反而在首都衛戍司令部從事文書工作。我還是穿著軍裝，執行著舊式官僚的工作。這是國民黨的另外一個層面：在上方的龐大指揮部中，仍然保留著傳統的形式，而高級將領之間的關係因爲缺乏組織的邏輯運作，必須遵從舊的格式。

軍校的一位同學來看我，建議我：「我看你已經成功了，有了陶壺和硃砂印，已經步向紹興師爺的後塵，真是美事一樁。你現在只要把指甲留長就對了。不過，如果我是你，我會換掉那身嗶嘰制服。穿這種衣服對你沒好處，最好還是改穿絲袍，加上刺繡補釘就更完美。」

我根本不需要他來嘲諷我。我的心意已決。在總部不到一年，我無聊得要命，就像水手辛巴達一樣，心癢難撓，一心等著上戰場。一九四二年正值多事之秋。外在世界發生許多事，菲律賓、中途島、史達林格勒等等。隆美爾還馳騁在北非；杜立德（**Doolittle**）已轟炸東京。我們的西方盟軍表現不夠出色，頓時顯得我方還不算太差。這也影響到我的心理。即使我不是當拿破崙的料，但至少我不必手持陶壺當紹興師爺，一直等到戰爭結束。我可以找點刺激的事來做。

因此，在一九四三年二月的一天清晨，我和一群軍官飛過「駝峰」到印度去。我們是先遣部隊，到藍伽（**Ramgarh**）去設立新一軍的總部。

印度與緬甸

在一九四二年，中國派遣了一支遠征軍去緬甸，是由第五軍和第六軍組成的，這是蔣介石所能調度的最好軍隊，但結局十分淒慘。剛開始國軍和英軍發生爭執，延誤了入緬的時間，等到進入緬甸時，一切已經太遲了。打仗的時間少，撤退的時間多。日軍在盟軍後方實施大規模的迂迴包圍戰術，國軍和英軍只好忙著撤退。新二十二師和新三十八師發現自己的退路被敵軍切斷，於是燒掉卡車，焚毀輜重，企圖在雨季穿越陌生的那迦山（Naga Hills），到達西北邊的印度阿薩密省。但是只有少數人到達終點，其中有一位是美國將軍，名字是史迪威。

又經過一番爭執後，決定設立一支新部隊，就是中國駐印軍。新二十二師和新三十八師的殘餘人馬，在印度心臟地帶比哈爾省（Bihar）的藍伽重新整軍。英軍負責糧食和衣服等後勤事務，美軍負責供應戰略物資及提供訓練。飛機運送來整補的中國軍隊，不只要強化兩個受損的師，還要成立第三個師，此外還有三個野戰砲兵團、兩個工兵團、數個坦克營、以及運輸與通訊單位。三個步兵師組成新一軍，由中將鄭洞國率領，接受駐印軍總指揮史迪威的管轄。

在不幸的緬甸第一次戰役中，蔣介石犯了一次很可惜的錯誤。他任命史迪威為中國軍隊的總指揮，卻沒有充分授權。這次任命多多少少出於外交的考量，以為史迪威會滿意這樣的頭銜，因此軍隊補給將不虞匱乏，而且史迪威還代表第三方的勢力，可以和英軍維持較好的關係，保障中國的權益。但是，一方面遵行中國軍隊的傳統，一方面也出於個人的習慣，蔣介石從來不曾放棄直接指揮屬下的權力，並沒有透過總指揮來傳達。這樣無異於以國家元首來執行軍事否決權。在過去，由於中國將領背景迥異，軍人的來源十分複雜，這種做法有其必要。但是這種曖昧不明的運作手法，卻激起史迪威很深的怨恨，他覺得自己被「出賣」了。一九四二年春天，史迪威想在緬甸集結大軍，他的中國屬下卻看到英軍逃離，暴露國軍側翼，日軍快速衝向後方，想形成陷阱，因此屬下無意充當英雄。高階指揮官要不就忽略孤單的美國將軍，要不就吼回去，史迪威不曾忘卻這次屈辱。他建立駐印軍時，決定算清兩筆帳：一是必須在被迫撤軍的同一地區打敗日軍，二是必須在實質上成為中國軍隊的統帥。為達成第二項目標，他將第一次戰役中的資深中國軍官全逐出藍伽。選擇新一軍的指揮官，這一度成為重慶高階將領的話題。

在國民黨的軍隊中，個人交情是很重要的。身為下級軍官的我，常在司令部進進出出，因為憑著推薦信函，我得以拜訪將軍，被他們接見。基本上來說，軍政部並沒有能力處理所有的人事公文，也不可能提供後勤支援，安排所有的運輸事宜，因此必須容忍我們不按正規的舉動。軍方唯一能做的事，就是實施一套嚴苛的升等制度。我們全受限於從軍校畢業的日期，除非學長升官，否則輪不到自己，在高層就比較有彈性。在打造國民黨軍隊及剷除軍閥的初期，蔣介石對軍階的授與不可能太嚴苛，不過，這並不代表資歷不受重視。此外，高階軍官的內在向心力，是由一個非常小的團體間親如手足的關係凝聚而成的，那就是黃埔軍校早期的教官與學生，成都中央軍校不過是其延伸。

中國軍隊的創造，可以說比時代早一步。軍隊和社會缺乏聯繫，就像異物飄浮其上。其間的危險之處在於，資深高階將領占據同一地區太久，就會想透過個人關係和軍隊的資金建立與該省的關係，這就是軍閥的起源。對日抗戰時，國民黨軍隊仍然需要若干舊軍閥的協助。但國民黨無意培養新軍閥。「黃埔系」所以赫赫有名，要歸諸於環境，尤其是黃埔第一期，學生是校長蔣介石親自挑選，六個月的訓練也是由委員長親自督導。畢業後，這一批不到五百名的學生並沒有全部擔任軍官，有些不過是班長，不到一年，許多人死於戰事。他們對國民黨的忠貞奉獻，成為人盡皆知的特色。鄭洞國就是黃埔一期生。

此時的鄭洞國看起來內向保守、溫文儒雅，但很少有人知道，年輕時的他曾帶領士兵衝鋒陷陣，攻城掠地。他行動緩慢穩重，不能免於安逸舒適的誘惑，休閒時喜歡下跳棋。西方並不熟悉他的名聲，但他在中國將領之間以謙遜知名。他從來不曾邀功，聽任長官和同僚決定遊戲規則。他對部下很是慷慨，放手讓他們行事，總是替他們說話。蔣介石派他去統率新一軍時，似乎找到在史迪威手下做事的適合人選。

數年後，我擔任鄭洞國的副官，有機會更加了解他。他的長處在於堅忍不拔。他是崑崙關一役的英雄，對我解說在一九三九年冬季時，如何從日軍手中攻下這個高地。當時兩邊人馬對峙已久，雙方都筋疲力竭。他統領的榮一師，前線上只剩下四、五百人，包括他自己和三個團長在內。敵軍之所以沒有殲滅他們，是因爲他們自身情況也很糟。這時我方補充了一師，帶來進攻的命令。兩團人馬從師的所在位置奮力進攻，但損傷慘重。參謀長舒適存少將判斷崑崙關會被攻陷。他對了。我軍發起另一波攻勢，剩下的兩、三百名士兵成功攻頂，此役存活的日軍並不多。

舒將軍也是新一軍在藍伽的參謀長。鄭將軍不願浪費他的才華，後來推薦他擔任別的職務。鄭將軍提到他時，總是說好話。「像舒適存這樣的人可以算是成熟的。」這時我已經知道，對鄭來說，成熟是很高的讚語。舒將軍不是黃埔的畢業生，他畢業自省立軍校（校案：應指各省的武備學堂或講武堂一類的學校），因此只好在國民黨軍隊中從不起眼的職位做起，慢慢往上爬。在他晉升到目前的地位前，坎坷不斷。他的軍隊曾經潰敗，他被迫逃生。有一次他受軍法審判，被判死刑，雖然撤退是前線的事，他並沒有下命令。他終究被赦免，有機會帶罪立功，繼續他的軍旅生涯，並沒有因爲運氣不好或委曲而受到一絲一毫的影響。鄭將軍把舒的失敗經歷視爲良好的資歷，這點必須站在國民黨軍中的觀點才能了解。眾所公認的是，在特定時點中，任何軍官都可能時運不濟。通過考驗後，舒仍然勇往直前，證明自己身經百戰，可以成爲優秀的將領。

在金錢的誠實方面，我和鄭將軍意見不同。國民黨管理軍隊的方式是，在缺乏軍隊的地區，軍政部會給當地的高階將領一大筆整數的金錢，讓他們自行解決問題。因此，資金運用的誠實與否，其間分際就很模糊，有時差異不過是程度上而已。然而，我還是直截了當說出自己的看法，表達下級軍官的意見，指出高階軍官貪污腐化。「你們年輕人不知道自己在說什麼，」鄭將軍會輕輕斥責我。他爲他的一個長官辯護，說這位前黃埔軍校的教官「幾乎無米可炊」。這段話當然不是字面上的意思，鄭將軍要說的是，雖然該將領表面上經手很多錢，但他必須養活部下，其中有的失業，有的家有急難，還要盡種種特殊義務，剩下的金額不足讓全家維持差強人意的生活水準。就這個特殊案例來看，我沒有被說服。不過將軍言語直率，讓我從新的角度出發，來看待高級將領的生活及掙扎。我開始了解，在國民黨的軍隊中，沒有人有太多的行動自由。一旦成爲高級將領，就必須去做自己不想做的事，不能做想做的事。你無法順自己的心願，將想要的軍官網羅成部下。更糟的是，你必須將不想要的人納入屬下，有些甚至是你想踢掉的人。

我多次受惠於鄭將軍的親切善意。我們在重慶時，他讓司機把車停在山腳下，自己走上一百呎的泥濘路，到我們家的簡陋小屋探視我母親，後來他要夫人致贈三萬法幣（約十八美元）。但更重要的是，鄭將軍讓我自由發揮，我可以做許多不符合軍事傳統的事。例如，看到很多將軍從我們面前走過，我不是依官階向他們行禮，而是隨我自己對各個將軍的敬意而定。「黃參謀，」將軍有一次提醒我：「最近你在高階將領前的態度不是很好。瞧你窩在沙發上的樣子。」他接著說，如果我不是在他手下做事，我會大大惹禍，這倒是真的。抗戰勝利後，我們在東北，他推薦我去美國進修，我擔心可能過了期限。他說不用擔心，兩天後國防部長白崇禧會來，他會對他提這件事。他說到做到，不過後來我們才發現，根本沒有必要，原來野戰部隊的期限已經延後。

鄭在東北時，接到最糟的任務。他攻下長春，奉命守城，時間幾達三年。他的司令部彷如北大荒中的孤島。在最後數星期，在連小機場都沒有的情況下，軍隊奮力守城。共軍以高射砲圍城，封殺空投物資的任何可能。他的兩位將領投降。司令部拚命打了半天仗，最後只得敗降，但將軍堅持絕對不投降，最後被共軍俘虜。多年來我不知他的下落，文化大革命結束後，他的照片刊登在《中國畫報》上。圖片說明中華人民共和國封他爲「愛國人士」，我深感欣慰。

但這是後話。在一九四三年二月，還在第二次世界大戰期間，我去他在重慶的旅舍客房見他，談了數分鐘。在我們飛往印度時，我被派到他的營區當參謀，官拜上尉。在我和總指揮之間，有無數的層級。那時我們根本不在乎總指揮是誰。我們先遣部隊有十八個軍官，都很年輕，才二十多歲，只有于上校例外，他是師級以上的副官，年齡約三十五歲上下。當時能夠走訪外國是很大的震撼。在四個小時的飛行途中，我們看到白雪覆蓋的山頭，最後總算看到印度。當C-47開始降低高度時，布拉馬普特拉河的風貌完整呈現眼前。大河漫延無邊，直通天際，之間必定有無數的水道、小島與沙洲。我們一度只能見到沙和水，傾斜在機翼尾側，沐浴在溫暖的陽光之下，景觀真是動人。即使到了現在，我仍然覺得，這樣的景色只適宜出現在《國家地理雜誌》閃亮耀眼的彩色畫頁中。

我們早已得知，印度這個國家擁有無限的大自然魅力，但卻非常骯髒。這樣的描寫並沒錯，不過同樣的說法也可以用在其他亞洲國家，包括中國在內。印度中部的乾燥氣候對我反而是新鮮事。到了晚上，繁星密布，整個蒼穹顯得更深邃，想必已激發許許多多詩人和小說家的想像力，難怪會誕生神聖牧羊人和轉世馬車夫的傳說。印度人使用色彩的能力，也同樣吸引住我們。在中國，絕大部分的人穿藍衣服。廟宇的柱子總是塗上一層特別的紅漆，稱作「硃砂紅」。除此之外，街道上並沒有太多色彩。在印度，顏色的組合喧鬧放縱，綠配紫，橘色滾藍紫邊，再穿插金色條紋，即使是農婦，照樣穿得多彩多姿。另外一件我們覺得奇怪的事，就是當地人把所有的東西都放頭上。在中國，較輕的東西用肩扛，重物也是用肩扛。在印度，水罐和輕巧的提籃用頭頂，盒子和箱子也是用頭頂。

在我們到達不久前，印度人才發起「退出印度」運動，讓英國人很是尷尬。因此，我們在藍伽營地時，英軍謹慎觀察我們，擔心民族主義旺盛的中國人會有新的舉動，重新點燃當地人的民族主義情操。其實，這個顧慮是多餘的。我們唯一接觸的印度人，就是在營區流浪、白天時睡在樹下的賤民階層。我們才到達，軍中的廚師就立刻雇用他們。懶散的廚子讓他們整理廚房，洗碗盤，用剩菜當工資。從此以後，依照印度教的正統習俗，我們已經裡裡外外被賤民污染，毫無翻身的可能。在軍營的裁縫店中，偶而可以看見服飾奇麗的印度婦女，但她們看都不看我們一眼。

多年後，我讀到西方作家寫的文章，指出在訓練營中，我們多麼感激享有物質上的福利。這話既對也錯。最滿意的當屬戰地軍官。排長和連長不用再擔心士兵會脫逃，他們都吃飽穿暖，身體健康。軍官不可能像我在雲南時一樣煩惱：當時一名士兵眼睛發炎，第二天整排士兵的眼睛也跟著紅腫，淚眼婆娑；腳上的壞疽永遠好不了，因爲雨天時必須不斷踩在泥濘路上。衣著方面，我們發配到印度式的陸軍制服。後勤部隊的軍官會定期收走穿舊的制服，送到營本部，換取新衣。

對我們來說，食物就不甚精采了。經歷過雲南的軍旅生涯後，我實在不該這麼說。不過營養不等於美味，飲食無聊乏味，晚餐絕對不值得期待。任何人只要連續三個月吃白飯配醃牛肉絲，就可能了解我的意思。制服也讓我們顯得很可笑，襯衫上的紐扣是橡膠做的，褲子上則是鋁扣。奇怪的是，褲子上沒有扣環，腰帶無從安放。靴子和襪子永遠大上很多號。因此，爲了美觀和舒適起見，我們開始自掏腰包，去買量身訂作的制服。對我們的盧比津貼而言，這是不小的開支。我們也把橡膠處理過的床單拿到裁縫店，改成中國式的軍便帽，再別上國民黨的大齒輪徽章。理論上，這些橡膠床單似乎應改裝成南美式的大斗篷或吊床，以利叢林作戰，改成帽子既未經過核准，更在史迪威將軍的禁令之內。不過，防水的軍便帽十分有用，不久後史迪威自己也戴了一頂。他戰時的照片正可證明，他違反自己頒布的命令。

在我們抵達藍伽的頭兩星期，我們無法分辨美國人和英國人有何不同，他們都是穿著卡其軍服的白種人。但到達營地已好幾個月的老兵，卻對我們的無知很是憤慨。「你們爲什麼看不出差別呢？」美國人的卡其軍服比較閃亮，甚至連士兵的制服都上過漿，熨得服服貼貼。更不要說中士的臂章尖端朝上，不像英軍的臂章翻轉向下。英國士兵比較粗野，衣服總是皺成一團，和我們沒有多大差別。很多英國兵二頭肌上刺著刺青，更常講髒話。鄰近藍溪（Ranchi）的歌舞雜耍廳總是擠滿了英國兵，一名肥胖的白種婦女扭著臀部唱「喔，我的戰艦」時，士兵哄堂大笑。美國人比較喜歡把錢花在休假上，去加爾各答和大吉嶺。最大的不同是，美國大兵的薪水是英國兵的四、五倍。

我們和駐印軍的英軍參謀團軍官混熟後，他們邀我們吃晚餐。我們才開始了解到，我們的盟友之間簡直有天壤之別。英國軍官彼此以軍階相稱，但只到上尉爲止。中尉是「先生」，而士兵則是「其他層級」，共同的友人是「老兄」。他們對每件事都有正確的應對進退之道。如果我們覺得吃東西很難不發出聲音，正可以向他們學習，因爲他們可以讓最堅硬的食物在口中溶化，同時保持一派從容的態度。他們說的英語也不一樣。他們緊抿著嘴唇說出：「我也這麼覺得」（Aye Sirpboose Soo）時，和我們在電影上聽到的很不相同，和其他層級及美國大兵的英語也不一樣。

我不知道是否是自己的自卑心態作祟。在藍伽，我的軍階多少有些尷尬。只有英軍參謀團門口的印度衛兵，會用前後一致的態度表示重視。他們總是向我敬禮，而且誇張用力地舉起手臂，因此手停在印度頭巾邊緣時，還不時晃動。但在軍營另一邊的美國衛兵，只會瞪著我衣領上的徽章瞧，彷彿是不可解的謎。他會讓我進去，但不會有什麼特別的敬禮，所以我也默默走進去。有一天，我原先預期受到同樣的對待，卻發現站崗的衛兵換了。他突然立正敬禮。由於事出突然，我毫無準備。偶而會有美國兵走近我，指著我的徽章說：「嗨，老兄，你是什麼官階？中尉嗎？」(Hey, man,wot's yoorank, lootennit?)

美國人對藍伽的訓練課程很引以為傲。同樣地，要看從哪一面來看。就基本的戰術而言，他們的授課內容和我們在軍校所學只有小小的差異。基本上來說，我想無論是哪一國家，所有軍校內教的陸地作戰戰術，都有相同的來源，其中德國人的貢獻不少。如果你翻開美軍、日本皇軍或國民黨軍隊的步兵操典，你會發現有許多相同的章節，甚至詞彙用語都是相同的。我們所欠缺的，正是操典所提的構成現代戰爭的要素。

美軍令我們印象深刻的，正是戰略物資，不只是因為其充分，還包括他們用有系統的方式去處理。許多我的軍官同袍都充分善用此一良機，去上坦克駕駛課程及野戰砲兵訓練。由於我在總部服役，我錯過了這類機會，但我至少參加汽車班，學習如何駕駛卡車。在當時的中國，即使腳踏車都很少見，沒有人知道如何開車。藍伽駕駛課程開放給中國軍官時，有些上校就和年輕的中尉一樣熱心學習。我們的課程是由一名美國下士督導，一些中國兵充當助理教練。課程一早就開始，持續到下午，接連好幾天。最有趣的課程是倒車，大概有三十部兩噸半重的卡車排在一哩長的場地中，一起倒車時彼此間隔很近。課程結束後，每個人的脖子都很僵硬。

另外一項刺激的事，是騎兵營中的阿拉伯馬穿過果園。這些馬身高腿長，騎著奔馳在成排的果樹間，別有一番滋味。不過，並不是所有的馬都被馴服地妥妥貼貼，有時仍然野性未改。有一次一名中士（事實上還是馴馬師）被摔出馬鞍外，但他的一隻靴子太大，卡在馬鐙上。他被馬拖著跑，馬更加驚慌，甩不開騎士，決定跑回馬廄。馬跳過一個木籬，不幸的中士一頭撞在橫木上，頭顱因此破裂。這次意外對我們多少有些嚇阻作用，至少持續了一陣子。

我們和美國下層軍官的關係或許還算和睦，但和上層就沒有機會稱得上滿意。首先，整個國民黨深信，中國事務只能以中國人的方式來處理，西方人永遠不可能了解箇中因由，甚至也沒有必要加以解釋。這樣的態度大錯特錯。即使我花了一些時間才想通，我還是要說，中國並沒有如此神祕。國民黨的所有問題在於，它打算動員過時的農業社會，打一場現代的戰爭。中國的軍隊需要現代工業的支持，但事實上在我們背後的，只有村落單位的龐大集結。我們的上層組織，無論是民間或軍方，有許多漏洞和罅隙，必須以私人關係及非常手段去填補。要用這樣的解釋讓不耐煩的美國人同情，的確令人存疑。但是，如果不去解釋，我們所暴露出的弱點只會招惹所有的道德譴責。任何外國觀察家都可以說，我們貪污無能。我們愈想遮掩，情況就愈糟。我們似乎明知故犯，惡習難改，種種惡行包括攀親拉故、浪費物資、侵占資金、亂搞關係及明目張膽地偏心。更糟的是，我們還全盤接受，認為這些是必要的罪惡。

同樣地，我們對美國人的觀念也很奇特。我們認為英國人對自己人很紳士，對其他人就不然。我們相信美國人又大方又天真。所謂的天真，就是沒有被破壞的純真，這是一種好的特質，但這又是錯誤的想法。美國讓我們開走全新的吉普車，又提供汽油及零件，的確很好，但目的絕不在於展現他們如何大方慷慨。我們這兩國是在聯合對抗共同敵人。戰略物資的運用，是為了贏得戰爭。當時美國的考量在於讓中國持續應戰，因為如果中國陣線一垮，美國所花的戰爭代價會更大。我們如果缺乏實力，也很難和美國盟友交涉。但是如果以為他們亂撒戰略物資給我們，是出於慈善的目的，可就是不切實的期待。

至於我們必須接觸的美國高階軍官，既不大方也不天真。他們很清楚我們對他們的刻板印象，因此決定反其道而行。他們也感覺到，美國政府對我們太大方，他們忠於美國納稅人，因此隨時準備對我們嚴苛。而且，天真並不是美國的美德，在外交上，天真的人可能送出一項優勢，卻沒有要求對方回饋，這種做法幾乎等於無能。像史迪威及其助手等中國老手，不會做出這樣的事。對任何想占他們便宜的中國人，他們隨時等著要讓這些人失望。也就是說，我們雖然是盟友，但每一方都盤算著對方的弱點。

史迪威將軍和身邊軍官的心態，可以形容成「戈登情結」。軍事史家可能覺得，被指派到中國來的美國將領多少有些自我犧牲，因爲他們錯過在歐洲上演的「大戲」。這種說法值得討論，因爲即使奉派到別處，他們也必須贏過同袍，以求實現自己的野心。然而，對職業軍人來說，中國仍具備相當特殊的吸引力。不管傳說是真是假，中國似乎有豐富的未開發資源，如果加以妥善運用，可以幫助這些將軍取得名聲及財富。事實上，這些資源可能對全球規模的戰爭貢獻良多，卻只花美國微不足道的成本，尤其是在人力資源方面。

中國農人是好士兵的素材，這樣的想法由來已久。他們堅忍不拔，刻苦耐勞，願意服從，性情開朗，有自樹一格的勇敢風格，卻仍然夠聰明，可以吸收基本的軍事技術。他們所需要的就是領導，而對外國人來說，我們永遠不可能產生領導人。對和蔣介石交涉的美國將領來說，這正是絕佳機會，可以用租借的物質來換取在中國的領導權。

戈登（Charles George Gordon）是英軍少校。他參與第二次鴉片戰爭後，就在一八六三年加入中國軍隊，他旗下的四千名中國兵穿著西方軍服，配備西方武器，軍官都是歐洲人。鎮壓太平天國叛亂時，戈登的部隊扮演相當重要的角色。從此他被稱爲「中國人戈登」。八十年後，史迪威將軍駐緬軍視爲他的「小成本軍隊」，有一天會「擴大到相當的規模」，他想以同樣方式再造歷史。

在第一次緬甸戰役時，史迪威將軍無法發揮中國部隊總指揮的功能，原因就在於他缺乏可以指揮的幕僚。在藍伽，他靠巧妙的手法來加以彌補。我們到達營地後不久，發現將軍的總部——所謂的「指揮部」——不過是枚硬幣，一頭印著「美國」，另一頭印著「中華民國」。大致而言，這是史迪威中國—緬甸—印度戰區的印度辦公室，隸屬美國管轄。但由於史迪威也是中國駐印軍的總指揮，他同時要動用美國及駐印軍的幕僚時，不必有額外的授權。因此，其中各式各樣軍階的軍官，大多數不曾去過中國，不會說中文，也不熟悉中國事務，但全擔任國民黨軍隊中的指揮及幕僚工作。他們所需要的，不過是不同的文具，以便從一國換到另一國去服務。在實務上，在重慶的軍政部送來許多軍官，擔任史迪威的幕僚。除非這些人靠個人的努力，讓自己對美國人有用，尤其主要是口譯及筆譯方面，否則不如將這趟印度之旅視為研究印度文或梵文的大好機會。沒有人會向他們請教軍務。

史迪威將軍去重慶時，由他的參謀長柏德諾（Haydon Boatner）准將掌理指揮部。在鄭洞國的參謀長舒適存到達後不久，柏德諾派了一輛橄欖褐色的轎車來，讓新的部隊長使用。新二十二師提供一位司機給我們。次日，司機打開引擎蓋檢查引擎時，吸引了一群好奇的觀眾，因為沒有人能分辨汽化器和幫浦的不同，也無法解釋風扇如何連接電力系統。司機於是大大炫耀了一番，我們都大為佩服。對旁觀者來說，我們正嬉嬉哈哈在拆解車子。柏德諾將軍正是其中之一，他剛好經過，看到我們，當時卻什麼也沒說。

不久後，舒將軍坐著這輛轎車到指揮部去做禮貌性拜會，受到柏德諾將軍熱誠的接待。然而，等到舒將軍起身道別時，表情嚴肅的柏德諾說，他必須走回去，因爲汽車已被收回，重歸指揮部管轄，隨後會補送備忘錄說明這件事。

我們的參謀長就此結束禮貌性拜會，之後走了一哩路回來營區，既感震驚又覺得被羞辱。正如柏德諾所言，美方送來備忘錄，提到爲顯示對新司令官的善意，指揮部送來轎車，方便他的使用。不過，由於轎車顯然並沒有得到妥當的照顧，因此車輛必須送回美方的車庫。舒因此回了一封道歉函，解釋那一天早上發生的事。這時柏德諾將軍態度才軟化，讓轎車回到我們的總部。這事件落幕後，舒將軍召集我們，唸出他和柏德諾的往返信函。這時鄭洞國都還沒有到印度。

數天後，我們首度得知，新一軍的總部沒有指揮權。我們的總指揮鄭將軍只要負責維持中國部隊的軍紀即可。他不只負責三個步兵師的紀律，連所有支援單位也包括在內。指揮部送來一份備忘錄，明確告訴我們這一點，而且說，我們已經有太多軍官，不能再要求從中國空運更多軍官來。直到今天，我仍然無法理解，是誰和美國達成協議，讓我們的總指揮毫無指揮權，只能充當憲兵司令，而總司令部也只能充當軍法官的辦公室。鄭將軍很不贊成，我們也有同感，不過，所有的意見與抗議全部無效。後來指揮部讓鄭將軍帶來第二批軍官，是他從以前統率的第八軍之中抽調而來的。但在指揮權方面，美方立場堅定，絕無退讓餘地。鄭將軍於印度及緬甸執勤時，唯一可以有效指揮的軍隊，只不過是一整排由中尉統領的衛兵。第二次緬甸之役開打時，中國兵投入戰場，事先都沒有知會他。起先，指揮部的先遣司令部直接下令給各團及各營，後來戰事擴大，命令才下到師長級。命令都以英文下達，而且都打了字。美國人有一套聯絡官和口譯人員的聯絡網，遍布中國軍隊中，可下達營這一級。我們都是透過下層單位，間接知道指揮部的指令。

在《史迪威文件》（*Stilwell Papers*）中，鄭洞國被形容成「那個白癡」。這位尖酸刻薄的美國將軍所以達成這樣的結論，和某一事件大有關係。鄭洞國在藍伽安頓後，兩個師的師長都邀請他去校閱軍隊。我們先去新二十二師。他們選給將軍騎坐的馬很是高大，但卻不太習慣中國號角聲。號角手在軍隊第一列前方大吹號角，聲音又大又響，正對著領頭的這匹馬。它眼睛突出，忽然跳了起來，將新的部隊長摔在地上，一隻短靴還甩在空中。我們全都嚇呆了，全場悄無聲息，將軍努力站起來，穿上靴子，再度騎上馬。執勤的營長派了一名士兵來，抓牢馬鞍，讓馬繼續走在部隊前方。這次事件並沒有呈報，不過後來英方及美方軍官在場時，鄭將軍仍然由一名安全人員抓著馬鞍，史迪威不禁笑了。說來諷刺，這次事件姑且不論，鄭洞國將軍的馬上功夫並不壞。

鄭將軍雖然看起來安靜隨和，卻相當堅守某些原則。我兩次勸他，身爲高階中國將領，他應該多出現在前線。但我這兩次勸告，都只惹來他的生氣。對他而言，他的指揮職責只要從將軍的營地發出即可。只有在戰事吃緊，例如前線有相當比重的人馬陷入危局時，才需總指揮親身抵達現場，他的在場才有意義，才有分量可言。除此之外，高階將領如果太常到前線去視察，只會打擾下屬的指揮。如果說史迪威鄙視鄭，鄭同樣也瞧不起史迪威在前線「炫耀」，看不慣他老是出現在前線，對下層軍官定期施壓。事實上，鄭將軍在緬甸數次探視前方的營隊，還有一次搭乘L-1聯絡機飛到敵方陣地，但他對這樣的作爲向來沒有太大興趣。

鄭將軍和史迪威及指揮部的關係愈來愈惡化，他飛回重慶兩次，要求蔣介石解除他在駐印軍的職務，有一次還聲稱如果不換他，他就不離開中國。（我是後來從鄭夫人處聽到的。）蔣介石大罵他一頓，但又安慰他，只要他繼續和美國人周旋，對抗戰就是一大貢獻，他的努力會受到肯定，不論他是否實際指揮軍隊。一九四四年夏天，他被升爲駐印軍的副總指揮，進一步確定他是個沒有實責的將領。當時在緬甸北部的駐印軍，已擴大成兩個軍團。而指揮部還是直接指揮部隊長，就像以前直接指揮師長一樣，再度繞過中國高階將領。史迪威被召回美國後，繼任者索爾登（Daniel Sultan）毫無意願改變現狀。新的美國總指揮從來不曾請副總指揮開會研商。

鄭將軍的幕僚只縮減到一小群軍官，在雷多（Ledo）設立辦公室。駐印軍的野戰將領都前來訴苦，並透過高階長官重申對蔣介石的效忠。美國人可能以爲，由於他們的企業化管理，陰謀與政治會遠離駐印軍，不可能像在中國軍隊中一樣猖獗。就短期和當地來說，這種想法不能說錯，但治療的功效只限於表面。

在史迪威的小成本軍隊中，軍源十分複雜。新三十八師在轉變成國家軍隊以前，是財政部稅警總團。在鹽稅還是國民政府重要財源的時代，這個單位是用來巡邏產鹽地區，以防武裝走私，因此這部隊被稱爲「財政部長的軍隊」。將領是孫立人中將，畢業自維吉尼亞軍校，和黃埔軍校沒有淵源。新二十二師來自杜聿明率領的第五軍，他就是在第一次緬甸戰役中對史迪威怒吼的那位將軍。師裡的許多軍官毫無疑問仍然效忠於杜，因爲他們以往都因他的推薦而獲得派任或晉升。目前的指揮官是廖耀湘中將，畢業於黃埔第六期，又到過法國的聖西爾軍校。新三十師原先是補充兵訓練處，師長胡素少將是赫赫有名的黃埔一期生，也是日本陸軍士官學校畢業生。戰爭開打後，直接從中國飛來的兩個師也一樣，背景及人事都很複雜。

史迪威將軍遵照美國陸軍的慣例，在密支那（Mitkyina）戰役結束不久就解除胡素和旗下兩個團長的職務，要他們在二十四小時內回中國。接著他論功行賞，晉升數名野戰軍官。依據國民黨的慣例，這些舉動必須經過蔣介石的核准，而委員長自己在進行如此重大決定前，也會衡量大眾的反應及政治上的可能衝擊。就這方面來說，史迪威的指揮權比蔣還要有權威。

不過，這位美國將軍並沒有解決政治問題，他只是加以忽略。很少人認爲，這位美國大叔的管理風格可以延伸到整個國民黨的軍隊。隨便舉一例來說，他在整備三百萬名士兵時，不可能不會對某些單位特別偏心。他也不可能把用於駐印軍的嚴格篩選標準，施行到三百多個步兵師。一旦達不成這樣的標準，他可能和我們一樣，必須平衡局勢，而不是加以改革，除非他打算像共產黨一樣，完全去除軍隊的都市影響力，重新改造軍隊，讓軍隊的勢力完全由鄉村來支持，並且改造鄉村，一切從頭開始。不管是美國人或我們，當時都沒有想到，這樣的計畫必須經過詳細繁複的「主義」論戰後，才得以施行。對單一性及一致性的要求，等於是將共同的分母強施在千千萬萬名政工人員身上，這些人可能低微到「高貴野蠻人」的地步。走向單純化的瘋狂動力一旦啟動，就會沒完沒了持續下去。在延安發起運動的人士，必須抑制略嫌沒教養的言辭與行動，達成心智一致，以維持戰事的順利進行，但他們很少能預期到，這種運動的動力，最後會將他們捲入文化大革命。

史迪威被調回美國，是早在上述困境發生前。但是，這位立意良善的將軍從來不了解，他在緬甸叢林直來直往的管理方式，並沒有簡化國民黨軍隊的指揮方式，反而引入新的紛爭因素。一定軍階以上的駐印軍軍官都必須面對下列問題：我應該保留我的中國風格嗎？或者應該多和美國人合作一些？李鴻少將就是最鮮明的例子。

李鴻是史迪威的愛將之一，被他晉升，繼孫立人後接掌新三十八師，而且還被舉薦獲得美國政府的銀星勳章。但勳章要頒給他時，史迪威已被召回美國。勳章由索爾登別在他的上衣，在典禮上，我們才第一次見到這位新的總指揮。他一定是個很謙虛的人，我想不起何時看見他的照片登在報紙上，即使名字也很少出現。他肩扛卡賓槍的方式和史迪威完全一樣，不過，他卻聲稱他只是想「打幾隻松鼠」。在典禮中，李將軍嚴肅地說，能替美國將軍服務，深感榮幸。但索爾登搭乘C-47（號稱「索爾登的魔毯」）離開後，李轉向我說：「黃參謀，請你替我拿下這個東西好嗎？」在他的同袍前，別著美國勳章的他已經覺得很不自在。身為旁觀者的我，湊巧站在他旁邊，因此有榮幸解除外國政府對我們軍團的影響。我取下勳章時，不禁覺得我軍的尊嚴也隨之恢復。「不很重要，不過是個小小的勳章而已，是吧？」我把這個銀星勳章遞給李將軍時，他說。事實上這也沒說錯，勳章本身非常小，銀的部分也不過是一小點。

但在緬甸的一年半，絕非我生命中的不愉快經驗。我成為前線觀察員，一邊服役一邊寫了八篇文章，投到當時中國最負盛名的報紙《大公報》。我對密支那之役的報導長達一萬兩千字，在報上連載了四天。單單這篇文章我就領到三百盧比的稿費，相當於七十五美元，我一輩子從沒領過這麼多錢，接近一個上尉五個月的盧比津貼。

我們的組織架構中沒有戰地觀察員，國民黨也沒有允許或鼓勵軍官出版戰地經驗。我不能說，我在真空地帶為自己創造出一個角色。不過，一切都來得很自然。

起先，我們想讓指揮部認可我擔任助理情報官。即使我們的總部聽從他們命令，沒有指揮權，但他們應該可以讓我及其他一、兩名下級軍官到前線去，讓我們可以強化對數個師的情報報告，同時又可以吸取經驗。美方總部的情報官是小史迪威中校，我從沒見過他。在外面的辦公室，他的助手告訴我，前線已有太多情報官。此外，我們的無線電通訊密碼不夠完善，我們還沒蒐集到情報前，可能就已洩露情報給敵軍了。

我們還沒嘗試前，就已被安上無能的罪名。我們一點也不信邪，決定不經過指揮部的允許，直接採取行動。我們的密碼專家秦少校替我製作一套特殊密碼，對我說：「任何密碼都是折衷的產物，要看使用的時間有多長，使用情況有多頻繁。將情報傳給敵人？沒錯，不過事實就是如此。只要你使用無線電通訊，就是在冒險，問題在於值不值得。因此，在你發出信前，再仔細檢查一次，想想內容落入敵手的後果。」從此以後，只要我用無線電傳送密碼時，都會想起秦少校這段短短的話。

我不必申請正式的派令，前線各師都已經知道我已抵達。幾天內，所有的將軍和上校都知道我的名字。當時前線各級將領雖然接受指揮部的指示，卻擔心他們和中國上級的關係會因此中斷。因此，他們很是歡迎我，把我當成鄭將軍的特使，而不是到前線執行參謀任務的下級軍官。我受邀與師長共進早餐，他們派指揮官專車或吉普車來接我到前線。慢慢地，鄭將軍總部對這類邀請也有了回應，了解到我們最需要的就是派代表到前線，這樣的舉動可能比單純蒐集情報更重要。新二十二師及新三十八師彼此競爭激烈，他們依照國民黨的慣例，老是誇大自己的戰果。他們的軍情報告常犧牲他人，以襯托自己的英勇。即使鄭洞國並沒有負責戰場成敗的責任，就重慶當局來說，他仍是駐印軍的最高中國將領。我們必須根據自己的觀察來撰寫軍情報告。由於這不涉及指揮決策，由我們下級軍官來做更加恰當。我們可以四處走動，不致驚動指揮部。

我就這樣成爲前線觀察員，爲期近一年半，有時和朱上尉搭檔。我們儘可能遠離師及團的司令部，儘量和前線部隊在一起。起初我們的軍情報告先送到雷多，讓鄭將軍的高級幕僚修改，而後再送到重慶，有些部分經過加強後，會編入月報，讓蔣介石親自過目。戰事持續進行，我們也更有自主權。我們照例以鄭將軍的名義發送無線電報，通常兩三天發一次，副本則送往雷多。其他項目我們則做成報告送到總部，由鄭將軍定奪。我們的任務日益複雜後，總部派來一位密碼人員協助我們。我們和後勤中心合作無間，後勤支援從來不成問題。前線部隊甚至打算提供勤務兵給我們，還想挖我們專用的散兵坑。我們也回報他們的善意，在他們人手不足時，替他們當差。我被狙擊手攻擊那天，就是爲新三十師師長胡素的前線單位出差，回程時，被日本三八式步槍射中右大腿。隨後躺在醫院的那段期間，剛好讓我寫篇長文投稿《大公報》。

上述種種，都是生命中令人滿意的回憶。我當時不必負指揮之責，也沒有壓力。只有在部隊可能被敵軍打敗時，我才會有暫時的焦慮，而這種情況只發生兩次。否則，通常由我自己決定訪問行程及時間表。如果我必須在前線部隊待上好幾天，我會安排適當時間，讓自己好好休息，梳洗打點。我替戰地軍官所做的小事，他們都大大地感激我。我只不過自願暴露在敵軍砲火下，但卻被認定是英勇的行爲。

我想自己並不膽小，因爲經過多次力圖證明自己**並非**膽小之徒後，我終究不曾坦承不夠勇敢。不過，駕駛吉普車穿過敵軍砲火，或走過敵軍小型武器的有效射程範圍時，我都覺得很恐懼。喉嚨會瞬間變乾，四肢頓覺無力。保命的本能自動使身軀降低，似乎可以藉此減少暴露在外的部位。我的聽力忽然變得很奇怪，就像擴音器的音量一樣忽大忽小。如果當時有人對我說話，我無法保證自己不會自暴恐懼。緬甸前線並非罕見的冷雨流入衣領，背脊涼成一片，牙齒也隨著打顫。幸運的是，這種危機的感受並沒有持續太久。這道障礙我必須跨過，一旦跨過，身體就會重新振作起來，我再度成爲完整的個體，冷靜而正常，即使此時離敵營更近，風險事實上反而更大。

這樣的經驗一而再、再而三發生，我不得不私下承認，自己絕對不算勇敢。我看過前線的戰地軍官及士兵將戰鬥任務視爲家常便飯，巡邏兵走過叢生的雜草時連彎腰都省了。他們毫無餘暇去體會我從正常到緊急狀況的變化。而且，他們也不用證明自己不是懦夫，沒有人會懷疑他們。

在我的一生中，我從未享受暴力及戰爭行爲帶來的快感。不過，當我說戰場上的恐懼有其動人的層面時，必須弄清之間的細微差異。我猜，所有這一切都是因爲當死亡不過是一瞬間的事，而生命降格成偶然的小事時，個人反而從中解放。這或許可以解釋，在緊急情況下，人們往往願意冒險，在正常情況下卻不願意。有一次，我置身第一線的步兵連時，剛好碰到敵兵的猛烈砲火轟擊。我們四周的樹枝紛紛斷裂，到處充斥刺鼻的硝酸味。我發現自己四肢著地，恨不得沈入地表以下。我一心盼望振耳欲聾的爆炸聲趕快結束，同時卻觀察到草地上的螞蟻照常行動，似乎對更高等生物間的生死博鬥渾然不覺。在一瞬間我也照著做。我平躺在地面上，絕望與焦慮的情緒頓獲抒解。一大塊生鐵從砲殼剝落，飛落到身旁不遠處，我才知道自己逃過一劫。我本能想撿起來當紀念品，卻發現鐵片滾燙難耐，手掌幾乎長水泡。

在密支那戰役期間，每當下雨的黑漆漆夜晚，日軍常派小隊人馬滲透到我軍後方。他們使用三八式步槍，槍口發出「卡碰」的聲響。只要後方傳來數聲槍響，加上前方槍聲，讓人不免疑心我們完全被包圍住。在這種情況下，我們部隊的射擊紀律無法令人恭維。一天晚上，自部隊後方傳來「卡碰」聲，前方部隊於是向我們還擊。我們在步兵八九團的戰地司令所，位處一個小山丘，離駐紮所在的小機場並不遠。數發子彈從我們身旁飛過，小機場的部隊於是深信小山丘已被敵軍攻陷，他們的戰略位置岌岌可危。在暗夜中，槍砲的聲音穿過時停時下的雨，只能顯示出射擊方位，但無法看出距離遠近。在一片混亂中，後方部隊朝我們射擊，而前方部隊也隨之潰散，機關槍及迫擊砲此起彼落。這時地表已堆了厚厚的一層泥，散兵坑內積水及踝。爲了避免被敵方及我方擊中，我們儘量壓低身體，浸泡在濕寒冰冷中。從曳光彈擲出的化學物中，部分已開始燃燒，發出尖銳的聲音，碎片四處散落，委實可驚。第二天早上，我們發現小山丘的樹上布滿彈痕。團長的勤務兵在離我數碼處中彈身亡。在混亂中，一位從來沒有碰過自動武器的無線電報傳輸員兵，抓著一把四五口徑的湯普森（Thompson）半自動衝鋒槍，射光了滿滿一子彈夾的子彈，以發洩他的恐懼。子彈往上飛，在上方的防水布穿了幾個洞。後來我訪問一些人，包括一些作戰多年的好手，他們全都說當時確實被嚇壞了。不過，他們補充說，不管信不信，那還真是刺激的經驗。人一旦倖存，就會浮現解脫的感覺。

我在戰場上看到史迪威將軍不下六、七次。有一次山徑過於狹窄，我只得踩在一旁的林地，讓路給他和部下。我非常想對他說說話，鼓舞這位身為我們總指揮的老戰士。他一定很寂寞。雖然他和我們之間存有歧見，但他對這場大戰一定心有所感，否則絕不會自在地將國民黨的徽章戴在帽子上。我和鄭將軍看法不同，我認為史迪威經常親征前線並非意在炫耀，雖然以西方標準而言，一定程度的出風頭無法避免。身為戰地總指揮的他設法以身作則，證明他並非要求下級軍官及士兵達成不可能的任務，也沒有要求他們超越太多三星將領所能做的事。

說到炫耀，連朱上尉和我都自覺到自己的愛出風頭。身為總司令部的人員，我們偶而冒險一探無人地帶，顯然對戰事沒有太大助益。然而，一旦置身前線，總是有無可滿足的衝動，想再多前進幾步。我不知其中有多少出於虛榮，又有多少來自補償心理，前者驅使我們尋求肯定，後者可能失之矯枉過正。但除了這些因素以外，我們的確真心想提升報告的品質。說難聽一些，如果我們的任務是求證作戰部隊的表現與進展，卻只是坐在後方，聽取部隊的簡報，一定會引發批評。況且在叢林中，如果打算有所斬獲，不可能離無人地帶太遠。

我尤其想體驗戰士的感覺。國軍在瓦魯班（Walawbum）隘口附近折損兩輛輕型坦克。我去現場兩次，觀察被日軍燒毀的坦克。我用手指觸摸被點四七反坦克砲打穿的洞。彈痕是完整的圓形，內部的表面非常光滑，像是用機器穿鑿出來的。鐵甲皮上沒有粗糙的邊緣，也沒有突出的鐵塊。連鐵甲都能貫穿的子彈留下恐怖的後果，使我得以從各種角度重建戰爭現場。在漫天火海的景象中，勢必夾雜著鋼鐵高溫燃燒後的氣味，還有潑灑的汽油所散發出的味道。這樣的景象縈迴不去，令人不安，無怪乎作戰人員稱他們的坦克爲「鐵棺材」。後來我兩度執行坦克任務，但沒有碰到任何反坦克武器。在第一次任務中，日軍的機關槍輕輕刮傷坦克，讓外漆受損。但四周的草地太厚，我看不清楚事情始末。第二次任務是率領步兵進入臘戍。充當機槍手的我，奉令不放過任何可疑角落，我也照辦。我懷疑城裡是否還有日軍存在，我只看到一隻狗飛速奔跑，這隻狗十分聰明，衝向我們，但躲到子彈彈道下方。敵軍在遠距離的砲轟起不了任何作用。

我喜歡在報社的兼差工作，因爲有許多瑣碎小事無法寫進正式的報告中。前線軍官從散兵坑出來時氣定神閒，好整以暇地刷牙刮鬍，即使是軍事史家，也會錯過這樣的場景。他們的不慌不忙有時令人氣惱。有一次我和一位營長走在柏油路面上，他警告我不要踩到地雷，但語調太過漫不經心，幾乎是用唱的：「喔喔，你要踩到地雷了！」這時我才發現，就在正前方的路表有數處鬆動。日軍一定匆忙行事，因此重新塡過的地面十分明顯，即使連地雷的黃色雷管都清晰可見。可以理解的是，這些不是針對人的地雷，而是針對坦克及卡車的地雷。事實上是我的錯，我不應該被散落路邊的雜物所吸引，因而忽略了前方的危險。但我的同伴曾少校在示警時語氣應該可以再加強一些，抑揚頓挫可以再明顯一些。我對他說，如果我真的誤觸地雷，對他也沒好處。

我開坦克進臘戍時，一位坦克班的班長受了輕傷。他回來時，頭上已經過急救包紮，血跡斑斑，但是他困窘地不得了。意外之所以發生，是因爲他讓砲塔蓋打開得太久，日軍以榴彈砲瞄準我們時，他來不及應戰。但是他否認在戰役中受傷。他極力辯解：「看，我只是稍微刮傷而已。彈殼擊中磚牆，打下一些塵土和灰泥，對吧？所以有一大堆煙塵掉到我頭上。沒有什麼好緊張的！你怎麼可以說我被彈殼打到呢？我又不是銅牆鐵壁，對不對？」士官對戰爭的風險輕描淡寫，對他們扮演的英雄角色不以爲意，這不是我第一次聽到。

我喜歡聽士兵間的對談。八莫戰役所以曠日耗時，原因之一是我們後方的橋被雨季時的大雨沖垮，坦克因此開不進來。有一天我聽到一名卡車司機對另一名司機說：「坦克車有什麼用？只要給我一千盧比，我向你保證，我可以開著我的GMC卡車在城裡橫衝直撞，效果就和裝甲車一樣。」但他的同伴不爲所動：「好啊，老兄，我可以替你保管錢。」

在緬甸和印度，士兵每個月可以獲得十二到二十盧比（三到五美元）的零用錢。大多數人都花在香菸上，但也有人節儉會打算，省下錢來買手錶。有一次，我們的前線響起日軍坦克戰的警報，一名連長推火箭砲上前線。在這緊要關頭時，一名武裝火箭砲的中士忽而回頭，打算向連長的勤務兵買手錶，那可是實足的五盧比。交易沒有成功，不過我們可一點都不意外，因爲勤務兵開價兩百五十盧比。

當然，戰爭不可能總是如此滑稽。事實上，每天都有人被炸斷腿，頭顱大開，胸部被打穿。我看到的人類痛苦不知凡幾。我聽說，德軍讓軍樂隊在戰場上吹奏送葬曲，美國的作戰部隊中有墳墓註冊處，但駐印軍一切付之闕如。我們的死者，如果算的上埋葬的話，只不過在屍身上覆蓋一層薄土。雨季時大雨沖刷新挖的墓地，淒涼的光景讓路人也覺感傷。大多數的日軍屍身橫在路旁，無人聞問。我在中學時，曾經讀過一篇反戰文章，作者描述他曾躺在死人旁邊，看到蛆在屍身上翻滾蠕動，我從沒想過自己會親自經歷他的描寫。在緬甸戰場上，我有非常類似的體驗，我還看到螞蟻從死人身上搬走米粒。

但戰爭的不理性並無法說服人。戰爭讓戰士過著累人的操練生活，卻也帶領他們進入生命中稍縱即逝的重重機會及神祕中。因此，戰爭無可避免會勾起各式各樣的情緒及感懷，有時是浪漫情史，其徒勞無功宛如詩篇，只能寄之以憂思。在我記憶中，有一幕發生在密支那小機場的情景。在跑道旁不遠有一灘水，水中有一個瓶子載浮載沉，只有傾斜的瓶口浮在水面上，雨打在水灘時，瓶子隨著起伏。水灘逐漸擴大到一旁的濕草地上，一旁是張軍用毛毯，埋在泥堆中。在後方，是一整班的美國步兵，他們綠色的軍服全都濕透，看起來像黑色，黏在身上。附近沒有任何遮蔽之處，傾盆大雨無情地下著。

這些士兵肩荷卡賓槍，顯然在等候出發的命令，全都站著不動，不發一語。我能說什麼呢？要我說他們英氣勃勃地站著，堅忍不拔，昂然挺立，決心承擔戰爭的重任，忍受惡劣天氣的折磨？我再仔細觀察，他們的眼圈和無動於衷的表情都讓我別有所感。美國人樂天活潑的典型特質哪裡去了？下雨會讓他們想到家鄉嗎？想到九千哩之外的家鄉？在家鄉，如果碰到這樣的大雨，他們一定會用報紙蓋住頭，開始奔跑，大步跳過水灘，大叫大笑。現在，不就是同樣的一整班人馬氣餒沮喪，不知所措，無法面對戰爭的悲慘與不確定？難道他們不是感官麻木、才智枯竭、無精打采嗎？

無論如何，在我投到《大公報》的文章中，我必須強調光明面。在中國的文化傳統中，不可以當面講朋友的壞話。再說，描寫我們仍然敬重的盟友已對戰爭感到厭倦，這樣的文章會被退稿。畢竟，戰爭事關權謀。爲了凝聚意志力，必須先從假象開始。不過我心中自有定見。

在孟拱河谷的第二天，我在橋下看到一具日兵的屍體。他的右手似乎握緊喉嚨，以倒栽蔥的姿態俯臥在河裡。他的雙腳張開，頭浸在水裡。我趕上距離不過兩百碼的前線部隊時，連長邱上尉告訴我，死者官拜上尉，一個小時前被我們巡邏兵開槍射死，邱上尉拿走了死者的手槍，他給我看死者的軍徽爲證。死者身旁還有一張地圖及一本英日字典，兩件物品都濕了，被邱上尉放在矮樹叢上晾乾。

毋需多久，我就發現死者和我有許多共通點，屬於同樣的年齡層，有類似的教育背景。在死前一天，他還努力溫習他的英文！誰敢說他不是大學學生，脫下黑色的學生裝，換上卡其軍裝？想想看，要養大及教育他得花多少心力，接受軍事訓練得花多長時間，然後他在長崎或神戶上船，經過香港、新加坡、仰光，長途跋涉的最後一程還要換搭火車、汽車、行軍，最後到達在他地圖上標示著拉班的這個地方，也就是已經燒毀的卡吉（Kachin）村，千里迢迢赴死，喉嚨中彈，以殘餘的本能企圖用手護住喉嚨。種種事由之所以發生，是由於他出生在黃海的另一邊。否則他將和我們在一起，穿我們的制服，吃我們配給的食物。在孟拱河谷這個清爽的四月清晨，蝴蝶翩翩飛舞，蚱蜢四處跳躍，空氣中瀰漫著野花的香味。而這名上尉的雙語字典被放在矮樹叢上，兀自滴著水。

日軍投降當天，鄭將軍和我人在昆明。重慶之旅令我們非常失望，蔣介石曾一再保證，鄭在駐印軍的努力會得到肯定。我們因此以爲，一旦遠征軍回到中國，鄭將軍可以獲得實質的指揮地位。我們在重慶一再等著他的下個任務。最後命令發布，鄭將軍再度擔任副手。更糟的是，他是第三方面軍總司令湯恩伯下的副司令長官。湯將軍並非出身黃埔，但他的第一副手張將軍是，而且還是第一期生，和鄭將軍一樣。張將軍和湯將軍搭檔，已有很長的一段日子，可以追溯到湯將軍帶領十三軍的時期。也因此，他們根本不需要鄭洞國。副司令長官是個多餘的職務，沒有明確規定的職責。除非司令官指派他執行不痛不癢的雜務，否則他的急於效勞不會被欣賞，反倒引起猜疑。忠於湯將軍的將領可能以爲，有個外人打算攻進內部。事實上，我們在第三方面軍時，或多或少被總司令部人員視爲湯將軍的賓客。

鄭將軍已預知這一切，因此不急著趕到柳州去向湯將軍報到。我們改飛到昆明，藉口很正大光明，就是視察駐印軍的未完軍務。實際上，鄭將軍忙著打麻將，我則和他的妻舅和兩名姪女混在一起，他們年齡都和我差不多。

到了八月，世界局勢轉變，終於讓我們得以付諸行動。蘇聯參戰。美國投擲原子彈，日軍投降。街上的報童天天叫號外。對我們而言，最振奮的消息是，中國被占領的地區劃分成各個區域，每一區域大小和省差不多，各由一位資深的國軍將領來接收。第三方面軍奉令接收重要海港上海及國都南京。即使鄭將軍也覺得興奮，他說，我們要在兩天內飛往柳州。

我的首要工作就是減輕我的行李。在回到國內之前，我曾飛往加爾各答。雖然是爲後勤部隊軍官出差，但我也趁機添購個人用品。我在緬甸前線的幾個月之內，存了不少盧比津貼，《大公報》的稿費又加強了我的購買能力。我預期國內物資短缺，準備了一年份的牙膏、刮鬍刀片、刮鬍膏和羊毛襪。我還買了一件英國羊毛衣、一件皮夾克、兩雙長靴、一個網球拍、一堆寶藍色的文具及幾副撲克牌。這些私人物品加上額外的制服及內衣，全都裝在儲物櫃中，由開進雷多的軍用卡車運送到昆明。就算戰爭再持續一、兩年，我的物資需求也可以不虞匱乏。現在問題出在運輸方面，多餘的行李在國內搬運不易，而且如果鄭將軍無法獨立發號施令，我對相關服務設備的吩咐權力也會減弱。我開始擔心這件事，意外的是，昭和天皇決定投降，解決了我的所有問題。

我委託鄭將軍的勤務兵童中士，拍賣儲物櫃內的所有物品，連櫃子本身也一併賣出。在昆明，這根本不成問題。我所有的物品都很搶手，沒有人追問貨品如何運進來，或追究一名陸軍軍官為何會擁有這些物品。不過，我對賣這些東西卻覺得很不好意思，即使換成現金也並非我原先財務計畫中的一環。在世界政治局勢的快速演變之下，個人的財務不過是小事一樁。扣掉佣金後，出售上述東西讓我擁有成捆的大額新鈔，有些仍然嶄新，而且還連號，見證當時通貨膨脹的速度有多快。隨後在柳州時，我還從第三方面軍領了兩個月的積欠薪資，回溯自鄭將軍被任命時。紙鈔塞滿我的背袋，相當於兩、三本精裝書的厚度。這些錢到底價值多少，我到了上海才有概念。

51 上海

上海

從柳州到上海的飛行平淡無波。第三方面軍的先遣部隊包括兩名副司令與二十五名軍官士兵。我們又運了一輛軍用吉普車，以備不時之需。九月四日午夜後不久，美國C-54飛機起飛。由於經度的差異，等我們到達長江三角洲時，天早就大亮了。雖然這是我第一次從高空俯覽，但機底下的景色異常熟悉：一片水鄉澤國，村落點綴在龐大的溪流與運河之間。我們飛抵江灣機場時，C-54似乎打算和整齊停在機坪的成排日本戰鬥機爲伍。戰鬥機機翼與機身上的紅太陽，仍然顯得邪惡不祥，威脅感十足。還不到一個月前，這還是禁忌的畫面。一個人只有做惡夢時才看得到這種景象，否則他絕對無法生還，將所見告訴他人。不過，雖然停駐的戰鬥機讓我們激動，但更令人吃驚的還在後頭。

前來迎接我們飛機的日本陸軍及海軍軍官，一點也沒有我們預期的不快或反抗態度。他們舉止體貼有禮，甚至顯得快活。一聲令下，他們的司機就拿下轎車上的國旗，神色從容，換上國民政府的青天白日旗。旗子是我們帶來的，裝了一整箱，準備在各種場合中使用。車隊開上南京路，送我們到華懋飯店（譯註：即現在之和平飯店）去，套房與房間已幫我們預先準備好了。華懋飯店可能是當時國內最豪華的飯店。地毯厚實，窗簾、桌布、床單等都是頂尖的材質，傢俱是厚重的柚木，全身尺寸的鏡子隨處可見。如果想用餐，我們只要到樓下的餐廳或咖啡廳，點菜單上的菜，再簽個名即可。由誰來付帳，飯店是由誰管理，我始終無法得知。事實上，當時到處都是一片混亂。日軍軍官看我們受到妥當照料後，向將軍敬個禮就走了。他們到底是我們的假釋犯人呢？還是我們是他們在政權交替時的客人呢？實在難以分辨。

其後數天，我們看到各式各樣的日本將軍與上校前來會商接管事宜。從他們的態度來看，這只是例行公事，因爲他們從來不爭辯。鄭將軍和張將軍說話時，他們總是專心傾聽，然後回以簡潔肯定的「知道了」。他們是真心誠意的嗎？他們怎麼可能對投降屈服表現出如此少的感情？由於記憶猶新，許多中國人仍然認爲，永遠不可以信任日本人。我們當時並不了解，大和戰士是全世界最直線思考的民族。依他們的想法，一旦挑起戰爭，必須將自己的命運交給暴力來決定。既然力量至上，武裝衝突後的決議成爲最高指導原則，因此戰勝者一旦誕生，就再也沒有必要去讓其他因素干擾最終決定，也就是終極事實。現在回想起來，日本天皇宣布日本被擊敗時，和我們接觸的這些軍官可能反而覺得鬆了一口氣。

我們抵達當晚，我溜出飯店到上海市區好好逛了一回。我對上海並非全然陌生，因爲在戰前曾經來過數次。當時還有以英國爲首的各國租界，英國租界從碼頭區一帶開始，日本租界在虹橋區，另有獨立的法國租界。各租界有自己的公共設施和大眾運輸，連警力也各不相同。殖民母國帶來了包頭巾的錫克人和黑牙齒的安南人，負責指揮交通。有時會看到一連英軍在靜安寺路上行軍，配上蘇格蘭風笛的軍樂。上海也是罪惡的城市，酒吧裡有水手及妓女，城裡有賽馬、賽狗、賭場、黑社會及黑幫老大。但是，對許多中國人來說，上海是文化中心。所有的電影都是在上海拍攝，許多書報雜誌——和人口不成比例——在上海出版，這也是上海充滿吸引力的原因。

珍珠港事變後，日軍全面占領這個國際都會，原先百無禁忌的歡樂大幅節制。不過，令我驚訝的是，許多舊店家居然能安渡戰爭及被占領時間。先施百貨還在，永安百貨也是。在法國租界霞飛路上的咖啡廳及餐館內，女侍是白俄人。部分餐廳仍裝有吃角子老虎，商店裡滿是商品，沒有配給或價格管制的跡象。展示的商品包括羊毛織品、絲織品、菸草和知名的威士忌。還有錫罐裝的香菸，三堡牌（Three Castles）、絞盤牌（Capstan）、駱駝牌和雀斯牌（Chesterfield）等等。Lucky Strike的綠色標幟並沒有在戰爭中煙消雲散，一定是在上海的某個角落躲了一陣子，在戰後以原來的面貌出現在架子上。欣賞完種種商品後，我開始替自己買件睡衣，這時才驚喜異常，因爲商店不只願意接受法幣鈔票，而且法幣的購買價值相當於在昆明或柳州的十倍之多。

在一家兼營兌換錢幣的香菸店裡，我很快證實了這個令人狂喜的發現。這家店買賣黃金、美金及法幣。我從來沒有預期到，任何店家會將我們領到的紙鈔視爲真正貨幣。

兌換的匯率也對我十分有利，我開始覺得，在飛到上海前在柳州剪頭髮是多麼地愚蠢。如果我延後二十四小時再理頭，在柳州花的那筆錢，可以讓我坐在上海舒服多了的旋轉椅上，剪一整年的頭髮。我在內陸買點心的錢，足以在這裡的上好餐廳享用一頓豐盛的晚宴。我在昆明咖啡廳裡付的小費，可以在上海吃一頓牛排大餐。童中士替我賣的兩件厚黑呢襯衫，可以讓我在這裡訂做一套羊毛西裝。背袋的錢讓我頓時成爲富翁。

正如加爾布雷斯（**John Kenneth Galbraith**）指出，在中國內陸和接收前的沿海地區之間，存在著空前的幣值差異。（加教授後悔沒帶現金到上海，無法趁機採購價格便宜到離譜的真絲和綢緞。如果他當時來找我，我就可以幫他忙。我猜他也住同一間飯店。）在特殊情況下，要致富並不難。當時我應該把手上的現金換成黃金，找個藉口去搭美國飛機（當時正從事規模極爲龐大的部隊運輸作業），回到柳州，賣掉黃金，再回上海，買更多黃金。正如加爾布雷斯所說，事實上，這是合法的勾當。不過，我不應該爲錯過大好良機而後悔哭泣。那樣的冒險將使我的人生踏上截然不同的軌道，其後果將超乎我的想像。因此，當時膽小的我乖乖把錢留在背袋裡，偶而拿出一小部分來享樂一番。我並沒有把這筆錢換成美金，所以後來貨幣貶值時吃了虧，幸好貶值速度並不快。只要我還有這筆錢財，我的生活就還算愉快。這種「來得容易，去得容易」的金錢管理方式並不算太糟，即使名列全球頂尖經濟學家的加爾布雷斯，也沒有比我好多少。

在上海住了兩晚後，我們飛往南京。鄭將軍負責處理僞政權時代的「僞軍」。他和部分軍官面談，決定他們的未來。士兵則被國軍吸收，或是轉成警力。後來有些人穿著新制服參與在東北的戰事。

我們在南京時，目睹岡村寧次將軍正式對中國陸軍總司令何應欽將軍投降。日軍忙著清理受降典禮的場地，這些士兵維持絕對嚴謹的紀律。輸了大戰、帝國體系解體、希望和保證落空、犧牲個人和家庭、前途未定帶來的壓力和焦慮，都無法構成不服從的藉口。他們的軍官一點也不怕失去權威，仍然對士兵大叫「你們這些廢物」。

九月九日這一天，岡村寧次抵達中央軍校，簽署受降書。在照像機此起彼落的鎂光燈中，他顯得有些不安，握緊拳頭提振士氣。軍官也好，士兵也罷，這是我第一次看到日本人在戰爭結束時表現出不安。除此以外，無論在任何地方，都看不到翹起的嘴角、鬼臉、不滿的抱怨或是一絲一毫的揚言復仇。日本人是一流的輸家，他們的自制力超群絕倫。以前的敵人在我們面前表現如此傑出，讓我們開始懷疑，他們是否就是傳聞中殘暴野蠻的日軍。

我們回到上海，剛好趕上過中秋節，放假氣氛仍然很熱烈。任何時間都可以聽到間間斷斷的爆竹聲。軍用吉普車和三輪車都插著一種特別的旗幟，設計者沈迷於自己對世界新秩序的幻想，在旗子的四邊畫上四強的國旗，中國國民政府的青天白日旗最大，其次是美國的星條旗、英國的米字旗及蘇聯的鐮刀旗。每當美國飛機飛過黃浦江時，所有的船隻都鳴笛歡迎。有一次，一位美國水手付錢給三輪車司機，請他坐在自己的車子裡，水手自己用力踩著踏板，和其他車伕比快。這些水手精力充沛，如果說在美國家庭和健身房中普遍使用的健身腳踏車，是由其中一名水手所發明，其實也不為過。

第三方面軍總部從華懋飯店搬到前法國租界的一棟公館，再搬到虹橋前日本海軍軍營。每搬一次家，我們的地位和影響力也隨著降低，相關福利隨之減少。上海人從新聞影片中看到盟軍的勝利遊行，一心期盼國軍也有類似的表現。歡迎委員會看到我們的士兵穿得破破爛爛，一副營養不良的樣子，拿著竹竿和水桶從飛機上走下來，他們的滿腔熱心頓時化為烏有。更不消說，法幣魔力消退，讓城裡的商人不再喜歡我們。

但是我一點也不沮喪，反而認為未來一片光明。從軍後能夠生還，而且視力和四肢完好無缺，就足已是一項成就。我已看夠雲南的群山和緬甸的叢林，稍微放鬆一下並不過分。鄭將軍一定也有同樣的念頭，他換上平民服裝，搬入一間從漢奸沒收來的房子裡，偶而才進辦公室一趟。無事可做的我，學會了社交舞。上過幾堂課後，我穿著新的軋別丁制服，和約會對象到茶會跳舞，有時也去夜總會。我看著樂師拉扯收縮手風琴的風箱，舞池裡有一對舞步輕快的年輕人，隨著音樂伸展及壓縮自己，身體差點橫倒在地上，彷彿他們也是樂器的一部分，兩個身體合而為一。他們跳的是探戈，看了真是賞心悅目。還有倫巴及森巴的音樂。樂師轉而拿起像西瓜但有把手的樂器，發出沙沙的響聲。舞池裡的男男女女全都隨著音樂擺腰扭臀。這些舞步對我而言太過前衛，所以我敬而遠之。我只讓自己跳狐步和華爾滋，也就是最基本的舞步。在成都時，我們練過單槓和鞍馬，因此我自認運動細胞還不錯。但有一天，朋友的妹妹可能是不怕對我說實話，直接對我說：「爲什麼你要用力推我？把我當成手推車嗎？」

我大概是在這個時期認識安的。我常帶她去夜總會，我弄錯節拍時，她就會抓著我的手，表示要暫停一下。她稍微停頓後說：「來，再試一次。」放鬆後果然合上節拍。

我告訴她許多軍旅經驗，但略過在雲南用手指掐蝨子那一段。我發表長篇大論時，她靜靜聽著，我講完時她會說：「這已成過去。戰爭已經結束了。」我略感失望，甚至有些懊惱，原以爲她會更熱衷一些。

更煩人的是，戰爭可能**尚未**結束。中國可能捲入新的戰事，也就是國民黨和共產黨間的內戰。每天點點滴滴的消息都指向我們最害怕的事：緊接抗戰而來的內戰，似乎無可避免。華北爆發零星的戰事，但真正的麻煩在東北。蘇聯阻擋我軍進入東北，但共軍卻以步行和破爛的車隊急速搶進。眾所皆知，我們不能再承受任何戰事，這個可憐的國家已經被戰爭蹂躪得差不多了。我想到我在共產黨的朋友，不知他們此刻做何感想。但是，如果牽扯到蘇聯，而東北也即將不保，我們就別無選擇。處境之悲慘，莫此爲甚。

我對傾心的女孩講了很多自己的事。而今思之，我一定是想透過與她的談話來解決個人的困境。我說，希望能待在軍隊中，最後成爲將官，見識世面，就像她父親一樣。我說我還不夠格當指揮官，我可以有將軍的思考方式，但懷疑自己行動上做不到。拿自己的生命去冒險並不難，叫他人去送死則是另一回事，正如一名上校曾經形容的：「將他們送到敵軍的槍口」。衡量種種因素後，我還是考慮去當軍事理論家或軍事史家。她靜靜聽著，不發一語。有一次，我說到自己可能試著退役。這次她回以：「退役吧。」

「咦？」我愣了一下，她的回答太過明快。我原先以爲會聽到更溫和的建議，比如說從軍這麼多年，思考下一步時應該更謹慎等等。

「如果你想退役，」她接著說：「就退役吧，不要光說不練。」

問題是，我無處可去。我這一代的年輕人大多想出國留學，中國政府卻限制學生護照的數量，只發給大學畢業後出國念碩士的人。除獎助學金外，教育部還舉辦競爭激烈的考試，讓出國念書的人取得**個人貸款**。市場的匯率是兩千法幣兌換一美元時，通過國家考試的人可以到指定銀行以二十法幣換一美元。貸款是假，百分之九十九的資金都由政府出資，做爲補貼。他們甚至還設立一個類別，給在戰爭最後兩年被政府徵召當軍隊翻譯官的大學生。像我這樣在軍中待了很多年的老兵，根本沒有機會。

「你知道原因何在嗎？」安問我。

我搖搖頭。

她解釋，國民黨並沒有憲政基礎，不必對任何人負責。大學生卻可以藉遊行、絕食抗議、散發傳單等方法來搗亂，所以必須安撫他們。另一方面，不論我是不是老兵，像我這樣的人根本對政府構不成威脅。會造反的人才值得尊敬，會吵的孩子有糖吃。

也許我該重返校園，可能這才是長期的打算，尤其是在政府還提供獎學金的時候。

我從軍之前，才剛在南開大學念到大二。不過我不想再重念電機工程。看到眼前出現人類如此大規模的奮鬥與掙扎，我已經對別的領域產生興趣，不想再研究安培、伏特、靜電系單位等。我有了戰爭的第一手經驗，念新聞可能是不錯的主意。在新聞的領域彰顯自己，不但比較刺激，機會也比較大。我曾聽當時流亡昆明的南開大學副校長說，一旦下一年他們在天津復校後，計畫設置新聞學系。我把自己登在《大公報》的剪報，並附上在《抗戰日報》時工作的概況，以及投到其他地方的文稿（有一篇登在香港的刊物上）一起寄到註冊組去，希望可以換得一些學分，或至少確認我換主修學科時，不會喪失太多資格。大學的回覆如下：「有關你請求承認你在課外活動的成果，等你的入學受到正式核可，而你本人入校時，將得到適度的考量。」我的詢問就此打住。校園還不知道在哪裡，就已經出現這樣的官腔官調。

爲何不放棄大學學位，直接進入報界工作呢？我在共產黨的朋友就是這樣的。上海的兩大商業日報重新出刊，不吝大篇幅刊登股票和債券價格，卻對我的戰爭見聞不感興趣。我唯一想去的報紙就是《大公報》，當時仍是中國教育菁英的燈塔，受到我這一輩年輕人的景仰。我還去找一位以前認識的人，他是該報上海辦公室的通訊社編輯。我去找他時，他在辦公室一旁的昏暗小房間內，剛從行軍床上醒過來。談了數分鐘後，我打消問工作的念頭。《大公報》存在了我個人要面對的所有問題：除了抗戰勝利後的財務及重新定位的問題之外，還面臨著即將開打的內戰，到底要支持國民黨或是共產黨，或是保持中立，如果可能的話。

到了十一月，接管日軍的工作全部完成。第三方面軍的總部完全撤出上海，搬到無錫。副司令長官鄭洞國卻被留下來，監督日軍第六十一師團整修國道滬杭公路。之所以有如此安排，是出於下列的背景因素：

戰後不久，我們的想法是解除日軍的武裝，儘快送他們回國去。大上海地區的日軍在繳械後，被送到江灣的戰俘營區。但是，一週又一週，一個月又個一月過去了，找不到交通工具可以遣送他們回國。我們當時擁有的運輸工具絕大部分由美國提供，正忙著將政府人員從重慶送回南京，把軍隊從南方運送到北部及東北。在這樣的情況下，遣送日軍不被視爲當務之急。然而，只要我們留他們一天，就要養他們一天。因此爲何不叫他們工作呢?很合邏輯的想法，但修復道路的工作並不需要由中將來監督。原因出在湯恩伯將軍既然無法讓他的第二副手在總部有事做，於是很大方地解決這個問題，至少暫時不成問題，讓鄭洞國有藉口待在上海的家，不必毫無意義地待在不方便又不舒服的無錫。

這樣的安排對我再滿意不過。工程軍官莫少校和我必須安排前置作業，花很多時間在戶外。這時沒有更稱我心意的事了。打從春天從緬甸回國後，我大半都在遊盪。抗戰勝利的興奮既然已經結束，這項工程不但讓我有事可做，而且可以讓我分心，不去擔心工作、事業、學業、遙不可及的安等種種無法解決的問題。

日軍已繳交挖掘壕溝的工具、手推車及卡車。每當我問起這些工具時，上海後勤司令部的軍官照例道歉連連：他們不知道工具放哪裡。每當我去倉庫和軍械庫時，第二負責人同樣道歉連連：「主管不在，他們不知道是否可以把這些工具交給我們。最好的方法就是麻煩黃參謀再過來看看。明天主管會回來，他正是你要找的人。」等了幾天後，我發現日軍第六十一師團總部有位會講英語的中尉，而且在奉召入伍前還是東京帝國大學的學生。他和其他日軍告訴我這些器具的確定放置地點，不但有工具，還有水泥、木材、繩索、木棒等，是數週前才繳出的。我領著第三方面軍的正式命令，重新回到倉庫和軍械庫。我對他們說，不行，我不方便再去他們的辦公室一趟，如果負責的人不在，不管誰代理，都要給我十字鍬和鏟子。日軍已準備好要上工，共有一萬五千名士兵呢，每天要花一百萬元去養他們。副司令長官會問我工程爲何耽擱，如果他們不相信，我可以當場打電話給鄭將軍。如果沒有施加威脅，修復工作不可能順利進展。

日本人就很容易相處了。六十一師團的工程軍官繳交一份計畫書，一開始免不了是形式化的內容：工程的目的、應有的規模、大體的方向和重點等等，也就是可以刻在石板上的序言。不過，接下來的內容並非妝點門面而已，計劃書上的每個細節都可以徹底執行。在指定的時間和指定的地點，總看得到準備就緒的士兵。事情從不出錯。在工程期間，他們分配到村裡居住。雖然已經解除武裝，仍然由我們七十四軍的部隊來看守。我們一度擔心戰俘和居民之間會起衝突，因爲日軍在戰時的殘暴仍讓人記憶猶新。不過，什麼事都沒發生。只有過一起事故，一些日本兵在戶外生火，結果風勢太強，一戶民宅的茅草屋頂被燒壞了一部分。但在我方得知以前，日軍已經和屋主和解。一整團的人絕食一天，省下伙食費來賠給屋主。鄭將軍得知此事，很可憐他們，因爲一整團的人，無論是軍官或士兵，都得挨餓過夜。他盤算再補給他們一天的伙食費，表示他的善意。但我勸他不用這麼做。我說，這些戰俘負起責任賠錢時，善意就已經建立起來了。我們應該讓好事和壞事並存，不必去遮掩。

但中國人民實在很寬容慷慨。他們心胸很大方，雖然能給的不多，張上尉就是一例。張上尉負責七十一軍的運輸連，負責看守一營的戰俘。我們稱之爲「鐵肩」的運輸部隊，原先出身苦力，只不過後來改披戰袍。他們是軍隊裡任勞任怨的馱獸，而非中國軍隊的驕傲。整連不過擁有二十支步槍，聊以自衛而已。當他們奉命看守日軍時，矛盾的景觀就出現了：日軍穿著的羊毛軍服，即使缺乏清洗熨燙，仍然比這些看守兵更新更像樣。總而言之，這就像是《桂河大橋》中「黑即白，白即黑」的翻版。

有一天晚上，我經過張上尉住的村落，順便看看他。嚇我一跳的是，他和三、四名日本軍官剛從村中唯一一家餐廳回來，呼吸間仍有酒氣。我有些不安。雖然沒有明令禁止和以前的敵人交好，但我們想不到張上尉會和日本軍官喝酒、享用大餐。這種行爲也會引發疑慮，這些日本軍官對他有何用心？或是他對他們有何用心？一頓大餐所費不多，但就我所知，雙方都沒有太多錢。戰俘理論上不可以持有現金。在國軍這方面，由每一個指揮官斟酌，連長可以虛報兩名士兵，領取他們的薪資配給，不會有人多問兩句，但超過限度就要受罰了。這個巧計正可以填補組織的漏洞，讓連長有津貼可供應用，或是做爲個人的補貼。不過，這筆金額也不大。

原來那晚張上尉自掏腰包請客，可能要花費他半個月的薪水。他不覺得奢侈浪費，也不覺得自己過度友善，他只覺得這一切都是理所當然。

從他的粗俗言辭中，我猜出他是那種一路從下士、中士而晉升到委任軍官的人。他稱我爲「貴參謀」，自稱「小連長」。「高層心腸硬，不能好好對待這些人。」他有些憤憤不平：「沒關係。」事實上，這是控訴政府沒有提供招待費。因此小連長必須改善情況。張上尉可以說是歐洲騎士精神的化身，更重要的是，他認爲，我們應該儘可能對以前的敵人親切和善，才能使他們相信自己已經被原諒，而且我們也和他們一樣，對敵意深感抱歉。他有很強烈的同情心，真心替這些日本人難過。他形容日本被轟炸，就像被壓垮的西瓜一樣，淪爲盟軍的殖民地，這時即使是我們身旁那位會說中文的日本通譯員，也忍不住笑了出來。我深信這個受過不多教育的上尉心腸太好，我也了解到，中國文化傳統中的某些要素具有持久的活力，展現在老百姓的對外關係上。我沒有以高高在上的大參謀身分來教訓這個小連長，反而被他高貴的純樸所折服，我想那些被款待的日本軍官也不可能有其他想法。

在野外工作，讓我的心思脫離了安，而且心安理得以爲，軍旅生活和我曾體驗過的愚蠢和虛度生命大不相同。滬杭公路是沿海重要的運輸要道，地理上相當於美國紐約到華府的公路。不過，這條公路從來沒有鋪好過。在日本占領期間，路面由於濫用而損壞嚴重。日軍完全避而不用，因爲沿路容易遭到中國游擊隊的埋伏狙擊。他們寧可改用鐵路或水道，在溪流及運河密布的水道上，他們的馬達船可以快速前進於廣大的地區。在戰爭末期，盟軍可能在中國東海岸登陸，這種立即威脅更使日軍毫無整修道路的誘因。我第一次開上這條公路時，發現部分木橋已經搖搖欲墜。在防波堤上方的路段，吉普車行駛速度還算快，但道路延伸到稻田時，村民往往開挖溝渠，用來引水灌溉田地，因而常成爲車輛的陷阱。有一天傍晚，我開吉普車通過溝渠密布的路段，如果我運氣好，大可順利通過，不會出事。但我在最後一刻才看到一條大水溝，緊急踩煞車，前輪因而繃緊，承受所有的壓力。我從猛烈的振動中回神，慶幸只有前輪輪軸壞掉，我的內臟及脊椎安然無恙。我等了三小時，才等到日兵開著軍用卡車來，是在修復隊執勤的六部卡車之一。不論是中國人、日本人、守衛、戰俘或百姓，大家一起同心協力，費了好大的勁，才將壞掉的吉普車墊上臨時做的木板推上卡車。

我們進行修復工作時，用的是簡單的工具和簡單的材料，絕對稱不上是工程壯舉。如果沒有後續工作，我也無法保證路面能持續多久。不過，工程給我很大的成就感，因爲這是我一生中第一次參與對大眾有利的工作。最不可思議的是，這工程靠的是和日本人合作，而我從小學開始，對日本人雖有種種情緒，卻從來沒有想過合作的可能。

從那段時間以後，我持續遠離安。我又結識了一位年輕幾歲的女孩辛妮。她和安一樣，都是上海聖約翰大學的畢業生。辛妮身材嬌小，皮膚光滑白淨。但是，我和她出去時，所引起的注視比不上和安同行時。我去找辛妮時，不必等待。她會儘快從樓上飛奔而下，穿著拖鞋或家居鞋，不管臉上有無化妝。她常問我問題，例如陸軍上尉和海軍上校有何不同，少校和中校哪一個比較大。有一次我對她抱怨部分軍官沒有品味，穿西式軍褲時，卻又穿著有裝飾鞋釘的靴子。她說：「也許他們希望踩在爛泥地上時，不會弄髒了褲管。」

辛妮樂於助人。有一天我送她回家時，前方忽然跑出一輛腳踏車。我不太會開車，當然立刻用力煞車，根本不管離合器，引擎因此熄火。令我驚慌的是，車子居然發不動了。引擎蓋下的電瓶發出柔和的低鳴聲，但馬達還是無法啓動。我事先已經被警告過，這輛車的馬達可能有問題，因此試了好幾次後，我把車子——辛妮稱之爲「吉普車輛」——推到路邊，然後打電話。回到吉普車旁時，我告訴辛妮，我回去見將軍會遲到，必須改搭電車。我問她是否可以行行好，在車旁等待，軍隊裡的技工會在一個小時內出現，帶她回家。她只問我，如何對技工說明車子的情況。依我的理論，是因爲電線和磁場不合，但這種說法對她而言稍微複雜了些，我於是用中國駕駛的慣用說法：「馬達的齒輪卡住了。」後來她如實轉達給維修人員，他們就了解我的意思。我懷疑安是否會同意幫我忙，事實上，我甚至不知道自己有沒有膽子開口請她幫忙。

有一天，我要處理一些文書工作，辛妮答應我的請求，偷溜到我的營房，在我的床上睡了兩個小時，我則在床邊工作。她醒來時，對我微笑，我於是抱抱她。她臉上仍然掛著縱容的微笑，一邊喃喃著說：「如果你想賺，可以啊。」

那一瞬間，我不能說不動心，但多嘴的我又問：「你確定嗎？」

「當然，」她說：「只要你最後會娶我。」

婚姻是神奇的字眼，卻也很有威脅性，一定使許多好冒險的年輕人突然變得膽小，立刻停止不成熟的舉動，當時更是如此。我因此就僵在那裡，在一剎那間，所有的狂野期待全都消失。穿過我腦中的，反而是當時面臨的種種問題：中斷的學業、經濟狀況、職業及未來。成都城外的甘藍菜田再度浮現腦海，孟拱河的冷冽也再度貫穿心中。

我知道辛妮的念頭。她父親在上海有個穩當的生意，她哥哥取得英國文學的大學學位，拋棄學業在店裡當助理，負責值夜班。他結婚後搬出家裡，但租屋離家只有幾步路，便利和太太回家吃飯。辛妮的姊姊和姊夫最近才從重慶搬回來，帶著兩個兒子一起搬回娘家住。他們需要找一個地方住一陣子，好找工作，但沒有人在意他們會住多久，不管是三個月或三年都沒有差別。我去過辛妮家，擁擠並不成問題。只要和家人達成協議，商量輪流用洗手間就可以了。我受邀進入其中一個臥房。我們在地上鋪張毯子，像野餐一樣，坐著玩牌。我喜歡她的小外甥，讓他騎在我的肩上，背著他上樓，教他唱：「誰要買小孩？我們有小孩要賣！」但有一次我太過興奮，忘記樓梯頂的門楣很低，結果小男孩的頭就撞到了。他放聲大哭，但辛妮的姊姊和藹笑著，把小孩抱走，一邊說：「沒關係，不用擔心。」

如果辛妮的姊姊、姊夫、哥哥、嫂嫂都不介意，我們也應該不介意才對。所以人人都應該結婚，生計不成問題，人口過多也不是問題。人愈多愈好，因爲大家可以彼此幫忙，這樣的精神持續推動中國，不論是戰爭還是承平時期，不論是貧是富。但我不知在何時就學會反抗文化的強制力，也許正因如此，我才沒有就讀林彪的抗日軍政大學。他們開始對生活的每個層面貼上「主義」的標籤時，這種強制力道更形強勁。也許正因如此，我經歷人生中的種種亂象，有時爆笑，有時哀淒，有時發人深思，可以說這並非意外。我生於一九一八年。次年，五四運動誕生，領袖人物高喊：「打倒孔家店！」這個口號伴隨著我成長，不斷在耳邊迴響。辛妮可以質疑我：如果我要的無非是自己的浴室和小孩碰不到的高門楣，直說就是了，沒有必要把孔子牽扯進來。她說的可能沒錯。但對我而言，這些東西總是一起出現，如果你屈服於其中一項，你也必須屈服於其他。因此，雖然床上的嬌小女孩仍然保持著淘氣的表情，牙齒輕咬下唇，嘴角盡是笑意，但我的熱情早已冷卻。

下一次安來電問我近況如何時，我又和她出去了。這次約會確定了我的疑心，我不知自己愛的是這女孩，還是她代表的文化，也可能兩者是一樣的。安不像白種婦女一樣有外顯而非內縮的下唇，但她的雙眼並不細長，而是又亮又大。她的化妝恰到好處，剛好突顯她細緻的顴骨，在像我這樣受到西方電影和雜誌制約的眼睛中，顯得非常吸引人。我們已習於欣賞雕刻般輪廓分明的線條，反而不太能接受中國式的柔和臉孔。安穿上高跟鞋非常自在，她披上外衣時，衣袖飄飄，轉身時長髮宛如波浪，一切顯得再自然不過了。沒有人會說，這個中國年輕女孩模仿西方的光鮮亮麗女郎。啊，安還很有主見，總是知道自己在做什麼。

我的一位朋友王先生，一天多管閒事建議我：「朋友，千萬別想和那女人結婚，否則你會後悔。」

「爲啥？」他雖然直言無諱，我卻不會太生氣，以爲他不過是忌妒我有這麼令人豔羨的對象。

他的回答更直截了當：「我告訴你吧，朋友，因爲太太比丈夫聰明絕對沒好處！」

我吞下怒氣，心裡卻不得不承認：王先生暗示安比我聰明，說的一點都沒錯。她不時展現她的敏銳聰慧。有一次，她帶著意味深長的微笑，說她哥哥**不過是**花花公子。這種說法立刻啓動我的防衛機制，我想不起來她哥哥哪一次不提到環遊世界。我替自己找了一個藉口：「要有錢才能當花花公子。」

「不，」安嘲笑我的天真：「花花公子就是花花公子。如果要先有錢再談玩樂，就不是花花公子了。如果花花公子沒有錢，就用別人的錢。」

我無法理解，她也從不解釋。我轉而看著她咖啡杯上的口紅印，滿腔疑問，不知從何問起。

我們去看電影《簡愛》，這是她決定的。雖然我全神貫注，最後也只能承認自己看懂的部分不及一半。我喜歡平克勞斯貝（Bing Crosby）和琴姐・羅傑斯（Ginger Rogers）的電影，因爲非常容易看懂。我喜歡《亂世佳人》和《煤氣燈下》，原因是事先已經看過故事摘要。但是，要看沒有中文字幕的《簡愛》，當然是另一回事。

安很能掌握狀況，她強調我應該加強英語及西方文明的基礎。「對一個年近三十的人來說，」她警告我：「已沒多少時間學外語了。」我不能再愚蠢賣弄我在大學學的一點點德文，在軍校聽來的一丁點俄文或日文，拿來炫耀更是完全不智。我應該練好英文，集中火力，專心去學好**英文**。

我們下次見面時，安帶我到碼頭附近的一家書店。她已經訂購一本《浮華世界》，要我保證從頭到尾看完每個字。她還給我她以前的歷史課本，從拿破崙戰爭開始，到第二次世界大戰前夕爲止。我很聽話，正好背袋已經變空了，於是隨身帶著厚厚的書，帶到東北，又帶回來。

三十八年後，我仍然還在和**英文**搏鬥。如果你是長期東學一點、西學一點，而不是持續而有系統地學習一種語言，你就永遠搞不清楚字句的排列組合。不過那也很有趣，也就是說，經過這麼多年後，我還是不知道如何玩別人的錢，但我樂意玩玩語言與文化。

如果我告訴安，我是受了誘惑，不知不覺去做，不知她有何反應。無論如何，之後我只在紐約見過她一次，而那也是好多年前的事了。那時我的熱情一定已經冷卻，完全沒有當初在她身旁時那種莫名的緊張感覺。

流亡生活有其有益及不便之處。現在即使以豐富的辭彙，我也無法確切表達我如何走到今日的處境。西方人如果和中國人結婚，並且決定留在中國，通常會備受好評，被認定具有異國品味，心胸高尚，願意和中國人同甘共苦。我們這些往相反方向飄流的人就得到不同的評價了，很少美國人會相信，我是去解決他們的問題。相反地，他們認定我們是到已開發工業國家去追求物質上的舒適，其中包括自己的浴室等方便的設備。不幸的是，這樣的批評自有幾分道理。以我的情況而言，因爲我必須以自己無法完全掌控的語言來書寫，批評家可以輕易指證我模仿笨拙，思想膚淺，這種說法其實不算錯。在美國永久居留了數十年後，我已經成爲美國公民。我不知父親會做何感想，記得我十四歲時，告訴他小泉八雲根本不是日本人，而是英國或美國人，後來才成爲日本公民，取了日本名字。「可恥！」父親說：「對他的祖國真是一大恥辱！」對他而言，公民權就是國籍，是由出生決定的。

不過，不論是高貴或可恥，另一邊的草地總是比較綠。有時爲了求變化，我不介意某一天混合綠色及紫色，雖然我平常比較喜歡藍色。說來奇怪，真到最近，在中國還沒有人能做到。因此，不論我父親是否喜歡，我必須接受下列事實：世界已經進入一個新時代，選擇的自由比血緣關係更爲重要。父親很有適應能力，如果他現在還活著，他會了解這一切的。

既然我已不知不覺跨過了文化疆界，我的見證可能有部分的參考價值。例如，有混合文化背景的我，看文化大革命的角度，就大大不同於那些沒有混合背景的人。雖然無產階級文化大革命強調平等，但從我的觀點來看，卻代表一場撤退回中國農民式純樸的運動，以便於管理。爲了保持公認的傳統價值，必須去除穿高根鞋和留著長捲髮的女人。不可以有探戈、狐步、有口紅印的咖啡杯，甚至布朗蒂（Charlotte Bronte）或薩克雷（Thackeray）。《簡愛》和《浮華世界》能提供什麼呢？年輕女性愛上已婚男人；貌似忠貞的寡婦思念丈夫的老友；丈夫入獄時，不忠的妻子在家款待仰慕者。彷彿這些還不夠腐化似的，還有少女在教會學校爲食物而大打出手，男生被鼓勵互舔，用金錢當獎賞！在中國要度日已日益複雜，沒有這些擾攘，中國人會過得更好！

難道我的生活不也變得很複雜嗎？有時我會這麼認爲。也就是說，有時我會疲於多邊的人際關係，不會引以爲樂。這時，多希望能將滿滿的經驗交換更基本的事物，例如我可以完全處理的簡單問題。然而，當我再細想時，我故事中的所有人不是一度也有同樣的念頭嗎？中國的問題在於，以龐大農業社會的單純結構，突然之間必須回應現代世界的挑戰，難怪會產生種種矛盾與複雜的問題。就我所觀察，每個具有個性、力量或野心的人，無不想以組織上可以管理的方式，試著解決問題：蔣介石藉著冥思的訓練和僞裝。毛澤東用辯證的權威，把所有意見轉成群眾路線的唯一選擇。一度被指定為他接班人的林彪，更想加以進一步簡化。史迪威為中國而努力，只打算處理一部分的問題，剩下的留給其他人。幾乎是我父執輩的鄭洞國，堅信所有的難處都可以被耐心所克服，組織的不足絕對可以用公正和善意來彌補。那個七十一軍運輸部隊的張上尉，那個「小連長」，可能比我有資格做他的門生。趨向簡單化也影響到日本人。岡村寧次在握緊拳頭參加受降典禮前，一定也會和戰友有同樣的信念，也就是日本一旦承擔起領袖角色，日本人的一絲不苟既然在日本奏效，必定可以協助亞洲從混亂中打造秩序。大東亞共榮圈的概念也就是誕生自這個簡單的想法。任何人都可以表達他對上述種種途徑的偏好，但問題在於：誰成功了？

將中國吸納入現代世界的任務，可能尚待完成。種種跡象顯示，中國可能必須採取綜合主義，將現代西方的種種觀念及原則融合而一，其規模之大尚屬空前。但在美麗的辭藻得以落實之前，我也許必須繼續扮演失敗記錄者的角色。除非過去的所有不足之處都予以揭露，很難了解想像問題的層面有多龐大。在所有的神話都被解構前，任何對未來的藍圖都不過是幻想。

和我在國民黨或共產黨朋友的犧牲相比，我為這個故事所付出的代價微乎其微。其中之一就是廖沫沙，我已經有四十年沒有看到他了。四十年！在文化大革命後，他已獲得平反。他一度享有高位，像索忍尼辛被蘇聯政府認定思想正確，受邀回莫斯科寫作及出版。近來他卻不再受到這樣的肯定。他上一回見到我妹妹時，傳達對我的勸告，並說我如果留在中國，一定熬不過文化大革命。我們之間的觀點仍有歧異之處，但他同意替我將在北京出版的書題辭。我應該很感激。一如往例，我常讓自己陷入困境，但總有辦法避開致命關卡。

最後再說一件事：我幾乎擁有自己的浴室。淋浴設備及馬桶就在臥房旁，只不過近來水管有些問題。房子屋頂很高，因此正值青少年的兒子雖然已超過六呎高，但可以自由自在行走奔跑，頭也不會撞到門楣。不過，最近內人說，我們的暖氣費用高得離譜，也許應該考慮搬家。

第二部

我所付出的代價

普林斯頓，新澤西

一九七九年夏天，我待在普林斯頓，參加《劍橋中國史》（*Cambridge History of China*）的撰寫計畫，負責明朝部分。所有作者分別撰寫自己的章節，不過會共進午餐，並舉辦定期的討論會。所有事宜都在數個月前就安排好，經費來源是全國人文基金會（**National Endowment for the Humanities**）。十多位領取美隆（**Mellon**）獎學金的年輕學者則負責整理與編輯。

但有一件事令人尷尬：我被解聘了。我們的成員來自長春藤名校、劍橋、倫敦、加州、華盛頓、芝加哥、印地安那和密西根大學。人人都受聘於某研究單位，只有我例外。我不是屆齡退休，也不是提前領到養老金而退休，而是被紐約州紐普茲州立大學（**State University College of New Paltz, New York**）所解聘。一封一九七九年四月十日由校長考夫曼博士（**Stanley Coffman**）署名給我的信如下：「你的教職將於一九八〇年八月三十一日終止。你的教職之所以終止，是由於人事縮編所致。」

普林斯頓大學是個避暑的好地方。樹木高大茂盛，綠草如茵，讓你一開始就覺得清爽。磚牆和高聳的屋頂隔絕熱氣的入侵，每個方位都有窗戶，非常通風。不過，到晚上就完全不一樣了。我被分配住在普林斯頓客房（**Princeton Inn**），是棟現代化的宿舍，室內設計就像一艘船，溫度及通風都由人爲控制。由於實施節約能源計畫，聯邦政府規定，氣溫沒有達到八十度時，公共建築內不能開冷氣。規定看來很合理，不過，如果等到大會廳氣溫達到八十度時，我在隔壁的房間溫度就會超過九十度。在無數的夜晚，我常在床上翻來覆去，腳在床邊晃來晃去，怎麼樣都睡不著。格蘭（**Gayle**）常常從曼菲斯打長途電話給我。一年前，我的岳父病逝於曼菲斯的衛理公會醫院，內人在曼菲斯城還有間公寓。我被解聘後，她就很沮喪，持續了整個春天和夏天。我房間內的電話沒有接好，因此櫃台的職員敲門通知我有電話時，我必須跑下階梯，穿過走道，一路衝到大廳去接她電話。我知道她公寓內並沒有裝電話，在南方的盛暑下，她必須獨自去公共電話亭，單獨面對絕望的感覺。有時我跑得太快，甚至趕過了傳話的職員。

我們的對話通常沒有結論，我心情不好，一天工作下來，也十分疲累，無法鼓舞她。她總會說：「不公平！」

解聘是三月間的事。一九七九年三月二十七日，我待在家裡時，校長室來了一通電話。秘書說，考夫曼博士希望第二天十點半在辦公室見我，討論「大學最近刪減預算對教職員的影響」。第二天，坐在桌子對面的除了史坦利・考夫曼以外，還有教務副校長彼得・伏卡辛（**Peter Vukasin**）及文理學院院長艾德蒙・康威（**Edmond Conway**）。他們跟我打招呼，開場白如下：「雷（Ray），我們有不好的消息……」

長話短說吧，我說。如果我被解聘，讓我知道何時生效。九月就開始嗎？考夫曼說，不是。「我們可以給你一年的時間。」再一年，也就是一九八〇年八月三十一日，就在我六十二歲生日前沒幾天。當天晚上格蘭將消息告知我們的兒子傑夫。當時他只有十一歲，念紐普茲中學。在這個很小的大學城，人人都知道別人的舉動及遭遇。直到今天，只要想到一九七九年三月二十七日那一天，我的兒子如何接受這個令人不快的消息，我就覺得很難過。兒子知道他的父親已被解聘，而許多同學的父母卻在大學裡有傑出表現。有人的媽媽最近被選爲系主任，有人的父親籌組野外探險隊，帶學生去特殊景點，但黃傑夫的父親卻被解聘了。他仍然堅持要我去參觀他的賽跑大會和學校音樂會，但在心理一定也和父母一樣難過。有些同學好奇地問他，你爸爸下一步要怎麼辦？我接到通知的數天後，鄰家十歲男童丹尼走近在後院的我：「你要賣房子嗎？」

格蘭受的苦更多。她說她在購物時不期分別遇到吉妮・翠普斯（Ginny Tripps）、耐普夫婦（Ron and Mae Knapp）和哈爾・羅森嘉頓（Hal Rosengarten）。她覺得他們都怪怪的，看到她很不安。有一次她碰到喬治・施耐爾（George Schnell），喬治人很好，言語總是很溫和，舉止又體貼。他甚至覺得傑夫半年來怎麼長得這麼高。「但他一個字都沒提到你，」她說。夏天到了，我必須到普林斯頓去，傑夫放暑假，我同意他應該和格蘭一起去曼菲斯渡假一陣子，也許一直待到秋天。到了秋天，我們會面臨又一年的羞辱，我的所有學生到時都會知道，他們的老師被解聘，被掃地出門。

「多麼不公平！」我的妻子從千里之外向我抱怨。

是不公平。我是正教授，到一九七九年春季爲止，已在紐約州立大學連續任教十年，一般稱爲「終身」教職。我的著作曾在中國大陸、美國、英國、香港、義大利和西德發表。我曾受邀至哥倫比亞、普林斯頓、瓦薩學院（Vassar College）及麻省理工學院演講。在我獲得終身教職前，曾經由同事及學生評鑑認可。在紐普茲的終生教職期間，我曾獲得密西根大學、哈佛大學、全美學術團體聯誼會（American Council of Learned Societies）、古根漢基金會（Guggenheim Foundation）、國家科學基金（National Science Foundation）等單位的研究經費。我榮獲古根漢基金會特別研究員身分的那一年，校長考夫曼博士還在同仁會議中特別強調這個「好消息」。在我被解聘前幾個月，伏卡辛博士的辦公室還請我寫一段文章介紹自己，和其他類似的簡介並列，好放進宣傳手冊，招睞新生。康威博士還兩度推薦我應該「論功」加薪。

我被解聘時，學校裡還有許多沒有獲得終身教職的教職員，他們都沒有拿到博士學位。在有博士文憑的教師中，有些人多年來連一個字也未曾出版。學期結束時，他們總是留下來教暑修班，以多賺額外的錢。他們會說：「我們是師範學院，主要工作是教書，出版並不太重要。」但事實上，紐普茲不是師範學院。這學校以前一度是，但二十多年來已經提升爲四年制的文學院。出版是在大學任課的重要工作之一，如果你一星期只要上九小時的課，你就應該獨立思考，進行原創的研究，才能解釋工作負擔爲何如此輕，你的努力理當對你這一行有所貢獻。如果做不到，你的授課時數應該增爲兩倍，和高中教師一樣多。至於師範學院的教師，也可以在教育刊物上發表獨到見解。

我被解聘時，是紐普茲唯一教授中國歷史和日本歷史的老師。和我同期被資遣的還包括教拉丁美洲歷史、俄羅斯歷史、中東歷史的教師。而教非洲歷史、印度歷史，還有一位教日本歷史的資淺教師，則在一九七六年被解聘。留在紐普茲校園的，是十三位全職的歷史系教師，全都教美國史、加拿大史及西歐歷史。他們之中當然也有值得尊敬的學者，但也有人一直高唱：「我們獨特的西方文明！」西方當然有偉大的文明，這個文明曾誕生荷馬和喬叟，查理曼和拿破崙，阿奎那和馬丁路德，韓德爾和柴可夫斯基，牛頓、愛因斯坦和愛迪生。我之所以遠渡重洋，到美國定居成爲公民，和美國人結婚，生育美國子女，部分原因在於被這個偉大文明所吸引。我工作中最迷人之處，在於找出這個獨特的西方文明如何打破另外一個不惶多讓的獨特文明——也就是中國文明——的抵抗力，讓中國分崩離析，而在中國重新恢復平靜時，如何轉而影響西方世界，讓後者進行調適。也就是說，我的主要任務在於以一己之力密切觀察，西方如何和東方交會，東方如何和西方融合，直到兩者融而爲一個完整的世界史。我向來認爲，任何在大學教歷史的人，都無法自絕於這個概念。在紐普茲，我一直試著尋找志同道合的同事，但是，如果他們認爲「我們獨特的西方文明」是專屬的特權，是保障工作的便利手段，可以藉此保存西方世界的純粹度，那他們就大錯特錯了，對學生也是一大悲哀。在今日的世界，爲求生存，必須儘可能適應時代。過去美國人曾誤以爲，只要其他國家接受美國生活方式，就可以證明美國的優越，因此美國不需進行任何調適。因爲有這樣錯誤的觀念，美國已付出高昂的代價。如果我們繼續以冥頑不靈的態度來教歷史，學生只會爲過去而學歷史，不但沒有爲第三個千禧年做準備，反而倒退回十九世紀。

普林斯頓對我一直很好。在這裡我結交到牟復禮（Fritz Mote）這個朋友。我們初次認識是在十三年前的伊利諾大學香檳校區，從此就常向他請教文稿的問題。崔瑞德（Denis Twitchett）向劍橋請假，住到普林斯頓，專心於《劍橋中國史》中的明史部分。他是我十四年的朋友。劍橋大學出版我的明代賦稅著作，就是透過他的鼎力協助。雖然他們享有國內外的聲名，卻不曾把我當成資淺的合作者。長久以來，我們已經不再互稱「教授」。此時此刻最令我感動的，就是他們對一本我尚未出版的書所顯示的興趣與熱衷。

在普林斯頓，《萬曆十五年》影印了五、六本，發給《劍橋中國史》的作者群。八月九日當天還安排了一個特別會議，討論其形式及內容。牟復禮已經逐字看過兩次原稿，甚至還替我改正附註的錯。他曾經寫信給我：「這本書愈早出版愈好。」又說：「我非常遺憾學生在今年秋季看不到這本書。」崔瑞德努力替我在英國找出版社。不幸的是，對方要求美國書商共同出版，不願獨自先出書。由於在美國找不到共同的出版商，英國的書商就不願遽下承諾。我自己試過三個出版商，但每次原稿都被退回。商業性的書商認爲這本書應交由大學出版社，而大學出版社認爲我應該去找商業性的書商。有一次，一個出版商還將原稿留了五個月，才聲稱遺憾地退回來。一九七八年十二月，格蘭和我到新港，紀念亞瑟．萊特（Arthur Wright）教授的遺著《隋朝》（*The Sui Dynasty*），由諾普夫出版社（Alfred A. Knopf）出版。在發表會之前，我們安排約見耶魯大學出版社總編輯愛德華．崔普（Edward Tripp），送原稿的影本給他。我以前曾幫他審過作品，通了數次電話。但現在看來，耶魯的決定也太久了。四月，在我接獲紐普茲的遣散通知後，我打電話給崔普，問他：「你們毫無興趣嗎？」崔普的話並不多。但這回令我吃驚的是，他肯定地回答：「我們**非常**有興趣。」問題在於他的審稿人還沒有回應。六月，原稿已經送去半年，我已準備要啓程前往普林斯頓。他寄來一封短短的信：「我很抱歉審稿人拖了這麼久。我已經用電話和本人親自催促他，希望不久的將來能有回應。」因此，我到普林斯頓時，仍然還沒有得到出版社的任何承諾。

一份書稿既然能獲得該領域最稱職學者的強力推薦，爲何會找不到願意出版的書商呢？原來依美國出版界的慣例，有學術內容的著作，必須經由不具名的審稿人進行公正的評價。審稿人不只是建議該不該出版，而且一旦決定出版時，必須提出改進的建議。在許多大學中，大學出版社編輯部附上審稿人意見的推薦後，教職員出版委員會有最終的裁量權。有時還需要兩位審稿人，一是大學本身的教職員，一是外人。這樣的機制當然有許多缺點。審稿人常常忘記自己只要討論書稿的技術層面即可，反而將不具名的權威延伸到批評他不喜歡的意見或方法。具有能力和毅力的編輯，當然可以看出誤用權威的情況，將審稿人的意見擱在一旁，另找審稿人。至於我，牟復禮和崔瑞德對我的稿子讚譽有加，無意間排除自己成為公正審稿人的資格。他們不再是不具名人士。

《萬曆十五年》還有其他問題。稿子不是以學術論文的傳統形式寫成的。這本書始於謠傳皇帝要舉行午朝大典最後卻查無此事，而以一位不隨流俗的文人在獄中自殺做結。在兩件事中間，有時依需要而補充資料，有時則在讀者感到好奇時才釋出相關資訊。在中國歷史的領域，只有史景遷（Jonathan Spence）曾以這種風格寫過。傳統的手法是要求作者一開頭就要列出帝系表、京城的地理位置、政府的組織架構或其職稱的術語等，也就是說，形式比內容更重要。由於過去經驗使然，我擔心學術界的審稿人無法從論文的書寫模式解脫，可能因此反對我的呈現手法。此外，《萬曆十五年》還融入許多現代審稿人前所未見的資料。對這些素材的不熟悉，也可能讓審稿人投下反對票。因此，我前往普林斯頓瓊斯廳（Jones Hall）的當天，內心五味雜陳。一方面必須向年輕的學者解釋，我為何被紐約的一所小學校解聘，另一方面也無法解釋，他們早已看過的影印書稿，為何迄今仍未出版。

這時我還有一項消息可以公布，之前只有少數同事知道。尋找英文版《萬曆十五年》出版商時備受挫折，我於是將全書譯成中文，只有書目和註解尚未完成。一九七八年夏，在鄧小平訪問美國前幾個月，我的朋友郁興民（音譯）前往中國。我們之所以認識，有一段淵源。四十年前的一九三七年，我們同在長沙臨大，事實上還住在同一棟宿舍，只是彼此並不相識。之後他就到美國，在第二次大戰期間，他加入美國海軍，後來娶了美國人。一九四六年，我們都在瀋陽的國民黨東北總部，彼此還是不認識。我們搬到紐普茲後，才在朋友家相識，從此兩家時相往來。興民現於國際商業機器公司（IBM）任職，看過《萬曆十五年》的中文版，在他擔任會長的華人赫遜河中部聯誼會（Mid-Hudson Association of Chinese Community）中，舉辦一場歷史研討會，討論這本書。他於一九七八年前往中國，我則到英國，臨行前我請他設法幫我在中國找出版商。

他秋天回到普吉西（Poughkeepsie），我也回到紐普茲後，他來電熱心告訴我前景「看好」。他的妹夫黃苗子是作家及藝術家，願意將書稿引介給北京的出版商，這則消息在當時會比五年後更令人興奮。一九七八年，中國尚未完全從文化大革命中復元。黃被拘禁多年之後，才剛從政治犯的勞改營中釋放出來。雖然很高興「二度解放」（第一次是從國民黨手中），但還不知道政治風向會如何吹。而且，當時的中國和現在一樣，並沒有民間的出版商。每一個書商都可以算是公務員，每個印刷廠的學徒吃的都是公家飯。以下兩段摘自《萬曆十五年》的英文版，可以解釋上述現象的含意：

> 這個模式太過熟悉，無法不去注意。首輔的敵人「去皮見骨」，透過聯想和暗示來進行指控。技術錯誤被渲染成道德議題，獨立事件被解釋成貫徹一致的努力。一

如慣例，官吏的參奏活動可以始於一句口號、一組對句或雙關語、匿名的傳單、考試的試題、疑竇叢生的謀殺、對小人物的彈劾、提到供水的便箋或關於馬尾的報告。目的在於引起注意，吸引擁護者。無論是透過直接的辯論或委婉的暗示，只要能達成目的，手段並不重要。一旦啓動初期的動作，其他就會接踵而至，具有整體的累積效果。最早的攻擊通常是由低階官吏發動，而在這些言辭激烈、血氣方剛的年輕官吏背後，則是接力演出的資深官吏。等到時機成熟，才會進行最後的攤牌。「陰」的隱藏動機必須調合較為合法合理的「陽」，因此即使不符合任何特別的法律細節，但整個行動仍然能在輿情支持下繼續推展。這些策略都需要時間。

另一段是結論。我如實引述：

但是，李贄生命中的這十五年絕非白白浪費。他提供我們一份無比珍貴的紀錄，否則我們可能無從得知，這個時代特徵之一的思想界的苦悶到底有多深。在一個高度儀式化的社會，個人的角色完全受限於一套簡單卻定義模糊的道德信念，帝國的

> 發展因此受到嚴重的阻礙，不論其背後的信念有多崇高❶。一五八七年，是為萬曆十五年，歲次丁亥，表面上似乎是四海昇平，無事可記，實際上我們的大明帝國卻已經走到了它發展的盡頭。在這個時候，皇帝的勵精圖治或者晏安耽樂，首輔的獨裁或者調和，高級將領的富於創造或者習於苟安，文官的廉潔奉公或者貪污舞弊，思想家的極端進步或者絕對保守，最後的結果，都是無分善惡，統統不能在事實上取得有意義的發展。因此我們的故事只好在這裡作悲劇性的結束。萬曆丁亥年的年鑑，是為歷史上一部失敗的總記錄。

一九七八年十月，在興民的催促下，我用空運寄給黃一份書稿的影本。但是，信雖然到了，這本超過五磅重的書稿，卻不曾抵達終點。一月初，黃寫信給我，建議我再給他一份，但這回由興民的女婿親自攜帶進大陸。這個年輕人卡爾•華特（Carl Walter）剛獲得簽證，可以到北京研究中國銀行，這是他在史丹福的博士論文題目。我們還沒見過對方，但在岳父母的要求下，卡爾慷慨承擔起信差的角色，並沒有仔細檢查放在他行李中這一疊厚厚書稿的內容，是否被當時的北京視爲反動材料都還不可知。在北京，第二

❶譯註：《萬曆十五年》的中英版本文字不盡相同，到目前爲止的引文直接譯自英文版，下文則錄自中文版增訂二版。

次的書稿親自交給黃本人。兩個月後，興民來電告知，北京出版歷史書籍的最大書商中華書局，原則上同意出這本書。他無法理解，爲何我接電話時一點也不熱衷。原來他打電話這一天，就是一九七九年三月二十七日，也就是考夫曼博士辦公室來電的當天，邀請我次日和校長談「大學最近刪減預算對教職員的影響」。由傳話的遣辭和秘書的口氣，再加上當時紛紛謠傳紐普茲將裁掉十五到二十位教師，我毫無疑問將被解聘。那時任何消息都不可能使我高興。那天傍晚格蘭躺在床上，不發一語。我想躺在她旁邊，但她動也不動，沒有挪出空間，我只好躺在床邊，同樣不發一語。我們同樣的姿勢一定維持了很久。天暗下來時，我聽到傑夫在客廳走動的聲音。雖然他沒有晚餐吃，但也沒來吵我們。這時電話鈴響，就是興民帶來好消息。

《劍橋中國史》的明史分爲兩大部分。第一部分的文章討論特定的主題，例如軍備、法律、教育及經濟發展。我已經寫了一篇明代政府財政的章節，納入該部分的組織架構中。第二部分將明代兩百七十六年的歷史分成許多小段落，每一段落約當於一個或多個皇帝的統治時期。我連續兩年夏天在普林斯頓的工作，就是準備撰寫約三萬字的草稿，涵蓋隆慶（穆宗）及萬曆（神宗）期間，起於一五六七年，止於一六二〇年。穆宗在位不過五年半，但他的兒子在位卻長達四十八年。在橫跨十個主要朝代、十多個次要朝代的中國歷史中，截至當時爲止，神宗是在位次久的皇帝。

兩人合計統治五十三年。有時一思及此，令我感到不安。我已出版過一本十六世紀中國的書，寫完另一本探討特定年份的書，照理這個任務對我不致太過困難。參考書目既豐富又還算熟悉，我應該不必連續兩年夏天住在普林斯頓，寫出畢竟只有中等長度的論文。不過，詳情遠比上述分析複雜。五十三年，相當於美國第二十五任總統麥金利（William McKinley）遇刺到板門店（Panmunjom）停戰協定的簽定。如果要撰寫期間相同的美國歷史，就要處理兩次世界大戰及九位總統任期，其間包括美元外交、「回歸正常」、信用破產、大蕭條、禁酒令、新政、廣島、馬歇爾計畫、冷戰及氫彈。爲了讓歷史更深刻更有情趣，作者還可能必須增添趣聞軼事及名人掌故，例如像孟肯（H. L. Mencken）、亨利・福特、查爾斯・休斯（Charles Evans Hughes）、威廉・布萊恩（William Jennings Bryan）、薩可（Sacco）、范采提（Vanzetti）、艾爾・卡波尼（Al Capone）、幸運的魯西安諾（Lucky Luciano）、華特・洛依澤（Walter Reuther）和約翰・路易斯（John Lewis），甚至還有葛麗泰・嘉寶（Greta Garbo）、路易斯・阿姆斯壯（Louis Armstrong）和貝比・魯斯（Babe Ruth）。「爲何你要比較十六、七世紀的中國和二十世紀初的美國呢？」我的同事可能如此質疑：「你知道的，當時中國的多元及複雜程度，甚至不及現在的十分之一！」

說的對。但是我想提醒我的友人，就地理來說，兩國有類似的面積。就人口來說，兩國更爲相似，都約有一億五千萬人。因此，當時的中國和今日的美國可以說是具有「規模相同」的問題。只不過，一個依靠儀式和一套道德準則來維持不變的狀態；另一個靠貨幣管理的機動性，由後果來引導下一次行動，這些都是長期發展的結果。除了行爲模式的差異外，雙方的不同還在於結構根源。一旦認定十七世紀的中國和二十世紀的美國相似程度就像魚和鳥，我們就不能用一方的標準去評估另一方。相反地，如果呈現魚或鳥的情況時，必須給予完整的解釋，追蹤歷史文化特殊問題的根源。我寫其中一方的情況，準備給另一方的讀者閱讀，如果沒有充足的背景資料，只是丟出一堆毫不相關的事實，這樣就非常失職。

我對中國向來站在批判的角度，無論是對中國政府或中國文化。我的理由很充分。就一本書的篇幅而言，《萬曆十五年》可能是對官僚管理制度最無情的批評。在普林斯頓，我找到更多批評的機會，這和我負責《劍橋中國史》部分的一次歷史重大事件有關。一六一九年，清朝開國始祖努爾哈赤在今日東北的關鍵之戰中大敗明軍。「遼東之役」被認定是兩國命運的轉捩點，但到目前爲止，歷史學家並沒有充分加以探討。除了所有參考文獻都會出現的一小段文字之外，不論是在中國或其他地方的現代讀者，都無法評估事件始末，只能自己再回去找原始資料來研究。到普林斯頓後，我向牟復禮和崔瑞德建議，我們應該給這次事件應有的篇幅，而他們也同意了。

接下來數星期，我全心研讀這段歷史。努爾哈赤的年表是以口耳相傳的形式流傳下來，再被譯成中文及日文。這兩種版本，都收藏在普林斯頓的傑斯特圖書館（Gest Library）。當時及現在的地圖雖然不夠完備，但還足以顯示戰場的位置和地形。幸運的是，我研究了一段時間以後，哥倫比亞大學的雷德雅（Gari Ledyard）教授告知，關於這次戰役有相當多的韓國素材，是以流利的中國古文寫成的。拿這些材料和中國的記載一併閱讀時，可以讓我們重建相當完整的戰爭場景。

就許多方面而言，這段戰役令人吃驚。明朝以數個月的時間準備這次戰爭，幾乎動員到每一省。在戰場上，他們的數目遠遠超過滿州人，比例幾乎達二比一。他們以火槍和用馬車拖運的火砲，強化步兵的實力。但滿州兵除了騎兵外一無所有。明軍挖設壕溝，還構築障礙，但滿州兵仍然橫衝直撞，衝破明軍的隊形，甚至還多次從山腳仰攻，突襲明軍。從四月十四日到四月二十日短短一周，他們消滅了三路明軍的人馬，第四路不戰而逃。這四路軍的人馬總計近十萬人。

更不可思議的，是明軍對於戰爭的管理細節。戰役的統帥在指定前進路線後，卻待在離戰場七十哩之外。他在前線沒有代理人，前線沒有指揮中心，和部下間也沒有聯絡官。明軍潰逃時，大敗的消息是從敗陣的士卒和傳令兵口中得知，這些字眼最後還寫進送交皇帝的奏摺中，顯然沒有更有力的資料來源。戰地的軍隊並沒部署成該有的攻擊陣式，在其中一個極端的例子中，主將還走在部隊的最前線，彷彿他們是負責帶領成排隊伍的士官。又有一次，多達兩萬的士兵居然把隊形縮成正方形，似乎是在捍衛某個城池，努爾哈赤得以選擇進攻方向，讓風向不利明軍，火藥毫無作用。在另一個例子中，大軍的指揮官居然棄守職務，向後逃跑，指揮作戰部隊的文官單打獨鬥，以致戰死。戰地部隊的行動從頭到尾都沒有好好協調過，滿州兵因而可以集中火力，從容消滅一列又一列的人馬。幾乎在所有戰役中，明軍根本無法抵擋第一波攻勢。他們的指揮管道很容易破裂，整列整排的兵士就開始驚慌潰散。火炮對戰爭起不了決定性的結果，有些不曾部署，有些雖然部署，但裝火藥及發射的時間太過漫長，根本不是以速度和決心見長的騎兵的對手。總而言之，在這種情況下，軍事史家只能同情名譽掃地的一方，但同時卻不可能說他們好話。

但是，身爲歷史學家，不能太仁慈、和善或具有同情心。史家的主要任務，在於將他對歷史的見解和現代的讀者分享。以我的情況來說，我研究遼東之役的重點是指出，明軍的錯誤從頭到尾一致，不斷重複，已經形成固定模式，這其實根源於中國歷史的組織架構。在官僚管理下的龐大農業社會中，軍隊的人力、稅賦、軍務和補給都來自集結的村落，無從測試組織中無數的漏洞和欠缺的關聯性。軍隊既已處於沒有競爭能力之下，更不曾進行軍事操練或演習，藉以熟悉戰爭的技藝，因爲高高在上的文官認爲，實際的作戰並不會發生。明代的軍隊本質上是支龐大的警力，由文官來率領。到當時爲止，是靠兩大基本方法來贏得戰爭：一是聚集龐大的軍力，以人數眾多來威嚇敵軍，如此不必努力作戰就可贏得勝利；二是躲在城池裡採取守勢，希望藉此儘快消耗敵軍的戰力。就運用這兩項技巧而言，遼東之役的策士和戰地指揮官並不算怠忽職守。但他們其後所遭遇的局勢，卻完全在意料之外。努爾哈赤是個軍事奇才，早就洞悉對手的能力與極限，他爲這次和明朝的大攤牌，已經認真準備了三十五年。他集結部隊，編排成各「旗」，都是爲戰爭而做準備。對英國陸軍官校和美國西點軍校的教師而言，努爾哈赤的策略簡單易懂，但他的敵手卻看不出來。

不過，身爲《劍橋中國史》的作者，我卻碰到技術上的問題。呈現這段史實卻不補充背景資料，就像故事只講了一半。讀者可能因此相信，一小群主將的無能，最後竟然讓中國被異族統治近三百年。然而，在確定失敗該由誰負責時，我卻不知如何劃清界線。就像拔野漆樹一樣，三呎高的樹可能有長達二十五呎的根，而且還沒完沒了。如果我對章節中的每一歷史事件都補充背景資料，三萬字勢必不夠用。

此外，如果把我想講的話全說完，可能會招來批評：侵犯了共同計畫其他作者的指定領域，把個案變成綜合性的討論，甚至超過我們自訂的期限。如果中國的農業帝國官僚是軍事失利的原因，我的發現沒有理由只限定在一六一九年。亞瑟•韋利（**Arthur Waley**）曾翻譯一八四〇年到一八四二年鴉片戰爭期間的中國文獻，在大後方所發生的問題和我的描述差不多，當時的管理者還是努爾哈赤的後代子孫。這番對農業官僚的批判，只要稍微修正，也可以用來形容中國海軍於一八九四年在黃海敗給日本。申論可以繼續延伸，解釋國民黨的蔣介石爲何挫敗。基本上來說，直到本世紀，中國一直近似只有農業的社會，大體上是由官僚來管理。國民黨在政府組織上層創造出現代的外觀，但底子裡全國仍是村落的結合體，管理方式不可能比明朝或清朝更企業化。

這樣的困擾並非我們學者製造出來的，而是中國歷史的特色之一，而且特色一脈相連。事實上，組織的因果關係可以穿越時間，滲透進每個歷史事件的表裡和各個層面。在處理《劍橋中國史》時，我們的問題終於靠折衷之道而獲得解決。德國杜賓根（Tübingen）大學的提勒曼・格林（**Tilemann Grimm**）教授夏天時來參與我們作者的研討會。他是《遠東雜誌》（*Oriens Extremus*）的編輯之一，這本漢堡的漢學期刊曾在一九七〇年刊登我的文章。這時我已寫好一萬字的遼東之役草稿，背景因素一應俱全。提勒曼同意帶回德國，和另外兩位編輯商量發表，我知道自己已盡了對一般讀者的責任，未來我只要從中摘取兩千五百字及兩張地圖，併入《劍橋中國史》即可。摘要只需有基本事實，再加一則註釋，讓讀者知道去哪裡進一步看到全貌。

但是，我個人對中國歷史的興趣偏重垂直面，而不是水平面的特定議題，早已帶給我不少麻煩，未來還會引起更多問題。這很難加以解釋，尤其是在我個人陷入沮喪及焦慮時。我似乎已有夠多的麻煩，沒有心力再去注意技術上的細節，這些微細的差別充其量也是抽象而遙遠。

我被解聘了。這是侮辱，也是羞恥。這個事實會永遠削弱我的尊嚴，有人主張我應該忘掉這整件事，全心投入創作。說這話的人不曾站在我的立場，我無法忘記這件事，因為別人也不可能忘記。無論我到哪裡，似乎都貼著不名譽的標籤，我被迫採取守勢，但又沒有反駁的機會。有能力的專業人士永遠不可能被解聘，這是大家的預期。失敗就是不名譽，沒有人會替你找藉口。在大眾前，我沒有能力去保護內人和小孩。

要我投入創作也是不切實際的說法。我沒有辦法再找到另一個職位。即使牟復禮和崔瑞德試著幫我忙，其他人也是，但沒有人會雇用一個剛被解聘的六十多歲的人。

格蘅和我到京斯頓（**Kingston**）的社會福利局去。數周後我們收到通知，概略算計出，如果我在六十二歲時退休，每月可能收到四百美元的社會福利金。我的 **TIAA** 和 **CREF** 年金計畫可讓我每個月多添兩百美元。這些還不到我們每個月最低生活費的一半，更不要說房屋稅和其他雜項支出。我們也去研究失業津貼的可能性，京斯頓的失業處座落在松叢路（**Pine Grove Avenue**），前身是鐵路車站，事實上，鐵路局的標幟還掛在牆上，一旁貼著新告示：「紐約州勞工局」。內部陳設和幾條街外的社會福利局差不多，一進門是接待處、鋼製的拱形椅、塞滿手冊的架子、依個案而散置不同地點的桌子。但是，只要匆匆一瞥，你就會發現氣氛毫不相同。在這裡等候的男人臉也不刮，襯衫起皺，他們的精神已枯萎了六、八或十二個星期。一名身穿黑衣的壯碩女子獨自坐著，看來心煩意亂。辦公室的佈置比社會福利局還破爛不堪，這裡根本欠缺那裡的安適與輕鬆。

我們被帶到一個地方，天花板垂下一個標幟：「初次申訴」。沒有椅子可坐，我必須抬起下巴和負責的女士對話。她坐在桌子後方，但位置比我們高了一台階，桌子則和我的視線同高。就像在法庭一樣，辯護律師必須抬頭向法官求情。她後方有一台正在轉動的電扇，讓她的聲音更容易傳達給我，而不是將我的聲音傳給她。

不過，這位女士倒是很願意幫忙。她清楚回答我的問題：是的，**在某些情況下**，可以同時領取社會福利金及失業津貼。她身子往前傾，給我看一份申請書，上面有兩欄，詢問申請人是否領取社會福利金和退休金。不過，她把表格只給我看一眼就收回去了。我必須等到真正失業時，這個案子才能受理。在此同時，她給我一本手冊。手冊說，申請人必須定期證明他沒有辦法找到工作，而遣散他的雇主可以質疑他的申請。我把手冊一丟。我已經受夠我的雇主了。

我的雇主是克里夫頓•小華頓（Clifton R. Wharton, Jr.）博士，紐約州立大學校長，一年控制的預算接近十億美元，辦公室在奧本尼（Albany）。他寫信給崔瑞德：「在經費縮減計畫中，黃博士的表現或成就從不曾獲得負面評論。」但是，在紐普茲，爲了要撇清批評，不願被人說他們受制於系及學校裡的一小撮人，他們公開及私下都說自己做對了。如此一來，他們簡直在暗示，被解聘的人活該。你要求他們解釋時，他們會說，到奧本尼去訴苦吧。你到奧本尼去抗議時，只會見到代理副校長。他會說，都是各校自行決定。他會儘可能諂媚及同情你，同時抱怨自己的權限有多小。你當下便知，這個年薪四萬美元的官吏只會解決行政問題，不打算維持正義。我就坐在那裡，成爲他的問題。爲了正式遞出抱怨，你還必須經過工會。根據泰勒法案（Taylor Law），任何州立大學體系的員工，都必須接受UUP（United University Professionals，大學專業人士聯合工會）

的管轄，不管是否爲工會會員。「我不知道。」工會代表說：「如果你想遞出上訴書，我們會幫你忙。但我不知道成不成功，這張合約定得不好，上面的確寫著他們有權終止教學計畫。」我也可以上法院去告特定的行政人員。他知道非西方研究的危機處境，要我們保持耐心，他會去處理。多年來，他一直給我許多保證和解釋，有些書面的承諾自相矛盾，站不住腳。格蘭還陪我去見律師，上了一堂陰謀、詐欺和欺騙的課。重點是紐約有部公務人員法。如果一個紐約州的公務人員被捲入民事訴訟，事涉「責任範圍和在職期間」，如果獲判賠償金，是由州政府來負擔，就像保險金一樣。附帶條件是，被告在被傳喚或接獲申訴時，應由首席檢察官來負責辯護。我真的希望和紐約州的法律人員牽扯不清嗎？而且由納稅人來負擔賠償金嗎？我甚至不想要回我的工作。我只希望能揭穿我被解聘背後的政治陰謀，以洗刷我的名譽。我必須找到同事當證人，三名同事願意替我作證，其中兩位更是十分熱心，但第四位就猶豫不決了。考慮所有相關因素後，我不得不放棄。但是，如果沒有採取任何行動，我一定會被視爲懦夫。我將符合一般人對中國佬的刻板印象：四處含糊其辭地抱怨，但必要時卻儘量避免正面迎戰。

在普林斯頓無眠的夜裡，我感覺血管中的憤怒逐漸擴大流竄。這時我開始體會到，有些人在正義不得伸張時，爲何會喪失理性，變得很粗暴。我甚至做不到這一點，因爲我的工作雖然不是很有創造力，但也隱含相當有趣的內涵，可以幫忙塡補中國人民和美國人民間的差異，以學術研究的形式呈現，並出之以一個普通人的閒聊。上述論點正接近被接納的關鍵點，如果我再待久一些，也許會成功。

身爲歷史學家，我有許多人沒有的優勢：我可以意識到命運的干涉。生命中許多事件的真實意義，由於我們涉入太深，因此無法自行評估，更不用說事發當時。一想到我到紐普茲是純粹意外造成的，我就覺得寬慰不少。如果航空公司職員沒有讓特定的兩位人士在特定的班機上緊鄰而坐，我很可能避免被解聘的命運。

一九六七年，格蘭懷著傑夫時，我正在找工作。伊利諾有個工作等著我，但我們都不想回去。我正要飛到印地安那去面試，但那也不是我們的第一選擇。電話適時響起。紐普茲區域研究系的系主任彼得・萊特（Peter Wright）問我，是否願意去教中國歷史。他才去過芝加哥，參加亞洲研究協會的年度大會，希望找到教師，但沒有收獲。在回程的飛機上，他的鄰座坐著我的朋友余英時。他們彼此介紹自己，當成開場白。爲了讓故事更曲折有趣，其實余英時之所以和我在人生的旅途相遇，也算是一段奇遇。十六年前，也就是一九四六年時，我在中國東北遇到一位余協中先生，他是哈佛的歷史學碩士，是國民黨東北保安長官司令部參謀長。由於我是代理司令官的副官，因而有幸在總部的晚宴時坐在他旁邊。十六年後的一九六二年，我在安亞堡修歷史學的博士學位，剛從哈佛畢業的一位余教授，就成了我的指導老師。這位余教授，就是那位參謀長的兒子，後來也成了我的好朋友。余英時這回去參加大會，也想替我在東岸謀職，不過也沒有成功。

在下飛機前，他把我的姓名和住址給了萊特。

我去紐普茲面試，一切進行順利。除了大學的行政人員和區域研究系裡的教職員以外，我還接受歷史暨政治經濟系系主任的面試。一周後，我受雇爲副教授，年薪一萬一千五百美元，足以符合我當時所需。

紐普茲離紐約市七十五哩遠，約當到奧本尼高速公路的中間點。它位於開茲奇爾（Catskills）山腳，山景秀麗，尤其是秋天來臨時，整個鄉間盡是一片紅、棕、橘、黃及紫色，間接點綴著殘綠。我於一九六七年開始在此地任教時，學校的特色之一就是注重對外國的研究。我們「賴以維生的課程」是「亞洲文明導讀」，是大學生的必修課，每學期通常有三到五百名學生註冊。每周在大禮堂授課一次，之後全班再分成二十組，接受十來位指導老師不同時段的教導。現在回想，這樣的安排對學生及教師而言，都是相當有益的訓練。在一般授課時段，中國歷史共有四堂課，也就是說，在四個五十分鐘內，必須講完中國文明，包括從天上到人間，從孔子到毛澤東。在不同的學期內，這四個主題我全都輪過。通常我說英文時不無瑕疵，有時省個母音，有時略過子音，有時多出個音節。講到激動時，我的前一個句子往往沒說完，在新主意的驅使下說出第二個句子時，不會向聽眾預告。但在一般授課時段，可不能容許這樣的缺點。授課內容必須經由麥克風傳送，面前是擠得滿滿的學生，座椅都沒劃位。講者不知所云，或無法吸引他們的注意力時，學生就可能開始出走，首先是從後排的零落座位，然後是大廳，最後甚至當著講課者的面直接走出去。如果講得好，學生會以掌聲鼓勵，講不好課堂會陷入一片死寂。在學期中，授課者會被學生以不具名投票的方式評估。我必須不斷練習我的講課內容，通常藉錄音機之助。幸好我一學期只要在大禮堂授課一次，有很多的時間準備。

不過，準備時最辛苦的部分是授課內容。乍看之下，似乎不可能在五十分鐘內涵蓋兩百多年的中國歷史（每分鐘四年），或是在不到一小時內講述中國哲學，但又不能遺漏重點，否則同事在分組討論時便會無以為繼。只會丟出一長串歷史事件名單是不行的，散亂的事件必須彼此相連，整體組織成一個個分別獨立的故事，描述又必須詳實生動，抓住初學者的注意力。我的方法是先寫下所有初步的念頭，而後再慢慢充實內容。就這樣在不知不覺之間，我被訓練成以大歷史的方式來思考。隨著授課過程的重複，多年下來我不斷尋找以最少的字來傳達中國文化與歷史的要義，並加強對事實的注重，以面對人數不少的聽眾。這番新經驗，加上我在中國的親身經歷，終於讓我產生熱情與使命感。

在紐普茲，我帶領的研究生並不多。大多數研究生是以教育學碩士為目標，因為這是想在紐約州教書的必備條件。關於他們的作業，我常常要與教育系系主任協調，他則讓我全權作主。這也是在小學校教書的好處。在名校中，教授很少不傷痕累累的，因為必須和同校的人類學家、經濟學家和政治科學學者辯論不休。紐普茲還常准我留職停薪，我因此可以獲得其他機構的研究獎金，但是，種種福利最終都要付出代價。

多年後，我看到一篇文章時才發現，在一九六〇年到一九七〇年這十年間，紐約州立大學的註冊人數增加四點四倍，教職員增加四點七倍，而同期間的預算則增加近八倍。事實上，我是在豐收期間被雇用的。而且，當時預期這種擴張現象還會持續，一九八〇年的註冊人數預估是一九七〇年時的兩倍。我們於一九六七年抵達校園時，到處都在進行工程，未來似乎是一片美景：老舊的校舍勢微，更流線形的新建築稱霸，以前的蘋果園紛紛剷平，由這些玻璃水泥的新建築取而代之。

大學前後三任校長影響我的任教。我從沒見過哈格提博士，他在我到任前不久就退休了。但我聽說，威廉・哈格提（William J. Haggerty）是個獨裁者，也是有魄力的人。當應徵者來接受教職員職務的面試時，據說哈格提會開車到車站去接，並搶著拿應徵者的公事包。冬天時，沒有人可以自行在校園內結冰的池塘裡溜冰，必須等哈格提校長開著掃雪車上池塘，確定安全無虞才可以。由於他一直把紐普茲視為私人財產，許多教職員因而與他對立，但他有技巧也有能力去對付異議分子。他要他們離開，而有些人也真的走了。有一件事是哈格提絕不妥協的：所有的學生都必須接觸非西方文化。紐普茲的課程十分嚴格。最重要的，每名學生不論主修的是物理或音樂，都必須修過亞洲及非洲研究才能畢業。因此，此地的教職員很有國際色彩，在鄉間校園是相當罕見的景象。

代理校長待了一年後，約翰・諾麥耶（John J. Neumaier）於一九六八年秋季就任新校長。在這段過渡期間，發生了兩件事，影響全美國的高等教育，尤其是紐約。一件發生在春季，一名年方二十、名叫馬克・洛德（Mark Rudd）的哥倫比亞大學大三學生，反對在晨邊公園（Morningside Park）興建體育館，因爲這個建館行動充滿種族主義色彩，會侵害鄰近社區黑人的休閒娛樂區。抗議四起，校舍被霸占，哥大在五月封閉。其後校園的騷動不安橫掃全美。在SDS（Students for a Democratic Society，民主社會學生聯盟）的帶領下，這運動的方式是藉由騷動，達到修正美國內政外交政策的目的，並要美軍自越南撤軍。紐普茲最初並沒有捲入，但隨著運動的日益擴大，終於在諾麥耶任內時插上一腳。

另一個影響校園的因素是全國經濟。早期對無限制擴張的樂觀，後來證明並不切實際。一九六八年事實上是紐普茲的第一次預算刪減。更嚴重的問題是，在那段輕率的成長期間，並沒有加強與中間階層的聯繫。新宿舍啟用時發現的缺失更和全國趨勢同步。宿舍開始建造時，一般預期人口持續成長，自然資源無窮無盡，明天的錢會比較薄。宿舍完工後，外表看來似乎符合建築師的特殊設計，整個區域都經過綠化，種了新樹苗，挖了人工池塘，但一旦搬進去住後，機械問題層出不窮。門常常卡住，警報器沒接上，許多房間內找不到桌子。沒有人清楚訪客的規矩何在，女學生理應有「個人宵禁」，但年輕女孩抱怨室友的男性訪客日夜耗在那裡，害她們無法過正常生活。在此同時，州立大學宣布，一學年的住宿費用從三百八十美元調高到五百五十美元，調幅高達百分之四十五，而原先的費用就已經高過其他州立大學的平均住宿費了。無獨有偶，紐普茲教職員間欠缺內在凝聚力，擴張終於停頓時，更突顯這個問題。哈格提時期壓下來的許多爭議，在此時全部浮現。

諾麥耶出生於德國，英文不免有口音。不過，他的遣辭相當有詩意，因此聽來頗爲悅耳。他先前擔任明尼蘇達木海德學院（Moorhead College）的校長，成效斐然。他介入地方政治，被認爲是反戰人士，常形容敵人是「法西斯主義者」，朱璐・帕森（Drew Pearson）還爲此寫過專欄。有些不滿的教員批評他：「看看諾麥耶，他說起話來像是普羅分子，但從頭到腳穿得像布爾喬亞，穿著昂貴的成套西裝，打上領帶，別著金袖扣！」事實上，諾麥耶不是革命分子，也不曾宣稱自己是。我和他會面數次，知道他是那種學院派的進步分子，飽讀詩書，用意良善，但不清楚自己的立場。一九七〇年，俄亥俄州國民兵槍殺四名堪薩斯州立大學的學生。第二天，紐普茲的學生和教職員在舊行政大樓前舉行示威。諾麥耶抓起麥克風，表達他對他們的同情立場：「我的母親死在毒氣室裡，唯一犯的罪就是從文化上來說，我們是猶太人！」當時在校園內的一項調查顯示，約三分之一的學生認同猶太教。

諾麥耶引以爲傲的是，在全國動盪時，紐普茲安然渡過，毫髮無傷。如果妥善評估當時局勢後，必須承認他並非沒有功勞。SDS當時的策略是引發對立，一旦在某處點燃火花，勢必能火上加油。紐普茲可以說是發動致命一擊的適合舞台，一名認同SDS的學生已在校刊上發難：「諾麥耶博士到底以爲他在騙誰？」校長吞下這個侮辱，更進一步認同極端主義的主張，這的確避免了校園在艱難時刻落入外來煽動者的陷阱。多年後，諾麥耶被指控在混亂時期採取放任政策，一夜間越共的旗子升上了紐普茲的教職員大樓。事實上，這種野蠻行爲和行政單位的縱容沒有關係，實際上也沒有造成任何傷害。

但諾麥耶誤解了自己文理大學校長的角色。當時紐普茲還沒有找到順利運作的模式，諾麥耶的崇高情操完全起不了作用。即使他致力安撫弱勢團體，卻不曾觸及紐普茲的特殊組織問題。他見過我幾次面，因此會和我握手，和藹微笑，卻順口稱我爲林博士或楊教授。且不要說會讓我不高興，這樣的無心疏失顯現諾麥耶雖然有心領導，卻忽視細節。他的校長任期持續到一九七二年，校刊暗示他是被迫辭職。

史丹利·考夫曼接任校長時，我正好留職停薪，人在英國。他曾擔任保齡球場（**Bowling Green**）大學的學術副校長。一九五二年，他出書討論現代詩中的意象主義，二十年後，紐約以翻印聞名的八角形出版社（**Octagon Press**）認爲，這本舊作值得重印限量發行。考夫曼做了一件讓我印象深刻的事，一九七三年，我人在劍橋，卻收到尚未謀面的校長的一封信。原來倫敦《觀察家》（*Observer*）特別報導李約瑟（**Joseph Needham**）博士，在周日出刊的當期雜誌上，封面照片爲李約瑟、他的合作者魯桂珍博士和我正在討論學問。我寄了一本雜誌給我在紐普茲的資深同仁，而他再轉給考夫曼看。考夫曼校長居然不怕麻煩，親筆寫封橫渡大西洋的短函，說教職員中有人能在海外參與如此重大的研究計畫，實在令他與有榮焉。

直到今日，我還無法確定，考夫曼該爲紐普茲的情況負多少責任。毫無疑問，許多傷害都是他接任前四、五年前造成的。哥倫比亞和柏克萊等大學有穩定的基本結構，因此可以承受學生的騷動，不會喪失平衡，一旦不安的狂潮平息，秩序會再回來。但在哈格提的牢牢掌控及諾麥耶的容忍放任之後，很難收拾校園的殘局。一九七三年勞動節前的一星期，我重回紐普茲，必須翻閱學校的刊物，以便調適自己。教員的代表權，是後哈格提時代的重要議題，卻不曾有任何確定的形式。過渡的安排方式是創造出一個「組織委員會」，由三十二個系各派一個代表參加，會議總是演變成開放的討論會，很少有任何正面貢獻。更驚人的是大學課程，哈格提時代結構嚴謹的通識課程早已消失。現在除了英文和體育課以外，學生只要修主修科系的課程即可。教職員創造出各式各樣的新課程，從「女性意象」到「美國社會中的死亡」不等。還有一些「迷你課程」和「特殊主題課程」，課程設計急就章，內容含糊不清。我提議開亞洲文明導讀，看看選讀人數有多大的變化。這個一度是所有新生必修的課，最後只有七人選修。以前即使在我的一些選修課中，至少也有三十到四十名學生。

我看校刊時發現，在我回來前一星期，詹姆斯．麥考德（James McCord），也就是已定罪的「水門案七人小組」之一，獲邀在校園演講，這是「新生訓練課程系列」的一部份。學校的健康中心現在經營「避孕診所」，據說「診所的想法是，女性應該可以明智決定避孕的方法」，沒有人提到使用避孕藥可能引發的情緒問題。同一校刊中又說，宿舍內已設置「強暴防治中心」。勞動節前一周，熱浪侵襲赫遜中部地帶。在高溫惱人的氣候中，所見所聞都讓人極度沮喪憂鬱：新的水泥地面已經乾裂。野生蒲公英叢生。新建築物內沒有一個電子鐘準時，有的鐘已經搬走，只留鐵絲在空空的框架裡搖搖晃晃，隨地都是菸蒂和糖果紙。

在這種情況下，沒有人懷疑史丹利．考夫曼碰到了問題，但他面對問題的方式是既突兀又偷偷摸摸。在學期開始時，他會找一群學生、少數教職員、部分行政人員等，舉辦非正式的集會，但地點不在校園內，也不在他家，而是在附近的山間小屋裡。我親自看到校長本人時，是在組織委員會中。這個鬆散的團體約有二、三十人，欠缺方向，也沒有向心力，常常以下列開場白來通過決議：「鑑於……校長將會……」。輪到考夫曼說話時，他會採取直率而對立的立場：「如果你們說我將會如何如何，我就不會如何如何！」不過，即使如此頑固，他還是得屈服於大家的意見。數星期後，他指定某教員擔任學術副校長，文書主任被他任命爲助理副校長。組織委員會遞交給他一封信，問他有何權威創造出這些職務及頭銜，爲何沒有請教教員就加以任命。考夫曼解釋，這些人的任命是基於「代理」性質，之後會送交組織委員會徵求同意。最後他大叫：「我不是壞人！」但組織委員會仍否定他的任命案。

考夫曼在公開場合得不到大多數的支持，因此聽任自己受制於少數有力人士的操縱。早在哈格提時代，他們就結黨，其中有些人反對這位前任校長的國際化課程。在諾麥耶的放任時代，也產生新的派系。更複雜的是，新法規定，紐普茲包括校長在內的行政人員，都必須由整體教員以不記名方式評鑑，如果沒有通過票數的肯定，就無法繼續生存。

考夫曼承認，有時他會被特定教員所刁難。有一次，我們在名叫「籬笆」（Hedges）的鄉間旅館舉辦歡送會，這位同事擔任系主任及院長多年，即將退休。也許是爲了強調過去的事已成過去，考夫曼在舉杯祝賀時，以調侃和幽默的方式形容，這位老同事去校長辦公室有所要求時，態度是如何的專橫跋扈。我們一邊笑著，一邊不禁被背後的真象所嚇到：校務原來是這樣處理的，也許連財務及人事管理也是。

批評人士說，考夫曼將許多校務授權給屬下負責，已出版的回憶錄也證實這一點。我個人深感不解，尤其想到幾位高階行政人員對我總是很友善，很講情理，只是在我被裁員後態度大變。是由誰做出的決策呢？即使在一九七八年的耶誕節假期，亞洲研究召集人還派人傳話給我：「叫雷不用擔心。告訴他，他沒什麼好擔心的。目前的確有行政的困難，但一定會解決。他只要專心於他的專業就行了。」但就在三個月以後，我被請去見校長談預算刪減的影響，意思就是要解聘我。我寫信給副校長華頓，請他調查整件事的始末，卻從未收到正面的回應。一周後，考夫曼辭職。在此同時，一份地方報紙《京斯頓自由人報》（*The Kingston Freeman*）登出一篇社論，說紐普茲是「管理不良的學校，學生無心向學，常常脫序。」

爲什麼我不早一點走？我試過，但不成功。轉捩點早就發生在一九六七年，也就是我抵達紐普茲的那一年。當時我太滿意周遭的環境，忽略其他機會。十年後，工作機會大大減少，我的資深年資形成非常嚴重的障礙，更不用說我的年齡。我全心專注於學問，常常留職停薪，沒有待在校園內，讓我更難去注意各種可能的後續發展。在這樣的情況下，只能儘量往好處想：大學的整體註冊率可能會提高，令人擔心的裁員可能不會發生；萬一發生，行政當局可能會堅守政策，讓裁員不致波及有終身教職地位的教師。他們會依已公布的指導方針行事，考慮到每位教員的優點。畢竟，紐普茲基本上不是太差的學府，有一段尚稱輝煌的過去，具備種種正面發展的因素，還有許多有才華的教師。校園座落在如此優美的景緻中，也有許多便利的設備。

十年前，我從副校長薩繆爾．古德（Samuel B. Gould）手中獲得「繼續聘任」的終身教職時，文件上的確還有另一行文字：「你的受聘條件是基於董事會的政策，書面資料見於本校圖書館。」其中提到的文件的確指出，在大學出現財務問題時，可以取消我的持續聘用。十年後，在我被解聘後不久，美國大學教授協會（American Association of University Professors, AAUP）寄出一封傳閱信，其中寫著：「許多紐約州立大學的教授，原先具備其他大學的終身教職身分，因此並不知道，紐約州大體系並沒有終身教職的有效保證。」但是我不能說自己不知情，就好像在簽商業契約時不去看契約上的小字。我有注意到裁員的條款，只是在一九六七、一九六八或一九六九年時，我根本無法想像，理論上可以撤消的終身教職實際上居然會發生。當時我們對未來充滿美好的憧憬，期待從未實現的擴張。至於我個人，紐普茲是個理想地方，可以讓我將自己獨到研究的濃縮成果，直接展現在學生面前。在裁員後，只要一想到在當年的芝加哥機場，余英時和彼得・萊特扣好安全帶準備起飛的那一剎那，我就更加相信命運的力量。兩個相鄰而坐的陌生人，在其後數分鐘開始閒聊，就此決定我和家人未來十年的命運。不過，真有這麼悲劇和命定嗎？我不能說一切已脫離我的掌握，至少我還不打算這麼承認。

在一九七九年夏天，我最擔心的是，工作喪失可能連帶摧毀我身爲作家的身分。我還是歷史學教授時，將《萬曆十五年》的書稿交給愛德華・崔普。如果他得知我被解聘，不知做何感想。還有耶魯大學出版委員會，既然我被解聘的消息已經傳遍四方，如果他們拒絕書稿，出書的希望會更渺茫。

我和北京方面的接觸更是不穩定。他們說**原則上**可以接受中文版時，表達的只是意願，而非承諾。種種跡象顯示，部分編輯喜歡，但還必須通過我們無法得知的步驟，才能達到出版之路。無論如何，這本書都可能在中國引發很大的爭議。支持出書的人會說：「這是一本美籍華裔教授寫的書。」而反對的人會說：「有什麼了不起，他被紐約一個窮鄉僻壤的小學校所解聘！」中華人民共和國雖然是共產主義國家，但沒有理由以爲他們就會沒有學術上的勢利。在這個國家，所有作家和學者至少和外界隔離了十二年，一旦驟然面對刺眼的陽光，而且也不確定毛派人士是否重新掌權，絕大多數的官吏自然不願接觸風險太高的事。對膽子比較大的人來說，他們總要取得權威地位，來支撐他們的做法。在中國，教授備受尊敬，可以忍受政治迫害，但絕不可以像領日薪的工人一樣被解聘，這是尊嚴掃地的事。總之，我被遣散的消息一旦傳開，支持我出書的人一定會收手。

一九七九年，中國仍受到美國大眾媒體的關愛和青睞。鄧小平成爲《時代》雜誌的年度風雲人物，他訪問美國，足足成爲一周的電視要聞。中國入侵越南時，驚訝的成分多，譴責的成分少。美國各式各樣的代表團接受北京當局款待茅台和烤鴨，回國後都有一堆愉悅的故事可以說。中美貿易點燃很大的希望，但對我們來說，過去已看過太多同樣的事，不需要是智者也可以預測，這種幸福的感覺注定會消失，不可能持續太久。我已對自己的研究所學生解釋，美國大眾有時把中國當成白雪公主，有時當成是老巫婆。中國這個大國和美國的結構完全不同，又經過一段漫長的革命期和調適期，未來發展絕不可能太簡單。有時我們這些「圈內人」也會覺得困惑。錯誤的訊息和過度的期許太多，媒體必須選擇高度相關的新聞來報導，如果沒有深入的闡釋，報導可能要不就強調中國的純真與魅力，要不然就揭發種種令人作嘔的故事和不堪回首的過去。無論有意或無意，觀點的轉換都是爲了迎合美國人的心情，而且通常走極端，而不是在捕捉中國當時的變化。這些變化鮮少報導，即使有，也不是爲了頭條新聞中提到的原因。

事實上，在一九七九年，雖然從中國傳來令人鼓舞的消息，加強了在美國的「賣點」，但從各種管道和全球各地的中文報導，就可以搜集到足夠的資料，好在下一波詆毀中國風潮時出書，大大賺一筆。對我來說，最駭人聽聞的是文革時安徽發生的饑荒，詳情慘不忍睹，此處不宜刊出。很少西方人會聽過以下的事：根據在香港出版的兩大冊資料詳實的文革文集，總參謀長之一的黃永勝將軍，連續兩年都定期派三名屬下，觀察毛澤東和周恩來接受外國媒體訪問。西方人也不太可能知道，兩個人在石家莊被處決，因爲他們從四川帶走一百多名婦女，到河北省販賣。在一九七九年，若干西方遊客抱怨，去中國旅行時，無法接觸到當地居民。但一名美籍華裔婦女在紐約爲文揭露，她到中國內陸旅行時，即使買的是三等艙車票，也一定會被帶到頭等艙。她提出抗議時，管理員告訴她，一般艙等的情況不適合她，對習於西方生活標準的人來說，食物是不能吃的。之後，她發現這一切都沒說錯。更令人不安的是，管理員對三等艙的農民態度粗魯，毫無同情心，完全不同於許多作家和製片家形容的真誠友善。搭渡輪過長江的人指出，在只容站位的那一區，有些遊客根本看不到河景，因爲有好幾層的人堵住了視野。中國物資欠缺，海外妯娌回國探親時，自動提出在離開時會留下內衣，好讓窮苦的親戚穿。在中國的部分地區，木材及竹子受到管制，市場上因此看不到筷子。中國人到美國時，會淸洗野餐用的免洗塑膠刀叉，拿回去給小孩當玩具。北京能用的木材已製成苦力的挑竿，這些挑竿又堅固又容易彎曲，非常適合丹麥設計的現代傢俱。一些聰明人想出如何用來製做沙發和坐椅，自行動手的過程形成風潮，無數的辦公室員工因爲無事可做，開始傳授技巧，將普羅階級的用具，改造成中產階級的擺設。

上述種種沮喪甚至氣餒的消息，都必須和其他振奮鼓舞的情況並列才行，共同顯示出大規模的轉變正在進行。我可以毫不臉紅地說，大歷史的概念不失爲產生深度詮釋的工具。一九七九年，中國尚未完成長期的奮鬥，尚未將國家從農業官僚體系轉化成現代國家，爲達成現代國家的境界，全國必須可以進行貨幣上的管理，而不只是意識型態一致而已。我們從中國接受到的訊息乍看之下雖然紊亂而自相矛盾，但其真正本質指出，奮鬥的終極實現已經不遠。這個國家的眼光不再只看到自己，就已經是很有希望的跡象。也就是說，中國將採取競爭的態勢，和全球其他國家**面對面**，爲達此目的，內部組織必須合理化。

我的立論很簡單：爲理解今日的中國，我們必須回溯和西方國家對峙時期，因此必須將基線往後延伸，到鴉片戰爭前兩百多年。在過去，美國觀察家對中國的立場從偏愛擺盪到不友善，因爲他們對兩國之間結構上的差異深感不耐，常常低估問題所在，不論就本質或就面向而言。因此，他們可能輕易被虛假的希望點燃，希望破滅時，也很容易產生情緒上的反應。但事實上，傳統中國有非常長的莖梗，無法以五十年甚至一百年來隱藏。其次，歷史學家不能以經濟學家、社會學家或法律專家自居，這些標籤和分工手法必須置於歷史真象之後，歷史本身才是最重要的。我們必須記住，在我們現行的學院派分工模式中，將人類努力成果分爲法律、政府、經濟、社會學等等，反映出現代西方固定的狀況，卻無法有效用以測量中國的深度。在中國，哲學理念可能轉成法理學，政府運作總是和家族扯上關係，國家的儀式化過程含有宗教力量。也就是說，雙方的結構不一致，不能做水平的延伸。這樣的差別一開始就將中國和現代西方世界分開，如果忽略此種根本上的差異，卻問中國爲何不符合西方的期許，是很笨拙的。

擴大參考架構的優勢在於，一旦界線清楚，才更容易看到長期的發展。在國共內戰後三分之一世紀的今天（譯按：作者撰作本書時），就歷史觀點來看，甚至國民黨和共產黨都可以視爲不只是對手，而且還在一個巨大的運動中互補，只是彼此偶有重疊。以此觀點視之，我們閱讀中國現代歷史時，就不會連連沮喪，反而會看到全本的戲劇在眼前開展，朝向可以描述的結局，不再缺乏希望與期許，縱使還會有挫敗及暫時的逆轉。中國歷史很可能即將融入世界歷史，不但是空前的進展，而且是實質上的融和，許多事實和事件都可以支持這個樂觀論調。歷史學家只要定出時期的前端及後端，其間的里程碑會展現出一致的直線進展。沒有一件事會被隱藏或消除，沒有一件事會無法詮釋，也不會只重複過去的錯誤。西方的歷史經驗也可以證實這段歷史。

我很清楚，採取這樣的立場讓我孤立無援。多數歷史學家不在乎重新評估遠古的事件，甚至以誇張的角度來看古代的偉人。但我認爲，即使是蔣介石和毛澤東的作爲，也應該被放在三、四百年的歷史架構內來審視，他們的意見並非對歷史問題的肯定解答，他們終究必須吸納入歷史學家的視野。我的這番見解很可能讓自己顯得傲慢荒謬，甚至有挑釁和引發分裂之嫌。數年前，已故教授亞瑟・萊特看完我的立論後，對我說：「如果你想確定你的九十五點主張，就要讓別人知道這些是你的九十五點主張。」我設法找到一位正直又有名的編輯，他對我的史學觀很有興趣。但他試著出版我的作品卻沒有成功，事後寫信給我表示，爲了要被接受，「必須很有名氣，才能靠本身的威望壓垮敵人。」

在上述的建議中，一是強調權威的存在，一是反抗權威，讓我十分困惑，左思右想，徒勞無功。事實上，在我一生中從來不打算當極端分子，更不用說要像馬丁路德一樣，開啓另一波宗教改革。我甚至沒有打算宣稱自己的原創地位。對我來說，大歷史的概念是無意間得之，是生活經驗的一部分。在美國當研究生和勞工時，我常被在中國的痛苦回憶所折磨，不時陷入沈思。後來當教師，拿著麥克風站在五百名大學生前，無法立即解釋：爲何康有爲失敗了，孫中山失敗了，袁世凱失敗了，張作霖失敗了，陳獨秀失敗了，蔣介石失敗了，而毛澤東也失敗了。爲使我的講課內容前後一致又有說服力，唯一的方法就是說，中國的問題大於上述人士努力的總和。中國文明將和西方文明融和的說法，是人類歷史上空前的事件。上述不同階段的失敗必須被視爲階段的調適，以達成一致的終點。對我們這些有後見之識的人來說，這點很明顯，但舞台上的演員看不到。上述推論已夠驚人，而前景中現代科技的加速演進，使我們不能將昨日的頭條新聞視爲當代事件，必須當成歷史來處理。上述種種因素讓我沒有太多選擇。

然而，在一九七九年，我卻置身於非常狼狽的處境。一方面，隨著中國的開放，有很多機會參與中國人民與美國人民的對話。另一方面，有威望才有資格提貢獻，我卻在這個關鍵時期被一個小學校解聘。我申請參加美籍明清專家訪問中國大陸代表團，該活動是由「對中華人民共和國學術交流委員會」（Committee on Scholarly Communication with the PRC）所贊助，但我卻被拒絕，這顯然無法建立我的可信度和影響力。我的中英書稿結果如何，仍然讓我焦慮不已。這本書並非宣揚我的史學方法，而是展現帝制中國末期的切片。送到耶魯的英文書名是《一五八七年，無關緊要的一年》（*1587, A Year of No Significance*），送到北京中華書局的書名是《萬曆十五年》。這本書有雙重目的：一是將現代中國的底線往後推移，事實上是移到鴉片戰爭前兩百五十三年。歷史顯示，當代中國所面對的問題，早在當時就已存在。另一目的是證明，我的大歷史理論既不是教條，也不粗糙或無聊。作者必須花一段時間獨處，才能發展出電眼般的視野。如果讀者願意，可以和作者一起探討中國歷史上許多有趣的細節，以其他方式就做不到。看來似乎瑣碎，但卻可以拼湊出一個完整的圖形。我會不時在書中發發議論，但整體而言，這本書是敘述性的歷史書籍，大學生和一般讀者應該可以接受。

問題是，雖然我不免自戀，但決定出版的人可能會說，在處理學術內容時，我應該遵照學術的格式，先要有術語和定義，然後再把我的論點定義在歷史的某個分枝之內。如果建議是由商業出版社來出書，那麼我就應該讓主題更爲輕鬆有趣。註釋必須剔除，內容要重新編排，讓住在郊區的讀者能放鬆自己，這才是將產品推到市場上的唯一方法。

我聽得太多了。

八月初，《劍橋中國史》在普林斯頓的工作坊有個長長的周末假期。那個星期五和下個星期一都不開會，也沒有特別活動，讓我們可以偷溜出去幾天。格薾已經來電多次，要我去曼菲斯住幾天，但我出發前，在傑斯特圖書館被幾件事耽擱了。

我被解聘對內人的影響更大。整個春天，我們都在討論是否該採取法律行動，去上訴是否可以挽回尊嚴，或反而更糟。這樣的困境只會讓神經更緊張。在曼菲斯，她的處境也很艱難，必須將我們的情況對南部內陸的親戚解釋。他們都知道，她嫁了一位華裔教授，但他們一輩子從未聽說教授也會被「遣散」。她最擔憂的，還是傑夫和我的心情，有一次她吩咐我：「你**一定要**照顧自己的健康。」又有一次，她說：「我希望可以早點遇到你，我們就會有更多時間在一起。」許多晚上，我獨自輾轉反側時，這些話常在耳邊迴響。

就財務上來說，這趟行程似乎一點也不實際。再三星期，工作坊就要結束，在此之前搭飛機住個兩晚，似乎很奢侈，而且這時我們更應該開始盤算皮包裡的每一分錢。

然而，這五天來事情有了重大發展。我接到耶魯大學出版社的來信，愛德華．崔普再度抱歉《萬曆十五年》的決定延遲了這麼久。但他告訴我，審稿人的報告來了，非常有好感。除了部分語句的改進以外，他覺得沒有地方要重寫，章節就依原稿排列方式。事實上，崔普還附上審稿人的報告，他的結論如下：「你現在只需等到九月中旬，我們的出版委員會將開會做最後決定。不過，有這樣的報告，我想你無需擔心。」說也奇怪，信是在十天前寫的。但瓊斯廳的分信人把這麼重要的信放錯信箱，讓我心又多懸了一星期。碰巧哈維也從普吉西來信。信的開頭就很樂觀：「從中國來的好消息！」他的妹夫黃苗子已拜訪我的朋友廖沫沙，他在北京的朝陽醫院養病。黃苗子請廖沫沙寫中文版的序，他認爲希望濃厚。沫沙是我四十一年前的好友兼室友，那時我們都在爲《抗戰日報》工作，我已有三十七年沒有看到他了。他當然是三大異議分子之一，諷刺文章引來毛派分子的批評，批評聲浪愈來愈大，最後形成文化大革命。他曾遭下獄、拷打、被送到森林中的農場作苦工，長達十年以上。最後他終於回來，隨時可能正式獲得平反，如果可以借重他的名字，這本書要在中國出版應該不會太難。到目前爲止，我已經毫無王牌，但也沒有理由繼續灰心。

我的當前問題是，興奮緊接著長時期的鬱悶後而來，讓我完全不知所措。以這趟曼菲斯之行來說，我出發時並沒有留太多時間。我的車子停在普林斯頓客房和火車站之間的停車場上。停車場前方是個名叫「哇哇」（Wawa）的食品市集，我替自己外帶了一份雞肉沙拉三明治和一杯咖啡。已經過了下午一點，但我卻還沒有吃午餐。過去數星期以來，我的生活一團糟，一定讓我丟三落四。我的車子停在同一個車位，但車子裡是成箱的書，是我從紐普茲帶來的參考資料，結果不但沒看，甚至也沒拿出來。油量在最低點，能否開到機場都成問題。幸運的是，這是個偶數日，我的紐約車牌AUG 188是偶數號碼，所以我可以買三美元的汽油。我在城外不遠的加油站加完油，時間不多了，我急著趕到機場去，居然在普林斯頓南方一處路標不明顯的地方迷了路。我停下車來向一名婦女問路，但也沒有用，她指引的方向讓我在一堆次級公路中打轉。路也太多了。忽然之間，我回想自己問的是去「機場」的路，並沒有指明是在川頓（Trenton）的馬瑟郡（Mercer County）機場。如果她指錯方向，該怪的是我。又過了十五分鐘，才把錯誤更正回來，解決之道是把車重新開回一號公路，才能直接開到機場。這時每一分鐘都很重要，我很可能錯失接泊的班機。我轉向二九五號州際公路時開始下起雨來，傾盆大雨夾著打雷。信不信，這時擋風板上的雨刷居然不肯動。一九七一年出廠的杜林（Torino）已經有九年的歷史，到普林斯頓後就很少使用。我想不起來上一次是什麼時候開過，也記不起來何時在雨中開車。現在雨刷既然不肯動，前方是一道洪流，只有一小片玻璃擋著。我打開閃光燈，搖開車窗，在暴風雨中探頭看前方的路。在一剎那間我咒罵自己：如果我沒有走錯路，或是提早半小時出發，就不會發生這些事。但下一分鐘常識警告我，現在正是發生車禍的絕佳時刻：在情緒上很著急，設備有所缺失，路面危險，天氣又不佳。想著想著，車速不禁慢下來。車子以蝸步前進，而且貼著路旁，避免接觸其他的車輛。我聞到雨的味道，雨水流進眼睛、鼻子裡、沿著衣領流進襯衫裡，微微刺痛。最後五哩路彷彿沒完沒了的奮鬥。

開完最後一段高速公路時，暴雨也停了。雨並不是突然消失，而是被風颳向東北方，一半的天空寧靜發亮，另一半陰森黑暗，下方新澤西的平地也就分成兩半。幸好我前幾天曾親自來買機票，對機場方位還算有印象，停車不成問題。我跑進建築物中，發現接泊機還停在那裡，鬆了一口氣。一定是因爲暴雨才多停留了數分鐘。我是最後登機的人，發現機上還有不少空位。我挑了個靠窗的位置，喘氣看著這架雙引擎的渦輪推進接泊機起飛。飛機著陸的輪子不比飛盤大多少，在濕漉漉的水泥地上濺起水花，但離地面後仍然運轉，直到摩擦後才完全停下來。著陸裝置並沒有收入機身裡，因爲毫無必要。我們正在進行短距離的飛行，會先停在北費城，然後再飛到國際機場。通過德拉瓦河上的惠特曼橋時，看到後備役的海軍艦隊，包括各式各樣的船，整隊船艦在解除武裝後靜靜停在水上。

到費城國際機場時，我才發現我們的班機延誤了。該班飛機應該是來自北方，受制於天候狀況而無法準時起飛。最後飛機終於抵達，我們上了飛機，飛到匹茲堡，但已經延後一個多小時，往曼菲斯的班機不等我們就飛走了。機長在飛機滑向航站大廈時，透過對講機宣布這個壞消息，建議錯過班次的旅客去櫃台安排住宿。對航空公司來說，這些事必定是家常便飯。飛機一著陸，我們沒有花太久的時間適應，一輛轎車把我們接到匹茲堡郊區的一間高聳的汽車旅館。我做的第一件事就是打長途電話，我怕格蘭已經到曼菲斯機場，怕她打電話到普林斯頓客房又找不到我。我必須拜託經理傳達我的訊息，報上我的名字、班機號碼和明天抵達的時間。最重要的是，我求他一定要告訴她我人在匹茲堡。一般主管不會願意跑這種差事。他們會說：「噢，可是人人都應該有自己的電話。」但讓我鬆了一口氣的是，這位親切的經理老遠就說：「好的好的，黃先生，旅途愉快。明天見。」

我甚至不知道這家汽車旅館的名稱。不過我注意到，建築物仍相當新，玻璃窗還染色，但住房還不到半滿。電話亭附近有幾台販賣機，還有微波爐，可以讓人加熱康寶濃湯和灑上蕃茄醬的成杯義大利麵。這一整天忙進忙出，讓我沒什麼食慾，即使在飛機上，我也幾乎沒碰機上供應的小點心。現在看到食物卻讓我想起，我把咖啡和雞肉沙拉三明治留在車子裡，就放在書旁。在酷熱的夏天，食物和書必須一起放在鐵皮車頂之下達三天之久。如果咖啡倒了一地，我也不會吃驚。

洗完澡後倒在床上，我才漸漸回過神來。我一生中總是到處奔波，總是急急忙忙，有時會開始同情自己。爲什麼我不能放輕鬆？一份三明治、一杯咖啡、一輛車，甚至一堆書算什麼呢？這些書不過是明朝的紀錄，是四百年前的文告和事件的再製資料，其中虛虛實實，實實虛虛。如果我的書能出版，我的參考書就已經達成目的。另一方面來說，如果我的書稿永遠到不了書商，我的藏書即使保持嶄新狀態，價值也不會增加。我已經盡了最大的努力，應該學會和未知的力量妥協。今天早上，我很確定晚上會和內人及小孩在一起，誰會想到我會睡在匹茲堡的旅館裡，讓計畫好的周末幾乎只剩下一半？我應該容忍不可預測的力量，做好調適，即使永不放棄目標。

我無法辨別自己在匹茲堡的哪個區域。匹茲堡是個有趣的城市，這倒是可以確定的。數年前我們來過這個地方，卻走錯方位，只看到貧民窟。又有一次是從上方飛過，飛機的高度在城市天空線以下，景象非常特殊，你可以形容是看盡遠方摩天樓的中層窗戶。這次是從山路進城，看到現代化的建築和速食店，附近的岩石上有許多松樹。同一個地方，觀點不同，視野就不同，全部加總，生命因而更有趣。

我還沒告訴格爾，如果這兩本書可以出版，我應該認真考慮寫回憶錄，不過不是一般定義的回憶錄。在美國，寫回憶錄的人包括前總統、前國務卿、四星上將、文人、男女演員或是黑手黨頭子和應召女郎。我不屬於任何一類。我的回憶錄可能不情不願，是一個平民請求妻子允許犧牲一部分的隱私權，以贏取肯定，不過不是爲了他自己，而是爲了他的願景，爲了特定的歷史史觀。

我一輩子中從來不曾認真考慮加入任何精英團體。我不曾享有聲望，也不可能在人生的這個階段，才在學術圈建立權威地位，更不要說我最近的恥辱。我應該持續找工作，申請研究獎金，但我最近開始嘗試，卻發現前景不是太看好。我會有工作，但翻譯工作卻有違我的想法和目標。

讓我這麼說吧：菲德瑞克．傑克森．透納（Frederick Jackson Turner）是美國歷史學界的名人。在上個世紀交替期間，他以「邊疆理論」產生了很大的影響力。他主張，美國的邊疆不斷往後退，有助於美國形成民主體制。透納是位出色的作家和演說家，卻不是好教師。他指導了許多博士論文，徒子徒孫將他的理論演繹成內在邊疆和外在邊疆、首要邊疆和次要邊疆、初期邊疆和晚期邊疆、北方邊疆和南方邊疆。種種努力只造就出一個透納，卻製造出許多模仿者。他們欠缺自己的想法，因此減弱了透納主題原有的活潑精神。在美國大學裡教授中國歷史，雖然處理方式不盡相同，但就某些方面來說更糟。最大的障礙是，中國領域的史學家往往模仿歐洲和美國的史學家。在英國歷史學家中，有研究都鐸時期的法律專家，許多美國史學家則以殖民時期和外交政策做爲專業領域，因此中國歷史想必能找到相符合的領域。一旦位置確定，由教師帶領學生將歷史分解成小部分的同樣過程，就會被視爲理所當然。論文題目競相以罕見爲尚，似乎主題愈難以理解，就愈有學術的原創性，在這種情況下，許多亟需探討的廣大領域完全不受重視。既然學術出版只是爲了學術研究者本身，是否卓越就不在一般大眾考量之內。

這樣的方法有嚴重的缺陷，也許最大的風險來自於將許多年輕學者制約在短視和地方化的視野，讓他們來不及習慣中國問題的廣大無邊，也就是說，藉著中央集權化的官僚管理，操縱整個國家。那些學者所提出的批評，通常是基於西方體制的邏輯，到目前爲止和中國並不相關。他們急於將這樣的邏輯應用在中國，不管技術上是否可行，反而可能使邏輯更無法適用。不過，仍然有部分學者研究中國的遠古時代，卻沒有提出和現代相關的問題。就我的觀點而言，這實在是很可悲的浪費，因爲當中國歷史和西方歷史即將融合之際，所有的中國歷史學家都應該對此目標有所貢獻。如果看到事情無可避免要發生，卻不曾努力讓自己的辛苦不白費，簡直是故意自外於這一切。

我相信許多同事都意識到這些缺失和風險，有些人私下表達他們的關切，但要快速調適並不容易。即使是西方世界的學院派人物，都無法避免自身的官僚架構。這個問題牽涉到經費、權威、傳統、組織、教材、課程、出版標準、來自其他系的壓力、大學間的敵對競爭等等。急著改變可能重蹈馬克．洛德的覆轍，或是正如亞瑟．萊特指出，要先確定九十五點主張。現在，沒有任何學術單位的牽絆，也沒有任何工作可喪失，我終於可以行使作者的特權。

回憶錄的形式可以讓我和一般讀者對談。由出版社最近出版中國書籍的數量，可以得知美國大眾對中國感到興趣。我想呈現的是站在美國立場的我，在我六十一歲的生命中，絕大部分的時間可以平均分成中國和美國兩部分，我在中國住了二十八年，在美國住了二十七年，其中最後五年是以美國公民的身分。其他六年則待在印度、緬甸、日本及英國。我的文化背景和語言訓練來自中國，但我對歷史的了解，包括對中國歷史的了解，是住在美國數十年所發展出來的。我可以說，如果我沒有離開中國，就不會有今天這番認識。如果我只在這個國家住了五年或十年，也不會有相同的了解。安．泰勒（Ann Tyler）曾說，她在街上無意中聽到一段對話後，必須讓話語在頭腦裡漂流一段時間後，才會說「我懂了」。再加上文化差異，我如果要具備類似的反省力量，其教育過程遠比一般人的想像還要長。但我反省分析的方法，基本上和小說家沒有太大的不同。我閱讀的東西，聽過的對話，在中國見證的事件，都只有在我遷居多年後才產生意義。由於離主體很遠，又有夠長的時間來發展後見之明，終於可以輪到我說：「我懂了」。此處沒有必要引入術語和定義，如果觀察者確有能耐，就可以從事件和稍縱即逝的念頭中報導事情原委。

從我的觀點來看，這件事比起和紐普茲糾纏不清重要多了。至少我在被遣散前已開啓大歷史的理論，我將出版的書也已指點不同的方向。我希望格蘭可以同意，對我而言，如果要進行這個計畫，她的持續支持和犧牲是不可或缺的。

安亞堡，密西根

一九五二年九月我進入密西根大學部時，並沒有想到自己會變成歷史學家，更沒有想到有一天我會研究明史，理出一套方法，再將歷史投射到現在，並逆轉推論，證實我對帝制中國時期的發現。如果我可以預見這項任務的艱辛，我一定會退避三舍。

在一九五二年，我只是想到，以我在國民黨軍隊長達十二多年的資歷，我有很多經驗可說，因此我選擇主修新聞學。我已申請數所大學，全部都在中西部地區，也都名列前十大。密西根不只最先給我入學許可，而且因爲認可我畢業自雷溫烏茲要塞的參謀大學，還給我十二個後備軍官訓練團（**ROTC**）學分。我還想像，如果我更用功一點，也許可以在兩年內取得碩士學位。目標果然實現。但對我來說，畢業就是失業。可以理解的是，如果不會說道地的美語，無法有一枝快筆符合截稿期限的要求，要找新聞界的工作非常難。但是，當時也不會有人雇我去整理圖片或編排索引。我試過出版業，但只是增加一些被拒絕的經驗而已。有一份雜誌沒有拒絕我，還替我的一篇文章印三十五份抽印本。那篇文章登在《太平洋歷史評論》（*The Pacific Historical Review*）。

同時我對歷史的興趣也被啓動了。「至於這個，」我的朋友和老師都警告我：「別無捷徑。你可能要念個博士學位。」有人還說，這個最高學位是在大學教書的通行卡。十年後我才拿到我的通行卡。一九六四年，在密西根大學體育館裡，我們看到校長將一頂米藍色的方巾，放在詹森總統頭上，因此這位大社會（Great Society）的發起人，就能以名譽法學博士的身分，向畢業班致辭。現在我衣櫃中也有一式一樣的方巾，是我憑一己之力在同樣場合獲得的。詹森總統戴著方巾離開密大，搭乘直升機離去後，我也收好自己的方巾，不久後就收到一通來自伊利諾州艾德華維爾（Edwardsville）的電話。我成為南伊利諾大學助理教授，並在此遇到我未來的妻子格薾。

不久前席得尼·胡克（Sydney Hook）發表一篇文章，名為〈天空中的賭場〉（Casino in the Sky），強調機遇和事件可以改變人的命運。我完全信服這種說法。在我一生中，我常必須在特定時點做出關鍵決定。回顧過去，我不確定當時是否由自己來下決定，似乎是決定等著我。

我到安亞堡前的經歷如下：

我在東北的任務之旅沒有太久。一九四六年六月初，我從長春回到瀋陽，參加到美國留學的檢定考。接著全國大考在南京舉行，從一千多名考生選出約兩百名軍官。整整考了一星期，內容包括中英文作文、數學、科學和兵法。口試是由一組美國軍官主考，我們進場前要先取下勳章。結果公布時，我又驚又喜，因爲我和另外十五人被送到雷溫烏茲要塞，但他們軍階都比我高。我們從上海啓航，搭乘運輸艦「尙克號」（David C. Shank），是由運輸軍團來負責。在船上我們就開始過美國式的生活。不過戰後不久的運兵船並沒有太多舒適的設備。我要睡覺時，發現上鋪離鼻尖不過幾吋遠而已。我們要洗澡時，美國人警告：「小心一點，雖然標明是冷水，其實是熱的，標明熱水其實是燙的！小心不要被燙傷。」雖然如此，但船上的可口可樂只要五美分，一條菸只要五十美分。

到加州的奧克蘭以後，我們改搭火車往東行。軍方和鐵路局居然安排得當，讓我們搭臥車順利抵達目的地，毫不出錯，令人嘖嘖稱奇。有一天晚上，有一群女孩來拜訪我們。她們是海軍僱員，預定前往巴爾的摩，車廂就在我們隔壁。有一個女孩先打開話匣子，最後和她的同伴一起被邀請與我們爲伍，她還說：「我不是早告訴過你，這節車廂一定有趣！」我們彼此問了一大堆問題，一直問到午夜。第二天早上，我們打算去回禮一番，卻發現隔壁車廂只是一般乘客。

在雷溫烏茲要塞，我們的校長是哲樂（Leonard T. Gerow）中將。第二次大戰期間，他曾在歐洲帶兵。在戰前，他是五角大廈的重要人物。我們對他的印象是他很喜歡誇大炫耀，有一次，我們要照團體照時，他居然太過高興，還拍著太太的臀部。哲樂太太也同樣熱情活潑。在一次聚會中，高級軍官的太太問哲樂太太哪裡去了，一位女士回答：「她在外頭吃雪花。」原來那天是下雪的第一天。

哲樂並不被視爲中國的盟友，因爲根據已出版的資料，在珍珠港事變前，他建議美國政府就法屬中南半島和日本妥協，以犧牲中國爲前提。但在雷溫烏茲要塞，他拜訪我們這群人。當時中國的內戰讓我們又沮喪又不好意思，將軍說，這沒什麼好擔心的。他認爲，內戰之所以開打，是因爲大家都太愛國了，看他祖父的兄弟和堂兄弟就知道了。他們全都參與美國內戰，而且有的屬於南軍，有的屬於北軍。

我們的課程持續了九個月，行事曆和一般文理大學差不多，學期從九月開始，六月結束，耶誕節放假兩星期。約三百名美國軍官就學，大多數是中校，很少有上校或少校。盟軍的軍官約六十名，官階就很雜亂，從英國的旅長到海地的中尉都有，後者還是全班唯一的黑人。一名蘇格蘭軍官穿著蘇格蘭裙來上課。大多數拉丁美洲軍官都不說英文，有專門的西班牙傳譯人員爲他們翻譯。

課程的大部分內容爲地圖演練，問題是從陸軍的檔案夾抽出，但經過修正，以利課堂上使用。我們逐漸熟悉的地理區域是巴黎西南部。假設我們在聖羅（**St. Lo**）突破後，分兩路進攻，一是從呂曼（**Le Mans**）到沙特（**Chartres**），一是從托敖（**Tours**）到奧良（**Orleans**）。另外一個經常用到的設想情況是九州的鹿兒島一帶。我們假想進攻，修補港口設備，建立進攻部隊，對島民實施軍事管制等。後勤和人事管理是美軍善長的兩點，前提是紙上作業可以實際運作。在雷溫烏茲，我們首度得知歐戰可能提前半年結束，正如一位五角大廈來的客座講師所說的，如果「我們再聰明一點就好了。」在雷溫烏茲，他們常常提起原子戰爭，但實際上沒有人知道，核子武器未來將如何影響傳統戰略。我們仍活在第二次世界大戰的時代。

在雷溫烏茲上課非常氣派。在體育館一樣大的古伯廳（Gruber Hall），近四百名軍官學生坐在其中，每個人的桌子都十足大氣，堪稱「總裁級」。麥克風有數十個，設置在走道兩旁和座位兩邊。一名上校擔任課堂監督，辦公室就設在大廳後方的小房間內。他指揮十數名男女士兵，調派他們分發教材，開啓和關閉麥克風。教師在講台上授課，麥克風別在領帶上。每個人都帶著至少三十呎的延長線，方便在講台上踱步。他們名牌上的字高達一呎。各教官就一般主題下的專長發揮，即使授課時間只有十五分鐘，也會有一名軍士將他的名牌掛在牆上，名牌不短於三呎。做爲視覺輔助工具的地圖和圖表則貼在木板上，從講台後方推出來，清晰易見，可以和足球場上的記分板相媲美。

我利用耶誕假期到紐約和華府去玩。一路上總會遇到好奇的民眾，他們看到中國的軍官不免驚訝。有些人甚至譏諷地說：「看，中國軍隊來了！」我常被問到關於內戰和毛澤東的問題。有些人還問，白修德（Theodore White）的《雷霆後之中國》（*Thunder out of China*）有幾分真實性。有些人還問我屬於國軍或共軍，我幾乎要認定這些人簡直是大白癡時，卻又發現他們真的是搞不清楚。有一名婦女說：「如果你們有兩種軍隊，我們就應該兩種都一起邀請來，這樣才公平。」

一九四七年夏天我們回到南京時，馬歇爾將軍早已停止調停國共間的紛爭。不過，美國政府仍然繼續協助國軍的訓練和組織。我們這些從美國回來的軍官，都被分發到軍校或是和訓練課程相關的部門。我還獲得一個僭越的頭銜，成爲參謀本部的資淺軍官，隸屬國防部。事實上，我還是個上尉，月薪約十八美元。在一年多的日子中，我將美軍提供的文獻譯成中文，但美軍的流程絕對無法適用於中國。對美軍來說，軍務、補給和人力的流動是採取「油管制」，裝備和軍庫都十分齊全。在前線和各駐紮地區設有中間聯絡站，補充兵源源源不絕。人事和設備的流動經常而自動化。如果國民黨有能力做到，內戰絕不會產生，絕對可以預先防止共產黨的行動。日本是否敢侵略中國，恐怕還是疑問。我們聽說，在軍閥時代，軍需官必須從團長太太手中拿錢，才能餵飽士兵。一九四七年時的國民黨軍隊已經脫離這樣的階段，但其實沒有進步太多，不時要找人、找食物。在這種情況下，所謂的油管制，其實不過是空想一場。

不過，我們的將軍對油管制仍存有幻想，因爲這是外國來的現代東西。我很快就發現，這個現象不只軍中獨有，留學國外的中國學生通常給人先進的感覺，他們的學識即使理論上很先進，大多數情況下卻不符合中國的實際情況。不過他們的長官仍然很看重他們，原因是可以替部門帶來裝飾的效果。三十五年前我就有這番個人的體驗，因此最近聽說同樣的事又發生在中國派遣的留學生身上，不禁覺得沮喪。

一九四八年年底，我從五廳（訓練與組織），轉到二廳（軍事情報）。我的任務是對外國軍隊和海軍武官簡報戰事，直屬長官是陸中校，他現在也住在美國，將名字改成

Joseph D. Lowe。在圖書館的參考室中，可以發現他的兩篇著作。一九四八年年底，他對我說，行政院長翁文灝是他的舅父，他關心前線的戰事，卻沒有人提供足夠的簡報。透過正式管道的訊息不是早已過時，就是不正確。我們認爲這簡直太過分。由於他的官位使然，他已被共產黨公開宣稱是「戰犯」。然而，他甚至不知戰事的發展，不知前線在哪裡！在陸中校的安排下，我到這位清癯的行政院長家去看他，做了約一個小時的個人簡報。

一九四九年年初，國民黨的副總統李宗仁還在做最後努力，和共產黨談和，但人民解放軍卻正準備渡江南下，國民政府的國防部將我們撤退到廣東。顯然下一個目的地就是台灣了。四月，同爲雷溫烏茲畢業生的阮維新（音譯）上校，問我是否願意和他到東京去。他剛被任命爲駐日代表團的副官長，願意找我當他的助手。我願不願意去？袁上校應該知道答案的，這種問題不需要問。不久後，在一九四九年五月，我並沒有加入成群的公務員和家屬之列，在臨時住所等著搭船過台灣海峽，而是搭乘「克利夫蘭總統號」（President Cleveland）的頭等艙，從香港開往橫濱。由於是爲駐日代表團工作，我具有外交官的身分，拿著紅皮護照旅行。在香港，我訂製了兩套西裝，由外交部付錢。上述遭遇聽起來很不可思議，但我在東京的所見所聞才更叫我吃驚。

在密西根大學，新聞系系主任是威斯理．莫勒（Wesley Maurer）教授。我開始注意歷史，大半原因是受他影響。他介紹我看約翰．彌爾（John Stuart Mill）的《自由論》（*On Liberty*）、約翰．柏瑞（John Bury）的《思想自由史》（*A History of Freedom of Thought*）及亞瑟．加菲爾德．黑斯（Arthur Garfield Hays）的《讓自由響徹雲霄》（*Let Freedom Ring*）。莫勒下巴方正，總戴著無邊眼鏡，背景頗爲特殊。他原先接受的訓練是要當美以美教派的牧師。事實上，他從神學院畢業後，也傳過幾次道，但最後還是臨陣脫逃。從此以後，他就熱心批評有組織的宗教。不過，莫勒教授既非無政府主義者，也不是無神論者。提到聖經，他說：「如果我們沒有這樣一部典範，不知會變成什麼樣子。」對於路德、喀爾文和諾克斯（Knox），他小心翼翼區分他們分屬自由鬥士和暴君的面向。他不斷提到星法院（Star Chamber）、命運預定說的教義、陪審團審判等，好奇心驅使我去研究這些東西。我逐漸相信，我的中國知識和經驗應該透過歷史來評估，但那時我還不知道是透過世界歷史，或是西方文明史，甚至不知兩者有何差別。

莫勒教授開的課「法律與新聞」，是所有新聞系學生的必修課，課堂氣氛總是輕快活潑。他說，在誹謗案時，可以用沒有惡意來當答辯，卻不能用事實真象。他又說：「有時真象愈多，愈構成誹謗。」大眾知的權利和個人隱私的權利之間，的確有衝突。全班印象都很深刻。在另一堂課上，他提到色情書刊。他以同樣強而有力的語調強調：「有時真象愈多就愈猥褻。」坐在後面的一個女生這時放浪大笑：「哈哈哈」，直到我們全轉過頭去看她，臉上帶著會意的笑。有一位來自印度的同學，我們叫他拉米。他似乎和莫勒教授有獨特的相處之道。教授以慣有的精力朗讀：「路德、喀爾文、諾克斯等人」時，拉米會平靜地插一句：「還有威斯理等人」。還有一回，拉米的插話更是恰當，教授提到聖物：「十字架、玫瑰窗、遺物……」，這名外籍學生就說：「先生，還有聖牛。」在這兩個例子中，他的辛辣評語都引起滿堂笑聲。長期浸潤在莫勒的自由主義風氣下，我告訴室友：「在美國，三聲歡呼還不夠好，應該是兩聲歡呼和一聲倒采。」

然而，莫勒教授雖然夠自由開放，但卻沒空和我辯論蔣介石的事。我認為他對蔣介石只有非常刻板的印象，我無法在課堂上和他辯論。下課後，他很願意見我，但一提到蔣介石，他的對話之門就關上了，他說有更重要的事情要做，這其實沒有帶給我太大的困擾。但是，有一天，他對全班說，有一些民間組織遭受到檢察長的監視。他甚至還念出黑名單上的一些組織。當時我剛好收到一個中國學生全國組織的傳閱信，我問教授該組織是否在黑名單上。他查了一下，沒有，但他又轉向我，以厭惡的語氣說：「而且中國遊說團（China Lobby）也不在名單上，那是一定的！」這和中國遊說團有何相關？我愈想就愈不對勁。莫勒教授可能不會把我當成中國遊說團的一分子，不過他可能認為我深受影響，原因是我的國民黨背景，這在系上是人盡皆知的事。後來我問拉米有何觀感。他很認真地說：「我不知道。不過莫勒有時很好笑。」

錯不在莫勒教授，在一九五〇年代初期，提蔣介石或國民黨並不受歡迎。我還不如談密西根這一年進軍玫瑰杯足球大賽的機會，或是如何阻止密西根州立學院要改名為密西根州立大學，避免他們模仿抄襲我們。一九五〇年代初，美國對韓戰已經十分厭倦，也受不了麥卡錫主義。當時麥卡錫這位參議員還未受到譴責，還在進行最後一波的政治迫害，但反對他的聲浪已迅速擴大，尤其是在校園裡。這樣的風氣正足以解釋中國問題。兩件事實是很清楚的：蔣介石將中國大陸輸給共產黨，是因爲貪污和無能，而美國政府給他二十億美元，他卻花得一乾二淨。這就夠了。

我想說的是，我打算純粹從歷史的角度來解釋這件事。我希望從中國人的立場來觀察，而不是從干涉美國內政的角度，雖然兩者之間其實很難分辨。在那樣的情況下，我大可以說，你們永遠不應該說貪污和無能是我們失敗的原因，因爲如此一來，你們等於是以粗糙和過度簡單的結論，來提前結束一個複雜異常的案子。我大可以說，你們從中國搜集到的意見，其實非常狹窄，大體來說只反映美國駐外單位的情緒。這些人對史迪威事件的情緒反應非常強烈，事情發展不如預期時，他們就非常失望。我大可以說，你們太容易受到中國自由派書生的影響，這些人和你們一樣，對中國社會的運作方式並沒有第一手知識。他們告訴你們的，通常是他們理想中的中國。至於如何達到理想境界，他們和其他人一樣，完全都沒有解決之道。

我大可以說，在對日抗戰勝利後，中美的關係根本就是一大敗筆。美國政策的缺失充分爲赫伯特‧費斯（Herbert Feis）所揭露，尤其是在《中國結》（譯按：作者所寫*The China Tango*恐有誤，查費斯並無此一著作，應為*The China Tangle*）中的結論。在中國這一方，我們過度深信，無論在何種情況下，美國都會支持我們。我們站不住腳是因爲我們不能要你們負責，你們並沒有簽約來保護我們。我大可以說，杜魯門總統說對了。他曾說，美國人民不容許他把資源一直放進中國的無底洞中。但他說，我們無視於馬歇爾將軍的勸告，不靠野外作戰而贏，反而擠在城市中。這話有欠公允，國民黨軍隊曾在野外打過許多戰役，我自己親眼見到在東北的一場。城市是我們的後盾，我們的活動範圍，我們的後勤運輸區。國民黨已接受馬歇爾的勸告，試著將三百多個師精簡成九十個師，希望藉質的升級來爭取美方的認可，藉量少質精的作戰部隊，更適宜接受美國的補助。（精簡也是馬歇爾的計畫之一，希望藉此逐步將國民黨和共產黨的軍隊合而爲一支國家的軍隊。）但精簡後，我們必須更依賴現代運輸及通訊。國民黨軍隊的結構非常不容易管理，在過去，總是讓非正規的輔助軍隊成爲外圍的助力，那樣的軍隊更容易適應鄉村。在大規模的作戰中面對共軍時，強化作戰部隊的政策反而成爲一大弱點。

至於貪污和無能，我要說的是，這兩者的確存在。至於二十億美元，我可以說世界上沒有一個人能爭辯或證實這個數字。美國在抗戰勝利前後對國民黨的補助，代表的是絕大的善意和不見天日的管理，雙方都有濫用之嫌，帳面價值和使用價值之間有很大的落差。一般認爲，美國替國民黨訓練和裝配三十九個師，通稱爲「α師」，最後成爲國共內戰時國軍的主力部隊。但我還沒有看到以下的事實公諸於世：α師的設備和補給散置於全國各地，從內陸的軍庫到沿海的倉庫，管理沒有邏輯，也談不上優先順序。簡而言之，某個地方有一堆迫擊砲，另一個地方有許多禦寒衣物，介於其間的則是短缺和無法計算。那些師級部隊穿梭於補給區之間，裝滿行囊後繼續前進。國民黨軍隊並不是敗在設備和補給，要說這種話很容易。我大可以作證，受益者並沒有得到軍需後勤的援助，裝備也不夠充分，一開始就陷入技術上的陷阱。一九四六年初我在東北時，國民黨的軍力可說達到空前之高。單是新一軍砲兵營的一〇五厘米榴彈砲，毫無疑問可以解決林彪的「人海戰術」。但是全營只有五百發砲彈，而整個東北的砲彈也不超過一千發，幾分鐘就發射完了。在春末，我曾看到士兵穿著尺寸過大的雪靴，事實上他們應該穿帆布鞋。前線的機關槍很多都沒法使用，原因是沒有好好上油。

既然二十億美元的補助中，我也花到了一部分，包括我在雷溫烏茲念書時每個月領的一百二十美元津貼，我很難有立場去抱怨。但我的同袍指出，單是要維持美國軍事顧問團的開銷，就可以養二十五個中國師級部隊。無論美國人走到哪裡，都會帶著他們的配偶子女、電冰箱、汽車、其他家用產品，有時連寵物也包括在內。學校、俱樂部、郵政單位都必須隨之設立，汽車調度場也是。我們常會聽到：「生活水準有所差距，這是沒有辦法的事。」但事實上，差距非常大。兩國的體質差距太遠，直接輸血會帶來很大的問題。其實雙方都很無知，一名美國顧問團的上校花了一個多月的時間幫我們整理一套手冊，理論上是要告訴我們如何草擬組織表。我稍微看了一下，就告訴班長，可以完全不予理會。例如手冊中寫著：「戰利品和紀念品不應該包括在組織表中。」他顯然不知道他在指導哪裡的部隊，也不知道我們在哪一世紀。戰利品和紀念品對我們一點用都沒有。我們實際需要的是一些如廁用的衛生紙，因爲我們的士兵都還在用竹籤和玉米。

劉遠漢少將是五廳的廳長，有一次美國人建議，一個步兵連要有一百五十名士兵，但只要三名廚師。劉少將大惑不解，我必須對他解釋，在美國陸軍中，廚師是技術人員。他們有訓練廚師的專門學校，教人如何做一百人份的派。他們的野外烹飪爐點的是汽油，是用卡車運送。廚師人數不多，士兵就要輪流當炊事兵，幫忙削馬鈴薯皮、清洗打掃等工作。我們的美國顧問並不知道，在國民黨軍隊中，廚師天不亮就要起床準備煮稀飯。士兵用餐時，他們必須派出先發人員，背著大鍋、水桶、米袋等，往前走個十到十五哩，到達中餐的預定地，尋找井水，撿拾乾木塊或稻草當燃料。水一定要煮開，有時候還必須向村民買食物，晚餐也必須重複同樣的過程。

我在安亞堡兩堂不同的課堂上，聽到二十億美元這個數字。但是，無論教師或同學都不知道，美國軍隊丟棄在太平洋群島上的救濟物資和補給品，全都算在二十億美元中。我不知道生鏽的器材如何銷帳，但我清楚記得，中國政府發給我們潮濕的菸，當成補充的配給。

我爲什麼要提這些不愉快的細節呢？只會使我自己不受歡迎而已。因爲我們現在談的是歷史。當你們低估我們的表現和努力，你們同時過度簡化國民黨的作爲和中國人的性格，最後你們也同樣會誤解共產黨的鬥爭。如果你們不過是提供發布新聞用的素材，解釋美國何以縮手，這也就罷了。但是如果你們想刻劃更完整的圖象供後世參考，那就完全不一樣了。在一九五〇年代，我還沒有深究歷史，因此無法發掘內戰的真正意義。但即使在當時，我已本能地感覺到，內戰的層面和在歷史中的地位，正被大眾嚴重誤解。

甚至在當時，我大可以說，一個三百多萬人的軍隊，而且士兵全由農民所組成，花了近四年的時間打仗，如果只是爲了保衛一個高壓而腐化的政權，怎樣說都不合邏輯。問題是，內戰末期國民黨軍隊的戰敗和大規模投降被廣爲報導，但個人和部隊的英勇事蹟卻幾乎不爲人知。我在你們的戰報中看不到描寫戰事如何慘烈。就許多戰役而言，其殘忍還超過對日抗戰中的最殘酷戰事。舉例來說，在對日抗戰中，我們還沒有損失這麼多高階將領。我可以隨手舉出二十個師長級以上的將領，他們全在內戰中捐軀。單是一場戰役就折損兩名資深將領，邱淸泉、黃伯韜將軍，兩人分別率領第二兵團和第七兵團。張靈甫中將的事蹟全中國皆知，一九四七年初，他率領的整編七十四師被共產黨的軍隊切斷時，他和轄下所有軍官全都自殺，包括副手、參謀長、高級與下級軍官。但外國特派員對這件事略而不提，我只看到羅伯特．瑞格（Robert Rigg）的書提到他的名字，但歷史學家根本忽視瑞格其人。我要說的是，我的目的甚至不在於平反他們，我只想讓你們知道，你們的視野有多狹隘。

我在密西根念學士學位時，把一些想法和觀察寫成部分手稿。我在雷溫烏茲的教官羅傑．沃考特（Roger D. Wolcott）少校，不久前才退休，幫我好好修改了一番。他把文稿交給他的一個朋友，此人是《聖路易電訊報》（*St. Louis Past-Dispatch*）的編輯。雖然他剛始很熱心，但我從他的來信中看出，他並不喜歡這份手稿。不過他仍然把稿件交給在紐約的編輯，後者很快退回，還表示遺憾。後來麥克格羅希爾（McGraw-Hill）的編輯到安亞堡來徵才，他看了稿子，很是喜歡，說要和公司談談是否能合作，可惜的是，答案是不行。他仍然認爲稿子值得付印，寫了封信介紹我給他認識的一位出版經紀人，這回整批打好的稿子在六個月後被退回。這樣也好，依我現在的標準看來，當時的作品不夠成熟。當時的風格激烈好辯，恐怕比我前面數頁失望惋惜的風格還糟，後來我就毀了這份文稿。稿件被退，加強了我的信念，也就是在付印之前，要做更多的閱讀和反省工夫。

我們在駐日代表團時，薪水是由外交部以美元支付。不過，我們的房屋和補給卻來自徵收。由於我們是占領軍之一，我們的補給事實上是由日本政府負責，我得以省下足夠的錢到美國去。不過這筆資金很快就花完了，時年三十四歲還是大學生的我，除了學費偶而可以延後繳納外，得不到任何單位的幫助，長期的工讀生涯就成爲很自然的結果。

數年前，唐納德．季林（Donald Gillin）教授（現任教於瓦薩學院）和其他學者辯論到中國內戰問題時，多次引述我的說法。不免讓別人問到：「誰是這個雷．黃？」唐納德就會微笑說：「是我在安亞堡認識的電梯服務員。」當時他初次來問我幾個問題時，我的確是在密西根聯盟（Michigan League）當電梯服務員。我對他說，我不介意回答他的問題，但我必須工作，他可能要上上下下電梯好幾次。後來我到紐普茲任教時，他邀請我到瓦薩去演講，離我不過十哩遠。一名女學生得知我的國民黨背景，向季林抗議，說我既然在國民黨，一定很「肥」。季林必須向她確定，不但一點也不肥，「我認識的雷・黃是相當瘦的」。

除了我待在密西根的時間過長以外，工作經驗也有助於我的教育。我曾經想，一名外國人要從裡到外認識美國的最好方法是閱讀《讀者文摘》，而且能分辨以下的事：美國城市的「市中心」通常是商業區，至少有一家名爲「第一全國」的銀行；加油站和停車場通常離市中心有四、五條街遠，同時還有公共電話和洗手間；藥房通常也兼賣簡餐和冰淇淋。我第一天在席爾斯（Sears Roebuck）當收貨員時，就不安地察覺到，我加入美國就業市場的準備工夫還不夠。倉庫裡一有人叫：「卡車來了，收貨員」時，事實上就暴露了我的輕忽。我應該更有警覺心，我應該感覺到事情會如何進展，並把這當成「第二天性」。我應該衝到收貨台，但又不能用跑的，而是要大踏步，顯示一切都充分在掌控中。我理應揮舞手勢，讓司機可以輕而易舉把貨車停在後巷。不過，我卻很害怕。我實在搞不清楚，那些司機爲什麼不會撞到電線桿或是建築物，我不想因此自己指示錯誤而讓他們惹上麻煩。

司機跳下車時，我理論上要表達友善之意。這又難倒我了，我不知如何開啓對話，那些卡車司機收入頗豐，但他們「每一分錢都是辛苦掙來的」。像我這樣的非技術勞工，應該主動表達讚美與敬意。我觀察其他同事，逐漸有了概念，有些收貨員會和司機展開如下對話：

「嘿，查理，風城怎麼樣啊，還在颳風嗎？」

「颳得可大咧。不管它了，你要的五十個輪胎，要放在哪？」

「嘿嘿，查理，你太太是棕髮美女。那個紅髮女人是約會對象。不要再搞錯了，小子。幫我個忙行不行？不要幾杯酒下肚就惹麻煩！」

「閉嘴，把筆給我。我的筆不能用了。該死，整整花了我一美元。」

「嘿，查理，我們是席爾斯，可不要蒙哥馬利．華德（Montgomery Ward）的包裹。」

「不管你喜不喜歡，我還是要給你一些。」

我無法做到這麼美國化，也想不出應該說哪一種話，只好對著司機死命地笑。對他們來說，我一定顯得很傻氣笨拙。有一次，我來不及和司機建立友善關係，就站在停車場。他接近貨櫃時，我還是站在那裡，一臉茫然。忽然之間，我意識到他丟過來一個箱子，我接住了。他說：「老板，你以爲你找到一份好工作了嗎？只要乖乖走來走去就可以了嗎？」

不久後，我聽到倉庫裡的女工說，有個收貨員心不在焉。我聽到她們在爭論：給這傢伙一個機會吧，他從中國來的，他總會學到的。我聽到她們責怪在我之前的員工羅夫，他沒有事先遞辭呈，工頭因此沒有機會訓練替補的人。我開始覺得，席爾斯不會雇用我太久。

我不在停車場上時，應該要加入倉庫女工處理商品的行列。我們拆開箱子和包裹，核對裝箱單上的物品。價目表已經準備好了，我們只要把價目表黏或貼在物品上，再放到推車上，等著送到各樓層。我的不合格至此顯露無遺，我不知道在絲帶上刻上度量衡就叫量尺。我以為晾衣線是很複雜的機制，根本沒想到只是很簡單的一段繩子。我要別人告訴我，才知道茶葉罐是可以裝餅乾、糖和茶葉的容器。我從來不了解，後座揚聲器歸在汽車部門，是要連接汽車裡的收音機，裝在後車座，還附帶鐵絲和安裝指示。我甚至不知道哪種顏色算是嗶嘰色。因為我的笨拙，和我合作的人速度因此減慢，我當然不受歡迎。

送貨員是個年輕人，名叫溫傑，叫我不要擔心，我會學到的。溫傑拿起兒童用午餐盒，說：「看，大衛・克羅凱特（Davy Crockett）牌的！現在每個東西都是這個牌子。在我們小時候，每個東西都是哈潑隆・卡西迪（Hopalong Cassidy）。午餐盒、帽子、腰帶，你隨便說個東西，全都是哈—潑—隆！」

他旁邊名叫哈莉葉的女人說：「溫傑，請不要在我耳邊大叫！」

我知道我不能讓哈莉葉不高興，她很不快樂。反正我很少和那些女人聊天，因為每次講話，都會問個問題，因此最好儘可能避免。年紀最大的潔西幾乎負責回答我的問題，有一天她問我對法蘭克林．羅斯福（Franklin D. Roosevelt）的意見。我說我很喜歡他，大多數中國人也都很喜歡他。她似乎很高興。南西最年輕，新婚不久。我和她唯一一次的閒聊是在她打開收音機時，我說她一定很喜歡亞瑟．高弗雷（Arthur Godfrey）。她說，那是因爲她午休時，只有高弗雷可以聽。我還沒和哈莉葉說過話。

我猜哈莉葉想辭職，但還沒決定，或是希望加薪卻無法如願。店裡的助理經理來和她談話，工頭也來了，他們提到席爾斯的福利和利潤分享計畫。但會談後，哈莉葉也沒有開心一點。她午休時走在大街上，看到白人女孩和黑人走在一起，因此很不愉快。「她們就像你我一樣白！」她對潔西說。哈莉葉有個女兒，有一天午休時間來倉庫，抱怨她的上衣，別人都說穿起來像老女人。哈莉葉不太高興。她問其他兩個女人：「你們覺得那件衣服看起來顯老嗎？」她們照理應該說，不會，當然一點都不會。哈莉葉氣瘋了。她不喜歡那些批評她女兒的高中生。最後她女兒可能不想穿那件有花邊的上衣，這樣她還要出錢再買一件。

無可避免的事終於發生了。有一天，我在核對完一些名爲「夏日樂趣」（Summer Fun）的物品後，理論上應當大聲念出裝箱單上的價格，讓哈莉葉寫下來，好製做新的標價。在槌球這一項我念著：「三元九十九分——等一下，好像是三元四十九分。」哈莉葉不高興地說：「說清楚點，可以嗎？」我請她自己來看不清楚的字跡，她看也不看，把鉛筆一丟，找工頭去了。工頭來了，對我說，不要管槌球了，去車庫吧，山姆需要人手。我不知道兩人之間的對話，但一定不是講我的好話。

不過，他們還是讓我又多犯了幾個錯誤。我不知道男褲上的標籤要別在左膝，這樣折疊起來陳列在架上時，標價才會朝上。我也不知道，白天不能去碰標籤印製機上的打印台。在下班前幾分鐘才能補充新印泥，利用晚上的時間變乾，否則標籤上的字會暈開。我當時不知道，現在還是不知道，如何將一個沒綁帶子也沒有把手的紙箱疊在另一個紙箱上。我的假設是，要一個比我高壯的人，紙箱要稍微離開胸前一下，但重心仍然要放在雙腳，可是雙腳又要能快速移動，雙手使力往上提時，腳才能迅速調適。

我當時應該告訴他們，這樣對他們或對我都不公平。我不是他們的一分子，他們應該給新人機會，在正式上工前再訓練一下。不過我還是多待了幾天，直到有一天下午，工頭說助理經理要見我。助理經理說，他會再讓我待一個星期。我說，不用了，我寧願馬上走。他說，他會請會計多給我一天工錢。我說，沒必要。他說，沒有惡意。我說，的確沒有。不過兩人臉上表情都很僵硬。

當天晚上，我到第一美以美教堂的學生合作社吃飯時，告訴坐在我旁邊的女孩：「我現在懂你說的話了。」

她問：「你被開除了？」

我點點頭。

她來自底特律。之前我問過她關於美國生活的種種層面，雇用、開除、找工作、失業等等念頭是相當有趣的主題。在中國，我們的流動率沒有這麼高，這些事並不是尋常的經驗。我曾問她是否曾被開除過。她說是。怎麼會？她是餐廳的女侍，一名客人走進來時，她正和同事說話，沒有注意到。因此經理當場對她說：「你被開除了」？她說，沒有，沒有人會這麼直接。他會等到下班時說：「麻煩明天不用來了」之類的。聽起來很幽默，我不禁笑了出來。她語帶厭惡，反駁說：「一點都不好笑。」她說，她破產後，也在上班的媽媽給她一點錢，讓她可以去買份《底特律新聞》（*Detroit News*）看徵人啓事，找累了，還有餘錢買一杯咖啡。

後來我替一個叫賀柏的人工作了一陣子，他在離市中心兩哩的高速公路旁開了一家高級夜總會。我是額外的洗碗工，酒保不能來時還調調雞尾酒。賀柏從廚師起家，現在已經有錢了，他還是和幫手混在一起，成爲我們中的一員。整個地方的氣氛非常輕鬆。如果餐廳人滿爲患，服務流程不夠順暢時，他的秘書兼簿記也會圍上圍巾，充當女侍。風琴師在餐後會過來問我：「雷，你最喜歡什麼音樂？我來爲你彈一曲。」在連續工作了五、六個小時後，老闆通常會請我們喝杯啤酒，然後再打卡下班。也就是說，這十五到二十分鐘也算是上班時間。我們當然還享有免費的一餐。「你要點什麼？」賀柏不但邀請我們，有時甚至還親自下廚。夜總會的水杯設計別緻，在曼哈頓玻璃上方有音符流動。夏天時，有一天晚上十分悶熱，我在下班前拿了一個水杯，放入一些冰塊，用紙巾包著。我對老闆說：「賀柏，我偷了你的一個杯子，裡面還放了冰塊。我的房間現在很熱。」賀柏咧嘴大笑：「好，你是我的廣告商。請多多宣傳我的杯子。」

那年夏天，賀柏結婚了。史黛拉金髮碧眼，十分美麗，年齡比賀柏小多了。她讓整個夜總會起了革命性的改變，打卡鐘上貼了一張告示，明令員工在上班時間不能喝啤酒。主廚被遣散，換上一個助理廚師，年齡只有十來歲。經理也被趕走了，但沒有找人替補。史黛拉自己當老闆娘，她盯著我調酒時，我覺得很不自在。倒啤酒時只要倒五分之三滿，剩下的是泡沫，而且不能滿出來。我以前做得還算順手，這時卻偶而會出差錯。有一天，在她的無情監視下，我按錯了收銀機的按鈕，一張寫著二十的白卡跳起來，意思是二十美元。其實是二十美分的生啤酒，應該是黑卡才對。賀柏不再圍圍裙了，他都穿西裝，站在屋內一角觀看一切過程。我感覺他似乎懷念以前的美好日子，那時他總會愉快地說：「還好嗎？一切都沒問題吧？」有時他和妻子坐在吧台的盡頭。他似乎想盡力討好她，可是並不成功，史黛拉總是噘著嘴，很少笑。

他們沒有開除我。根本不需要，我是幫佣的性質。他們有一陣子沒找我時，我又在安亞堡市內找了一份廚房的幫佣工作。

我曾經幫一位希斯先生料理家務。他好像是安亞堡銀行的創辦人或副總裁。他在吉得斯路上的住宅，是一九五〇年代全區最令人難忘的宅邸。希斯先生早年少了一隻手，左手腕處裹了帆布，蓋住斷掉的部分。替他工作的難處在於，他總是過來幫忙他的助手，雖然他只有一隻手，但效率卻有兩倍高。上工的第一天，我應該清除雜草，結果不小心拔掉一些玫瑰。錯誤被發現時，我真是無地自容。「不要擔心，」希斯先生安詳地說：「留著不要動。我再插回去就是了。」如果我用雙手除草的速度不及他單手的速度，甚至還破壞了他種的花草，我顯然不值得他付一點二五美元的時薪，所以我試著更努力工作。我在廚房喝了杯水後，又匆匆繼續工作。我又被希斯先生抓到錯誤。這次他說：「雷，想開一點，你顯然不適合這種工作。」我知道他的意思，他一定評估我沒救了。當天領完工資後，我說聲謝謝，可能之後就再也不會有他的消息了。

可是一星期後，他又打電話來。這回的工作是清掃裡裡外外，特別是窗戶和天花板。那天是星期六，下午是密西根對愛荷華的大學美式足球大賽。午餐時，希斯太太給我一份醃薰肉和雞蛋三明治，放在盤子上，還有一杯可口可樂。她說，不必洗盤子，只要丟進水槽裡就行了，隨後她就和先生去體育場。密西根前一年也和愛荷華對打，中場時，愛荷華十二，密西根〇。但身著黃藍球衣的密西根在下半場奮起直追，終場是十四比十二。希斯夫婦知道我也很關心這場比賽，因此打開客廳的收音機，讓我在工作時，可以聽到球迷的歡呼聲以及鮑伯．雷諾茲（Bob Reynolds）清晰敏銳的播報。多麼巧啊，播報員說：「歷史會重演。」中場時又是愛荷華十二分，密西根零分。下半場密大又奮起直追，地主隊又要打成十四比十二時，我也變得很激動。這時我注意到主臥室天花板有一小角落要用海棉擦一下。床頭几看起來很牢靠，所以我就脫下鞋子踩上去。由於一心注意球賽，忽略了一個細節。我只注意要把自己的重量平均分布在床頭几上，卻不小心踢翻了上面的一個瓷器。也許這瓷器並不值錢，但如果他們把它放在床頭，可能有情感上的意義，無可取代。我跳下來後，肯定了自己的恐懼，瓷器並沒有碎，可是破了一角，很容易看出來，我把它放回原處。如果沒有這件小意外，密西根連續兩年從落後大反撲會讓我更開心一些。希斯夫婦回來了，我應該主動告訴他們缺角的瓷器嗎？我想算了，他們遲早會發現的。我可以省了告訴他們的麻煩，他們也可以省了說「沒關係」的麻煩。希斯先生興高采烈，對我解釋密大打贏的原因：「他們用了一些大二的學生。不要小看這些小伙子。他們打得真好，不是嗎？」他要太太肯定，她也跟著附和，讓我印象更爲深刻。他付錢給我，我謝了他們，匆匆離去，希望能忘記這整件事。

兩周後，安亞堡銀行打電話來，問我是否願意爲他們工作。他們有一件在金庫的小差事給我，而希斯先生說我是個好工人。我不是去經手現鈔或金銀珠寶，但在一個星期多的工作時間內，我的確是在鋼門後工作。銀行有好些筆商業交易早就結案了，在防火金庫內，總帳堆滿了文件櫃，特定日期前的部分不重要文件必須加以清除，我的工作就是將這些文件找出來。我必須說，希斯先生對我的信心不但充分，而且持續了很久。幸運的是，這次我不會把栽種植物誤以爲雜草，也不會打破貴重物品。不過，因爲我正在申請美國的永久居留權，金庫的工作快完成時，移民局來信通知我，案子還在審查時，不能發給我工作許可，因此我只好不情願地停止在銀行的工作。

我持續很久的一項工作是在建築公司當繪圖員。底特律的吉羅公司（Giffels and

Rossetti, Inc）號稱是美國大型的顧問公司，一度雇用一千多名專業員工。結構部的主管是哈利・艾爾斯博格（Harry Ellsberg）先生。身爲猶太人的他，對少數民族有天生的同情心。他也是韋恩州立大學（Wayne State University）的助理教授，因此我以繪圖賺錢在密西根深造的計畫，讓他產生了興趣。除此以外，沒有人會雇用一個沒有任何相關經驗、又接近中年的外國人來當新手。我剛進吉羅是在一九五六年，其後，我經歷過各種工作型態：全職工作、兼職工作、一周上兩天班、只在周末和學校放假日上班、完全停掉工作、重新申請、從安亞堡以汽車共乘制通勤上班、在底特律找公寓以便加班等等，前前後後在吉羅工作了八年。之間我也在安亞堡找零星的工作，大部分是在餐飲業。

繪圖員可以說是灰領階級，要把工程師的草圖畫在大張的描圖紙上，之後印成藍圖。這工作要有基本的投影幾何概念、擅於製圖和寫字的巧手、對建築業的粗淺知識，包括鋼製品手冊的使用，而高中畢業生就可以坐在繪圖桌前。在一九五〇年代末期和一九六〇年代初期，有經驗的繪圖員每小時可掙三美元或更多。如果再加上加班費，繪圖員的薪水可以抵得上薪資較差的知識分子，例如助理教授。

這個工作的一大缺點是對眼力的傷害，下班後開車回家時立刻感受到這一點。好處則是具有放鬆的效果，可以一整天畫著直線、用手寫字，卻不必動用太多腦力。由於工作時不必耗費腦筋，我常讓一些想法在腦中漫遊，讓結論水到渠成出現，而不是像解決數學題目一樣要求有立即的解答。我就這樣在工作時沈思默想。工程繪圖就像塗鴉一樣，讓知性有個自然的出口，脫離周遭的環境。格蘭會抱怨，我有時候明明人在身邊，心思卻不知飄到何處，想來這是其來有自。我已經把自己訓練成心不在焉，而且行之有年。

在吉羅，公司的規模可以吸收額外的人力，忙季時也雇用一些工程學系的研究生，因此很少遣散正職的員工。我在結構部門不會構成同事的威脅或競爭，因此從來不曾體會到自己和同事相處融洽。直到有一年夏天，我已經厭煩待在底特律，決定去芝加哥，在市中心一家公司找到一個工作，又在伊凡斯頓（Evanston）找到一個房間，這裏夏夜比較涼爽。搭乘高架鐵路不會比搭共乘汽車五十哩麻煩。但辦公室內的其他數名繪圖員並不知道我只工作一個夏天，他們想盡辦法讓我不好過，尤其是一個留小平頭的年輕人，會用放大鏡來證明我畫的直線都是歪的。

當時我的弟弟競存正要成爲一名頂尖的航太工程師，他批評我花在打工的時間太多，並且裝做打工是很神聖的事情。這樣的批評只有部分是對的，其實有時我非常不喜歡上工。我討厭在冰冷的冬天清晨起床，整個城市都還在睡覺，我卻必須面對刺骨的寒風，穿過森林街（Forest Street）旁的空地，到離密西根大學只有一條街遠的一家叫「獨木舟」（The Dugout）的小餐廳幫忙弄早餐。一些年輕的研究生和講師總是在店裡高談闊論，他們要弄熄菸蒂時，用的不是菸灰缸，而是咖啡杯，而且還很用力，強調他們正在討論的產業工會或北大西洋公約組織。他們這麼做，給我增加多餘的工作。咖啡杯只要沾了黑色污點，就沒有辦法用機器來清洗。在早上的忙碌時刻，每個瓷杯都得派上用場，沒有太多時間來清理桌面和更新杯盤。

在餐廳當打雜小弟，必須穿上漿過的白制服，戴上頂端有個網子的白帽。店內有兒童時，收銀員會按鈴，我就衝上前去幫他們處理杯盤。我第一次做這件事時，一位年輕的媽媽對兒子說：「把盤子留著，只要跟著中國人就行了。」小孩好像聽不懂，她又說：「艾瑞克，我告訴你，只要跟著那個中國小弟就行了！」我當時已年近四十，待在學校的時間多過其他人。不過我也找不到抱怨的原因，誰叫我做的工作是打雜「小弟」。

即使我有自己的價值觀，以外在的判斷來看，我的自尊也不可能永遠不動搖。害怕失敗的感覺一直存在，有時很想放棄長久以來的奮鬥，因爲這種奮鬥似乎漫無終點。最簡單的方式就是取得美國公民權，就有資格從事和國防相關的翻譯工作，我受過的軍事訓練將是一大優勢。調查研究中心（Institute for Survey Research）的人告訴我，如果我復習基本統計學，再加修相關課程，在他那裡找工作就沒問題。在某個時點，甚至重回工程學似乎是較合理的選擇，但是我還是決定堅守歷史領域。

不過，在酸葡萄心理作崇後，我發現以勞力賺錢會產生一定的滿足感。一天靠勞力工作兩、三個小時，在當時足足可以賺到最低生活費，事實上還是勞動的好方式，除了活動身體外，還可以打破孤寂的感覺。我的自由感和樂觀主義來自於我的自給自足，能夠看到勞力的「成果」直接轉成現金，無論有多微薄，都可以說是特權。不說別的，我就無法在中國有這樣的經歷。即使是從歐洲和中東來的研究生都承認，雖然爲期甚短，靠打工賺取工資仍令人喜悅，因爲在他們國內很少有這樣的機會。

我曾對我的同學透露我在國民黨軍隊時的一些經驗，但有一件事是當時無法說出或寫出的。一九五〇年一月二十六日，麥克阿瑟將軍生日的那一天，我正在他的辦公室，帶著蔣介石送他的生日禮物：象徵長壽的盆栽。我那時是駐日代表團團長朱世明中將的隨從副官。我之前曾陪他晉見盟軍最高統帥，但不是待在車子裡，就是待在勞倫斯．邦克（**Lawrence Bunker**）上校的辦公室。聽說邦克以前曾當律師，當時則是麥克阿瑟將軍的指定副官，爲人沈默寡言。但朱將軍和麥克阿瑟將軍的會談時間可能沒完沒了。麥克阿瑟將軍有空時，總會和朱將軍聊天，例如空戰對抗兩棲作戰等，這是當時在台灣的國民黨軍隊最需要知道的課題。麥克阿瑟將軍說著說著，總會回憶起他在太平洋西南區的作戰經驗。因此我通常喜歡坐在車子裡等，車子就停在第一大樓前方。

總部的衛兵戴著白手套，別著憲兵袖章，配著刺刀步槍。那天我們通過衛兵站時，我準備把盆栽交給朱將軍，因爲他一個人也拿得動，但他說：「來吧。」我就跟著他走過邦克上校的小辦公室，進入麥克阿瑟將軍的大辦公室。

我覺得麥克阿瑟將軍的本人和照片差很多，我原先以爲他很苗條，事實上他頗壯碩。近看之下，下巴也不渾圓飽滿。七十歲的他仍然很年輕機靈，但和那些美化過的照片相比，仍然顯得蒼老，沒有那麼整齊乾淨。依照禮節，我把盆栽遞給朱將軍，再轉送到麥克阿瑟將軍手上時，朱將軍介紹我：「黃上尉是雷溫烏茲新出爐的畢業生。」對我真是一大恭維。朱將軍念過麻省理工學院後，也是從雷溫烏茲的陸軍參謀大學（當時稱爲指揮參謀學院）畢業。在學校時，我們聽過不只一次，美國陸軍界的所有一級上將都畢業自雷溫烏茲，只有一人例外，而這個唯一的例外麥克阿瑟將軍，也曾在雷溫烏茲教過幾年書。學長提起母校時親密而念舊的語氣，多少有些成爲精英和「圈內人」的自傲感。我甚至記不得麥克阿瑟將軍當時說了什麼，我只感覺到那地方不宜逗留，所以立刻告退，整個會面歷時不到五分鐘。這會面看來似乎很尋常，但我們擔心的是，朱世明當時雖然是駐日代表團團長，卻是在盟軍最高統帥的監督之下。負責注意朱將軍的是查爾斯·威洛比（Charles Willoughby）少將。他是麥克阿瑟的G-2（情報官），也曾在雷溫烏茲教過朱將軍。數個月後的五月，我陪朱將軍到台北，向贈盆栽的蔣委員長述職。朱世明當時很可能被逮捕，而後被無限期地拘禁，就像後來的孫立人中將一樣。孫將軍是緬甸戰役的英雄，一度還是蔣介石個人的參軍長。

我於一九四九年五月向駐日代表團報到時，是副官袁韋興上校的助手，工作很輕鬆，我們負責和盟軍最高統帥司令部聯繫。如果是中國官員要出差到日本，我們就知會外交部門，如果是其他情況則轉到一廳（人事）。有一次，一位美國軍官寫了一封抱怨信給團長，說中國政府答應授他勳章卻食言，這就該由副官來處理。盟軍人員曾志願到中國「打共產黨」，我們還加以婉拒。日常行政業務完全由非軍方的員工處理，由我們負責督導。

代表團的軍官總部又寬敞又舒適，千代田的洋政館似乎是東京最氣派的使館區之一。即使喪失掉中國大陸，我們仍然代表盟軍。中國的駐日代表團團長是盟軍駐日代表團（**Allied Council for Japan**）的一員，我們派駐一排的武裝部隊，象徵占領軍的勢力。代表團約有一百二十位成員，車陣包括一輛巴士和三十輛以上的轎車，私人的車輛不包括在內。

十月間，團長朱將軍忽然開除了他的秘書，命令我當他的隨從副官，我一點也不高興。當時我在辦公室看看書，不當班時享受很多閒暇及自由。中國的情況令人痛心，我只希望能不去想，不管稱作享樂主義、克己主義或逃避主義都行。我決定置身事外，讓事情自然而然演變，同時儘可能暫時享受人生。皇家馬廄騎馬俱樂部已核准我的會員身分，而我也剛熟悉盟軍在箱根、跡見和日光的休閒設施。如果擔任團長的隨從副官，勢必打斷我的個人計畫。

我曾經當過將軍的副官，職務內容近似家僕。他們說副官是將軍的替身，可以在傳遞命令時學習如何做決策。在騎兵時代，這種說法可能正確。在緊要關頭時，帶著司令部公文的年輕軍官可以騎到最前線，抽掉一個團，或是補充後備人馬。自有電子通訊設備以來，這種刺激業已成過去。無論在何種情況下，朱將軍都不是作戰的將軍，反而更像是外交官。他曾在蔣介石故鄉的浙江省擔任保安司令，不過那是二十年前的事了。他還曾在華府擔任武官，在外交部當情報官，有時還充當蔣委員長的翻譯官和特使。我不太可能仿效他的生涯模式。我不喜歡枯坐宴會桌一整個小時，看著日本來賓透過翻譯官和團長對話，一邊猜這位來賓是自由派或民主派，或最近轉成保守社會主義分子或其他，一邊還要牢牢記住將軍的下一個行程。

我請袁上校向朱將軍求情，說我在助理辦公室是不可或缺的。我也試過要他們指派秦少校當隨從副官。將軍不肯答應，不過我還是設法爭取到他的讓步：讓我待在單身營區，而不搬進將軍的官邸。

我個人非常仰慕朱將軍。他說一口毫無瑕疵的英文，有時還夾雜美式口語。他認識上千名美國友人——將軍、海軍上將、西北航空的副總裁、美聯社和合眾國際社的記者等等。他的記憶力直追照像機。我才說有一位吉派垂克先生來電，他就接著說：「邀請他星期四來吃午餐。」之後他會說，這位吉派垂克先生在戰時遇到他時是何身分，當時是在華府或重慶，現在從事何種行業等等。我和朱將軍愈來愈熟後，還對他開玩笑說，他當我副官的表現，會好過我當他的副官。他儘量無視於我的一些缺點，當我因自己的魯莽衝動對他抱歉時，他會說這是「湖南脾氣」。他自己也是湖南人，把直言無諱視爲美德，但這卻不利他的外交生涯。

我成爲朱將軍的副官後不久，聽到所謂的「葉山會議」。駐日團在離東京約五十哩的葉山渡假小鎮有間賓館，作爲周末休閒娛樂之用。代表團的資深成員舉辦宴會時，子女就在附近的海灘游泳。這場會議一定在我當副官前不久舉行，因爲消息洩露，朱將軍才開除他的秘書。我只聽說，部分人士在會議時說了不該說的話。無論在何種情況下，我都不宜打探細節。朱將軍絕口不提這件事，我身為他的隨從副官，自然也不能對任何人提起，否則會暗示我想追查謠言。

對國民黨駐外人員來說，一九四九年是艱困的一年。華府的國務院已頒布《中美關係白皮書》（*United States Relations with China*）。在共產黨掌權後，美國大使館人員仍留在中國大陸，似乎暗示可能承認新政權。十一月底，蔣介石仍留在重慶，指揮最後一場內戰。副總統李宗仁照理應掌控政府，但他卻飛到美國，要求援助未果後就滯留不歸。在台灣的流亡政府困惑又沮喪。駐日代表團也不是統一的單位，是由國民黨政府內不同機構代表的總和，有監察院、國防部、外交部、資源委員會、光復委員會等等。黨系統和祕密警察的勢力也以微妙的方式滲透其間，每一個代表在國內都有靠山。此時此際，要讓代表團的信念和宗旨團結一致是很困難的。

中華人民共和國於一九四九年十月一日宣告成立後，好些國家立刻承認在北京的新政權，首先是印度，接著是芬蘭、瑞典、瑞士，而蘇維埃集團的成員國還不算在內。新年後不久，英國跟進。三月的某一天，荷蘭大使到朱將軍的辦公室拜訪，臨走時說：「將軍，想開點。」他離開後，朱將軍對我說：「他來告訴我，他不再承認我了。」荷蘭大使團已接受政府通知，即將承認中華人民共和國。基於個人情誼，荷蘭大使先來和舊同事道別。

朱將軍顯然想不開，他很認真。這時的他非常寂寞，和家人已分離了一段期間。他對美國特定人士的敵意已根深柢固，不過他仍喜歡且稱讚美國。《史迪威文件》中提到，朱世明在第二次世界大戰中強力爭取中國應有的戰略物資，據說因此被馬歇爾數落了一頓。我不知道身為外交官的他，承受了多少冷眼與嘲諷。不過，雖然他不時會籠統指控：「該死的美國人，他們總是自以為是。」但他內心不曾反對美國。事實上，他真心崇拜麥克阿瑟，相當尊敬馬歇爾。一九四八年，美國國會通過法案，撥一億兩千五百萬美元的軍事經費給國民黨政府，但數個月後國務院和外交部仍然毫無動靜。朱將軍直接去找馬歇爾。他向我描述時任國務卿的馬歇爾如何反應：「馬歇爾立刻拿起話筒。他也許不太熱衷，卻很誠實。他拿起電話說：『我不知道你們在討論什麼，但朱將軍此刻正坐在我對面。』」回想起來，這件小事不會讓朱將軍討好他的美國友人。他形容馬歇爾誠實，等於間接暗示許多其他人不誠實。

朱對杜魯門的個性也有一針見血的觀察：誠實但喜好爭辯，囿於小我的忠誠。朱將軍告訴我，甚至連美國都握有國民黨貪污的證據。杜魯門掌握的一些檔案顯示，當汽油和潤滑油運到中國，作為美國的補給品時，中國官員的確拿了回扣。但杜魯門不願公開這些文件。只有碰到支持國民黨立場的人士時，他才會拿出檔案強調：「這些就是你們的朋友，一群賊！」和杜魯門相關的最有趣軼事是「J. L.的弟弟」。J. L.是黃仁霖中將。說來也巧，有一次他還好心稱我為他的「弟弟」。黃中將體格高壯，性情親切友善，到東京時發現我的名字叫仁宇，於是和我稱兄道弟，給我面子，讓我不知是否該高興。之所以如此說，是因爲這位和我同姓的將軍，在中國管理一些機構，希望模仿美國陸軍後勤軍務處（Special Service of the U.S. Army），想盡辦法討好美國人，卻只掙得膚淺虛僞的名聲。他的問題在於，他想成爲中國的桑莫維爾（Somervell）將軍，自己卻扮演鮑伯霍伯的角色。有些被他款待的美國人會在背後模仿他：「我是個將軍，哈哈哈！」J. L.的弟弟剛好和他相反，人矮得多，相當瘦，戴一副眼鏡，態度安靜含蓄，因此我們都稱他爲「J. L.的弟弟」，似乎他被更有名、更外向的哥哥搶盡風采。但是，朱將軍說，此人雖然不過是華府中國大使館中不起眼的小人物，卻可以一通電話直通杜魯門總統。J. L.的弟弟是大使館內的小角色，卻曾經和參議員時代的杜魯門打過牌。杜魯門成爲總統時，這個小角色還是大使館的三等秘書。但是，他和美國最高官員的個人交情，顯然超過那些大使和特使。他回台灣後，杜魯門還透過中國來賓傳達他的問候，甚至還說了句很不可能的讚辭：「他真是天殺的玩牌高手！」

朱將軍和我從葉山回東京時，也正是我們閒聊的時刻。如果他要在鄉間招待朋友和貴客，通常會在前一天晚上抵達。有時代表團成員的妻子會擔任女主人，她與先生也會先到。我必須帶領司機開車去接客人，載他們到會場。回程時多半是周日午後，我會坐朱將軍的車子，和他聊個數小時。他已經當了二十年將軍，卻代表一個即將流亡的軟弱政府。我想他一定覺得生不逢時，浪費才幹。就我所知，蔣介石的長期新聞官董顯光就有同樣的感受。他們最難忍受的是，被才識遠不及的人侮辱恥笑。有一次，我對朱將軍說，我可以完全體會那種感覺，因爲我在國民黨軍隊中已當了七年的上尉。第二天，他頒布命令，令我十分尷尬：他將我的薪水調高成少校等級，也就是每個月多出五十美元的津貼。

但我要強調的重點在於，個人的優點無法和命運的安排作對，這和〈天空中的賭場〉主旨相去不遠。我舉了參戰的朋友、同學和相識的人爲例，我還告訴將軍日本人在東北的情況，他們一度是天堂的選民，但一夜間發現一切化爲烏有。我看到他們在瀋陽空寂的街道上辛苦跋涉，推著裝載微薄家當的小車，向收容所報到，車上掛著白色的小旗，標示著軍團和目的地。每個人身上只要有超過十五美元的物品，就會被沒收。他們悲哀的臉顯示出幻滅的夢想和消散的野心。後來我聽說，有些人想到還要回到已成瓦爍的故鄉時，不禁悲從中來，於是翻過遣送船的欄杆，自沈於黃海。

事實上，我們有很多要向日本人學習的地方。需要多大的勇氣和多強的使命感，才能領導一個頹廢喪志、士氣蕩然的民族呢？大部分旁觀者自然而然會站在勝利者的一邊，不去理會失敗者。即使到一九四九年，這樣的勢利仍然盛行於日本。有一次，代表團收到日本童子軍全國協會的邀請，到日比谷公園參觀童子軍全國大會，辦公室裡沒有人要去。我邀請一位成員的女兒同去，看童子軍比賽搭帳篷、挖坑洞、快速生火煮飯。但我們被安排在大出意料之外的位置，被指引到兩位日本紳士的旁邊，正如我次日向朱將軍報告的，他們穿著「急需乾洗的燕尾服」。顯然地，在邀請函被送往外交圈後，美國陸軍只派一名少校和一名上校前來與我們爲伍。我們又發現，離我們不到十五呎遠的主帳篷內，坐著天皇和皇后。在我們右邊的另一個帳篷內，只坐著兩位穿著學校制服的男童。我的同伴忽然想到：我們應該請他們在我們的節目表上簽名。不過說得一口好英文的皇宮內臣說，天皇從來沒做過這種事，我們必須尊重他們的傳統。不過，如果我們願意，他可以引見我們晉見天皇夫婦，也許天皇願意和我們握手。那時我們仍然想說服他，說天皇非常勇敢，已經打破許多傳統，如果內臣願意一試，也許天皇會同意。這位內臣一定覺得我們無可理喻，於是就走開了。最後我們錯失了晉見天皇、和他握手的機會。不過，我們的確取得其他人的簽名。希望邵海倫至今還保有明仁皇太子的簽名，因爲他顯然就是下任天皇。至於李親王，我只能說他覬覦朝鮮的王位。至於那兩位衣著陳舊卻正式的紳士，原來就是松平康昌侯爵和幣原喜重郎男爵，連朱將軍也大吃一驚。他們看起來窮困卻不失尊嚴，符合克難時期領袖的角色。但是在請他們簽名以前，我們完全不知道他們是何方人物。所以絕不能靠衣裳來判斷人。也絕不能隨便丟棄童子軍活動的邀請函。

不過，朱世明將軍並非不了解現實。他對我透露，如果我們的國民黨（那時他和我都不是國民黨員）政府既軟弱又沒效率，卻可以維持二十年的政權，那麼共產黨至少也可以再掌權二十年。至於逃到台灣的國民黨，如果他們不要發表不切實際的主張，安安靜靜待個三、五年，也許還有希望，在聯合國的代表權將是關鍵所在。可惜的是，國民黨支持以色列，引發整個阿拉伯世界的敵意，幸好拉丁美洲集團可以平衡他們的票。國際情勢如此複雜，美國的立場還是很重要。

朱將軍雖然不失智慧或勇氣，卻缺乏紀律和耐心。他認定波旁威士忌是「用馬鈴薯，不是用小麥」釀的，做爲縱飲的藉口。他一激動，就決定有話直說。有時他把朋友變成中立人士，把中立人士變成敵人。如果美國人聽從官方指示，對國民黨政府很不客氣，他就非常瞧不起那些人。可是如果是出於信念而誠實發表意見，他反而會尊敬。有一次他邀請一群美國記者吃晚餐。上咖啡時，他訓了他們一頓：「如果敦克爾克大撤退後，你們一直講英國完了，英國的確會完蛋！」但他身爲國民黨的外交官，卻犯了一個無可原諒的罪，居然說毛澤東是軍事天才。他指出，毛澤東從不曾放棄共軍軍委會委員長的頭銜。別人說朱將軍很像金日成時，他總是顯得很高興，但實際上他一點都不像。

接近一九四九年年底時，我們已經知道無法擺脫「葉山會議」的風波。這時我已設法拼湊出所有消息，不過多少還是要靠猜測。中華人民共和國宣布成立後，在巴黎的中國大使館人員宣布轉移效忠對象，引發軒然大波。這時朱將軍和代表團的資深官員在鄉間開會，彼此交換不尋常的意見。我無法相信那些官員親共產黨，但對美國的憤怒卻是一致的，起先是針對杜魯門—馬歇爾政府的態度，其次是美國媒體不斷詆毀中國的領導資格。就朱將軍的立場來看，所有的人不過是表達個人情緒，因此他從來不曾承認有過「葉山會議」。不過，謠言盛傳，駐日代表團要學法國大使館叛變，提出主張的人據說是法律顧問吳文藻。

就常識來說，在東京麥克阿瑟的軍事政權之下，要變節根本不可能。吳文藻和他妻子——著名的女作家謝冰心——都是在美國受教育，但他們卻毫不掩藏對美國政策的不滿。他們就讀東京美國學校的子女對同學說，他們家會回中國大陸去住（他們一年內做到了）。駐日代表團十月十日慶祝中華民國國慶，朱將軍因爲不在東京而沒有與會。一名團員的妻子據說告訴一名外國特派員：「今年我們最後一次慶祝雙十節，明年就慶祝十月一日了！」這句話隨後登在東京的報紙上，無論是英文或日文。

類似這樣的消息最後融入葉山會議的故事中，一起傳到台北去。直到今天，我還不知道身爲職業外交官的副團長沈觀鼎扮演了何種角色。但至少對朱將軍來說，沈是告密者，於是撤消他在代表團中的特權，以爲報復。官方報告不再送到他的桌上。將軍無法參加盟軍駐日代表團的會議時，身爲大使的沈理論上應代理職務。但朱將軍反而指派一個位階很小的官員去，甚至在外交官名單上都找不到這個人的名字。沈氏夫婦不再獲邀參加社交活動。代表團軍官俱樂部舉辦新年宴會時，他們出席，獨自坐著，沒人理會。我請朱將軍不要對副團長如此惡劣，他聽了很是生氣，差一點當場解除我的隨從副官職位。

到了一月，台北當局開始認真追究葉山事件，派了調查團到東京一探究竟。更複雜的是，團長是何世禮中將，也就是何東爵士的兒子。何中將和朱將軍是雷溫烏茲的同班同學，因此同樣受教於威洛比。威洛比將軍很值得一提：他是德國人，原名是卡爾・維登巴哈（Karl Widenbach），雖然擔任麥克阿瑟的情報官達十年之久，但他最驕傲的事卻非關軍事，而是偵破共產黨間諜網。對我來說，他身旁的副官看起來不像軍官，反而比較像特務。幾天前我才參加他主辦的一個雞尾酒會。我自我介紹，並說朱將軍遺憾不能到場，他就告訴每個人：「朱身體不好，派年輕的副官代表他！」我不知道他爲什麼如此說。也許沒什麼大不了的，可是他的話提醒我，我不是我自己，而只是別人的影子，而這個影子又是別人的影子。

何將軍在東京接受一連串的款待，包括朱將軍發起的盛大宴會。沒有人提起他的來訪牽涉到懷疑代表團不軌。但威洛比舉辦午宴，介紹何將軍給情報單位的同事時，卻沒有邀請朱將軍。這種情況非比尋常，尤其想到朱將軍的職位和他們之間的私交。

朱將軍就這樣發現自己處境爲難。代表蔣委員長送生日禮物給盟軍最高統帥的是他，不僅如此，當國民黨空軍偵測到定海島的共軍配有蘇聯噴射機時，將情報傳給麥克阿瑟的也是他。起初麥克阿瑟不肯相信。「絕不是噴射機，」他的口氣很權威。朱將軍拿出空照圖後，他才相信。然而朱將軍卻被自己的政府調查，當然會被盟軍當局懷疑。

到那時爲止，朱將軍已得罪很多在台北的人士。對他來說，外交部長葉公超（喬治・葉）是「小孩子」。即使是CC系位高權重的陳立夫，都曾經從他那裡「得到教訓」。更不要說湯恩伯，「我管浙江時，他是我屬下。」他如此說。事實上，他大可對其他人等閒視之。他們也許認為他古怪高傲，很不合群，可能樂意見他丟官，但他們都不是他的死敵。然而，湯恩伯將軍恨他入骨，簡直可以吸他的血。

這個湯將軍，就是曾在上海統帥第三方面軍的那個湯將軍（見本書四十八頁）。湯仍是下級軍官時，受到陳儀將軍的提拔和栽培。抗日勝利後，陳儀成為台灣省行政長官，管理失當，對台灣人民殘暴，因此下台。共產黨軍隊席捲中國大陸時，國民黨政府正要撤退到台灣，陳儀顯然毫無未來可言。但國共在沿海對決的最後階段時，湯還率領數個師。有軍閥觀念的陳儀想，為何不勸湯放棄無望的掙扎呢？如果勸湯加入共軍，他率領的數個師可以毫髮無損，在新政權下取得一席地位。陳儀於是寫了一封「親愛的小老弟」的信給湯，揭露他的計劃。湯果然是個叛徒，將信交給國民黨高層。陳儀因此被捕，後來被槍決。這封被照相存檔的信，後來登在台北的報紙上。

湯恩伯對國民黨的效忠受到肯定，但他還是要建立戰功，才能獲得權力。他已喪失他統領的幾個師。只有一個方法：徵召日本的自願軍。那時國民黨深信日本人是良好的戰士。如果湯能徵募到前日本皇軍的資深兵力，加以訓練後，和國軍在離島並肩作戰，一旦成功，發起人鐵定可以獲得晉升。在一九四九年和一九五〇年年初，小群的日本兵偷偷搭小船離開家鄉，有些被日本海岸巡邏隊攔截，但其他人設法偷渡成功。這不僅違反日本法令，而且也觸犯了盟軍最高統帥的命令。策劃組織這起行動的人士，和駐日代表團裡的某些人聲氣相通。如果是特務、結黨和其他祕密活動，即使是團長也無法完全控制。

然而，朱將軍破壞了湯的計謀。他正式否認雇用日本國民爲中國政府的政策，事實上等於揭穿了偷渡計畫。他如何警告牽涉其中的團員，我無從得知，不過從他們被叫來關起門來開會，我想他無意坐視這件事。在這件案子裡，他也和威洛比的G-2保持聯繫。湯將軍所以憤憤不平之處在於，當代表團依照慣例，請麥克阿瑟總部批准湯受中國政府之命訪問日本時，事實上反而造成總部拒絕。最後總部來函表示，在目前的情勢下，湯將軍不宜來訪，主要是我們的意見使然。湯已經持有機票，不肯相信有這回事。他還是硬搭上飛機，賭東京的美國人不敢驅逐他出境。飛機在台北的松山機場停留了三個小時。在這起小小的國際危機中，無線通訊往往返返，最後這位粗魯的將軍被勸下飛機。但是他極力想摧毀同情共黨的朱世明。如果他爲了報復而摧毀他的恩師，他當然不會同情二十年前的長官，而且他現在的官階並沒有低一等。

朱將軍仍然拒絕接受葉山事件的陰謀論，深信何世禮的報告可以還他清白。春天時，他似乎找到讓攻擊者啞口無言的好方法。蔣介石已正式復職爲總統，希望打破國民黨在台灣的外交孤立困境。陳誠將軍和吳鐵城將軍都是由老將轉爲外交官，被派到東亞各國，謀求成立反共聯盟之類的組織。吳鐵城到東京時，朱說服他帶領我們——他自己、另外一位團員和我——和他的幕僚一起行動。他在台灣的敵人怎麼可以指控他同情共產黨呢？他在國際反共前線上奮力作戰，而且直接在國民黨傑出大老下工作。四月，我們在漢城停留兩夜。這次拜訪沒有具體結論，但我們被饗以國宴，還參觀閱兵儀式。令我驚訝的是，數名南韓高階軍官竟然是我的舊識，他們用不同名字加入國民黨軍隊，成爲野戰級的軍官。他們在中國時，我們想都沒想過他們是韓國人。漢城的主人盛大歡迎我們，卻抱歉這回被迫簡陋招待，保證未來「統一後取得北韓時」，一定更花心思來款待我們。兩個多月後，北韓的坦克把他們全都趕出漢城。

我們的下一站按理說是馬尼拉。我們訪問菲律賓已獲許可，但這時從委員長辦公室來了一通緊急電話，要吳鐵城和朱世明立刻到台北報到。因爲這通電話，我無緣見到「東方之珠」。但在一九五〇年五月，還有比錯失觀光良機更重要的大事。到台北後，我才了解朱將軍案子的嚴重程度。有一家報紙如此報導：「但既然朱世明敢回來，他一定覺得沒什麼好擔心的。」多種刊物都提到葉山會議，但沒有一家給予明確定義。一家雜誌社以朱將軍的案子和數年前山口淑子（中國稱爲李香蘭）案並列，讓讀者更覺複雜。總之，朱將軍的媒體關係並不好。

我最好不要過度膨脹想像力，來重建朱世明和蔣介石會面的情況。委員長和訪客的對談，都已由曹聖芬詳細記錄。毫無疑問的是，這些辦公室內數量龐大的記錄，包括委員長的手諭（接令者只能抄下來但不能保存原件），以及數千份屬下必須繳交的自傳，將來都可能讓史學家吃驚。我想在此建議的是，許多西方人都有錯誤印象，以爲他是獨裁者。在朱將軍的例子中，結果絕非由蔣一人決定。朱必須和不同部門局處主管面談，其中包括控告他的人，之後才能達成共識，做出處置。因此我們在台北停留了十二天，到最後一刻才了解最後的安排。

不過，我能作證的是朱世明將軍的人格。如果錯不在他，他絕絕對對不會勉強自己道歉或招認，以求快速開釋。相反地，他讓那些想判決他的人慢慢等，他憑著信念直言無諱，絕不屈服於任何官階或影響力。他到外交部低階官員的擁擠住處時，才真正能放輕鬆。在整趟台北之行中，他和湯將軍的對質最爲精采。

兩人的會面，是在徐學禹先生主辦的晚宴上，地點是在市中心的一家餐廳內。徐先生是招商局輪船公司的董事長，也是兩人都認識的友人。他邀請兩位將軍在公共場合見面，希望藉由他的調停，可以化干戈爲玉帛。湯將軍肯來，就是好兆頭。不過，在晚宴時，依習俗要有一個人當主客，湯依禮婉拒，朱就毫不客氣地坐在主位上。徐的助理想介紹兩位將軍，其實沒有必要，他們之前已見過面。兩人間的對話如下：

朱：事實上，我們在浙江時，你還受我管轄，即使時間很短。

湯（語氣柔和）：沒錯。

朱：但實際上，你是一個大將軍，我怎敢指揮你？

在眾人慫恿之下，他們互相敬酒，紀念過去的時光。但在雞肝冷盤和嫩炸豬肉之間，氣氛一直很僵硬。徐是這方面的老手，想到一個方法。一桌十來人中剛好有一個相士，在第二道菜上來後，他自動展現他的技藝。他的第一個對象是一個CC系人，「這個人的臉，」他說：「看起來如槁木死灰，但心裡如牡丹花盛開。」這個技巧混合了侮辱與讚美。最後他的性格分析轉為人要寬大為懷的道德教訓。根據他的看法，湯恩伯不只是位勇敢的將軍，而且很有組織長才。朱世明才華洋溢，卻不知如何自制，他太受西方俠士風格的影響，對女士比對同袍有禮貌，並不善長中國固有的謙虛之道。等到魚這道菜上桌時，一切都整理清楚了。彼此間的爭議不過是大誤解而已，沒有人心存怨懟。如果有衝突，也只是性格的差異使然。

有一陣子我對徐先生的巧思讚佩不已，他讓劍拔弩張的雙方停戰。但我現在認為，在缺乏正式法律管道的環境下，在其他國家可能動用軍事法庭或國會調查，在中國一定要在酒菜之前以具約束力的仲裁來解決。相士事實上訴諸自然法則。否則，一個人如果面如槁木死灰，心如盛開牡丹，相士如何能預知他的可能作為呢？就面相學來說，不必提及葉山會議或徵召日軍。而且人格評斷還讓湯將軍多少獲得道德勝利，或多或少彌補他被日本拒絕入境、從飛機上被拉下來的丟臉處境。

我們起飛前三十小時，才知道朱世明獲准離開，但並非全身而退。他回東京後必須遞出辭呈，其他就不予追究。我們要出發到機場的那天早上，出乎人人意外的是，蔣介石辦公室來了一通電話，委員長想見朱世明。在此之前，朱將軍一直很鎮靜。最後關頭這通突如其來的電話引起了相當的震撼，他的額頭和耳後冒出了幾滴汗珠。難道解決方案被推翻了嗎？難道在委員長辦公室有更凶險的消息等著他？比被迫辭職還糟？他去了一個小時，一回來我們就直奔機場，立刻登機，花不到數分鐘。空中小姐送來晚餐時，將軍才對我透露，他最後一次被委員長召見時，嚇得魂飛魄散。蔣介石在引發這麼多焦慮後，只不過是想和朱世明握手道別，會談只不過持續數分鐘。雖然現在不能再保障他的工作，但蔣很有風度地感謝他的副官，謝謝他二十多年來的勤勉效忠。朱辭職後按理就離開了國民黨軍隊和政府，理論上不能再見到蔣，而的確也從此沒再見面。

在東京，我接到我的退伍令，換成平民護照。我陪朱將軍去見威廉．席巴德（William Sebald），他是麥克阿瑟外交部門的主管，身兼大使職務，和朱在盟軍駐日代表團的地位是相等的。朱很希望去美國發展，和家人團聚。以他的語言能力、在美國的人脈和畢生經歷，他在美國無疑更能施展得開，不像在日本束手無策。但對方沒有正式拒絕發給他簽證。席巴德不要他的護照或正式申請書，只表示必須由國務院決定。他送朱將軍搭電梯時說：「朱將軍，好好保重。小心一些，你不像外表那麼年輕。」這是他最後一次聽到席巴德的消息。

在東京，其他幾位被解職的代表團成員成立了一個龍根（Lungan）貿易公司，請朱將軍當總裁，他同意了。他或合夥人都沒有資金，打算從零開始，從事進出口業務。如果他們早幾年成立公司，成功的機會比較大。但當時占領軍已經逐漸放鬆管制，日本國民再度可以自由旅行，也可以自行辦理進出口事宜。新手只憑腦力和辛勞在最最競爭的領域上碰運氣，既無財力奧援，又沒有內線管道，這樣的時代已經過了。龍根又掙扎了數年後，最後終於歇業。

朱世明從此鬱鬱寡歡。他對美國的愛不亞於對中國，但兩邊的官吏都同樣被他的直言快語所激怒，讓他無處可去。韓戰開打後，他對麥克阿瑟的態度甚至也變得模稜兩可。他不曾再與盟軍最高統帥會面，但他知道，只要麥克阿瑟繼續當日本的太上皇，這個世界上就還有他的棲身之地。麥克阿瑟被解除職務當天，朱將軍忽然生病，住了幾天醫院。後來鳩山一郎顯然要取代吉田茂成爲日本首相，讓他再度陷入焦慮的深淵。在戰後初期待在盟軍駐日代表團時，他反對鳩山一郎擔任高官的資格，原因是這個人過去的好戰立場。但幸好日本比他想像中慈悲。一九六五年他逝世於日本。

我到美國時，朱將軍還到羽田機場送行。後來我忙著求生存，逐漸和他失去連繫。聽說他在一九五〇年代末期和一九六〇年代初期，設法申請到觀光簽證，到美國和家人團聚。他的兒子朱昌崚〈Samuel C. Chu〉教授在俄亥俄州立大學任教，最近我們通信，證實上述說法。朱昌崚還告訴我，將軍在日本的共濟會兄弟，替他們這位從前的首腦舉行了盛大隆重的葬禮。

在安亞堡，我曾被聯邦調查局的人約談過一次。我在日本時，曾替龍根公司工作了數星期。到美國後，我替他們出了幾趟差，不拿酬勞。在韓戰期間，該公司曾和中國大陸做了筆小生意，可能是透過香港，結果被美國政府列在黑名單上。聯邦調查局的幹員和我談了一個多小時，才洗刷我反美活動的罪名。

我還有一個心結待解。接替朱世明當駐日代表團團長的是何世禮將軍，也就是前來調查他的人。他命我繼續待在辦公室裡，直到他自己的副官熟悉環境爲止。因此，有一段時間我的名字還列在外交官的名單上，即使在法律上我已變更身分，在日本登記成半永久居民。這種不一致困擾了我一陣子。我不知道台北當局如何處理我的退役。幸運的是，我在成都中央軍校的同班同學汪奉曾上校來美國，我請他回台北時幫我查查我在國防部的檔案。讓我鬆了一口氣的是，他說我的退役完全合乎規定，紀錄上還添了備註：「該軍官應永遠不再委任或聘用」。

「你為何不寫小說？」

我在密西根大學的指導教授是羅伯特・浩伊（Robert Fulton Haugh），他是英語副教授，當時也教創作課程。我告訴他，我曾經歷的許多事不失爲寫作的好題材，但太過複雜，很難處理，他於是建議我寫小說。

「你爲何不寫小說？」

對浩伊教授而言，小說是包容複雜的理想形式。看看《戰地春夢》吧。這個傢伙不喜歡戰爭，但他仍然參戰，當救護車司機。他對義大利人又愛又恨，他自願替他們服務，但卻被指控爲逃兵。他不希望遵循傳統，但擔心他深愛女孩的名聲，擔心兩人之間的小孩沒有名分。他徹頭徹底地獨立，卻必須依賴家裡寄來的錢。他幾乎就要變成無神論或不可知論者，但在朋友懷孕面臨生死關頭時，他又顯現出感傷而害怕的情緒。這是人類的悲劇。他想控制自己的命運，卻又做不到……書中有多少種衝突呢？算不清了，也許有六、七個之多。

浩伊教授問我是否看過《日正當中》（*High Noon*）這部電影？我說有。他問我是否看過這本書？我說沒有。他問我是否看過《泉源》（*Fountainhead*）這本書，我說沒有。他建議我看這些書。

當時我並不明白，浩伊教授所說的，在可理解的環境下，內在的衝突刻劃出細微的心境轉折。我是個直率平凡的人，我面臨的微妙處境全都來自於外在環境，這就是屬於歷史的範疇。

回顧過去，如果要利用我的背景做爲史學家的準備條件，我不可能找到一個比密西根大學更好的地方。安亞堡校園的核心是個大廣場，來自四個角落的小徑在此交會，形成X形，我們稱之爲「對角」（diag）。環繞廣場的是高矮不一的建築，舊大樓的正面是厚重石牆，但新的側翼可能是玻璃和鋁鑄建築。高樓可能平地而起，單純的小樓房消失無蹤影。校園內有橘色和灰色的磚造建築，也有呈現水泥原色和白灰泥的建築。校舍展現不同時期的風格：希臘神殿、哥德式大教堂、國際風格、蘇利文和法蘭克·萊特等等。如果在蓄意的不規則中展現自然流暢可以算是創造力，密大學生每天經過對角時，一定可以從中獲得不少啓發。正如建築所展現的，此大學從來不曾是「固定編制」。可以想見的是，負責規劃和開發的景觀委員會中，都是實驗派的信徒。

我也在校園內進行我的實驗。由於我先念大學部，因此修了一些外國學生想都想不到的課。其中有一門是大一的「美國政府與政治制度」，是基礎課中的基礎課。我周遭的學生幾乎只有我的一半年齡，令我有些不安。看著她們玫瑰般的面頰，我感覺她們應該是我同學的子女，而不是我同學。想想看，十六年前，我在南開大學是最年輕的學生，現在卻是最老的學生。不過，在這堂課上，我才知道美國的城市可能是由市長、委員會或由議會指派特定人士來管理。有些州甚至事先準備各式各樣的特許狀，讓自治城鎮自行選擇組織體系，好像選成衣一樣。由於中國的政府都是單一體制，因此我認爲這是相當有效的入門資訊，可以了解多元社會如何運作。我自己就從來沒想像過，因爲每次開車經過美國城鎮時，街道標幟和停車計時器看起來都一樣。根據邏輯推論，我會猜測其後的辦公室也具有同樣的架構。

我又修了一門「美國社會」，這門社會學課程的用意在於，每次都能用數學方法來測量人民的意見和態度。令我吃驚的是，不是每個美國教授的子女都成爲專業人士，很多人往社會階層下方流動，成爲勞工。有一學期我甚至還修了繪畫課。起初我以爲我們畫裸體模特兒時，會覺得很尷尬，但課堂一開始，每個人都努力展現技藝，注意力全集中在「寫生」，而非裸體。無論如何，要將三度空間的人體表現在兩度空間的紙上，總是極難的任務。隨著課程的進行，模特兒動作也變快。手中的木炭無法捕捉眼睛看到的景象，真是一大挫折。不過，令我驚訝和妒忌的是，班上竟然有才華洋溢的年輕藝術家。一開始我們都是從「單面」起步，也就是說，所有的畫都是扁平的。但隨著時日進展，部分有天分的學生開始超越平面的限制，顯然比我優秀許多。因此，學期結束時，我得了一個差強人意的B，既感寬慰又覺滿意。

至於浩伊教授的建議，我曾嘗試卻無成果。最後我只好告訴他，我無法把心中所想全部化爲文字。我是否有資質模仿海明威和艾恩・藍德（Ayn Rand），已經是一大疑問。但這先撇開不論，不同文化的社經背景不可能輕易擠在狹小的篇幅裡，卻又要求達到小說的順暢和切要。在刻畫出的全景中，自有特定機制。即使我想減輕題材的「沈重感」，爲求經濟簡約著想，我也必須以抽象名詞來加以摘述。

然而，和指導教授的閒談還是讓我得到許多樂趣。浩伊說，美國工人很喜歡他們的工具，當成玩具來玩。我就說，站在工人的立場，可不盡然。如果剛好碰到一台老式木框的洗碗機，可一點都不好玩。而且剛好是炎熱的午後，杯盤堆積如山高，刀叉胡亂埋在吃剩的牛排、馬鈴薯和濃汁之中，魚骨頭和檸檬皮混在一起，偏偏女侍又跑來說，她要用到三十五個冰淇淋專用盤子，五分鐘後宴會就要開始。浩伊教授聽了咯咯直笑。有一次他問我，我提過這麼多將軍的名字，爲打破單調起見，爲何不描繪一個要開會卻找不到靴子穿的將軍呢？我說，就我記憶所及，是有一位將軍非常貼近他的形容。不過，並不是找靴子。國民黨一二五師的陳少將臨上戰場時，常常找不到地圖。

我是在東北見到這位陳將軍。林彪在四平街施展人海戰術後，大多數國民黨將官對敵手的殘忍都心存餘悸，下令部屬堅守崗位，接到進攻的命令時就敷衍了事。共軍大舉反撲時，他們就停止進攻。但陳將軍可不是如此。他的一二五師裝備不多，但被前線指揮部視為機動部隊，有時塡補前線的缺口，有時移到最東邊或最西邊去鞏固側翼。他的師沒有汽車運輸，子彈也不夠用，但這位個子矮小的將軍卻從不抱怨，為何他的部隊總是有許多任務。他常身先士卒，彷彿帶的是步兵連。你只要在地圖上指出他的目標或目的地，他就會保證準時到達，不論有無敵軍阻撓。總是來去匆匆的他，穿的是網球鞋，而不是浩伊教授說的靴子。但是他有亂放地圖的習慣。「我的地圖呢？我的地圖呢？」看他到處摸索，真是好笑的景象。地圖可能好好塞在他的外套口袋裡，擠得有點皺，讓他找不到。

但陳將軍的故事並沒有快樂的結尾。不到一年他就被共軍俘虜，是東北第一位落入林彪陷阱的將軍，其後許多將軍也陸續被俘。我很難告訴他們整個故事，卻不交待林彪的人海戰術以及共軍得以機動作戰的背景因素。探本溯源的工作勢必沒完沒了。就這樣，不管我喜不喜歡，創作之路絕對不可行。我已踏上非小說之路，無法逆轉。

歷史學家不能自由創造人物，把他們的生命小說化，以求故事精采動人；也無法採取藝術家的美學角度；也不可能展現新聞人員的當場識見，觀察到歷史成形的過程。但這並非說歷史學家的生活就非得無聊不可，他可以用延展或壓縮的時間段落，來探討過去的事件；他可以建立一個宏觀的視野，或是以許多細節來描述單一事件；他可以理出一個獨立事件，或是比較不同的事件；他可以依循他筆下主角和女主角的邏輯，呼應他們的情感，或是揭露並駁斥他們的立場；他可以稱讚無名小卒，推翻既定的主題。歷史學家可以是工匠、技師或思想家。就我的情形而論，我必須像學徒一樣，先通過前兩個階段。不過，無論我想多謙虛，如果我想在這個領域上有所貢獻，就不可能避開最後一個階段，我的主題迫使我必須如此。再從另一個角度來看：由於命運的安排，在我到安亞堡之前，思考的過程已開始在我身上啓動。許多矛盾在眼前開展，我必須從歷史裡找原因。

在密西根，我接受指導，成為工匠和技師，但我擁有完全自由的思考方式。因此我對這個州心存感激，像墾荒時期傳說中的巨人保羅．班揚（Paul Bunyan）這麼離經叛道，居然可以受到居民的尊敬。我也欣賞校園可以容納不同流派的建築，而且可容納十萬一千零一人的足球場更是一大特色。

在密西根大學，我沒多久就了解到歷史的多樣化。在一堂強調撰寫傳記的課程中，我選擇比較丹尼爾．韋伯斯特（Daniel Webster）的各種傳記。令人驚訝的是，在總圖書館中，他的書居然占了整整一個書架。更驚人的是，同一個對象有截然不同的處理手法。後來我在同一門課中又學到，即使是同一位作者，也可以用紛歧的角度來處理同一個題材。運用這項特權最淋漓盡致的是英國史學家墨利斯・艾詩立（Maurice Ashley）。他早年出版一本書名爲《克倫威爾保守的獨裁者》（*Cromwell, the Conservative Dictator*）。由書名可知，作者對克倫威爾沒有太多的好話。即使這位護國主嫁女兒時鋪張奢華，也成爲他這人無足可取的證據。但數年後，艾詩立出版了自認更成熟的作品：《奧利佛・克倫威爾之偉大》（*The Greatness of Oliver Cromwell*）。同樣地，從書名可以看出其內容。內容不僅較成熟，而且作者立場丕變，就像職業棒球選手一樣，在兩隊同一天連續比兩場比賽時，在第二場被交易到敵隊去。彷彿這還不夠誇張似的，艾詩立還在參考書目中引用自己早年的出版文章，做爲不同學派的代表。

但艾詩立所以能建立鼎鼎大名，並不是因爲只會任意變換立場。他能克服自我駁斥，而且從中獲益，歷史學家得以從中建立完整而全面的觀點。這並非一朝一夕之功，必須經過多年的準備工夫。在密西根的歷史學系，有位教師具有絕對力量，引導學生走向通徹之路。他就是前系主任霍華德・俄爾曼（Howard Ehrmann）。一開始，對我們這些習於美國大學進度的學生而言，俄爾曼教授似乎完全不教書。他很少講課，更少在一個主題上停留十分鐘以上。有一天，研討會中的一名學生查過目錄表後，把她的驚人發現告訴全班同學：「好好笑，這個人從來沒有出版過任何東西！」但俄爾曼教授當然和別人合編《密西根大學現代史》（*The University of Michigan History of the Modern World*），共十五冊。

我們花了一段時間才習慣俄爾曼的風格。他的歷史學識豐富異常，又認識無數的學者，有些還有很好的交情。他上課完全不準備，但是這種即興風格必須有很強大的資源爲後盾。他又能善用技巧，激發研究生的喜悅與熱情。他可以從布萊斯特—里托夫斯克（**Brest-Litovsk**）和約的簽訂，轉到地理因素對歷史的影響，但不會丟掉聽者的注意力。他習慣講述主題的前景或背景資料。他會毫無預警地討論內在議題，其本質通常引發許多爭議。他閒話家常般點出爭議之處，講得津津有味，令人心動。他在過程中不斷拋出相關的參考書目，班上的一、兩名學生會點頭稱是，其他人則羞於自己的無知與不足，下課後就直奔圖書館尋找救兵。只有額外的閱讀，才能移除盲點。

霍華德·俄爾曼以認識納米爾（**Namier**）爲榮。這時我們都已知道，納米爾就是路易士·納米爾爵士。他的方法被稱爲「納米爾方法」或「納米爾主義」。他評估十八世紀的國會議員時，要讀者先不管他們屬於保皇黨或自由黨。他鑽研他們的來往信函，研究他們的家族帳戶，甚至找到現金收據，最後證明他們結成小黨派，其中成員流動性很高，結黨的主要目的是謀求私利。經過十年辛勤的研究，他在《政治結構》（***The Structure of Politics***）一書中發布他的研究成果。這故事的教訓是，當歷史學家對細節很有興趣時，必須持續耕耘，有明確目標，才能建立體系。

雖然俄爾曼教授研究的是歐陸歷史，對義大利尤其有心得，他還是要我注意另外一位英國史學家古赤（**G. P. Gooch**）。教授要我讀遍古赤寫的所有東西，或詳讀一部分，略讀其他，並注意他的風格，把他的作品和別人相比較，掌握相關參考書目，尋找評論他的文章。直到今日，喬治．皮巴迪．古赤（George Peabody Gooch）仍是我最欣賞的史學家。他和皮巴迪家族有親戚關係，因此以皮巴迪爲中間名字，也因此能成爲「私人學者」（privat Gelehrte），可以隨自己高興讀書寫作，不用去考慮生計問題。他的文風清晰流暢。不過，爲了準備撰寫《十七世紀民主思想史》（*History of Democratic Ideas in the Seventeenth Century*），他看了不下三萬篇專論。就這兩位歷史學家而言，只有深入研究後，才有能力得出總括一切的概論。兩人一個嚴肅，一個溫和，風格完全相左，但都同樣具備獨立自主的精神。

我爾曼教授的教書技巧之一是拒絕回答問題，他常把問題拋回給學生，嘲笑學生沒有辦法自行尋求解答。有一次我決定不要被他所嚇阻，我在課堂上問了三次：如果社會契約的概念爲法國人所接受，又具體展現在美國的〈獨立宣言〉中，爲何總是被史學家稱爲「非歷史」呢？教授三次拒絕直接回答我，但他暗示，我必須發展出自己的史觀才能理解。從此我得到如下結論：任何值得被稱爲革命的運動，一開始都是非歷史的，因爲現行法律制度無法再處理內在或外來的問題，革命黨人才被迫創新。他們宣稱現行體制無效後，已經別無選擇，只能重組自然法則，再創新猷。但如果要他們承認發動武裝叛變是爲了進行實驗，這將是不智之舉，他們一定會宣稱歷史站在他們的這一邊。社會契約應運而生，成爲遐想文明開端的工具之一，也增加了革命黨人所勾勒社會的可信度。

事實上，就歷史而言這不可能成真，正如一個社會不可能自己重生一樣。慣例如此，歷史學家對革命意識型態不存幻想，這並無不妥之處。意識型態基礎的修正，實際上可以使革命後的社會更容易融入歷史。

在安亞堡，我隨著安德烈・洛拔諾夫—羅斯托夫斯基（Andrei Lobanov-Rostovsky）修俄國歷史。據我所知，他是唯一把貴族頭銜帶進美國學術圈的人。在他的兩本著作中，「王子」出現在作者名字之後；我不只一次聽他引述別人稱呼他「洛拔諾夫王子」。和俄爾曼教授的鬆散隨性相較，他的講課是可喜的對比。他的課規劃完善，有條有理，按步就班，精準如時鐘，從大綱演繹出完整架構，遣辭優雅洗練。我有充分理由相信，在他教書生涯之初，他必須克服許多困難，才得以使技藝盡善盡美。現在他授課時從容順暢，毫不費力。他不需要講稿，照樣以清晰的頭腦抓住聽眾的注意力。有一次我們聽到一個崇拜他的女學生說：「啊，他是一位王子呢！」不過，我心想，他超人般的紀律對他純熟的表現一定不無貢獻。洛拔諾夫教授所專長的項目，我可能永遠做不好，讓我更是敬佩他。後來我教導大學生時，嘗試以他爲榜樣，但結果卻有天壤之別。

洛拔諾夫—羅斯托夫斯基還讓我學到一件事：就西方的標準而言，俄國歷史並非已經完整開發的領域。相反地，研究美國或西歐歷史時，里程碑都已標示清楚，許多議題都已達成共識。即使在尚未達成共識的議題上，正反雙方的意見都已爲圈內所熟知。但學者研究斯拉夫歷史時，處理的是尚未劃分清楚的疆界，指標少之又少。因此，歷史學家自己必須對歷史的全程發展了然於心，隨時警惕，從基輔公國到新經濟政策都必須對答如流。不消說，研究中國歷史的學者也必須自立自強，甚至有過之而無不及。我們無法自欺欺人，說自己專長於某一小範圍，作爲深度不足的藉口。

我從青少年開始就對美國很著迷。在密西根，我修了美國歷史、美國憲政史、社會史、外交史等等，以滿足我的興趣。這些課程由七位不同的教師傳授，但杜艾特・杜蒙德（Dwight Dumond）教授讓我的印象最深，因爲他是反奴隸運動的權威，對我而言是全新不可知的領域。雖然我廣泛接觸美國文學，參與美國生活，但我從來沒聽過奧伯林學院（Oberlin College）、美國短論社會（American Tract Society）或班傑明・隆迪（Benjamin Lundy），更不要說是「地下鐵路」。因此，他的每一堂課都是全新的體驗。在一九五〇年代，美國人還不習慣今天的自我批判。杜蒙德指控美國是「腐化的國家」時，有時我心頭不免一驚，原來他認爲這個國家縱容「謀殺、縱火與勒索」。當時，任何人只要主張種族平等，宣揚廢止種族歧視，就會被冠上「他想讓妹妹嫁給黑鬼」的罪名，但杜蒙德教授卻在課堂上大聲宣稱「美國的未來種族將是黑白混血」，而這甚至不是他起頭的預測，他只是引述前人的說法。

下課時，同學討論杜蒙德的道德家色彩是否強過歷史學者，大家意見不一。但教授堅稱反奴運動自有其法律上的依據，他主張，國際法並沒有允許基督徒以教友爲奴。他雖然全心全意研究自己的專業，但並非沒有多方面的興趣。有時他也會以唱作俱佳的誇大敘述，提出他的獨到見解：美國內戰完全起於西南部和西北部的經濟利益衝突。「如果當時阿利根尼山脈以東發生變故，例如地震或海嘯將東部沿海捲入大西洋海底，」他假裝若無其事地說：「內戰還是會開打，一點影響都沒有……」而且，以他對反奴運動的深入研究，他能以全然不同的角度來講述軍事史，技術問題變得更為重要。他對李將軍毫無半句惡言，李將軍是一流的軍人，只是為南方打仗，反抗高壓統治。杜蒙德對史東渥爾·傑克遜（Stonewall Jackson）的稱讚更達於頂點。這些人的精誠奉獻很難不影響到他。如果說我沒有從杜蒙德學到任何史實，我至少學到基督教人文主義的力道與複雜，由於我的人生之路較為古怪，我並沒有機會從中國的外籍傳教士看到這些特色。

不知道是出於潛在的欲望或是純粹巧合，我選修的課程都和社會的大規模動盪與暴亂相關，其一是全歐洲的宗教改革期間，另外則是英國的斯圖亞特王朝時期。多年後的今天再回顧，我可以說這段時期的知識可能有利於史學家，讓他更了解同時代的中國，效果勝過單單只研究中國歷史。中國的主要問題在於，數世紀以來缺乏步入現代的大突破。研究者處理不存在的題材時，不太可能從中發掘出原因。無論在何種情況下，一個土生土長的學者甚至無法理解，在大我的生活中欠缺某種重要成分，也無法見證解釋欠缺的原因。比較務實的做法是找一個例子來探討，從中尋找失落的環節以及實際發生的突破。十七世紀的英國就是這樣的例子，當然其間發生許多大規模而複雜的演變，當時這個國家經歷了內戰、弒君、嘗試共和國政體、護國主、復辟等等，最後發現某一種解決方式其實並沒有好過其他種方式，甚至可能更糟。這段史實的時間橫亙了近一個世紀，其大融爐吸納了經濟危機、宗教爭議、憲政僵局及外交壓力。我們能從中學到什麼呢？難道只學到每個層面都出差錯？不過，多位史學家的觀察令我印象深刻。他們指出，在斯圖亞特王朝後期，習慣法庭承認平等的存在，有助於社會重新恢復穩定。再進一步推論，兩套法理原則合而爲一，讓農業經濟可以如常運作，與國家經濟中更進步的層次（如銀行體系和外貿）並行不悖。大家都知道，中國還沒經歷這樣的演化階段。

遲至一九五〇年代晚期，密西根大學只有一位教授中國和日本歷史的教師，既主持研究生的研討課，也在大學部教概論課程。這位約翰．惠特尼．霍爾（**John Whitney Hall**）教授還是一位知名的日本專家，目前於耶魯任教。我請他當我的中國史博士論文指導教授時，他的立即反應是我應該去哈佛。有了哈佛文憑，會更容易敲開就業市場的大門。就業市場姑且不論，霍爾教授願意指導我嗎？他說好。我與他的往來十分令我滿意。霍爾本身雖然是哈佛人，但卻有自己獨到的見解。遲至一九四〇年代，包括許多日本人在內的史學家都同意德川時期對日本有不良的影響，到明治維新後國運才開始好轉。霍爾教授的研究卻顯示，即使是在德川時期的中葉，日本已經開始可以接受西方的貨幣管理。不論就制度或實例而言，政府財政制度和西方接軌已成爲受注目的焦點。這和帝制末期的中國真是一大對比。

我去找霍爾教授時，他正在進行一項重大的研究計畫。他掌握日本肥前采邑的文獻，決心描繪出該地區一千多年的歷史。我不常見到他，但常見面其實並不重要，我所需要的鼓勵與警告，他都已經給我了。他也沒有在我的研究途中橫生障礙，好藉以顯示他是要求嚴格的教師。他不斷強調中國歷史「流動」或「有彈性」，也就是說，數量龐大的文獻資料等著被評估詮釋，重建將使歷史呈現許多不同的面向，在過程中當然有許多風險，不過膽小退卻也無補於事，路總是要走的。至於我是否有潛力成為史學家，霍爾的評語很坦白：不太順利，某些方面很強，其他方面嚴重不足。他建議我應該加強自己的紀律，擴大我在西方和美國歷史的知識，強化我的語言表達能力。至於我是否有能力處理古文撰寫的典籍，霍爾教授對我有絕對的信心。在我第一次參加初步口試時，在五個指定領域中當掉了兩門，被迫再考一次。我意志消沈，霍爾給予我恰到好處的推動。「來吧，」他說：「鼓起勇氣來，讓我們一起度過。」這些話分量十足。人雖然要承認錯誤，但不能認定從此就無法改變。

這時我修了霍爾教授的現代日本歷史。我確定學期報告題目是「明治初期教育政策的變動」時，我對他說，我想讓自己熟練以制度來解讀歷史的方法。我想找出呈現時代剖面的正確方式。這可以算是綜合方式。教育政策的改變必定是面鏡子，可以反映整個國家和社會的覺醒。我對單一或孤立事件沒有興趣。這篇報告得了A，從此我和教授建立起較密切的關係。我尋找博士論文題目時，經過許多波折。我出於本能想研究中國的內戰，但我缺乏研究資料的協助，又無法抽離戰爭帶來的情緒衝擊，根本不可能處理這個異常複雜的題目。而且，自從我決心研究歷史後，我比較傾向於克勞塞維茲學派的影響：一大堆砲火對歷史的影響可能微乎其微，但有時短暫的小衝突反而可能造就歷史的重大里程碑。在安亞堡的初期，我無疑仍受到道格拉斯．弗利曼（Douglas Freeman）的影響。我曾從東京的厄尼．派爾（Ernie Pyle）圖書館借出他的《李將軍的中尉們》（*Lee's Lieutenants*），在辦公室看。但在密西根大學時，我有機會翻閱柯爾（A. C. Cole）的《無可抑制的衝突》（*The Irrepressible Conflict*）和瑪格麗特．李區（Margaret Leech）的《華盛頓的起床號》（*Reveille in Washington*）。後者對我影響尤大，讓我不再迷戀軍事史。就牽涉之廣度與情緒衝擊之深度而言，報導戰爭最好能遠離戰場，不必提及灰塵或壞疽。

一旦決定題目和戰爭無關以後，我就有許多題目可以選擇。不過，中國與西方的衝突是最驚人的歷史發展，即使是抗日戰爭與內戰，都可以說是那次史無前例發展的後續。中國與西方的多次衝突，以及每次羞辱後的調適，似乎都已經過充分探討。但當真如此嗎？那些專論或論文的共同缺點是，作者還不能接受歷史的無可避免。中國作者持續指控西方帝國主義的進攻，西方人則照例指責中國傲慢、見識不足、拒絕改革。這些事件有相當豐富的文獻，但欠缺的卻是彼此的了解。鴉片戰爭開打時，馬克思寫道，一方以爲自己具備所有美德，另一方則只知道賤買貴賣，就我所知的史迪威事件，及從朱世明將軍聽來的消息判斷，我敢說雙方的心態仍隔了十萬八千里，毫無進展。問題是我們對歷史的研究還不夠深。我自己在國民黨軍隊的經驗讓我上了一課：當代中國的背景必須回溯自帝制時期的過去。這些思緒讓我轉而研究明朝。如果東西雙方的對立持續了一個半世紀之久，將背景往上延伸數百年並非不合理。無論如何，清代的政治歷史受到外族統治的太多扭曲，後期又在與西方衝突陰影的籠罩之下。明朝是最後一個漢族統治的朝代，在體制上應該更能代表中國的特色。

經過許多徒勞無功的摸索後，我的博士論文最後確定爲「明代之漕運」。水道是一個時期的具體剪影，其運作情形是可以處理的題目。這個概括研究多多少少是智識上的練習，讓我熟悉帝制末期政府的基礎後勤設施。論文尚未完成，霍爾教授就前往耶魯任教。接任的費維愷（Albert Feuerwerker）和余英時教授對我的幫助遠多於批評。在他們的推動下，論文很快獲得委員會的通過。

在其後多年，我繼續擴展我的視野，出版三篇文章和一本書，討論明代的稅賦制度和政府財政。必須掌握儀式過程的意義、軍事裝備狀況、當時政治思想家爭辯議題，再加上充分接觸明代社會史、科技和文學，我才有把握來探討明朝。我在安亞堡的最後兩年時，發生了一件愉快的事。明代專家查爾斯·賀凱（Charles O. Hucker）教授從亞歷桑那搬到在奧克蘭的密西根州立大學，離我住的地方只有二十哩之遠。他隨後帶我結識其他傑出的明代學者，對我的智識成長有不可或缺的助益。

上段記述或許可以幫我排除下列批評：說我的大歷史概念不過是不切實際的幻想。

密西根：更多的回憶

我在安亞堡的十二年期間，美國經歷了重要的改變。我親眼見到高速公路的興建，起初九十四號州際公路穿過城南，接著是環城公路。柳徑機場不敷使用，於是興建底特律大都會機場以改進服務。假日旅館和拉馬達（Ramada）旅館紛紛出現在公路兩側。郊區忙著挪出空間興建購物中心。零售業風格改變。在商店裡，以前可以單買的物品，現在要論批買。T恤一次要買三件，鉛筆論打賣。平裝書大為風行，但以前的標籤從此消失：當時薄書一本二十五美分，厚書一本五十美分。為了有資格成為富裕的中產階級，家裡的車子必須不止一輛。電視當然堂堂登場。整整一代的電子媒體記者，其中有些非常上鏡頭，播報著氣象、體育及其他種種新聞，有的確實重大，有的只是瑣碎小事，出現在彩色螢幕上，不過是為了維持美國人在客廳的話題。電視大為流行，一些歷史悠久的暢銷雜誌廣告收入大為縮水，最後被迫停刊。在密西根大學，研究必須靠電腦佐助。影印機和打字機一樣，成為辦公室內不可或缺的設備。我不太出門旅行，但我從閱讀得知，南方內陸飲水機和公車候車室的「白人」及「有色人種」標幟已經移除。不說別的，早在我離開安亞堡之前，我已注意到，在我必須塡的所有表格上，「人種」這一欄都已經取消。至於改變的確切時間，我已不復記憶。

我可能在密西根停留太久。即使從大三念到博士畢業，如果我加快速度，應該不用花十二年。不過，拖延並非沒有益處。我不但從軍中重回社會，重新訓練自己進入新職業領域，而且還藉著混合自身體驗和所讀的學術分析，對當代中國進行徹底檢驗。因此我對失落的年少歲月不再耿耿於懷。

在頭幾年，至少是最初五年，我對自己的國民黨背景採取防衛的姿態。當時的情況相當特殊：美國人自己在韓戰時和毛澤東的軍隊作戰。在約翰・佛斯特・杜勒斯（**John Forster Dulles**）的「邊緣政策」影響下，又差一點幫助蔣介石保衛金門馬祖。然而，在我們的校園中，每個人提到蔣介石時，語氣都是全然的不屑。有些教師和同班同學聽到我曾是他旗下軍隊的軍官，就以爲我應該覺得難過，彷彿我是在希特勒麾下的愚蠢德國將軍。我幾乎要對他們大吼大叫：這是你們的想法，我可不這麼認爲。我並不自傲於自己的從軍紀錄，因爲不會有人自傲於失敗。我不打算自願參戰，到北緯三十八度線或中國外海的離島去打仗，但對過去的從軍，我既不引以爲恥，也沒有罪惡感。不過，內戰在我心中留下一些無解的問題，讓我有時覺得矛盾不安。我轉念歷史系，原因之一就是要消除這些疑慮。

我的反共情緒和我的東北經驗密切相關。我於一九四六年二月隨著鄭洞國將軍的幕僚群到東北去。在此之前，我和其他許多國民黨的下級軍官一樣，非常期盼馬歇爾將軍的調停計畫可以帶來和平。一月十日，周恩來和國民黨代表張羣簽署停戰協議。雙方同意凍結所有的部隊行動，只有一項行動例外：國民黨軍隊可以進入東北，在該處移動，以恢復中國的主權。新聞旁的照片顯示，親切的周恩來站在馬歇爾旁邊，在張羣後方露出親切和藹的微笑。然而，在四月的第一個星期，國民黨的八十七師從瀋陽移師長春時，林彪以四萬人展開突襲，幾乎殲滅了整個師。兩天後，林彪加強武裝，進攻國民黨的新三十八師，後者原是前駐印軍的一部分。這次攻擊受阻，共軍損失不下兩千五百人。我們抵達前線時，剛好是戰役結束後沒幾天，看到鐵軌旁和田野裡散布著無數的屍體。一位新一軍總部的參謀對我形容何謂「人海戰術」。他說：「他們會在前線擺出一千人，但空間只有幾百碼寬，通常只能容納下一個連。你會想：這些人不傻，他們只是瘋了！但讓我問你：你可以砍殺多少人呢？四百、五百或甚至六百？你把這些人打成碎片，可是這些人的後面還有數百人在那裡。相信我，他們絕對可以收拾你和你的機關槍！」

共軍進攻受挫，還真是奇蹟。但雙方交鋒後都筋疲力竭，國民黨軍隊更累，因為大屠殺的感覺就已讓人覺得噁心了。敵軍嚴守鐵路要道四平街，執行繁複的戰地計畫。前線部隊想找出彼此的缺點，企圖包抄彼此的側翼，但都不成功。林彪就這樣阻擋我方進攻長達四十天之久。同時，他的人馬進入長春，當時蘇聯已經撤走。周恩來此際在重慶宣稱，共軍已「厭煩受人擺布」，可能被迫採取自我防衛。

不守信用已經夠糟，更不可原諒的是蘇聯從旁協助。當時我不相信蘇聯人知道什麼叫光明正大或正派行動。看看史達林吧：他和希特勒簽互不侵犯條約，也和日本簽互不侵犯條約。納粹入侵波蘭時，蘇聯從後方解決這個國家。日本請他充當調停人，希望得以從對抗盟軍中脫身，他卻利用機會對日本宣戰。憑著雅爾達協議和對日本的七日戰爭，他在我們的領土上接收理當是我們享有的勝利果實。至於東北，一切似乎必須回到沙皇統治的年代。看看馬林諾夫斯基（Malinovsky）吧：他運用種種拖延技巧，防止我們進入東北。他控制下的港口我們不能使用。我們大規模的空運必須接受種種限制。我們一接受他的條件，他就撤回他的提議。最後國民黨軍隊在杜聿明將軍的率領下強行推進，他才撤退。但我們進入東北整整延後了半年以上，多麼關鍵的半年！在我們之前被獲准進入的林彪，此時正好嚴陣以待。

我記得我們抵達瀋陽時，首先吸引我們注意力的是，火車站旁寫在牆上的俄文，筆法粗野唐突，蠢蠢欲動。也許可以說，我們的蘇聯盟軍必須循著指標搭火車，因此倉促離開火車站，離去時太過匆忙，無暇顧及我們的感受或品味。然而，在火車站外面的廣場上，他們還豎立了一個大型紀念碑，慶祝他們對日本的七日戰爭。在方尖碑上是一部紅軍的坦克車，槍口指向天際，提醒我們仍然受其威脅。他們一定預期這個雕像可以擺置好一陣子。

有一天下午，我開車經過城裡的工業區，或者應該說是以前的工業區。不只如報紙所載，工具和機械被蘇聯人搬運一空，而且建築物也難逃一劫。所有的窗戶都被打碎，地上散布著垃圾和燒焦的木材。從部分焚毀的牆壁，我透過建築的骨架看到了屋頂的橫樑，在沒有屋頂遮蔽的情況下，暴露在瀋陽陰沈沈的天空下；這是個總被入侵者蹂躪的城市。

蘇聯人用貨車運走想要的物品後，還讓他們的占領區貨幣淹沒整個東北，所發行的軍券面值很少不超過十元。當地人抱怨，紅軍在六個月內所發行的紙幣，比日本人十四年發行的還多。這樣的說法很難確認。不過，我們在當地買東西拿回零錢時，無一例外是蘇聯發行的紅鈔票。

我在鄭將軍前線司令部待了四個月，接收戰地電話的訊息、彙集戰情報告、參加參謀會議、接待外國特派員。有時我到前線去，將彈藥運交給前線部隊。抗日勝利時我以爲可以永遠拋諸腦後的每件雜事，現在一一回來，而且未免太快了一些。沒有人問是否有內戰。到達瀋陽時，我們立即發現內戰已經開打，我們早已深陷其中。不必是好戰人士也可以很務實，當對方如此明目張膽、如此蓄意地違反第一個停戰協議時，期待另一個協議會更好是不合理的。在考慮其他因素之前，必須先想到對方有能力把這麼多人送上必死之途，能夠具備這樣的實力，恐怕是不可能停戰的。

這個恐懼不久後得到證實。五月中旬，林彪的作戰軍官王適方（音譯）取得我軍發的無人地帶安全通行令，前來投誠。我在司令部單獨和他對談。共軍並沒有採取階級制，軍官是任務取向。不過基於尊敬，我們稱他為「王上校」。從和他的談話中，找不到太多有利我們作戰的資料，不過填補了我們所不知的空間，並證實了之前接獲的報導。他讓我們對局勢有更全盤的了解。

這時我們相當困惑於林彪為何下令作戰。王對我解釋，這是因為整個野戰部隊持續成長擴大，林彪稱自己的軍隊是東北民主聯軍，用意在吸收地方上的民兵、武裝部隊及非正規軍隊，核心則是從中國北方調來的老練作戰隊伍。對共軍快速擴張的計畫而言，能容納各式各樣軍隊並擁有加以擴充的能力是必要的，這樣才能和我軍進行消耗戰。他們的軍隊遵照毛澤東的指示，放棄形式，重視實質。只要能達成任務，有相同力量的戰鬥部隊可以被稱為支隊、團、旅或縱隊，但作戰方式和紀律卻絕對要一致，一定要遵守基本方針，因此要指派核心幹部到步兵班去，以訓練出新的幹部。林彪指揮的是不折不扣的農民軍隊，儘量排除所有的都市影響力。灌輸士兵信念時，基本上是以教義問答的形式來進行。

王對鄉村動員的描述吻合其他來源。整個鄉間完全被動員整合，緊接戰場後方的是動員村落的人員。我們的散兵也提到，他們很難躲避敵軍後方的路障，因為全都由村中的少年看守。村民必須供應食物、住處及急救設備。各種後備支援就這樣以自動貢獻的名義，定期而自動地輸送到前線，作戰部隊完全擺脫後勤的負擔重任。有時連長還會獲得食物券，可以就近取得熱食，之後再由戰地工作人員負責補償。「你們所說的大行李（指一團需要攜帶的裝備）和小行李（指一營的裝備），」王一針見血指出：「我們全都沒有。」

我帶著不無敬意的語氣表示驚訝，因爲匆促成軍的共軍居然守著四平街這麼長的時間，阻止我們於緬甸一戰成名的新一軍進攻。王上校說，其實很容易。林彪對自行撤退的將領處以唯一死刑，有一天他就下令槍決兩名連長。他還告訴我，林彪對新一軍有相當的敬意，他原先預料在他殘忍猛烈的攻擊下，新一軍會瓦解。

至於共軍如何從蘇聯手中接收日軍的裝備與補給，王說了一個耐人尋味的故事。有一次某部隊遵照指示，前往某兵庫接收武器。蘇聯守衛嚴正告訴他們，倉庫無論如何都不能交給他們。這個部隊困惑之餘，回去稟報上級，高層人士於是進行調查。最後這些官兵奉命再去一次，這回改在晚上去。他們發現蘇聯兵全撤走了，在安靜的黑夜中，整棟房子中成箱成盒的物資全歸他們所有。

王的證辭幾乎就預告了，林彪在東北會成功，國民黨會失利。共產黨已經找到使用無盡人力和鄉間資源的模式，據以打造新的戰爭機器。就技術上來說，共產黨開啓「勞力密集」的革命，將一切降到農民層次，以吸引最多的追隨者。黨所施加的嚴苛紀律雖然殘忍不合理，但卻沒有遭到抵抗。我們進入東北時，事實上是在重複日本十年前入侵中國的錯誤。當時日本侵略軍的背後有個健全的國家經濟，這時的國民黨並沒有。一九三七年時的中國並沒有足夠的武器裝備來迎戰入侵者，這時的林彪有。回顧當時的狀況，我該覺得自己幸運到極點，能夠在一九四六年六月初體面退場，參加去美國進修的考試。

我離開時，正值國民黨短暫勝利的顛峰期。如果命運以稍微不同的方式介入，我的人生必定全然不同。

在王上校投降前十天，國民黨在東北的剿匪總司令杜聿明將軍剛從腎臟手術中復原。他和鄭將軍在火車車廂內會面。鄭將軍擔任他的副手，也是北方前線的指揮官。杜將軍大病初癒，頭戴便帽，腳穿脫鞋。除此之外，他全副軍裝，勳章和肩帶一應俱全。兩人決議，將駐印軍之一的新六軍調到北方前線。人數和軍火的優勢應該會讓林彪遭受決定性的挫敗。也就是說，以近十萬人去對抗六萬人，而且都集中在很小的範圍內。但是，要調度這麼龐大的軍力，不可能逃過敵方的偵測。在國民黨展開預定的進攻之前，林彪一路撤退到哈爾濱，而且十分匆促。我們等了十周，終於進入長春這個偽滿洲國的首都，發現全城完好無缺，電力的供應不曾中斷，街車照常行駛。我在大和飯店好好洗了個澡，彌補數星期以來的風塵僕僕。最興奮的是目睹蔣委員長的蒞臨，那天是五月二十八日，如果我沒記錯的話。蔣介石降落在大房身軍用機場，鎮定自制一如平日，但近距離單獨看他，會發現他在中國人裡算是很高的，不過仍有些脆弱，令人不敢置信。他下飛機時，機械性地說：「好，好，好。」他在飛機庫中對聚集的將領進行簡短的精神訓話。他沒有頒發獎章，而是以和他單獨合照的方式來獎勵將領。他坐在副官從飛機上搬來的椅子上，受表揚的軍官站在他身後，稍微靠右邊。官方的攝影師拼命忙了不下十分鐘，他收好相機時，蔣介石也準備搭機離去。他並沒有進入長春市。

一周後我向鄭將軍司令部的同袍道別，展開我的初步行程，接著是一長串漫漫旅程，最後造就今日的我。在其後兩年半之間，所有在司令部的人，包括將軍自己，都歷盡艱辛，直到一九四八年一個冬天的早上，所有人都被林彪的手下俘虜。我再也不知道王上校的下落。

王是否見風轉舵，這點很難說。他叛逃時，當然希望我們是贏的一方。但是，如同加入林彪抗日軍隊的無數北方年輕人，他是基於愛國心從軍，而局勢也讓他無從選擇。這並非保證他要將餘生投入不感興趣的農民革命。很多觀察家並不知道，王代表中階幹部的尷尬處境，正是內戰初期共產黨所面臨的最大弱點。在他們的領袖人物中，許多都有長征經驗，已經踏上了無法回頭之路。此外，達成不可能任務的挑戰，可以讓他們達成個人的滿足感。但遺憾的是，下層階級毫無選擇餘地。無論斯諾（Snow）或史沫特萊（Smedley）等人如何將他們的自決和解放理想化，殘酷的現實卻是另一回事：看林彪在四平街留下多少四處橫陳的扭曲屍體。這種矛盾的壓力和負擔，全都要由中間階層來承受。由於國民黨沒有能力在鄉村地區對抗共產黨，不要談打贏內戰了，單是想要迫使對手接受議和，唯一的希望就是在戰爭初期取得勝利，讓敵軍的中間階層喪膽，從而大舉叛逃，或許可以藉此嚴重干擾對方的動員能力。這樣的假設當然不可能只是臆測而已，事實上甚至還付諸實行。共軍的作戰部隊遭受一些挫敗，但他們設法快速恢復，速度甚至超過以都市爲基礎的國民黨軍隊。勢力增長的一方壓力減少，還因此將壓力轉移到勢力消退的一方。

我對王上校的同情，從共產黨的角度來看，可以說是基於階級根源。不過，我必須說，他和我並沒有要共同防禦的共同經濟利益。他不過比我年長一些。從他說的話中，我推測他應該是屬於富農階級。高中畢業後，他就在日本占領區內閒晃了一陣子，後來才加入林彪的游擊隊。短短四年，他就當上「作戰科長」（相當於班長）。他很快就能研判我的問題，眼神十分靈活，我相信他很聰明。他也很強悍，提到兩個連長被處決時，口氣上彷彿理當如此，完全沒有同情心。不過，這些特質都還不夠。林彪從來不曾信任他，甚至沒有親切對待身為幕僚人員的他。他不過被視為檔案管理員，老被猜疑，不被信任，這就足以讓他甘冒生命的危險，揮舞安全通行令，到達我方前線。

再綜合其他資料，王的境遇就不令人意外了。林彪必須把各種雜牌軍隊轉變成無敵的作戰機器，而且持續動員剛脫離日本占領的當地人民，以支援他的作戰部隊，無論這些部隊被稱為團、縱隊或支隊。無論是歷史的大陰謀也好，或是最不尋常的革命運動也好，所有的人員都要被塑造成最原始粗獷的形式，只有單純和一致才能精確操控大規模的人力。消除城市的影響是不夠的，所施加的紀律還必須能預先防範城市的影響。不只是言談舉止要像貧農，連想法都要像貧農。如果容許產生個人優點、個人身分甚至個人意識，人人可能都會從不同角度來評估當前局勢。不久就會有人問：為何要與蘇聯合作？把毫無武力的數千人送到機關槍前，道義上是否說得通？等等。在絕對的要求下，去除特權階級去比除特權還重要。要重點處理的是抽象概念，思想控制發展成去除人性及再教育的過程，較敏感內省的個人所受的衝擊最大。和沒有特色的農民相比，這些人的特質可以算是階級導向。

推論到這個層次時，我對在國民黨軍隊的資歷幾乎毫無遺憾，雖然我們必然是輸的一方。連王上校這樣的老派人士都選擇拋棄的運動，我更不可能加入。不過，共產黨是龐大而複雜的組織，其中有許多人都是我的最好朋友，有些則是我深深敬佩的對象。和王上校相比，他們的背景顯然是更富有的都市階級，也更爲敏感內省。即使事隔多年，離東北戰場也隔了數千哩遠，對他們的回憶仍然讓我在思考時產生許多疑惑。

我在安亞堡那段時間的中期時，有一天收到北京的妹妹粹存託人從香港轉來的信，她提到她和田伯伯聯絡過。田伯伯知道我的下落，表達對我的「關懷和憂慮」。在韓戰結束後數年，美國和中國仍是敵國。田伯伯的訊息婉轉暗示我身爲變節者的尷尬地位，我自然不可能滿意接受。但由於是在特殊情況下收到他的消息，他的立場不難理解。

田伯伯就是劇作家田漢，也就是《抗戰日報》的編輯。一九三八年我替該報工作時，正是國共合作的高峰期。田漢甚至不曾到過在長沙的辦公室，他把編務工作交給我的朋友廖沫沙，自己和周恩來、郭沫若任職蔣介石軍事委員會下的政治部，當時待在武漢三鎮。身爲少將的他，訓練組織了許多劇團和戲團，培養舞者、歌手、演員和藝術家，提振戰時的士氣，成立像聯合服務組織（USO）一樣的勞軍團。他的另一項計畫是在武漢城牆上的大型壁畫，長達數百呎，內容是描繪中國人民團結抗戰，從長江上遠遠就可以看到。武漢落入日軍手中時，壁畫尚未完成。

我稍早就見過田漢本人。在我從成都中央軍校畢業後，我才稱他田伯伯。他的兒子田海男是我在軍校時的同班同學。由於這層關係，我去過他們家好幾次。海男和我在十四師下的同一個團，我們也一起去印度及緬甸。但在抗戰勝利後，他卻加入共軍。韓戰後，他仍在人民解放軍，但我不知官階有多高。他們這個家和共產黨的淵源很深，海男年幼時，周恩來和鄧穎超視他爲乾兒子。在蔣介石任命田伯伯爲少將前，曾懷疑他是共黨同路人，把他關了一年多。

田伯伯是我經驗中的奇人之一。從他若干劇作的名稱，如《獲虎之夜》和《南國之春》（譯按：查田漢並無此一劇作），可以看出他的浪漫天性。我想不起世界上有誰比他更不重視金錢。我在昆明時，有一次看到他在床下放了一個陶甕，存放五天份的米。不過饑餓從來不構成任何威脅，如有必要，他可以從中國的天涯旅行到海角，吃住全靠朋友和崇拜者，而且不必去求人家。他每到一個中等規模的城鎮，投宿旅館時，經理和門房就會通知城裡的演藝界，沒多久他就會被種種請求和邀請所淹沒。只要他同意坐下來欣賞表演，製作人和經理就會欣喜若狂，一流的男女演員會來向他致意。緊接著安排豪華的午餐晚宴，外加很多酒來助興。在此同時，他的旅館帳單也被結清了。大多數的崇拜者都和幫會有些關係，因此他們不費吹灰之力就可以安排他的下一段旅程，而且既舒適又便利，把他送到下個城鎮的兄弟手中，展開另一輪歡迎活動，中間不致有任何間斷。這是我親眼所見。

田漢在日本念大學，本來想進海軍，後來沒有實現願望。他和同時期的許多學生一樣，發現中國除了船堅砲利以外，還急需許多其他的事。他轉攻文學是很明智的抉擇，因爲非常適合他的性情。一九二〇年代末期和一九三〇年代初期，他在中華書局當編輯，還在上海的一、兩所大學裡教書，日子原本可以過得很舒服。但他辭去這些職位，改當南國藝術學院的院長。雖然這個學院被認爲出了最好的製作人、導演、劇作家、男女演員，但沒有人知道這學校是如何經營的。據我所知，在一開始，有些電影製作人爲了要扶持電影這個剛萌芽的產業，因此拿出一部分資金來。從此以後，這個學校的管理就和田伯伯一家人密不可分。說這個學校是非營利機構未免太輕描淡寫，根本就是故意不賺錢。至於人事，職員和學生之間沒有太大的差別，全都像兄弟姊妹一樣，有些友人就住在田家租來的房子裡，而有些朋友的朋友從遙遠的省分來上海找工作，在還沒找到房子前也住進田家。那時田伯伯還是鰥夫，由田伯伯的母親負責餵養一家子食客，也因爲如此，她有個很恰當的封號：「中國戲劇界的母親」。

有一篇刊登的文章說：有一次有個劇團碰上嚴重的財務危機，於是請求田漢寫篇作品讓他們演出。田漢一口答應，照例以大吃大喝拉開序曲。劇團爲了要讓創作過程不受到干擾，還替他在城裡安靜地段的旅館內安排了一個房間。田伯伯卻叫更多酒，邀請他的一些朋友到房間裡來聊天，到三更半夜還談個沒完。第二天劇團的人過來偷窺，發現這位無從捉摸的劇作家睡得正熟，他們買來的文具原封不動。到傍晚他醒了，叫來更多的酒和食物，繼續和朋友聊天，聊完就睡覺。第三天，劇團的人絕望了。這時劇作家找到靈感，他一躍而起，振筆急書，寫了一整個黃昏，一整個晚上，第二天又繼續寫，一直寫到第三天。那天中午，劇團的人又來了，發現他還是在睡覺。但他們辛苦等了五天的劇作就放在桌上，連最後一景都寫好了。我把這篇文章給田海男看時，問他：「你覺得呢？」

海男露齒一笑：「很像家父的作風。」

我們和日本的戰爭蓄勢待發時，田伯伯放棄電影和劇場，轉而研究傳統的舞台劇，就是西方人知道的「京劇」。事實上，京劇是相當普及的娛樂形式。在中國的每個省會，至少有一個劇場全年上演京劇，每天兩場。任何人都可以去觀賞，只要付二十五分的入場費，穿著涼鞋脫鞋去都無所謂。這個普及的藝術形式讓田漢得以接觸社會的下層階級。

戰爭還讓劇作家結識無數國民黨將軍。國民黨高階將領有一個共通習性，西方觀察家很少注意到。這些將領必須日理萬機，處理瑣瑣碎碎的煩人小事，在無望的環境下造就全然不受干擾的習慣。這些超脫於日常生活的個性，無論是先天生成或後天的訓練，都很快發展成一種樂天逍遙的性格，相當接近藝術家的狂放，也是詩人非常欣賞的特質。

這種特性讓田漢與他們結爲朋友，不帶任何政治色彩。他相熟的國民黨將軍不下數十個。事實上，海男和我、我的表弟李承露（後來以國民黨上校的身分在台北退休）和另一位同學朱世吉（我離開東北一年後，他死於對共軍的作戰中）之所以在軍校畢業後到十四師，也是因爲田伯伯的推薦函。他寫了一封信給師長闕漢騫，闕再要求校方將我們四個分發到他的師。如果校方不肯呢？田伯伯寫了另一封信給教育長孫元良中將。兩年後，同樣的過程又重演，海男和我得以到印度去。田伯伯和鄭洞國將軍也夠熟，熟到可以要兒子和兒子的朋友一起到他麾下。因爲這層層關聯，他有權對我妹妹說關心我的福祉。他一直是我的恩人，而且在我請求下讓我踏上我今日之路。

如果田伯伯的個性可以從朋友中看出來，最明顯的就是張發奎，國民黨少數的一級上將之一。張將軍曾震驚新聞界：在上海之戰時，日軍砲彈已打到他的總部門口，他照樣有辦法睡著。他的副官叫醒他時，他咆哮：「保持警覺，我說過了，每個人都要保持警覺！」他自己警覺了一下，又繼續睡。當時還有一個因素沒有明顯提到：他前方是吳淞江上的日本戰艦，他無法進攻，但在蔣介石命令下，他又不能撤退。因此他以自己的性命當賭注，做爲手下的模範。在圍城時，田伯伯拜訪他兩次，他們互相把對方灌醉。如果這起事件發生在西方的軍隊裡，一定會引發軍紀的問題。但在中國，卻展現出豪放慷慨，符合傳統文化的規矩。後來田伯伯發表了這篇在日軍轟炸下飲酒的故事，附上一首情感充沛的詩，廣爲流傳，深受好評。

在此之前的北伐期間，張發奎的軍隊贏得中國「鐵軍」之稱。據說張對田漢說：「鐵軍？我不知道爲何會變成鐵軍。我只有一種部署：讓葉挺當先鋒，賀龍打包抄，黃琪翔爲預備隊。除此之外我沒有其他方法！」不過，一個稍有見識的聽者仍然會感覺到，這個簡單的部署計畫之所以能奏效，全都是因爲指揮官和張將軍的個性，讓他們能帶著幽默感和一絲淘氣苦撐下去，有時又不免鹵莽躁進。他們有巴頓（Patton）將軍式的迅速直接，卻沒有林彪不可理喩的殘暴，在一個只能以農民爲士兵、只能供應他們簡單武器的國家裡，難怪可以輕而易舉贏得全國的民心。

我們向十四師報到的途中會經過柳州。我聽了太多關於田伯伯朋友張發奎的事蹟，於是向田伯伯建議：爲何不讓我們去拜會他呢？無論就何種標準來看，這個建議都不合常軌。不過，全權負責第四戰區的張發奎將軍，因爲朋友田漢的一封介紹信，願意短暫接見我們這三個未經世事的中尉（朱沒有和我們同行）。他個子不高，相當瘦，動作敏捷。不幸的是，一位偉大戰士的魅力，就像劇作中的英雄一樣，需要舞台來烘托，這可不是遠離戰場的一間小平房辦公室所能做到的。張將軍出來見客時毫不做作，當著我們的面揉眼睛，似乎剛從午睡中醒來。他的勤務兵端茶給我們。將軍告訴我們，下級軍官勢必要走許多路，他年輕時，曾走遍中國的西南地區，沒有一個地方不留下他的足跡。除此之外，整個拜會過程平淡無聊。但這次經驗更讓我相信文學界人士的力量及影響力。在大衆心目中，英雄事蹟要顯得真實可以理解，前提是必須要有像田漢這樣富有創造能力的藝術家，才能在紙上以浪漫和節奏感重新安排英雄的豐功偉業，最重要的是要有扣人心弦的舞台效果，例如吳淞江上烏雲低垂，強風颳起長江上的波濤，戰旗飄揚，戰馬嘶鳴等等。在統一戰線時期，郭沫若和田漢在這方面都貢獻良多。可惜國民黨並沒有繼續善用他們的才華。

國共決裂是在一九四一年，新四軍事件粉碎統一戰線，雙方關係不堪修復。國共間的戰爭其實在一九三九年就已開始，當時毛澤東已展開他的擴軍計畫。唯一能有利擴軍的區域是中立區域，夾在日軍有效占領區和國民黨牢不可破的防線之間。在這塊無主的地帶，充斥著地下反抗軍、地方民兵、土匪、日本撐腰的警察和僞軍，都可以強力吸收轉化成黨派的游擊隊。但是，上述種種勢力，除少數例外，都已被國民黨軍隊視為觸角，他們不是自願的輔助隊，就是用錢收買的雙重間諜。共產黨有系統地加以吸收，造成他們的首領莫名其妙地被處決，有時共產黨更發動突擊，勢必無法避免與國民黨正規軍隊的武裝衝突。有時在短短數天內，所牽涉的作戰兵力達數千人之多。在異族侵略時槍殺自己同胞的禁忌一旦解除，其殘暴簡直無法無天。雙方人馬顯然都相信，對方比日本人更不可原諒，居然如此冷血地發動叛變。在一次事變中，國民黨失去趙銅，他本來受蔣介石指派，擔任河北民軍第一縱隊司令。在軍校時，我們都聽過這些事件，但我對這些沮喪的故事毫無胃口，局勢的發展和我預期的完全相反。我們大多把黨的鬥爭當成惡疾，雖然不能很快去除，但希望能隨著時間而消失。然而，新四軍事件讓情況更加惡劣。無論共產黨是否有錯，都是受害的一方。鬥爭的規模達到空前，過去所有半遮半掩的衝突全都公開，引起國際間的重視。我們到達重慶時，發現這個戰時的首都滿城風雨，議論紛紛。不可置信的是，像我們這樣的年輕人，理論上是國民黨一手教出來的，卻不及上一代的人激動。(不過，就歷史長期的發展而言，這並非奇怪的現象。無論直接或間接，中國的重大決策都是由在民國前出生的人來決定，年輕一代只是照著做而已——這趨勢尚未改變。)

郭沫若是一九二〇年代中國狂飆運動時期的領袖之一，也是田漢長期的好友，時間可以追溯到兩人都在日本求學時。他們曾一起從事出版業，又一起在統一戰線。在重慶，他們是隔壁鄰居。有一次，田海男和我受邀參加一個晚宴，他發現我們不會喝酒。那時我們都還沒試過，覺得很彆扭。我們穿著國民黨軍服，滴酒不沾。他看著我們，極度輕蔑地說：「來吧，你們這兩位委員長的忠誠信徒！」郭沫若本身是非常敏銳的作家，有時他會以嘲諷的語氣說尖酸刻薄的話。不過三年前，他發表了一篇題爲〈在轟炸中來去〉的文章，提到和蔣介石握手後，手掌的餘溫久久未消。

田伯伯對新四軍事件的反應更直接了當。晚報刊出蔣介石對事件的解釋，他把報紙一扔，大叫：「滿嘴的仁義道德，滿手的血腥！」重慶局勢愈來愈不利郭沫若和田漢。諷刺的是，他們仍然領國民黨的薪水，但他們不再擔起任何職責，隨時有特務跟蹤。他們不時會受邀參加政府文工人員舉辦的宴會，不同黨派的人乾杯時說些冠冕堂皇的話，語氣卻嘲諷譏刺。郭選擇留在重慶，部分原因是爲了年輕的妻子和出生不久的兒子。但田伯伯在我們離開後不久就偷偷溜走。第六戰區司令官陳誠將軍也是他的朋友，這位劇作家就沿著長江順流而下，順道去陳將軍的總部拜訪一下。陳誠給他財務支援和安全通行證，讓他一路通過整個戰區，直到桂林，當時隸屬左派軍閥李濟琛管轄。有一段時間南方的這個省會成爲避風港，庇護不受重慶歡迎的作家和藝術家。陳誠就是那位贏得史迪威信任的精力充沛的國民黨將軍，後來他擔任蔣介石的參謀總長，並在台灣當上副總統。在抗日戰爭前，他已經替蔣介石執行「勦匪」的任務，肅清共產黨，在戰後他又再度執行。他也不是唯一保護田伯伯的人。在昆明，後來在東北和林彪作戰但當時擔任衛戍司令的杜聿明將軍，也保護朋友田漢不受騷擾。國民黨高階人物將公職和私誼分開的做法，並沒有受到歷史學家和傳記作家的充分注意。

但是，爲何會有這樣的落差、這樣的不同和矛盾？如果把這問題引申到我身上可能更切題，雖然我在國民黨內的角色不過是次要的助手及旁觀者。田伯伯不會對我們透露他的共黨黨員身分，但其實也沒有必要，因爲即使在內戰開打前他的地位已相當清楚。他也不曾要我支持共產黨，他只是常常對我說，到了我這個年齡，在政治上應該已經成熟，藉此可能希望我自己「覺醒」。但我顯然無視於人民的受苦，對解放運動毫無興趣，一定讓他徹底厭惡我。另外一個意見不同之處在於對蘇聯的看法，對他而言是社會主義陣營的偉大策略，對我卻是國際權力政治中厚顏無恥的自私自利。但是，他還是很容忍我，在我們短暫的相處時間內，他盡全力教我日文，讓我了解外語對教育有多重要。更窩心的是，我母親經過桂林時，田伯伯和他母親殷懃款待。許許多多的小事提醒我，田伯伯的確把我當他的家人對待。他告訴我妹妹他關懷擔心我的處境時，我沒有理由懷疑他的關懷不是發自內心。他沒有小看我的念頭，他並不是郭沫若。

田漢更增加了共產黨的吸引力。他的例子證明，不需要是道德家或嚴以律己的人才能成爲共產黨。他受情感的驅策時，有時過於情緒化，無法溝通，但很快會恢復樂天合群的個性，談話中充滿笑聲。有一次他和同伴比賽該先跑到山頂，結果他贏了，掏出手槍對空鳴槍三聲，宣告他的勝利。他爲朋友寫了一首悼亡詩，後來重抄一次，每個字高一呎，刻在俯視朋友墳墓的石崖上。這個工程一定花掉他當時所有的積蓄。他縱容自己的衝動和異想天開，很難和他爭論說，自我表達的自由和共產黨並不相容。但是，我如何整合他的故事和我在東北的經驗（包括現爲人民解放軍元帥林彪的所作所爲）呢？

我妹妹來信時，郭沫若被中華人民共和國任命爲中國科學院的院長，田伯伯是中國戲劇作家協會的會長。他的作品《關漢卿》搬上舞台，成爲藝文界一大盛事。關漢卿活躍於宋元之交的十三世紀，據說寫了六十多齣劇，但留傳至今的不超過十二齣，顯然有部分經過後代作家的修改和重新整理。強烈抗議他那個時代的法庭制度，是這些作品的共同主旨。除此之外，關於作者的資料很少，但對於他的機智和社會正義感的評論，散見於其他文獻。他的作品中一再出現的主題，以及作者本人背景的模糊，剛好提供二十世紀作家絕佳的良機，可以憑自己想像來創造這個人物。這或許可以解釋作品規模爲何如此龐大——共十二幕。我雖然沒有看過演出或讀過劇本，但我非常疑心《關漢卿》部分是僞裝的自傳。劇作家田漢就透過這種方式，在共產黨的旗幟下尋求自我實現和自我表達的機會。

在密西根大學的遠東圖書館，我會定期每周瀏覽一、兩次中文書報雜誌。在一九五○年代末期，報紙盡是百花運動、大躍進和農民公社的新聞，但我偶而會看到一、兩則和我個人有關的消息。有一次我看到范長江這個名字，他已經是中國科學院的總書記。我第一個念頭是，范不是科學家。但另一則消息說，中國人民共和國正推動一項十二年計畫，要培養許多科學家和技術人員。如果把兩則消息並列，共產黨黨齡超過二十年的長江，就非常適合擔任協調者的角色。

田漢比我年長二十歲。范長江只比我大九歲，我們約略屬於同一個年齡層。我所以記得這麼清楚，是因爲我們初次見面時，他對我說：「你比我年輕九歲！多嚇人！想想九年內可以完成多少事！」

事實上，他只是想對我表示親切而已。他說這句話時，已是全國知名的記者，根本遠遠超過後面的競爭者。二十年後，我們之間的差距變得更大。我仍然是「永久學生」，靠著打零工勉強繼續念大學。范長江的經歷則包括新華社的總編輯、《解放日報》和《人民日報》的發行人。但在本質上，范長江的故事並不是功成名就的故事，而是對一個運動犧牲奉獻的故事。我述說這件事時，可以不帶合理化、酸葡萄、自憐或自卑的情結。不過范還是讓我重新檢視自己，有時還產生自我懷疑，最後還可以從不同角度來看國共間的鬥爭。

范長江不是他的本名，他原名叫做范希天。他投稿給《大公報》時，用的是長江這個筆名，也就是西方人稱為揚子江的那條大河。起先這個筆名沒有冠上他的姓，他成名後，人人都叫他范長江，他也毫無異議地接受。但為什麼叫長江呢？我以為和他的交情還算夠，所以就問他這個私人的問題。

「嗯，」他以淡淡的憂鬱口氣說：「我當時剛離開軍隊，生了病，身無分文。有一陣子意氣消沈，在街上晃了很久，沒有人可以幫忙。我身上只有一把雨傘，還有綑成一包的衣物。我就跳入水裡，其實我也不知道後來發生什麼事，可能是有人把我釣起來吧。」

我懷疑世界上還有誰會在說到自殺時，口氣如此理所當然，而且坦誠直率。那時我才了解，他認為新生命從此開始，因為他尋死的地方也帶給他重生。

長江十八歲剛從高中畢業時，加入陸軍軍校生組成的團體，加入蔣介石的北伐軍。一九二七年八月一日，在途中發生著名的南昌事件。部分的團宣稱和共產黨有關係，這也是人民解放軍的前身。范的部隊剛好也在其中。但國民黨人其後的進攻打敗了他所隸屬的團，他只好被迫逃生。他步行走了好幾個省，沿途乞討為生。我想他企圖自殺時，就是在這個階段。他設法抵達南京，通過國民黨中央政治學校的入學考試。這個學校培養執政黨的公務人員，算是軍校的姊妹校。至此長江步上坦途，只要念完書，就可以確定進入政府機構任職。但一九三一年日本占領東北，中國卻不抵抗，長江對南京政府很不滿，他脫下制服，搭火車到北京去，尋找能採取行動的機會，結果毫無機會，他於是到北京大學旁聽。這時他在報章雜誌發表的文章吸引了天津《大公報》編輯的注意，從此開啓了他新聞記者的生涯。

他和《大公報》約定好，他視需要到中國的西北省分去旅行，像自由作家一樣自訂行程，自己潤飾文章。這些特稿很快打響了作者的聲名。直到當時爲止，很少中國人知道那一大片領域發生了什麼事。年輕的特派員騎著馬旅行，向沿海城市報導，著名的絲路沿線早已殘破不堪；兒童沒有褲子穿，在寒風中發抖；稅賦又高又混亂；到處可見鴉片的種植，負債的佃農半年內要付百分之五十以上的高利率。在長江揭發的沈痛故事中，穿插著詩歌、動人的掌故和個人的冒險，之後集結成書，暢銷全國。《中國的西北角》在第一年就再版七次。

後來發生了一件有利長江的事。共產黨進行長征，讓他隨意漫遊的地區一夜之間成爲國際注目焦點。他拜訪負責征討的國民黨將領，鼓勵他們和共黨將領友善來往。當時在國民黨的指示之下，報章雜誌必須稱共產黨領袖爲「毛匪澤東」或「朱匪德」。范在特稿中首次揭露，年輕的國民黨軍官事實上對交戰的敵人懷著很深的尊敬與欣賞，稱他們爲徐向前或彭德懷將軍。全國正疲於內戰，急著和日本攤牌，對這些文章反應熱烈，畢竟作者是如此知名的記者，又刊登在如此有影響力的報紙上。范長江和《大公報》對促成統一戰線的貢獻，當時並沒有被充分認知。特派員也到達他生涯的高點，他專欄中提到的國民黨將領，紛紛在一夕間成爲全國的英雄。

一九三七年抗日戰爭爆發時，范擔任了一陣子的戰地記者。問題在於，國軍不斷撤退，有時還損失慘重，很難產生足以振奮人心的新聞。然而范仍然運用中國傑出記者的特權，登出了一篇文章〈劉汝明該被槍斃！〉。劉汝明是西北軍閥派系中的一位師長，因爲提早自前線撤退，嚴重危及其他部隊。這是發生在中國北部的事。蔣介石當時沒有能力處理，他只能處理情節最重大的例子，例如在山東當省主席的軍閥根本斷然拒絕出兵，而必須要靠戰地特派員用民意來審判劉。

我在長沙遇見范時，戰爭已進行第二年，漢口成爲日軍的下一個進攻目標。范有個偉大理念：如果所有的報紙從業人員都能團結一致，將戰爭的訊息視爲龐大的聖戰，而且人人和他一樣仗義執言，單是報紙就可以對我們的戰地工作產生重大的貢獻。因從這個想法誕生了「中國青年新聞記者學會」。這不是新聞公會，不談工作和民生問題，當時也不打算替任何政黨黨綱背書，組織理論上是無黨無派的，愛國心和良知才是組織僅有的兩項目標。所謂學術，就是指聯誼會將散發簡訊，舉辦座談會，提高成員的工作素質，同時提振士氣。長沙分會成立時，無黨無派的我負責整理成員名單。分會選出的會長陳育勝（音譯）是國民黨員。在登記加入會員的三十多人中，多年後我只記得我的室友兼同事廖沫沙是共產黨員。在全國的組織中，會長范長江無黨無派，秘書長陳儂非是共產黨員。我們可算是統一戰線的一部分。

但我整理完會員名冊後，必須申請退出。應該由別人來接管名冊，因爲我即將離開報紙的工作，進入軍校。范長江要我去他在長沙YMCA的房間裡見他，希望說服我放棄軍事生涯。二十年後，回憶仍然很鮮明。這個人的名字出現在報紙上，我從圖書館的六樓窗戶往外看，安亞堡的春天來得很晚，大樓間高聳樹木的枝枒間，只有一些黃綠色的花苞，空氣十分潮濕。我翻閱報紙時，似乎看到一九三八年悶熱夏天的長沙市內任意擴張的黑色屋頂。空間的轉換已壓縮了時間。

范長江很容易激動，乾燥的頭髮略顯凌亂。不論別人提議去附近的麵店吃麵，或是油印一份傳單，他贊成時習慣拍桌子。「好，」他會說：「就這麼辦吧！」那次單獨見我時，他卻只顧說話，沒有用動作來加強他的語氣。不過，他的話仍然又急又快。他多多少少預測我的從軍生涯是失敗。小老弟，不用試了。他是過來人。他曾經親身嘗試過，最後卻是幻滅一場。我不過愛做白日夢，不如他務實。

但話題談到如何對戰地工作有所貢獻時，我們的立場就逆轉了。對他來說，雖然接近神祕卻很合理的是，有一種聽不見的呼喚在吩咐他，這是人人都要聽從的聲音。他替我分析局勢：戰爭的短程結果很明白，日軍會繼續挺進，漢口會淪陷。西安和長沙將成爲自由中國的兩大「基地」，一在中國西北，一在中國內陸的南方，兩大戰略中心的命運對戰爭未來的進展將產生重大影響。既然如此，我沒有理由「捨棄」我的「崗位」，這兩大中心之一是我的故鄉，我又已在城裡素負盛名的一家報社中做出一番成果。他希望我繼續留著，同時持續在學會分會的工作。依他的說法，似乎一切都有必然關係，因此我必須肩負人類的命運。

我嚇了一跳，只能採取防衛的立場。我囁嚅著說，進入軍校不是捨棄，而是盡全力付出。但我不能說，如果能從軍隊安全生還，名聲及財富將是成功軍事生涯的合法獎賞。不論是形式、態度、風格、個性、習慣或風俗，都不可以如此毫無羞恥地謀求私利，更不能對只認識幾天的人直言個人的野心。我也不能說，這是我個人的事，我的心意已決，沒有討論的餘地。在此之前，沒有人教我這樣說，我也不曾聽別人對我如此直接坦白。就我當時所知，有教養的中國人絕對不能如此冒昧，不管是開明派、進步派、軍人或革命黨人。此外，我們的地位並不相當。他是名人，我只是大學的輟學生，不過是游手好閒之徒，我無法說他想利用我。我已崇拜了他一陣子。經過二十分鐘的討論後，我更相信他的誠意。否則，其後二十天所發生的事也足以證明，爲了推廣學會，他忽略自己的地位和工作穩定。其後二十個月所發生的事，更可以證明這一點。我不需要等二十年才能評估我的朋友范長江的爲人。

他的好友稱他爲「范孩兒」，這絕無貶損之意，因爲後來我聽到這個外號時，他的新娘也在場，就是沈樸小姐。雖然范孩兒表面上是范小傻子之意，但說時語氣親密，實際上是指他直接了當，心地單純，而且還多多少少嘲弄他是「大號的嬰兒」。天真事實上是范長江的特質之一，他對同伴始終如一的信心更是難能可貴，更何況他曾經歷及克服過許許多的挫折艱辛。

不過，我不能否認，他的行事多少有些出於自負。成功已經模糊他的視野，劉汝明事件更加強他的信心。他私下對我透露這件事時，仍掩不住興奮的口吻。他說，文章刊登後，劉將軍大爲震撼，甚至願意提供一筆爲數不詳的金錢，要求作者在將出版的文集中刪掉這篇文章。范當然加以拒絕，他還宣布，沒有一個字會被更動。不過，據說他透過劉將軍的特使保證，未來他還會去劉的前線觀察，如果英雄事蹟足以彌補過去的錯，他一定不吝讚美推崇。范長江不曾再去劉的前線。但這位戰地特派員從更意識到自己的權威地位。就某一方面來說，他做到了蔣介石做不到的事。

然而，范長江從來不曾想過利用這種權力謀求私利。他並沒有膨脹自我，反而希望能讓自己成爲起點，建立全國的自覺心。他希望能藉著學會，團結西方新聞記者所說的「運作的媒體」。這樣就沒有競爭，而且也沒有利益的衝突，因爲新聞從業人員、管理階層和讀者全都團結一致，目標在贏得戰爭，我們之間的小小差異可以藉友善的對話來排除。這種共同努力還應該繼續維持，延續到抗戰勝利後的重建期。

二十歲時的我，理當是處在最佳時機，來想像他構想中不切實際的樂觀。否則，我應該把自己的想法告訴他。但當時我全心想著自己的個人冒險計畫，甚至擔心戰爭很快就結束，以致自己無用武之地。不過，范長江和他那群開明派的記者仍然使我著迷。我們在漢口參加軍校的入學考試時，我常花很多下午待在學會租來做總部的公寓，自願打雜跑腿。我也因此結識學會的秘書長陳儂非。

陳是公認的共產黨，下獄的時期和田漢差不多，他遭受國民黨特務的虐待，以致出獄很久後雙腿還很痛。我稍早在長沙見過他，當時他正要去香港求醫。在他身上，我看到共產黨無名英雄的最佳特質。他總是微笑，對於身體的不適毫無怨言。在辦公室裡，他處理絕大部分的文書工作，讓范長江得以有空參加社交活動，和外界接觸。這種謝絕鎂光燈和頭條新聞的習慣，一輩子跟著他。陳儂非犧牲多年，終於看到他的黨當權，但自始至終他仍然是無名英雄。

在漢口，這個樂天的人再度付出犧牲的代價。他在香港時，在當地報社找到戰地特派員的工作。但由於學會的責任，他到前線的頻率不能符合編輯期望。我們到漢口前不久，他寫信到香港，希望留在漢口，因為武漢三鎮顯然是一個戰區。回信說，他的支薪資格已經終止，但報紙仍會登出他的文章，當成是自由作家的投稿。一星期後，更壞的消息發生在范長江身上，他被《大公報》開除，既無警告，也無解釋。這個突如其來的舉動一定令他震驚不已。「我被《大公報》解雇、掃地出門、開除了！」他大聲宣揚。因此，才不過數天的光景，學會的兩位高階成員失去了戰地特派員的工作，而此時漢口已準備迎戰，每個街角都堆滿了沙包。

多年後，我把所有消息拼湊在一起後，才知道局勢爲何非得如此發展不可。

范孩兒的問題和我在軍中的挫折有同樣的源頭，我們都進入了一個很廣闊的地帶，代表上層的是國民黨和蔣介石的權威，下層則是農民階級。這個廣大地帶的社會資源很少，無法讓我們據以將理想付諸實現，不論左派或右派都沒什麼差別。就外表來看，中國的報業已經成熟。長沙這個人口只有三十萬的城市，號稱有五家規模完整的報紙，以及我們《抗戰日報》這家半開大的小報。但誰擁有這些報紙呢？無非是前軍閥、政客和國民黨的黨政組織。只有一家規模完整的報紙和我們這家報紙勉強算是獨立的，但我們卻有嚴重的財政問題。

經濟，事實上，左右我們的命運。所有的這些報紙都是「便宜報」，除了少數住家及機關訂報以外，其他報份都是由報童在街上兜售，每份三分錢。即使讀者群重疊，每家報紙也不過只賣出幾千份，營收還不夠支付員工的薪資，也不夠負擔從國外進口的油墨紙張。至於廣告也只局限於網球鞋、手電筒和一堆分類廣告，產生的收入還不足以讓報紙的營運商業化。長沙的市民採買雜貨和民生用品時，還沒有養成參考報紙的習慣。任何遊客只要花上半天時間在城裡的巷弄走上一回，就可以知道原因。這個省會的商業和工業仍然以手工業爲主。在一條專賣木梳的街上，店主、師父和學徒全都在店裡，製造和販賣商品全都一手包，個別的消費者和鄉下的小販挨家挨戶討價還價，同樣的情形也出現在生產紙傘和雨鞋的其他行業。也就是說，沿海城市裡製造手電筒和網球鞋的現代產業，對當地經濟幾乎沒有任何影響，因爲後者基本上以農爲主，和外界隔絕。

由於經濟背景使然，長沙的新聞從業人員是少數的一群。頂層的極少數人收入還不錯，其中有些發行人和主要編輯領的還是政府的薪水。在這些人之下，記者和採訪主任所得的敬意不及其職務，薪水也比不上工作的價值。在本質上，所有六家日報的全國新聞來源，都是由國民黨的中央通訊社供應，而美聯社、合眾社、路透社和塔斯社等外電也是透過中央通訊社取得。每家報社還有自己的新聞管道，從而寫出讓出資者稱心滿意的故事。除此之外，報紙最具「創造力」的部分，恰巧是功能上最不重要的部分：一群穿著長袍的年輕人，其中部分只有最基本的文學技巧，絕大多數是自由作家，盡量把故事賣給愈多家報紙愈好。他們每天穿梭在鴉片窟和妓院之間，不時到政府機關找朋友，看是否能從桌上偷窺到可以刊登的資料。他們最可能屈服於壓力和誘惑，有時還用手中的消息做爲勒索的工具。范長江認爲，找齊這些素質不一的人，要他們保證遵照我們的榜樣，這樣還不夠，我們應該主動接觸他們，對他們施行再教育。

採取這種做法時，他並沒有預見其他人的反應。他自己的報紙《大公報》之所以能贏得學界認可和商業成功，主要因素是總經理兼副總編輯胡政之（也就是胡霖）精明幹練。一九三八年夏天，胡到香港指揮香港版的發行，當時上海版才結束，漢口版交給總編輯張季鸞。兩個人都是軍閥時期的政客—新聞記者，看盡軍閥的起起落落。在政治上，他們屬於政學系，這個精英團體是由在日本念法律和經濟的留學生組成的，偏向老派的國民黨。但他們希望《大公報》能免除黨派的糾葛。他們必須如此，畢竟該報和相關的新聞周刊、通訊社的總報份超過十萬份，而且也相當賺錢。當時香港的營運可賺進廣告收入，內陸版又站在抗日戰爭的最前線，《大公報》達成中文印刷品從未有過的獨特地位，沒有理由不持續。

過去報社許可范長江寫的一切，因為編輯群正確解讀當時的政治風向，知道大眾要求統一戰線存在。但此時范長江開始質疑個人在戰爭所扮演的角色，重新檢視我們的動員能力，他已經遠遠踰越戰地特派員的角色。不說別的，編輯群可不能把編輯定位的工作交給他。范全力推動中國青年新聞記者學會，更是違反報紙不結黨的政策。范插手所有的事，告訴所有記者什麼該做，什麼不該做，等於是重整整個新聞處理的產業。他一定要被剷除，而且愈快愈好。胡政之寫給張季鸞一封信，就此定案。不過范仍拿到六個月的遣散費，算是財務充裕的《大公報》的慷慨之舉。

回想起來，管理階層的舉動並不令人意外。比較吃驚的是，推動聖戰的記者，本身竟忽略了他行動的廣大內涵。對他來說，合理思考就足以達成重大改革。但他除了名聲和讀者外，並沒有其他的政治資本，而這兩者都是《大公報》給他的。胡政之和張季鸞不再支持他時，他成為沒有喇叭的喇叭手，甚至沒有機會向讀者告別。他已經被發現和共產黨員來往密切，成為黨員只是遲早的事。

但他至少試了兩年當獨立人士。他的財務狀況不容許他成立新報社，他傾其所有成立國新社（全國新聞通訊社），事實上就是賣特稿的通訊社，陳儂非仍然當他的經理。爲了符合統一戰線的精神，他們找來劉尊棋（音譯）當副社長。劉當時還領中央通訊社的薪水，戰後他在USIS當費正清教授的助理。

國新社在重慶、桂林和香港設辦公室，就像連鎖的公社一樣。范長江等資深記者輔導新進人員，戰地由新成員集體採訪。文章謄寫在複寫紙上，或是用手重抄，賣給各省的報紙及一些海外的中文刊物。幸運的是，在統一戰線期間，國民黨的國際通訊服務社和中央通訊社產生利益衝突，因此大力支持國新社成爲中央通訊社的對手，並且付出頗高的費用。但即使如此，國新社在內陸每個辦公室的成打人員，全都過得艱苦無比。月復一月，他們捲舖蓋席地而睡，餐餐無肉已成常態，每個月的津貼只夠剪頭髮和買郵票寫信給親友。統一戰線瓦解時，他們的財源也告終止。各省報紙所付的微薄費用，無法支撐國新社。

此外，在新四軍事件前，國新社就面臨第一宗戰爭受害者的例子。有一位名叫李亨（音譯）的特派員，被活埋在國民黨廣西地區的衝突區。幹下這起令人髮指惡行的士兵如果指控他是共軍的間諜，我一點也不感意外。當時陳儂非前往新四軍占有的共軍區。新婚不久的范長江則到香港執行共黨的任務，和廖沫沙一起替黨報《華商報》工作，直到珍珠港事件爆發爲止。我最後一次見到他，是在一九四二年年初，當時我回湖南埋葬父親。他和妻子都已逃離香港，取道桂林前往共軍佔領區。

我們這回見面自然不比早年的歡樂氣氛，就某方面來說，我們都喪失了年輕時的純真。這個人之前對統一戰線的形成有無比的貢獻，現在自己卻捲入黨內的鬥爭。我穿著國民黨軍隊的制服向他送行。我們見面時，雖然我對他保證不想參與內戰，但也只能限於我儘量避開衝突區。如前所述，在東北時，我發現自己涉入內戰，不論喜不喜歡。一九四六年初，有一天黃昏我運送二卡車彈藥給一二五師。當時走在迎風的路上，在薄暮時分，草木皆兵，敵軍不無可能架設路障突擊我們、從山丘上丟下手榴彈或是展開掃射。我坐在卡車裡，手持衝鋒槍，差一點就要扣扳機。當時忽然閃過一個怪異的念頭：包圍我們的部隊，可能正在朋友和同班同學的指揮下，要不然就是曾接受他們的訓練和教導。

我當時並不知道，在國共和談時，范長江是周恩來的新聞官，一度待在南京和上海。他滿意在共產黨內的職務嗎？沒有理由不滿。但身爲朋友和讀者的我，還是會替他覺得遺憾。在當權政黨中高居顯位，忙著處理文告和傳單的范長江，再也不曾出版像《中國的西北角》那樣充滿力與美的作品。事實上，在加入共產黨的陣營後，他就再也不曾出版任何重要作品。不過，對范孩兒了解夠多的我知道，對他來說，文學成就或甚至自我表達本身並不是最終目的，而只是傳遞訊息的工具而已。對他來說，那個訊息就是中國的解放。如果目的可以達成，不論是透過無名的團體努力或署名的個人，其實都沒有差別。無論如何，他的署名是長江，背後的那個作家不一定非得是范希天。

我多次想到他時，都覺得他的道德情操比我高尙。同樣的形容也可以放在田伯伯、廖沫沙和陳儂非身上。他們都是給予者，不是接受者。每當大我的運動需要集體努力時，他們就立刻去做，很少考慮個人問題。當共產黨員一定是在實踐他們自身的信仰。他們把我當成年輕的小輩和弟弟，對我慷慨大方。我必須謙虛承認，他們遠非我能力所能及。

但爲求道德上的毫無瑕疵，一定要當烈士才行嗎？如果我誠心認爲，我個人的小小希望絕對不會傷害公眾的利益，又會如何呢？畢竟在十年的國民黨軍旅生涯，我已幾乎身無長物，即使是現在的流亡身分，更是一點都不值得他們羨慕妒忌。如果那些小小的希望對他們並不重要，對我卻很重要，又會如何呢？畢竟這些小希望會影響我的情緒感覺，就像戀愛或發笑一樣無法抵擋。不成，我無法掩飾我和他們之間的歧異。無論他們怎麼想，我很不樂意見到中國自絕於西方的民主體制，只爲了隨著蘇聯團團轉。在東北的回憶仍然困擾著我，我認爲林彪絕對不可能以德服人。

我愈想到這一點，就愈覺得道德的有無並非劃分兩大敵對政黨的因素。如果提到道德，原因不過是因爲有兩套道德標準，個人很難從中選擇。每個政黨都有其黑暗面，被該黨本身極盡淡化，以爲不過是危機時不可避免的小缺失，但敵對陣營卻認定是蓄意的惡毒。總之，這就是內戰前夕的典型心態。

密西根有時會突然變天，有一年四月下了暴風雪，還有一年到五月下旬還飄著雪。

生活照例會有一些無法預測的因素，可能帶來一些不便，因此，我們最好能準備好去迎接。當時我白天輪流當著繪圖員和洗碗工，晚上念傑伯．史圖亞特（Jeb Stuart）和約翰．李爾本（John Lilburne）。多年後我才知道，當時待在安亞堡的我，其實正在享受大多數人無法想像的自由。FBI幹員不曾再來找我。我沒有在任何領域內成功，所以也沒有恆產，不過我仍然不做任何承諾。我沒有過去紀錄可辯護。我取得永久居留權後，並沒有申請公民權。在技術上來說，我沒有國家。這種無所依歸的狀態有時讓人覺得非常寂寞，然而，超然的態度卻讓我多少能客觀檢視自己的生命，希望這種客觀將來能讓我有資格成爲當代中國的史學家。

我逐漸明白，中國的內戰就像十七世紀的英國內戰和十九世紀的美國內戰一樣，在第一聲槍響出現前，命運就早已決定了。中國的內戰不同於美國，比較像英國，因爲在二十世紀的前半段，中國受到空前的外國壓力，同時內在的問題是出在社會結構或體質，無法用中庸之道來解決。

爲什麼不行呢？這是馬歇爾將軍和杜魯門總統問過的問題，也是我們捫心自問的問題。就常理來說，蔣介石最在意自己的領袖角色，如果去除黨內貪污反動的勢力，對他只有好處，沒有壞處。另一方面，共產黨如果可以把中國人民的利益置於自己的小組織之上，就應該減少自己的極端色彩。第三勢力就可以受邀來「擴大政府的基礎」——借用馬歇爾的話。也就是說，中國大可以在自由派的根基上邁向戰後重建的道路上，中國沒有理由做不到。

在提出這個問題後，又隔了數千哩的空間和多年的時間，我開始有了解答：中國的現實面落後理論層次的理想面。精確來說，中國並沒有準備好迎接議會制度。顧名思義，自由派必須引進漸進的立法，以擴大公民權，或是讓弱勢者也享有經濟的特權。因此必須要有選民存在，能夠支持這些計畫，並且能用法律和經濟手段來加以施行。這又必須牽涉到可以測量和協調的數字圖表。只要中國有一點點可能足以發展這樣的機制，內戰就絕對不會發生。當我說到社會因素不足時，我不必太努力就可以找到證據。讀者這時一定受夠了落後五碼的唐，但田漢的南國藝術學院和范長江的國新社呢？如果有足以管理的社會關係，爲什麼他們得用自己的錢空手創造自己的關係呢？爲什麼田伯伯必須放棄現代劇場，轉而接觸幫派和地下組織呢？爲什麼懷著民族主義立場的《大公報》要在租界港口和香港殖民地維持財務的基地呢？爲什麼所有的省報都是由政客、前軍閥或國民黨自己所操縱呢？爲什麼林彪能在軍隊裡順利清除都市的影響力呢？更令人好奇的是，共黨逃亡者面臨普天之下的各種選擇時，爲何向國軍將領朋友尋求庇護呢？

說來奇怪，到安亞堡我才初次讀到，列寧有一次形容孫中山「天真如處子」。這故事如果在中國刊登，未免失之唐突無禮。但該評語確切揭露，中國歷史上最偉大的自由派分子之所以失敗，是因爲他像范長江一樣，相信自己的勸說能力足以填補本質上的組織漏洞。

同樣地，在一九五七年的一個下雨天，我在密西根的遠東圖書館發現，毛澤東政府的林業部長羅隆基被打成右派分子。羅是民主同盟的重要成員，數年前積極主張國民黨的自由派改革，結果被當成左派。當時民主同盟被視爲進步的組織，被美國媒體厚讚爲中國的希望。民主同盟名聲大噪，部分原因在於兩名成員的犧牲。這兩名西南聯大的教授由於立場傾向共產黨，在光天化日之下被國民黨祕密警察派出的刺客槍殺於昆明。杜魯門因此很激動，認爲蔣介石本人應該負責。在一片刺激和混亂中，中國的內戰更被視爲道德的競賽。很少人注意到，多克．巴內特（Doak Barnett）博士曾警告，民主同盟令人失望。這個組織的成員都是理想色彩濃厚、誠心誠意的人，雖然怨氣沖天，但毫無解決問題的邏輯。在巴內特博士訪問的成員中，沒有一位能對問題提出前後一致的解決之道。原來民主同盟不過是知識分子的結盟，沒有真正植根於中國社會。被謀殺的教授之一是詩人聞一多，他和持有哥倫比亞大學博士學位的羅隆基一樣，都在美國受教育，念過芝加哥藝術研究所和科羅拉多學院。他們的生活並沒有延伸到學術圈和出版界以外的地方，但是由於他們的背景使然，特別討好那些以概念方法來了解中國的美國觀察家。他們都說同樣的語言，因此在這些不幸的中國學者身上看到了自己。但說來矛盾，這些中國學者批評美國、讚美蘇聯時特別有勁，因此許多國民黨官員受夠他們的偏心和嘲諷，稱他們是「羅隆斯基」和「聞一多夫」。

對於爲言論自由已付出慘痛代價的不幸個人，爲什麼我還如此忍心苛責呢？原因還是我們在討論歷史的全面真實。如果把羅隆基和聞一多的故事放在適當的歷史角度來看時，我們必須說，他們的鼓吹提供不干預政策的道德藉口，因此會得到美國的欣賞，但對中國的奮鬥並沒有太大的貢獻。林彪徵召農民爲軍隊，對於那些以同樣方式在東北草原對抗林彪的人來說，這些人的影響是負面的。更重要的是，如果以爲民主聯盟或其他次級團體是內戰之外的選擇，這樣的錯覺必須被消除。他們並不是。同情言論自由的烈士是一回事，嚴肅檢驗他們的言論內容又是另一回事。除非把其間差異弄清楚，我們將無法看清中國內戰殘酷無情的性質——這是人類歷史上最暴力的內戰。

了解這點後，我才能繼續證實，在加入國共內鬥的人士中，只有少數人視之爲有利可圖的良機，或是以自願的熱情投入。令人產生嚴重幻覺的是，有很長一段時間，選擇似乎操在我們手中。但大門砰地關上時，個人只能默默接受他們在歷史上扮演的角色，而多數人是由個性和偶然際遇來決定站在哪一邊。在通常的情況下，全然投入後才會產生意識型態的修辭，「主義」永遠可以被操縱和延伸。個人走投無路及面臨控告時，其信念才會加強。共同的主題就是無路可逃。在我所認識的共產黨人中，只有毛澤東的老師徐特立喜歡戰爭行爲。一九三八年，他常在傍晚到《抗戰日報》的辦公室，討論共軍在江西的初期進展。他描述共軍如何處決被俘的國民黨師長張輝瓚將軍時，眉飛色舞，臉上浮現滿意的微笑，真是令人作嘔。除此之外，我還沒碰到不和我們一樣關懷人類的共產黨員。

以我的室友廖沬沙為例，在政治議題上，他有時非常頑固好鬥。我從軍校畢業後，我們又重逢，話題轉到我在軍校學到什麼。我說，為了要攻陷有壕溝保護的位置，步兵營必須給自己三個小時的時間：步兵班必須克服敵軍輕型武器的有效射程，也就是兩千碼的距離，而意外情況可能隨時發生，拖延是無法避免的，從敵軍搶來的地點必須重新安排以利我方守衛，軍隊要休息和補充裝備。如果上述種種作業無法在白天內完成，情況將令人不安。他不為所動。但我談到作戰時太重視程序，好像照著食譜做菜。「太有破壞力了，」沬沙說：「幾千名像你這樣的年輕人居然用多年的時間來學這些東西。」我那一刻就了解，他先是個人道主義者，才是革命分子。

我不需要哲樂將軍來提醒我，內戰會拆散家庭。沬沙的岳父熊瑾玎先生是《新華日報》的總經理，也是共產黨員。但他的兒子，也就是沬沙的妻舅熊笑三少將，則效忠國民黨。我最後一次聽到他的消息時，他統率蔣介石第兩百師的精銳部隊。

個人轉換政黨的例子不計其數。我向十四師報到時，我們的參謀長梁鐵豹上校就曾經是共產黨人士。陳烈中將也是，十四師就隸屬於他率領的五十四軍之下。我到印度時，駐印軍的委員是盛岳少校。他不只是前共產黨員，還是所謂的「二十八名布爾什維克黨人」其中之一。這一小群學生曾在蘇聯受訓，是早期中國共產黨的凝聚核心。

即使是對特務產生僵化印象（讓人想到德國的蓋世太保），也不能道盡所有相關人員的特色。在新四軍事件後，我曾見過一些特務佩服和尊敬他們所監視的共黨人士。他們知道，這些人都是有個性、有毅力的人物。

將這些因素都納入考量後，我們不禁好奇：爲何會如此呢？爲何會發生處決囚犯、活埋囚犯、無數的折磨與報復、當街暗殺異議人士、驅使無數的農民兵到機關槍射程內的野蠻戰術呢？

對於內戰時的滔天大罪，我們可能無法辯解、合理化、補償或甚至道歉。如果假裝一切都沒發生，就怠忽了歷史學家的職責。歷史學家只能想像，在野蠻殘暴的背後，是下級官吏的恐懼、害怕、憤怒和緊張，他們必須執行或回應勞力密集型態的革命。這是人類社會的徹底重整，是空前的經驗。

不過，就技術層次來看，不難將內戰相關事件解釋爲正在成形的歷史。如果去除情感的牽絆，我們可以輕易看出，歷史出現了僵局，而內戰正是突破。一切都已形諸文字，念歷史的學生只要擺脫傳統架構，例如以二十年爲小循環，一個朝代爲大循環，經濟和法律分開的學科區隔等等。內戰是大融爐，本質上一定有一些長期因素在背景運作，而這些相衝突的因素並沒有剛好落在我們的學院分工之中。有了這個概念後，我慢慢發展出自己解讀歷史的方法。多年後，我和英國漢學家李約瑟合作時，我們開始標示出中國歷史的「技術詮釋」論。

中國在二十世紀初面臨的問題太過複雜，還涉及太多層面，無法一項一項列舉並比，等待一套綜合的解決方案。通尼（R. H. Tawney）在半世紀前（一九三二年）綜合許多當代學者的意見，提出這些問題令人困擾的面向。首先，前端的需求非常驚人。人口必須加以控制，必須提倡公眾衛生和大眾教育，以免工業化重蹈西方國家的覆轍，製造出一群身心皆病的貧民。在正常的情況下，農業發展將強迫人民儲蓄，成爲工業化的財源。但在中國，農業人口本身就面臨很大的壓力。通尼檢視過這個事實：在中國，一塊土地有承租者及擁有者，因此就分成優先權與殿後權。如果一律將承租減少百分之二十五，並不是實際的解決方案，因爲忽略了佃農問題的地區差異和內在複雜程度。資金的缺乏更是擾人的問題，農地信用需求只能靠政府資金來紓解，但中國政府沒錢。新興產業必須依賴政府扶持，沒有能力提供多餘的收入去服務腹地。外國人也幫不上忙。替中國著想，並不是外資銀行和製造商的設立前提，這些機構是爲了利用中國的弱點才成立的。地理問題更使得中國的困境雪上加霜，沿海區域和外國貿易的好處遠大於和遙遠內陸交易。反過來說，現代運輸工具無法及於內陸，原因是無利可圖。無論如何，商業只有利於社會的現代層面，後者也是強勢的一方。商人如果有較充裕的資本，消息較靈通，組織較嚴密，那麼較不開發地區的佃農生產者受害更大。在其他國家，產業勞工的生產力提高，可以拉高農人的工資。在中國，農業勞工的收入微薄，產業勞工的薪水連帶遭殃。經濟欠缺突破，政治又不穩定。總之，這些問題和工業化的努力相關，但反而造成工業化的失敗，甚至完全避開工業化。問題盤根錯結，即使協調呼應的大計畫也無能爲力，還沒有一套經濟法則可以適用於所有區域的所有部門。

我在安亞堡學習歷史多年以後，閱讀這些文字時，不再覺得這是一長串抱怨名單。歷史產生了擁塞，長久以來中國一直承受兩套不相容體制的苦果，但又沒有從任何一方得到好處。

基本上來說，中國以土地爲主的經濟是帝制時期的產物。至少數百年以來，土地向來切分成小規模，以利自耕農的運作。村民又對親人鄰居買賣、承租及抵押他們的小塊土地，也常常以超高的利率互借土地，並以極低的工資雇用幫手。社會流動性低更使這套機制常盛不衰。在每一個地區，行政主管必須依照當地習俗來認可所有權，否則他無能力也無權威來介入牽涉到大多數人的商業交易。大地主和遙領地主確實存在，但他們是特例，不是常例。由於缺乏投資管道，地產在兩、三代後通常會分裂。在帝制時期的中國，內陸貿易依現代標準簡直微不足道，原因之一是以鄉間市集爲中心的當地社區長久以來都能自給自足，另一原因是缺乏符合現代法律慣例的法庭制度，無法藉以認可商業法律。朝廷的宣令呼應古老傳統，將政府的功能界定成讓人民免於饑餓。提高全國生活水準的目標被視爲沒有用，甚至不恰當。稅收通常很少，因爲是從許多小自耕農身上徵收來的，而且目的也不在提供額外的服務。明朝或清朝政府都沒有貨幣工具，政府不鼓勵管理不到的經濟活動。在很多情況下，政策幾乎等於壓抑國家經濟中較前進的部門，以便和較落後的部門同步。一致性可以降低區域間的不平衡。

在這種情況下，現代西方在經濟推動下產生治國政策，中國卻長期實施類似文化導向的政治型態。中國之所以能維持低效率、自我管制、不多元化的經濟，主要是享有非競爭的地位。這個體制自然而然的結果就是，和外國的接觸必須小心過濾，以免破壞微妙的平衡。

中國從鴉片戰爭到清朝滅亡期間，政治史上的突出特色就是朝廷努力抗拒西方的影響。一八四二年簽訂南京條約時，中國文化導向的政體和非競爭性的地位就此注定毀滅。但中國人民和滿清官吏不可能承認全盤皆輸，他們只試圖減少傷害，希望可以把漏洞補滿。必須要到二十年後的另一場羞辱，一些注重軍事的巡撫才提倡「自強運動」。老實說，這只是範圍十分有限的模仿運動。當時認爲中國應受到國際法的約束，加強沿海防線，改善特定地區的運輸和交通。除此之外，中國文化和政治制度都不能觸及。拒絕跨越更大膽的一步固然突顯中國人的保守性格，同時也反映出中國文明適應新環境的技術困難。

其後數十年，槍砲船艦成爲自強運動領袖的目標，運動也製造出軍械庫和造船廠。但如果沒有民間產業、相配合的國家經濟、社會習俗、民間管理，以及最重要的公民，現代化的軍事設施就無法發揮功效。在中國這樣龐大的國家，後果更是明顯，許多地方都出現脫節的現象。一八九四年中國海軍在黃海敗於日本，完全彰顯出三十年來改革的膚淺。下一批改革者希望將西方化延伸到政府制度，爲時已晚。他們的目標定在君主立憲、預算控制、內閣制度和西方式的教育。他們不過宣揚上述企圖而已，但就足以構成對當權者的威脅。光緒皇帝支持改革者時，他簡直是投下反對自己的一票。中國君王的權威來自王位的神祕特質，藉此產生官僚本身無法具備的邏輯。在皇帝具約束力的仲裁之下，小自村落的不合理似乎都獲得解決。因爲要管理龐大的帝國，又沒有現代科技的協助，才會產生這樣的慣例。但是，如果皇帝放棄這個功能，等於不和官僚協商就自行遜位。難怪光緒的朝臣支持皇太后，結束一八九八年的這場「百日維新」。反動勢力回撲，皇帝遭到軟禁，動力持續前進，庇護兩年後的義和團之亂。這時大眾才了解，王位本身就代表改革者想要去之而後快的所有事物。在這樣的前提下，一九一二年中華民國誕生，離鴉片戰爭結束已經七十年，但正面的改革仍然不多。

對中國來說，民國是軍閥主義和無政府主義的同義詞。現在回顧起來，一點都不意外。就背景來說，激進的變化幾乎沒有經過妥善計畫。從重新調適到改革到革命，並不是一個階段成功後才進入下個階段。相反地，由於前一個處方沒有效，下一個就必須更強更劇烈，其間沒有吸收衝擊的任何措施。其中沒有過渡之計，因爲沒有一個計畫奏效。在大破壞之前，不可能進行任何有秩序的建設。中國在這七十年內所增添的西方元素通常微薄零散，有時甚至彼此衝突。中國宣稱是民國，但一堆村落的組合不能算是國家，社會價值不是法律。自制和互相尊重如果還受到重視，也不能取代經濟。現代國家的功能必須來自熟而生巧的慣例，各組成要素都要各就各位，共同發揮效能，而且要適當維護。宣言並不能取代上述種種組織上的細節。

所謂的「五四運動」是在一九一〇年代末期出現的知識運動。這個運動在一九一九年受到極大的注意，主要是因爲抗議凡爾賽和約所發起的一次示威活動，反對犧牲中國來獎勵日本成爲第一次世界大戰的戰勝國。發起這次運動的作家、編輯和教師勸告中國的年輕一代，只有政府改革是不夠的，中國社會必須先重整，但在此之前，每個人的思考方式必須要先改變。實際上，五四運動並沒有解決任何問題，只有指出問題的本質和嚴重程度。五四運動領袖提倡的「科學民主」定義曖昧模糊，有時恰當，有時讓人誤解，完全視處境而定。五四運動讓中國受教育的精英分子深切反省，但也只影響到一小撮人口而已。五四運動更有自覺地引進西方思潮和制度，在一個上層結構已經崩陷，而下層結構嚴重衰退的國家，最後一刻才大幅接受西方文化，卻同時引發許多的希望和沮喪。五四運動的知識價值被充分認同，但很少人停下來想想，它也引發了全國情緒的宣洩。之前提到的民主聯盟領袖羅隆基和聞一多就是五四運動的大將，兩人從美國回來後，就在新月社一起工作，這個組織希望透過詩歌來表達愛國情操。羅是《北京晨報》的編輯，常在報紙上刊登新月社的作品。這運動也可以視爲民初狂飆運動的一部分。

五四運動最具體的成果就是，在其鼓動下，無數年輕的男女成爲政治活躍分子。中國共產黨成立，舊的國民黨也重新充滿活力。一九二六年以後，中國的政治舞台屬於這兩大敵對政黨，核心則是武裝部隊。他們兩度結盟，再兩度拆夥，最後終結於四年的內戰。即使如此複雜，整個過程可以被形容成：在沒有議會制度的情況下，五四運動要求開庭時，雙方進行延長的武裝辯論。

重述歷史至此，我開始領悟，為何我必須在生命中見識如此多的奇人異事，面臨如此多的暴力。我恰巧出生在中國政治的最低點，以及人心惶惶的最高點。但在無窮危機下的生命也有一個好處：讓我能窺見成形的歷史，據以證實和補充我所閱讀的內容。

在中國，我們提到「軍閥」時，通常覺得不安。出現這個名詞象徵我們政治上的不成熟，使外國有所藉口入侵。而今在太平洋的另一端，經過一段時日的深刻內省後，我開始認為，我們沒有必要引以為恥。當軍閥的存在有其必要時，用道德的重砲轟擊並非澄清真相的好方法。

就背景因素來說，一九一一年的革命終結一套過時的政治秩序。在此之前，這套政治秩序是透過道德勸說和典章儀禮來完成其功能。這些抽象事物被廢除或被擱置不顧，但革命分子什麼都沒得到。西方型態的現代國家靠商業原則運作。我們說「人人都具備不可剝奪的權利」或「每個人的家是自己的城堡」時，概念可以被轉成具體事物，從而衍生出一連串連貫的思維，從信仰自由到公民自由到財產權，再到以貨幣控制和稅賦制度來管理公眾事務。無論稱之為資本主義、民主的形式之一或只是運作的貨幣經濟，在個人與個人之間必須有服務及商品出於自願的可交換性，而且能夠維持民法的運作。否則，公眾事務將缺乏可整體有系統處理的本質，或者，正如我在之前數次提過的，並沒有中間階層可以掌控的足夠社會因素。不幸的是，從一九二六年到一九五〇年期間的中國正符合後面的描述。

通尼教授出版論中國的書時，我正在念中學。當時非軍系的領袖很少能清楚了解鄉村的狀況。後來洛克斐勒基金會贊助兩趟田野調查，由南開大學和金陵大學主持。受過現代教育的精英甚至很難和農業人口交談，魯迅在短篇小說和中篇小說中，沈痛而哀傷地刻畫出這種文化的差距。在本質上，以傳統方式管理的土地稅，只能勉強維持傳統型態的地方政府，成本也很低，因爲行政的功能不過是維護古代的社會秩序。無論村民享有何種社會正義，都必須受到社會習俗的約束，其中包括服從權威，具體化成簡單的公式就是女性聽從男性的命令，年輕人模仿長者，農民遵照讀書人的指示。整個運作都不值得保存到現代。朝廷來的命令一旦瓦解，沒有其他措施可以凝聚村落社群。個人的軍事力量成爲唯一選擇，並設法控制和省一樣大規模的領土。這就是軍閥背後的邏輯。

以我的家鄉湖南省爲例。名義上來說，一九二六年蔣介石北伐時，已肅清了湖南的軍閥。但委員長的軍隊離開後，湖南省再度成爲新軍閥和共產黨勢力的必爭之地，何鍵將軍贏了，後來擔任省主席，一直到抗日戰爭爲止。省的武裝部隊有四個師，很巧妙地編列在國民黨的軍隊中，實際上卻是私人的軍隊，很有自主性。其中一個師長是何鍵的女婿，另一個師不曾離開在湘西的根據地，因爲該區的另外一大勢力是賀龍，就是那位替張發奎的鐵軍包抄敵軍的將領。賀龍後來成爲人民解放軍的元帥，當時他可以說是「赤色軍閥」。何鍵的私人軍隊財源，部分來自於政府監督的鴉片交易。這位積極進取的省主席甚至雄心勃勃，想打造私人的空軍，從美國購買一些戰鬥機。飛機抵達東海岸時，被蔣介石的國民黨政府攔截，只放行四架，成爲何鍵的空中巡邏單位。湖南有七十六個縣，和省政府之間並沒有常設的中級機構。即使某些縣之間靠現代化的公路和電話相連，但內政也無異於我們所知的明清地方政府。何鍵積極舉發共產黨人士，提倡儒家理念，自始至終盡忠愛國。在他省主席任內，湖南贏得「模範省」之名，和閻錫山的山西省和桂系的廣西省並列。

若干西方人稱蔣介石爲「另一個軍閥」，雖然是貶抑的說法，但卻沒有完全脫離現實。無可否認的是，蔣介石在長江流域下游維持了「他自己的」地理基地。他的政治資本就是軍隊，他的管理非常個人化。他君臨其他軍閥的方式，就像董事會中持股最多的股東下達企業決策。他深知自己的力量，也願意承認別人的優點。但對他的批評即使不算錯，仍然不公平，因爲稍微不踏實的方法根本不可行，這點還沒有人指出來過。通尼的書出版時，蔣介石號稱已當權了五年。五年後，他動員全中國抵抗日本。這樣看來，他大多數的重要決策是由時間和局勢決定的。和外界的評論者相比，從內部觀察的我們較能看清情勢。但不論蔣介石的言論，或是他的屬下追隨者的言論，都不足以爲他的行動辯護。最好的方式是將一切放在歷史的大環境中，就可以從中看出，如果指責他下決定是爲了自己的短期私利，這樣的說法並不合邏輯。

一個明顯的例子是，看他在一九三七年如何指揮軍隊抗日。在上海附近，他率領他所能掌控的最好部隊，並且要他們死守。其中部分來自於各省的軍隊，但大部分是外國人所說的「蔣家軍」，就是由黃埔軍官指揮的第一線部隊。軍隊面臨地面、海上及空中轟炸，又擠在一個很小的區域內，因此蒙受重大損失，無論就人員或無法再補充的裝備而言。史迪威將軍因此引用這件愚行，證明蔣缺乏軍事領導的能力，雖然這也不算錯。這個罪名還跟著蔣很多年，不過我們必須了解，在這個例子中，蔣的考慮遠超過戰略需要。他必須向西方強權證明，中國決心打一場生死之戰。更重要的是，他需要一些犧牲，來鞏固他新接總指揮官的名義及實質。在國民黨半數以上的部隊裡，組成分子屬於軍閥、準軍閥和前軍閥。在此之前，他們只是被動地服從總指揮官，要不是潛藏敵意，就是公開反抗。此外，在一九三七年，中國並沒有能力和日本作戰。一旦開啓戰事，就必須宣揚一個理念：在困境時，必須拋棄邏輯、精心策畫、甚至自保的念頭，以達成超越傳統的突破方式。成本雖然很高，但蔣介石絕對要展示他的意志，不能逃避。這雖然是發表廬山演說最昂貴的方式，但訊息仍相當有效。張發奎並不是一個容易吩咐的人，但他仍然毫無怨言地接受自己的角色。四川幫尤其全力付出，投入第一師師長王銘章將軍的手下。後來王將軍戰死沙場。只有在這種情況下，蔣介石才能逮捕山東省主席韓復榘，並將以處決，因爲戰爭開始數星期後，韓卻仍希望能和日本達成協議，保持中立。

同樣的，在多數西方觀察家對蔣介石和國民黨的批評中，雖然有許多事實，卻很少有發人深省的見解。例如，只會一味指控「貪污和無能」，還通常引爲這個議題的最終結論。一旦存了這種想法，學歷史的學生就以爲所有的真相盡在掌握之中。他們其實並不了解，這項指控只導出組織不足的結果，但組織不足其實是歷史的產物，指控並沒有觸及到根本的原因。爲何其間的差異如此重要呢？身爲歷史學家，無論是對蔣友善、敵視或中立，都需要發掘出他崛起和衰敗的背後因素。至於他有多沒效率，之前已明白陳列種種因素，不必再多做解釋。一群依賴村落社區的各省強人組成鬆散的聯盟，其表現絕對無法通過現代工業社會的標準。如果可以，日本就不可能發動侵略。古巴或夏威夷都不曾有能力侵犯美國本土。在國家經濟支撐好社會架構之前，政治組織不可能先發展出運作上的效率。因此，如果極力降低蔣介石不屈不撓的努力抗戰精神，就很容易誤解整段的當代中國歷史。

在一九五〇年代末期，我對喀爾文教派的命運預定說很是認真，甚至定期上教堂，到安亞堡的第一長老教會。我也大量閱讀馬丁路德和伊拉斯謨斯之間的辯論，主題是命運預定論和自由意志。我的概念起先很模糊，但後來愈來愈清晰，我開始了解到，在動盪不安時，爲何宗教教義特別重要。國家或社會進行重組時，個人也會被迫從基礎和基層做起，重建自己的思想和信念，以符合時勢所趨。不過，我的宗教信念卻很奇怪，無可避免會糾結著東方哲學。在我流離失所、對自己充滿懷疑時，猶太—基督原罪教義所散發的吸引力，一定大過在其他時期。其實這也相當合理。

我因爲連帶關係而成爲政治難民。在一九五〇年代，我到台灣是很不實際的。我應該認爲自己很幸運，當時隨著朱將軍在台北時，沒有被扣留。如果他被逮捕，國民黨高層沒有理由讓我回東京去。既然我被放行，沒有理由不善用機會。另一方面，姑且不論我對共產黨的觀感如何，我也不能回到中國大陸。大陸當局新頒布處罰「戰犯」的法令，所有曾經待過國民黨國防部二廳（情報廳）的人，一律不能保釋。該法顯然是針對戰場上的特務，他們總是宣稱自己屬於二廳，以獲得戰鬥人員的地位。事實上，這些特務都有他們自己的指揮管道。在二廳辦公室的正規官員中，很少有人能知道特務如何運作，更不要說是在外國的連絡辦事處了。但沒關係，我曾在辦事處服務過，因此理論上曾在該廳待過數個月，從一九四八年年末到一九四九年年初。

我於一九六四年離開安亞堡時，不可能知道即將發生的「文化大革命」將分裂共產黨，犧牲我朋友的生命：田伯伯（下獄）、范長江（到河南強迫服勞役）和陳儂非（我不知他的下落）。從文革中生還，在法庭上控訴「四人幫」罪行的證人中，廖沫沙是我唯一認識的人。但現在說這些都太早。

我一直都很喜歡美國。除了物質上的舒適和便利外，美國生活對我有一種新鮮感。除了光鮮亮麗外，美國還有一種充滿冒險的活潑朝氣，是我無法在中國看到的。（同樣的，

即使再自負，我也不能說自己有何特殊優點。事實真相是，在中國，高等教育是稀罕的事。受過教育的年輕人到前線去，無論是在武裝部隊或文工單位，更是少之又少。我們在內陸城市旅行或集合時，並沒有太多相關設施。就我自己的經驗來看，我可以想像中國領導人面臨的組織缺失及技術困難。

由於有種種限制，可行的行動事實上只減少成兩種，其一是國民黨或說是蔣介石的方式，也就是說，傾全力打造一個上層結構。公開接納所有人的確是其政策，但接納進來後，必須依賴祕密警察來確保內部的安全；其二是共產黨或說是毛澤東的方式，也就是說，重建村落單位，回到基礎和基本的層次，爲創造一個一致的下層結構，必須將文化上的粗俗視爲美德。首先要宣揚，藝術和哲學必須爲大眾服務。隨著運動的逐漸推展，必須更依賴原始性。努力推崇「高貴的野蠻人」的典範時，就必須敵視和都市化有關的任何事。

這兩大運動彼此完全相反，但就技術面來說，兩者又必須在時間上重疊。前者不能吸納後者時，就被後者所取代。在過渡時期兩者共存的這種需求，一定是成立統一戰線的理由。通盤考慮所有的因素後，我們更深信歷史不可抗拒的力量。雖然有許多選擇的幻覺，但對中國而說，終究只有一個問題，一個解答。已經進行一個世紀的延長奮鬥，勢必持續。因此，從頂層的領導者到底層的個人，我們每次認爲正在計畫、組織、協調、全力以赴、替運動增添些許原創力、完全根據良知行事時，我們事實上是在重新調整自己的視野，將道德憑藉融入可以採取的行動中，這樣可以完整保有自己的人格和個性，同時以清醒的良知扮演歷史中的指定角色。

有了這番認識，我才能繼續提到國民黨的歷史地位，但不需要站在防衛的立場。同時我可以將共產黨完全視為歷史的產物，不需要表示贊同或不贊同。我已經踏上行使歷史家特權的道路了。

沒有特定地點：只不過是歷史學家的反省

我如果宣稱自己天生注定成爲當代中國史學家，未免太過狂妄自大。不妨換一種說法：命運獨惠我許多機會，可以站在中間階層，從不同角度觀察內戰的進展。命運同時讓我重述內戰的前奏與後續。在有所領悟之前，我已經得天獨厚，能成爲觀察者，而不是實行者，我應該心存感激。我自然而然會擴大自己的視野，以更深刻的思考，來完成身分的轉換，從國民黨軍官的小角色，到不受拘束的記者，最後到歷史學家。但在我離開安亞堡之前，我仍然不知道，接受命運預定說的同時，我也甩掉了中國文化要求集體化的最後一絲負擔，開始獨立思考，就像在四百五十年前的宗教改革期間，懷著同樣信念的人也採取相同的做法。

我的朋友和同事必須吞下內戰終結及其後的苦果，相較之下，我永遠無法逃脫機會主義者的批評。但直到今天，種種機會的組合如何運作，我還無法理解其奧妙。我必須詳細檢視自己，確定哪一部分是機遇，哪一部分是我自己有意識的安排。首先我要說的是，我的那些狂熱朋友讓自己捲入中國政治漩渦的核心，但我年齡卻比他們小。外表看起來，這樣說很是奇怪，因爲通常鹵莽才是年輕人的特色，不是成熟年齡的象徵。但在這個例子中，五四運動的時機造就了一切的差別。中國最激進的年齡層約比我大十到二十歲。我成長時，煽動文宣和街頭抗議的衝擊已大爲降低。也因此，在我的同輩中，領袖及烈士都比較少。我到作戰部隊的前線去碰運氣，沒想到前線卻是學習政治教訓最安全的地方。我很快就學到，如果中間地帶沒有體制上的聯結，鼓吹更好的績效是不可能的。這種領悟一定降低了我對崇高的預期。接受現實的我，從此以後也就減弱我的野心。在其後數年，我就找舒服的工作，好讓自己有更多機動性，因此我不曾以不留退路的方式全心投入。但第三個因素可能才是決定性的。在整個求學時代，我一直在父親的羽翼之下。在我的衝動背後，總是有他謹慎態度的影子，無論我是否察覺。

在我詳細闡明之前，我要講一段軼聞：

許多學歷史的學生以爲，蔣介石是孫中山旗下的軍事指揮官。但這並非事實。孫中山於一九二五年三月十二日逝世於北京時，他在廣東的軍事將領一直是許崇智。蔣是黃埔軍校的校長，同時也是許將軍的參謀長。孫去世後，廣東的國民黨政府鬧派系分裂。一般認爲蔣走的是中間路線，因此能團結國民黨，進而北伐。左派的廖仲愷被暗殺時，右派的胡漢民據說和刺客還保持聯繫，於是蔣趕走他。接下來蔣就趕走許將軍，因爲許同樣也涉案。許恰巧私德不檢，他在廣東沈迷賭博，常和風塵女郎來往。未來的委員長先擺平他的部屬後，再邀許將軍共進晚餐。觥籌交錯之際，蔣建議將軍可以到上海休息三個月，由身爲參謀長的他在廣東清理門戶。將軍得知屬下都已同意後，仍想替自己開脫：他至少需要幾天工夫來處理家中私事，之後才能離開。這時蔣介石明確告訴他，許夫人和子女已在碼頭的船上等他。許崇智在城裡享樂時，他的參謀長就已安排好要放逐他，而且先從他的家人著手。許將軍震驚之餘，晚餐後立即搭船到上海，從此不再回來。他應當很有風度地接受整件事，因爲依照當時軍閥的慣例，在最後一道菜還沒端出前，他很可能就被帶到後院槍斃。這場不流血的政變讓蔣介石登上國民黨總指揮官的寶座，並統領大軍北伐。

我不知道這故事是否已形諸文字，我覺得有必要。這一時期的專家應該可以證實或駁斥意義如此重大的事件。我把它寫下來等待專家的證實，因爲我認爲我的來源相當可信。告訴我這個故事的父親，也曾當過許崇智將軍的參謀長，尤其是在許當舊十四師的師長時（和我後來在雲南服務的新十四師不同）。在蔣介石之前，我父親黃震白和許崇智已認識了很多年。

我父親的故事屬於這個時點。他以間接但有效的方式灌輸我，革命修辭和行動是有所差別的。就某方面來說，我的歷史觀來自他的教導。

我的父親來自湖南一個家道中落的地主家庭，這樣的背景正適合中國革命分子。他旅行到貴州、雲南和中南半島，從海防搭船到廣東，最後到了福州。在二十世紀初，這名年近三十、常在饑餓邊緣的孤單流浪漢，加入祕密會社「同盟會」，也就是國民黨的前身。

在滿清末年，同盟會的革命黨人擬出一套策略，企圖影響新成立的陸軍和海軍。他們從海外籌資，黨人帶著整袋白銀和成綑鈔票，進入軍營或登上軍艦，和軍隊接觸。有時密使會被抓到，很快就被處決，甚至沒有人會提他的名字。同時陸軍或海軍的人員就把錢財納入私囊，什麼事都不做。同盟會於是將策略改成滲透，或派人進入軍隊。父親就是如此，他在福建進入省立的軍校念書，當時的校長是一位旅長許崇智將軍，和父親的年齡差不多。父親成績優秀，不僅第一名畢業，從許將軍手中領到一枚黃金獎章，而且還勸他加入同盟會。武昌起義時，南部各省立刻宣布獨立，不受北京清朝政府管轄。許將軍扮演重要角色，將福建省交到革命黨人的手中。父親當時已經從軍校畢業，立刻成為許將軍的參謀長。在當時這一點都不奇怪，因為現代陸軍還在萌芽期，各省強人只聽自己的命令，中國開始踏上軍閥之路。

革命黨人宣布成立共和國後不久，就面臨袁世凱圖謀將自己的總統身分改成皇帝。「二次革命」於是誕生，但革命失敗，同盟會領袖逃到日本。我在東京時，一位海外分支機構的資深國民黨員戴愧生先生，從馬尼拉僑界到東京進行短暫拜訪。他是父親的老戰友，也是在日本黨員的老同事。他告訴我，我父親在舊國民黨內的資歷有多深。這組織顯然未能擺脫地下社會的特色，即使在流亡期間，黨員仍然很在意階層。

當時會產生稱帝的企圖，代表民國體制造成尷尬處境。在這方面法蘭克・古德諾（Frank Goodnow）博士說對了。他評估中國此時還沒準備好迎接共和制度。但帝制本身就是尚未準備就緒的根本原因，如何能成爲解決之道呢？革命黨人在提倡自由民主數十年後，難道要向這個憤世嫉俗的人磕頭嗎？對這個剛宣誓當民國第一任總統並立誓保衛民國的人，難道要對他奉承說：「皇上聖明，臣等愚見不及一二」？孫先生的黨人，也就是自稱「中華革命黨」的這群人，被迫有所因應。父親返回湖南後，旋及遭到逮捕，原來當局懸賞捉他。他在友人暗中幫助之下，在千鈞一髮之際逃脫。我的一位堂兄就沒這麼幸運了，他被送到北京去，擁護帝制人士把他放在鐵床上，下置炭爐，要他招出祕密情報，要他叛黨，他就在被火燒的情況下被折磨至死。但雲南起義和輿論獲得最後勝利，袁世凱被迫取消稱帝計畫，羞憤而死，時爲一九一六年。許崇智將軍重回崗位，先在福建，後來到廣東。父親也重當參謀長。

但袁世凱之死並沒有帶給中國和平，只是象徵開啓了十年的無政府狀態。次年，中華民國分成北部和南部。當時的大元帥孫中山首先提出「北伐」的概念，如果當時加以實行，就可以算是「三次革命」。但他的廣東政府也是南部各軍閥搶奪的目標，單是清除這些軍閥就可以構成「四次革命」。這時我父親覺得已受夠革命了，他回到湖南，和母親結婚，次年我出生。戴愧生先生確定，這時他勸我父親回來完成未竟的任務，但並沒有說服成功。他並不知道，他的戰友已變成顧家的男人。事隔多年，他在東京碰到昔日戰友的兒子，但這個兒子已經三十二歲，正要展開自己的流亡之路。

我童年時，就已意識到父親比同學的父母老很多。但我並不知道，父親和我相隔的這四十歲，代表整個家庭跳過了一代，也讓我直接接觸中國追求現代化過程的延長奮鬥，這場奮鬥在他之前就已展開，在我這一生恐怕還不會結束。情勢如此，卻帶來一些不便。父親提早退休，第一個付出的代價便是貧窮。全家不曾餓過，但我們少有特殊享受，簡單的正餐外更少有點心。長沙街頭販賣著蕃薯、烤花生、烤玉米和韭菜盒子，陣陣香氣一再提醒我，我從童年一直餓到青少年。中學開始上英文課時，我好盼望能擁有生平的第一枝鋼筆，但我們家的預算只容我帶一枝墨水筆，再加一罐墨水！下雨時，同學在鞋子上加橡膠套鞋，閃亮又時髦。我卻笨拙地踏著木屐，發出惱人的聲音，令我無地自容。我抱怨上述情事時，父親會告訴我他年少時的故事。但我的小小心願沒有得到滿足，一點都不相信我們家的困苦和中國的命運有任何關係。

父親顯然對許崇智將軍的評價不高，但他的這位長官兼「教師」由衷信任他、提拔他，因此在傳統的忠誠及他的自尊驅使下，他不可能去蔣介石的南京政府謀職，而說起來在舊國民黨的階層中，蔣還在他之下。他同時還考慮到，他離開黨也很多年了。在湖南，他接受地方政府零星的工作，不但薪資少，還得忍受素質能力不如他的長官的羞辱。但他沒有其他選擇。母親常告訴我和弟弟：父親犧牲很多，他希望我們日子過得好一些。

我們應該專心學業，準備上大學。父親希望我們當工程師，或是靠建設性的工作來體面賺錢，不要當政客或軍人，更絕對不要當革命黨人。

對緊張和過度擔心的父母來說，一九二〇年代末和一九三〇年代初的長沙絕非居住的好地方。在「白色恐怖」時期，三天兩頭就出現公開處決共產黨人的場面。甚至很難避開街上的行刑隊伍，因爲太過尋常了。通常隊伍前會響起尖銳的號角聲，士兵亮出槍尖上的刺刀，大叫：「殺！」囚犯的手被反綁，在推擠之下走過街道，有的面如死灰，有的臉色潮紅，大吼大叫，表達不滿及反抗。他們甚至無法有尊嚴地死。

傳統的死刑令是把一小片紙貼在竹片上，掛在犯人的脖子，紙片上用黑筆寫著犯人的名字，但上面用紅筆重重畫上一筆，象徵依法結束犯人的性命。在隊伍中總有光腳的小孩穿梭奔跑，興奮地咧開嘴，將整件事當成玩樂嬉鬧的場合。不論犯人是恐怖分子，或是理論上贊成階級鬥爭的書呆子，在執行死刑時都沒有差別。顯然有些年輕男女是受到牽連才喪生。有時也看得到青少年。

公開行刑的恐怖深深震憾了小學時的我。父母不准我太接近執刑的現場。但有一個叫做邵先慧（音譯）的同學比較大膽，他先看過後，再轉述將他嚇壞的經驗：他想看清楚一些，於是爬到附近的樹上。第一個犯人被砍頭時，脖子一下子就消失了，原本是肩膀的地方噴出一堆血。同學說，他被嚇壞了，緊緊抱著樹幹，閉上眼睛，後來才發現自己的指甲抓著樹皮。他不記得自己如何從樹上爬下來。

在一九三〇年，毛澤東的第二任太太被處決，楊開慧是我三舅母的親戚。三舅母目前住在常州，透過她，我們了解這個事件的一些細節。法官判死刑時，會讓犯人選擇槍斃或砍頭。她選擇前者，因為她不想讓頭顱被掛在公共場合示眾。在毛澤東被宣布是公眾敵人時，他的妻子留在家中，拒絕逃跑，因為她認為自己並沒有涉入政治，不應為丈夫的行為負責。她的審判只是形式，甚至連死刑都不是由法官宣判，而是由省主席何鍵直接下令。劊子手並沒有讓她迅速死亡，她身負槍傷，倒在地上掙扎。後來處理遺體的人發現，她手指甲裡全是泥土。

三舅母的弟弟向鈞，也被當成共產黨員處決。行刑前一星期，我父親去獄中看他，勸他請求寬恕，才不致送命，但他斷然拒絕。他死時，只有二十出頭。他的死在我們家投下陰影，父母親提到他時，都會降低音量。

我念中學時，我們的學生代表大會蠢蠢欲動。代表大會雖然和共產黨沒有直接關係，卻要求撤換省主席任命的校長，並質疑軍訓課的存在，這也觸及到省主席的權威。父親要我置身事外，我不聽，他居然親自跑到學校，看我是否成為活躍分子，讓我又羞又氣。我氣極敗壞，因為父親再也找不到在同學前羞辱恥笑我的更好方法。等我稍微冷靜一些後，父親才對我解釋，激進主義很少出自個人信念，通常是來自社會壓力。在大眾壓力下，可能做出事後頭腦清楚時會後悔的許多事。我了解他為人父母的焦慮，但我並沒有被安撫。青少年不可能自滿於當老爹的嬰兒。

多年後我才開始體會他話中的要點。由於省主席何鍵的干預，這場學生抗議失敗的一蹋糊塗。校長仍然留任，必修的軍訓課仍然照舊。在這起不成功的事件中，高喊大罷課和示威最大聲的四十五名同學，全都被退學。由於拿不到轉學許可，他們無法進入湖南省任何一所公立或私立學校。我不知道他們的下落如何，如果有些人變成共產黨員或是立場左傾，我也不覺得訝異，因爲在當時是很常見的事。就這點來說，共產黨結合了敵對或不滿國民黨政權的人，一開始不見得和馬克思主義有關。只要想到這一點，我們就應該聰明地想到，校長的撤換、以及軍訓課的時段和長度，雖然頂多不過是地方的事，但仍和全中國的政治之間存有可疑的關係。連蔣介石都沒有辦法進行全面改變，因此我們就應該謹言愼行，因爲稍微介入可能演變成認真投入，連自己都不自覺。

因此，我們應該當懦夫，乖乖接受命運的安排？不，父親向我保證，他只是希望我們不要成爲不折不扣的傻子。說也奇怪，他要我們謹愼的根本思想，和毛澤東激進行動的根本思想幾乎沒有差別：革命是醜陋的字眼。革命是對自己的同胞宣戰，因此不值得歡欣鼓舞，也不值得誇耀稱讚。但父親的訊息不同於毛澤東的煽動造反。父親的想法自然而然會導致以下的結論：要儘可能避免革命的發生，如果避免不了，個人應注意其缺失和詭詐之處。以父親在民初的親身經驗來說，革命黨人失敗就成爲烈士，但革命黨人的領袖成功時就可能變成軍閥。除了許將軍以外，父親還非常瞧不起黃興。黃興也是湖南人，但不是我們的親戚。一九一一年四月，離武昌起義只有幾個月，同盟會攻佔廣東巡撫衙門，黃興成為英雄。雖然他有藉口，但圈內人知道，起義失敗時，他逃離現場，追隨者卻被逮捕，隨後成為烈士。

一個對革命持這麼負面看法的人，必須證明自己曾盡心努力過，才能鞏固他的立場。我知道父親不是懦夫，但我希望能從別人口中得知。我青少年時，他會看著報紙的人名，指出他還在國民黨的早期朋友。我清楚記得戴愧生這個名字。（字面上是「活在羞愧中」，反映當時革命黨人的情懷。）因此，約十五年後，戴先生進來辦公室，需要在東京的交通工具時，我在安排妥當後膽怯地問他，是否還記得黃震白。「黃震白，當然！」他大叫。後來我請他和幾位朋友吃晚餐。能夠從他那裡聽到先父青年時期的事蹟，實在很欣慰。但我知道，體力的勇敢絕對不是我們家族的特徵。父親一定努力證明過，在逆境時他如何正直可靠，就好像我辛苦證明自己不是戰場上的懦夫一樣。

想起父親，不覺勾起傷心的回憶。一九三六年，我獲得南開大學減免學費的獎學金。當時他一定認為，多年心願就要達成，眼看兒子可以走向不同於自己的人生道路。但次年對日本開戰，全國一片混亂，他的夢想也被戳破。然而，戰事發展成全面的戰爭時，他雖然不安，卻更高傲，送走兩個志願從軍的兒子。「這場戰爭我們絕對不能輸。」他以複雜的情緒說。他來不及知道珍珠港事變，更不用說抗日勝利和中華人民共和國。慶幸的是，弟弟從國民黨軍隊的交輜學校畢業，從軍三年，最後又回到學校，完成大學學業，經過一連串的長期奮鬥後，從史丹佛大學獲得機械工程的博士學位。父親至少有個兒子實踐他的夢想。

父親如何影響我成爲歷史學家呢？他讓我自覺到，我是倖存者，不是烈士。這樣的背景讓我看清，局勢中何者可爲，何者不可爲，我不需要去對抗早已發生的事。在安亞堡居住多年後，我又去除了自己的一項壞習慣，不再對歷史的呈現方式生氣，因爲此舉不會增進知識，只會增加史學的破洞。我雖然不是百分之百的懷疑論者，但我仍然學到，要想像公眾人物背後的動機（包括同行的歷史學家），而不是完全贊同他們的聲明，納米爾或畢爾德（Beard）應該也採取同樣的態度。實證主義自然有其缺失，如果應用地太狹隘，可能過早認同偏向「力量即公理」及「最適者生存」的信念。命運預定說的教義，或說是我自己的版本，提供了解決之道。中國的內戰不只是信仰或恩寵，不只是救贖或咀咒，而應該被認定是現代史上驚人且空前的事件之一，其過程牽涉許多意外和料想不到的曲折。但是，內戰結束時，許多條件再也無法還原。這些條件再摻雜平凡正常的因素，一起驅策中國踏上不歸路。起初，整個發展似乎顯得離奇古怪，難以理解，包括紅旗下的中國，但隨著時間演變，那些意想不到的特色全變得較爲可信，比較可以和中國的過去並存。這些在在使我們相信，這就是成形中的歷史。擁有億萬人口的國家其力量無法抗拒，這些行動就肩負起這個力量，試圖突破一百多年來的僵局，因此將超越一個人的聰明才智、一個社會階層的利益，以及任何政黨的口號。

這個解決之道已經注定好了，凌駕於我們的道德判斷之上。

身爲歷史學家的我，同意西方作者的共識：國民黨的運動失敗了。但我覺得，不應該只強調其負面。在歷史的長期發展中，國民黨的運動可以算是壯觀的失敗，在最終的失敗前，畢竟經過辛勤的努力，打造出許多成就。在古老的下層結構和現代化國家的要求之間，存著極大的差異，終究無法加以塡補。

蔣介石的政府，是第一個給予中國人民方向感和希望的政府。它現代化的外觀受到其他國家的重視，以致於願意與它談判，廢除大多數的不平等條約，結束中國一百多年來的羞辱和奴役。他的政府是第一個現代中國的政府，動員全國抵抗一個一流強權的全面入侵，而且最後還能勝利告終。這個政府的成功大多出於人類的意志，而不是組織的效率。經過八年抗戰後，這種意志無法再持續，組織更受到質疑，讓它毫無自保的能力。它甚至無法保護自己的威望。因此其失敗更顯得一發不可收拾，甚至足以成爲整個國民黨運動的特徵。

國民黨政府從中國過去所承襲的最大障礙，就是政府財政。皇帝的命令在於維持全國的安寧與平衡。帝制中國沒有能力動員整個國家一致投入戰爭，也無法和組織動員能力如此良好的敵國進行經濟競爭。因此，爲這些目的而籌資，成爲民國的嚴重問題，無論由誰來掌權都一樣。一九一一年的革命成爲頭條新聞時，孫中山正在美國旅行。他沒有趕著回國，反而到英國去尋求貸款，這時他還沒就任民國的臨時總統。袁世凱與共和分子的第一場爭吵，起因於向國外的銀行財團借錢。表面看來，一九一七年中國分裂成南北兩邊，似乎是因爲辯論是否該對德國宣戰。事實上，以北方軍閥爲代表的派系想利用對德國宣戰，取得日本西原的貸款。孫中山宣布背棄西方強權，並在一九二三年新年前夕擬定親蘇聯的政策，原來他打算以南部沿海稅收的盈餘支撐廣東政府的財政，但美國等六個強權卻發動海軍示威，計畫因此失敗。美國等國希望用稅收來償還中國的對外貸款，支付以前的戰敗賠款，而且應該送到北京，以維持海關的獨立完整。

在對日抗戰之前的十年，國民黨的南京政府達成關稅自主，設置中央銀行，歲收來源是沿海關稅、鹽稅和統稅（即消費稅），並透過發行公債來消除赤字。對於這些財政措施，贊成的批評家認爲很進步，反對者則評爲倒退，但他們卻都被國民黨的現代化外觀所騙，以爲一旦有政策，就一定有替代方案，選擇時必須反映政府追求的經濟目標。但事實上，國民黨政府沒有選擇或替代方案，財政措施都是以求生存所需的元素組成的。有了財政措施，等於是向前邁開一大步，讓全世界知道，現代政府可以靠國內融資生存。無論是希望或幻覺，大有助於蔣介石的南京政府建立可信度，讓他贏得西方強權的同情，引起日本軍國主義分子的憂心。幫助蔣投入戰爭的最有力財政工具，就是將銀元國家化，以不可買回的紙鈔做爲法幣，一九三五年末實施，一年半後，盧溝橋就響起了第一聲槍響。

國民黨政府被趕往內地後，所有歲收頓時化爲烏有。即使讓通貨膨脹也無法達到希望的效果。中國內陸到底有多落後，可以如此形容：不但血量不足，更糟的是，連血管都沒有。多年後，伊朗國王也面臨類似的問題，由於欠缺分配管道，國家財富只累積在上層階級，不但沒有實質利益，反而造成爲難的處境。國民黨和蔣介石必須在戰時面臨更爲嚴重的癱瘓後果，卻又不曾擁有消化不了的財富。隨著法幣數量的增加，鄉村地區開始回到以物易物，或是非法的銀元交易，至少可以降低部分的通膨壓力。紙幣數量多，流通地區又少，讓城市生活更難以忍受，暴利和貪污就此横行。

問題可能在於，蔣介石爲何敢在這種情況下宣布抗戰？答案是他別無選擇。如果再對日本讓步一次，十年來的辛苦就會付之東流。除非他對日本攤牌，回應日本的挑戰，否則他就必須面臨國內控制不了的紛爭。沒有一個個人可以長期穩住一群軍閥、前軍閥、準軍閥，讓他們保持微妙的平衡，更不要說共產黨鼓噪著要抗日。一向精於算計的蔣介石，此時也顧不得了那麼多，只能大膽應戰。一般不建議使用這種同歸於盡的手段，但有時它也能開啓新局。

實際上，蔣介石預期西方國家來救援。戰事剛開始時，他在公開的演說中宣稱，正在進行的「不只是日本和中國之間的問題，而是日本和全世界之間的問題。」我持有的當時一本宣傳手冊指出，十八個月內，國際局勢應該將有利於中國。事實上珍珠港事變爆發時，離盧溝橋事變已經過了四年又五個月。根據第一次世界大戰的經驗，一九三七年時的我們都以爲，戰爭可能要持續四年。但戰爭卻打了八年，一定超越大家的想像。

美國人看到蔣介石在戰爭最後階段「搭勝利的便車」，勢必很難對他產生敬意。但對跟隨他投入戰爭，分享他的命運的我們而言，又是完全不一樣的看法了。我們的行動當然讓我們很羞愧：先貿然投入，再靠山姆大叔來救我們脫困。但對蔣或對我們而言，另一個選擇就是投降，在大東亞共榮圈中當兵。多年後，身爲美國人和歷史學家的我，仍然無法相信，蔣希望美國參戰來幫助我們，他的評價居然低於立場相同的邱吉爾。中國最不名譽之處在於，等到美國參戰時，中國的武裝部隊已經沒有多少戰鬥能力。中國已經成爲士氣低落的國家。

爲維持龐大的軍隊、公務人員及其家人，國民黨政府在內陸省分實施「田賦徵實」（以實物納土地稅），至於如何進行，幾乎沒有留下紀錄。就我們所知，其過程不可能井然有序。從背景因素來說，稅籍不過是一堆混亂的舊資料，幾乎沒有兩個縣採用同樣的編排標準。有些地區明白承認，原始資料是明朝時留下來的。徵稅時通常算出穀物有多少擔，折合成銀兩後，再換成爲法幣的元及分。基本稅率很低，但有無數的附加稅捐，每個地區都不一樣。而且，佃農還進一步劃分他們的小塊土地，加以出售或抵押，但沒有同時移轉納稅義務。這些習慣行之有年，唯一的結論就是，許多納稅人僅能餬口，稅後所得要分配給地主、承租戶、佃農和債主，人人只分到一點錢。這些背景因素造成土地稅收一開始就很微薄。雖然回歸以實物納稅，但無法避免在無數情況下稅賦忽然大幅增加。地方官吏和村長不知用何種公式定出地區的配額，這種方法無異要求用中世紀的制度來承擔現代戰爭的主要財政負擔，悲劇的下場一定很常見。白修德報導，河南有一次發生饑荒，國民黨軍隊仍然向人民徵收食物，使饑荒更加惡化。情勢使然，類似的情況一定曾發生過。

美國加入太平洋戰事後，華府贈予中國三億美元，以穩定通貨。部分的錢用來在美國購買黃金，再運過「駝峰」，在中國市場出售，換成法幣。這個措施的好處是可以抑制通貨膨脹，但很少人提到。不過，美國大眾卻常被提醒，這批貴重金屬落入和國民黨關係密切的有錢人手裡，最後轉入美國投機市場，並在西半球購置不動產。重慶國民參政會中的部分成員大爲震驚，竟天真建議，請美國列出這些人的姓名及資產，以便課稅。但見識較廣的同事告訴他們，這種請求絕對得不到西方民主國家的尊重。

爲什麼國民黨不能像共產黨一樣，積極運用鄉村的資源？下一章會有完整的回答，部分原因和共產黨的本質有關。但簡單的說，中國土地持有制度是過去數百年來法律和社會制度的產物，符合當時封閉和不具競爭的地位，問題大到無法片面改革。如果沒有重整村落，就無法在行政上擴大稅收。在抗日期間，共產黨算是部分成功，原因在於他們可以不必靠上層結構來運作。他們的核心幹部並非官僚，徵兵和賦稅不必符合以都市中心爲網路的組織要求。由於這層關係，共產黨的戰爭行動必須有選擇性，而且要零星。然而，其特殊的動員方式已和國民黨產生衝突，因爲後者必須守著「法治」的綱領，才能維持內在的凝聚力以求生存。

我隨著朱世明將軍到台北時，更加肯定我原先的想法：蔣介石必須包容身邊的各種元素和人物。如果委員長比實際上能做主，他可以逮捕朱將軍，或是讓他繼續當國民黨的外交官。讓一個自己信任的部下被吼出辦公室，又私下表達對他的個人關懷，這樣毫無邏輯可言。這次事件的意義必須對照蔣的個性來看：他並非沒有決心的人。孫中山去世後，他在廣東的作爲充分證明他善於採取迅速的行動，不論是否有父親告訴我的許崇智這一段故事。一九二七年四月，他突襲共產黨，再度展現他的敏捷。即使是毛澤東，回憶起與蔣在江西的五次對戰中時，也只差沒公開稱讚他，在起初的挫敗後，還能迅速集結軍隊，繼續作戰。上海之戰並非失誤，而是一次賭博。也就是說，局勢需要蔣採取行動時，他不曾猶豫過。

蔣介石最大的敵人來自後方。爲求繼續作戰，他必須團結一群各省強人和政客。由於他不曾完全掌權，因此不可能有更大的決策力。他接掌政權時，中國還沒有經濟或財政基礎，不足以像現代世界統一的國家一樣行動。一般認爲他無意改革，但其實剛好相反，國民黨政府在他統領之下開始許多革新的計畫。在抗戰前，農村信用機構和合作社都已設立，鄉村改造學校已準備就緒。國民黨的中央政治學校下設農鄉管理系，我的朋友范長江一度就學。在戰爭期間，也採取類似的措施。在湖南的南嶽，甚至還有一個游擊訓練班，除傳授機動戰爭的戰術外，還設有鄉村動員的課程。這些努力全都一敗塗地，原因很熟悉：在中層階級沒有足夠的社會關係，無法據以建立有效的指揮管道，而在鄉村地區，整體的下層結構近乎明代時的架構，不像二十世紀應有的組織。

蔣爲求心安，安撫以前敵人，疏遠他的朋友和追隨者時，無法得到外國觀察家的尊敬。我從《史迪威文件》首次得知，即使他的妻子和妻舅，也被他視爲只能信任一半的政治夥伴。難怪史迪威不屑地形容他是「花生米」。

我起初尊敬蔣介石，也許正如郭沫若所說的，因爲我是他的「忠誠信徒」。但隨著時間進展，崇拜轉成同情的了解。身爲歷史學家的我最後終於看到，對於國民黨運動和其領導人蔣介石來說，命運賦予他們的行動範圍相當有限。

書寫這些段落時，我完全清楚，蔣介石很容易被抨擊，不太容易替他辯護。我無法替他一九二七年四月十二日在上海的行動辯解，當時他沒有預警就逮捕共產黨員和勞工工會分子，隨後將這些人加以處決。我看不出他的恐怖統治有何智慧，連左派作家都被咀咒成一般的罪犯。即使我看出他維持祕密警察有其技術上的需要，我還是無法認同這群缺乏思考能力的人所犯下的殘暴惡行，我也提不出蔣不應負責的證據。但這些都無法阻止我澄清蔣介石的歷史地位。他跨出大膽的步伐，正吻合歷史向前進的脈動。因此，即使失敗了，國民黨並非一無是處，更絕非只是退化的象徵。也因爲這些原因，許多中國的飽學之士雖然沒有政治的野心或興趣，卻願意替蔣介石的國民黨貢獻心力。

我認真思索，得到以下感想：與其說蔣介石在領導公共事務時投注自己的性格，以求自己的滿足，不如說他準備好迎接注定的命運之約，以求領導公共事務。我初次看到委員長是在一九三九年。在成都中央軍校，我們聽到「我們的校長」要來時，整個學校一片騷動。我們把整個學校裡裡外外翻了一遍，四處擦擦洗洗，給每個器具上油，預期他會來檢查。但最興奮的是，我們即將有機會和傳奇般的偉大人物面對面。我們全都知道，蔣介石有一度和幫會扯上關係。即使是我們的政治部主任鄧文儀少將，身為親近蔣的弟子，都不諱言，他曾在上海股市中賺了一票。在我們的印象中，蔣是大膽無畏的英俊年輕人。這樣的印象大半來自經常被刊登的一張照片，拍攝時間是黃埔軍校成立時，照片中的他擺出很帥的姿勢，整理他的手套，似乎象徵他隨時準備行動。這時我們也已讀過王柏齡將軍的回憶錄。他在書中揭露，蔣不僅以個人信用借錢來維持軍校，而且還親自設計國民黨的軍服，包括非常僵硬的環孔，讓帽子向上翹，展現革命軍人的精神。他有一度甚至想讓第一期生在三個月內畢業，認為再稍微拖延，中國就沒有機會重生。到此時為止，依我們的標準而言，他具備偉大名將的種種條件：敏捷堅定，愛冒險，有想像力。即使只是名義上，但能當他的學生就讓人心滿意足了。

等到我們見到本人，失望到了極點，簡直無法以文字描述於萬一。雖然教官事先警告，校長來時，如果誰弄亂了隊形，就是犯了嚴重的過錯，一定會遭到禁閉的處分，但校長致辭時，一些學生傾斜身體，希望能看清楚演講人，後排的學生則踮著腳尖。但他們的熱誠並沒有得到報償。委員長的態度既不敏捷，也不堅定，他動作緩慢又刻意。他的演說既無冒險精神，也欠缺想像力，只有枯燥無趣。我們期望是軍人對軍人間的談話，像關起門來討論當今局勢，或是多少提到他過去的光榮歷史，但這些期望全落空。他花了一個多小時告訴我們，要嫻熟基本工夫，只要熟練基本戰術即可，如果費心去思考戰爭的信念、概念，甚至戰略，都是浪費時間。如此這般，我們仰賴領導我們贏得孤注一擲的戰爭，進而改寫歷史的人，談話竟然像是教練班長一樣尋常。他還老遠從重慶來講這些東西！在和他同地位的戰時領袖中，沒有人像他一樣發表如此無趣的演講，不過也沒有像他一樣身兼所有軍校的校長。

等到我們要朗誦「軍人讀訓」時，委員長又親自當起教練班長。不過，他卻缺乏教練班長的體力和壓迫感。「我念一則時，」他輕聲說：「不要和我同時念。等我念完後，你們再複述一次。」他如此講究細節，追求完美！但是國語的「服從爲負責之本」在他濃厚的浙江口音下卻成了「屋層外無炸資崩」。後來我們就以嘲笑和模仿可憐的校長爲樂。我可不願當蔣介石的公關人員，即使是最能幹的新聞官打造出的公眾形象，委員長都可以輕易摧毀。

又有一次，站在講台上的蔣突然發現，身爲軍校委員的戴季陶居然站在台下的聽眾中。他停下演講，請戴和他一起站在台上，但戴客氣婉拒。邀請愈來愈急迫，但戴非常謙虛，以同樣的決心拒絕。其後數分鐘，我們聽到麥克風傳來我們的校長蔣委員長的聲音：「嗯嗯，請，請！」戴的聲音沒有連到麥克風，但從延長的懸疑氣氛中，我們可以推測出正在進行某些對話。這場謙虛的拉鋸戰終於結束，戴順從請求，走到台上，蔣才又繼續演說。站在聽眾中的我心中懷疑，這些就是我所崇拜的人物嗎？如果在數千名頂著鋼盔、站在太陽下的軍校生之前，都無法避免虛華不實的形式主義，在處理更重大的事件時，他們的優先順序只會更值得質疑。

多年後，我讀到司徒雷登（John Leighton Stuart）的有趣記載。司徒雷登博士曾任燕京大學的校長及美國駐中國大使，他知道抗戰勝利後，蔣介石喪失了中國年輕一代的向心力。他於是去見委員長，建議他採用對年輕人更有訴求的計畫。他建議，委員長可以啓動任何「危險」的計畫，點燃學生和年輕知識分子「喜歡冒險的熱情」，讓他們轉而成爲他的「自願宣傳者」。整個故事顯然很矛盾，因爲司徒雷登博士是傳教士般的教育人員，理論上應當教導人和平生活，而他建議的對象不僅領導全國投入歷史上風險最高的豪賭中，而且自己在一生中指揮一場又一場的軍事戰役，從不間斷。平靜安寧絕非他生命的特色。

這些事件的不可解，以及整個蔣介石現象的謎題，只能放在更大的參考架構中，才得以就技術方面來解釋。我要重申，公平地說，蔣應該被視爲歷史的產物，而非操縱一切的人物。就某一方面來說，我在成都見到的委員長，不再是數年前在廣東創設黃埔軍校時的委員長。蔣設立現代化政府的外觀後，也替自己創造出最尷尬的處境。他無法製造出讓政府系統運作的下層結構，只能讓一切維持現狀。戰爭爆發前，在南京政府掌控下，國家經濟的現代層面或許還有希望擴大成相當的規模。但一九三七年戰爭開打，一切的可能就此被打碎。司徒雷登提出建議時，蔣已經變得更絕望，因爲在八年的求生奮鬥後，內戰竟接踵而來。

至此一切都很淸楚：中國的命運繫於鄉村改造所產生的突破。這個主題雖然常被討論，卻可以證實一個例證豐富的解釋，解決長久以來的指控，因爲直到現在，國民黨和蔣介石仍被指責在這方面有所疏失。

正如蔣廷黻對費正淸博士所形容的，國民黨對中國內陸的認識還不夠。蔣廷黻的意思一定是指某些地方有盲點，而不是指所有地方，因爲學術單位在田野調查後，已出版中國沿海及內陸省分的土地利用採樣資料。內陸普遍都很貧窮；某些地方的佃農問題特別嚴重；數百年來都沒有進行全國土地普查或全面的土地改革：這些都是早已爲人熟知的事實。但問題如何解決，解決方案如何普遍適用於各式各樣不同的情況，都還有待觀察。如果冒然取行動，破壞微妙的平衡，反而會增加額外的問題。後來共產黨傾全力解決問題，打算一勞永逸時，村落卻浮現一些問題，連毛澤東都覺得意外，而毛澤東無疑是這方面的專家。就背景因素來說，中國的土地問題從來不可能採取截然劃分法：一邊是地主階級，貪婪、高壓、富有，一邊是佃農階級，卑微勤勞，卻遭到不當的剝削。這兩方其實可能是鄰居或親戚。在極端的例子中，地主可能更窮，比不上隔壁兼差的佃農和承租戶，而無論如何，租金收入是地主不可或缺的生計來源。除收取租金外，土地的剝削還可以有其他種形式，如以不合理的高利率貸款，或是支付低於維生水準的工資。一律降低租金既不公正，又沒有效果，而且非常難以執行。這些複雜情況不但外國觀察家不知道，一味要求改革的中國知識分子也不清楚。國民黨失敗後，芭芭拉·傑克森（Barbara Jackson）主張，蔣介石的政府只需調降部分租金，就可以保住政權。她並不了解，國民黨確實做過這樣的努力。以下就是實際發生過的例子：

一九四五年夏末，日本突然投降。在重慶的國民黨政府遵照傳統，宣布所有佔領區的土地稅停徵一年。這個通令如何生效，沒有人知道。也沒有人能預期到，這次免稅和未來事件的發展密切相關。兩年後，已遷回南京的中央政府面臨壓力，必須進行至少象徵性的改革，因此下令將佃租調降百分之二十五，適用於一九四五年曾經享有免稅的地區。理論上，這會降低共產黨的宣傳效果，對於因爲通令而影響收入的家庭，也不會增加他們的負擔。這項方案似乎成功了一陣子，降租計畫生效。但數星期後，爭議隨之而起。據知在政府監督比較不力的地區，有些粗野的地主要求佃農付全額的租金。起初抗命行爲只出現在個別的例子中，但後來消息開始傳開，地主和佃農很快就劃分陣營，接著就爆發武裝衝突。在湖南省的至少兩、三起例子中，傳出有人因此喪生。有些佃農原先已保留百分之二十五的佃租，後來嚇到了，就自動與地主講和，把該部分的租金再補交給地主。報導出現在中文報紙，但據我所知，外國媒體卻加以忽視。國民黨政府既震撼又驚愕，卻保持沈默，蔣介石也沒有任何指示。

這起事件的發展清楚顯示，中國的內地古老原始，如批評家描述的一樣可悲，但卻具備自然的平衡，很可能抗拒任何改變。至少在這個例子中，蔣介石不能被指責爲不願改革，他沒有改革的工具，也沒有足夠的權力。

其實無需替蔣介石辯解。他編造出一隻紙老虎，但人人都信以爲真，預期他的創造物能有真老虎的功用，這樣的期待本身就是歷史加諸他的最大讚辭。他有時被批評成無法無天。但法律是社會的強制行爲，除非守法多半能符合日常的社會行爲，否則徒有法規不足以執行。事實上，無法無天是蔣介石的問題根源，而不是他的特權。無論是他的兵役法或法定貨幣法案，違法情況都很普遍。這些法案都領先時代。

但蔣介石並非獨裁者，他甚至不具備成爲獨裁者的能力。一九四五年五月，國民黨六中全會在重慶召開，當時史迪威事件的影響力已經減弱，對日抗戰顯然即將結束。代表在聽完政府部門的簡報後，要選出兩個中央委員會。過去委員會的名單就像中國名人錄，包括各行各業有成就的人士，但並沒有軍人在內。這些人事業有成，讓當權者有廣召天下英才的權威感，兼容並蓄的政策符合「擴大政府基礎」的目標。但這一次，有相當數目的黃埔將領並不滿意，因爲名單已成爲平衡各界人士的工具，於是他們決定打破模式。陳誠和張治中將軍都支持這個運動。他們兩人曾任職於黃埔，被認爲在專業上很有才幹，政治上很進步。投票前幾天的一場茶會上，「幹部會議」人數超過一百人，大多數是黃埔軍官和其同袍，陳和張兩人在會上致辭。他們對蔣介石的忠心無庸置疑，數年後陳成爲蔣在台灣的副總統，張治中則是國共談判時國民黨的代表之一，談判不成，張還被毛澤東扣留在北京。當時還沒有計畫要反叛，但他們的行動如果成功，太多「蔣系人馬」將走到幕前，讓其他勢力不安。不論真假，此舉將代表清黨或是成立以蔣爲首的軍事執政團。有政治家氣度的蔣制止了這次行動，還私下申誡策劃的人。選舉時，身爲國民黨總裁的委員長，向代表「建議」候選人名單，但代表可以全數贊同，或是投票選出自己的人選。不過，即使面臨來自蔣的壓力，代表仍否決五名名單上的人選，其中四位是前軍閥，一位代表少數民族。蔣於是採取補救措施，要五位和他淵源較深的人婉拒委員的地位（其中一位是祕密警察首腦戴笠），身爲總裁的他，再用名單上的五個人來填補空缺。這個動議通過。史丹佛大學胡佛研究所保存整件事的始末，學者可以進行研究。如果有人認爲國民黨的民主實驗很荒謬，不妨看看數十年後類似的舉動：毛派人士稱爲「民主協商」。這些事件背後的基本原因在於，沒有人認真建立選民制，而議會制度則受到權力人士的玩弄。要以祕密投票的方式選出最高領導人，在中國並不切實際。

機制尚未就緒，其元素沒有適當運作，沒有定期維護。在這樣的情況下，蔣在發號施令前必須先容納異己，在有所要求前必須先寬恕別人。說來諷刺，他因此更像獨裁者，而且顯得既拙劣又無能。有時他過度擁抱聯合勢力，讓自己顯得陳腐、笨拙、平庸又沒創意。爲維持中立的角色，他必須毫無色彩。有時他又把自己化成零件，在組織關係脆弱的地方施展個人的色彩。他有時會干涉部屬的內部作業，希望自己的示範作用可以擴大。這個壞習慣離間了他和史迪威的關係，不但被批評者引述，而且有時也被友善的評論家提到。胡適公開要他不管枝微末節。芙列達・尤特里（Freda Utley）則說，他有「農民心態」。

蔣介石的演說索然無味，不但是在成都以我們爲聽眾的場合，而且還在抗戰勝利後不久的上海，我也在場親眼目睹。這個通商港埠在他睽違八年後歡迎他回來，地點就在前各國租界的跑馬場上，照理應該是個歡欣鼓舞的場合，尤其他年少時在這個城市待了很久，經過外國統治後，中國的主權又得以完全恢復，大半原因出在他的努力奮鬥，但他一點也沒提到這些事。相反地，爲扮演全國精神領袖的角色，他提到振興道德，講到禮節和公理。

不過，同情他的觀察家會說，這些方法反映出當時的確切情況：更有系統的管理要不就很困難，不然就不可行，因此委員長必須有時候代表抽象的整體，有時化爲小零件。在他的敵人中，很少人了解，他們自己的方法也和他類似。田漢——對我來說是田伯伯——無法找到善用藝術家才能的更有效方法時，只好要他們去畫武昌市的城牆，讓無法溝通的訊息具有象徵和儀典的意味。郭沫若一心想當中國的歌德和拜倫，但從政後卻不再出版任何值得閱讀的文字，無法超越早期的作品《女神》。他寫詩頌揚中外政治領袖，卻像是不經大腦之作，既無誠意又雜亂無章。如果我能再看到密西根大學的浩伊教授，我可能會對他說，在蔣介石時代，中國社會的中間階層缺乏可管理性，這確實可以用文字來表達。就像我在倉庫當收貨員一樣笨拙，我必須把裝著冷氣機和電動除草機的箱子層層相疊，但又沒有帶子或把手可以使力。

我大有理由可以相信，蔣介石的方法不是來自他的本能，他的鎮定也並非真正的性格。和戴季陶比賽完美禮儀的那個人，一定不是認為中國撐不過六個月的那個人。此外，一個精明到會去投機股票債券的人，不可能在沒有充分理由的情況下購買每一檔股票，而後一直保持這個奇怪的投資組合。對一個結識罪惡之城幫會人物的人來說，不可能去宣傳美德本身就是獎賞。統合後的各種資料證明，蔣介石所面臨的問題太過沈重，已經永遠重塑他的性格，迫使他儘一切行動來使中國團結，無法依自己的選擇行事。他很可能腐化，因為中國本身就已腐化。他不重組織，因為如果他強施命令，可能引發內部爭議，而且嚴重到足以使國家再度分裂。他的沈悶無趣很適合他受苦英雄的角色。孔子曾說，君子寡言。要成為和蔣同一類型的君子，必須建築在互惠和被動包容的原則上，因此也就缺乏對現代世界的吸引力。更不用說，蔣再也不曾以很帥的姿勢拍照。和外國訪客合照時，他會習慣性地擠出笑容。但和中國同事及部屬合照時，他總顯得僵硬嚴肅。他讓妻子追求知名度，打造光鮮亮麗的世界，在家打撲克牌當消遣，他自己則過著無趣無味的生活。希特勒會對副官說笑話，史達林半夜會小飲一番，中國的委員長卻總是自我克制，不曾有這些小小的分心和缺失。他的誠心讓司徒雷登信服。他雖然是毫無光彩可言的表演家，卻贏得往大處著想人士的讚許，如約瑟夫・亞索普（Joseph Alsop）和亨利・魯斯（Henry Luce）。即使他的死對頭周恩來都必須承認，他很愛國。

蔣介石內心其實很情緒化，有時他的自制也會失效。在重慶，有一次他的副官處長（譯註：正式職銜是「侍從室第一組組長」）陳希曾請辭。依西方說法，陳是他的表兄弟，但依中國算法，陳是他的外甥。委員長非常生氣，當場掀翻桌子，最後陳哭著打消辭意。就蔣的立場來看，他已經把奉化縣的所有親戚都安插在政府部門裡。戰爭造成貨幣貶值，陳的薪水幾乎縮水成零，生活很不方便，以他的職務關係和影響力，他可以輕易在戰時的首都開創賺錢的事業。但蔣認爲他在此時居然想到棄自己而去，簡直就是忘恩負義。這個事件同時勢必也觸及蔣本身的失敗感，因爲他期望人人都應該將責任和義務置於個人私利之上，包括他自己的副官在內。

在前面提到的國民黨六中全會，有一個問題引發總裁蔣介石的長篇大論。有一位王姓代表想了解，方先覺中將是在何種情況下投降日本。方是第十軍的軍長，在強勢的敵軍圍攻衡陽四十九天以後，終於舉白旗投降。他被俘虜，但後來趁機逃跑，設法回到重慶向委員長報告。據委員長的侍從秘書曹聖芬轉述，在該次會面中，方說已盡全力，戰役是敗在應該要輪班的縱隊身上，但方再也不肯透露細節。沒有人提過這個事實：在戰爭的最後一、兩年，很少將軍能得到執行任務所需的恰當工具。身爲總司令的蔣介石壓力一定更大，因爲他找不到人訴苦。他冷不防被問到這個問題，於是向王姓代表和在場聽眾傾洩他的真正情緒，問他們是否了解到，他們能夠舒適平安，要歸功於率領著營養不良的士兵、帶著不足裝備上戰場的人。如果有不可能的任務，應該責怪誰呢？是在最惡劣環境下仍然撐下去的人？還是坐在後面批評他們做得不夠好的人？

總之，說蔣委員長政府的特色是腐化無能，並沒有觸及問題的深處。這個問題古老而脆弱，其底線在民國出現之前的數百年。這些情況對蔣的行爲模式有決定性的影響。一九三七年，他帶領中國打一場沒有計畫的戰爭，就好像禪宗一樣，以美感和本能去面對問題，依賴靈感的忽然湧現，而非精心的策畫算計。他在大方向中摸索，讓後果來決定細節。每當他缺乏執行工作的工具時，他就用決心來塡補。幸運的是，對手也採取同樣的態度，因爲日本人並沒有長期的計畫。其後的僵局製造出適合美國介入的時空，最後優勢終於轉向中國這一邊。

內戰是抗日戰爭的必要延續。部隊已經部署在戰場上。接收日軍曾占領的城市時，更決定了國民黨軍隊的戰略性地位。在抗戰勝利前，好戰者已採取了無可撤退的步驟。對共產黨來說，此刻正是絕佳機會，應該趁機完成未完成的革命。雖然國民黨軍隊在內戰初期採取軍事攻勢，但其實打的是保衛戰，從頭到尾都應該保持被動的角色。國民黨再度沒有擬定作戰計畫。國民黨短期目標是開發鐵路沿線，讓經濟大概回到一九三七年之前的狀況，但這個目標未曾達成。在這場戰爭中，消耗才是重點，後續的動員相當重要，但國民黨軍隊卻無法改善這些方面。黨所擁有的一切，都已在前線了。

美國的調停行動只招惹太平洋兩岸的怨言。對美國的人民來說，蔣介石貪得無厭、冥頑不靈。他對美國的建議充耳不聞，卻急著伸手向美國求助，接受援助時並沒有表達謝意，經手後又沒有任何成果。對於站在國民黨這邊的我們而言，美國總是責備得多，幫助得少，而且常常看不到問題的真正本質所在。

事實上，誤解無處不在，包括親身經歷戰爭的我們，都無法解讀其真實意義。中國文化傳承中，最矛盾特別的因素之一是虛有其表的能力。我自己不斷重讀古籍，才了解其中運作之道。簡單的說，你無法評估環境時，不妨大膽假設。情勢不利於你時，就將你的信念伸張到不合理的極限，希望奇蹟會發生。難以解釋一個訊息時，就用誇張的方式加以縮減。這些做法當然會把信仰和一廂情願混淆不清。不過，在資訊傳播困難、不可能達成共識的國家中，這些做法自有其目的。在戰爭期間更是如此，因爲沒有人確信一定會勝利。多年後，我檢視自己在成都的經驗時才意識到，這樣的力量已影響了我們，雖然我們並不自知。以蔣介石的例子來說，我們發現對他本人很失望後，依然擁抱著這個傳奇。我們上床前會嘲笑他的浙江口音，但次日早上，我們提到「我們的校長」時，敬畏之情絲毫未減。在不知不覺中，我們想到委員長時，想到的是他扮演的歷史角色，他代表的想法和概念，有別於蔣介石本人。根據我和黃埔將領之間的談話，我確信他們也有同樣的態度。因此，保證或事先的承諾就非常重要。只有西方國家一心揭發醜聞的新聞記者，才會以戳破我們的神話爲樂。他們指責我們自我欺騙時，多數的國人可能認爲他們蓄意無動於衷，有時又懷著沒有必要的敵意。以詩人和哲學家爲代表的東方，與以邏輯學家和數學家爲代表的西方，兩者之間的爭議可能沒完沒了。

在一番回顧後，我願意承認，國民黨無法整頓社會關係來支撐軍隊，結果讓美國的大量援助變得不切實際。但這個原因不同於杜魯門政府停止援助的說法，他們覺得原因出在中國無法形成統一戰線。這個爭論顯示，西方傾向用議會制來解決問題，希望中國實施議會制，讓自由派分子和少數黨可以扮演關鍵角色。這項假定必須基於下列前提：議題可以在確定範圍後加以辯論；選票可以被調查出來；多數決可以形成。這些無疑都是美國調停時的辭藻。美國武斷決定，國共爭鬥的問題已經攤開來，政策的不同可以靠談判來解決，但事實真相卻是：一方想藉美援來修補屋頂，另一方卻想從底部摧毀所有結構。這樣的爭論不只是發生在前議會制度時期，而且還是前憲政時期。

即使是蔣介石的政府有多民主這個問題，也比多數觀察家當時所了解的還要微妙。對站在國民黨這邊的人來說，委員長一直很包容異己。只有一心想排除所有人的人士，才會被他驅除。事實上，他將不同背景的人引進政府，包括知名學者和他以前的敵人。但此處就是共產黨的論點所在。我們可以用印度的印度教徒和回教徒間的爭議，來做爲對比說明。印度教可以被讚爲精神昇華的最高級形式宗教，但也被貶爲支持迷信的最低級形式。印度教徒對各式各樣的信仰一視同仁，都願意接納，因此自認寬大爲懷。但是在敵人的眼中，他們並沒有貫徹自己的信念，也沒有要求別人，所謂的包容不過是假裝寬大，卻犧牲了絕對真理。有些回教徒更覺得，單是承認印度教的領導權，就等於是放棄自己宗教的基本教義，讓自己的宗教在一開始便淪為次要地位，而後就會完全不受重視。我們的共產黨友人就是以類似的態度來面對我們。我們聚集這麼多教師、銀行家、地理學家、政客、前軍閥等，只不過是為了彼此保證不採取危險和激烈的舉動，他們看不出其中有何優點或智慧可言。如果我們不能去除各省強人，我們就是軍閥體系的一部分；如果我們不能改善農民的生活，我們就是保護地主的權益。這樣的態度又激起我們的反感，認為他們太沒有彈性，簡直是以高壓來威脅我們。

黨派的爭吵實際上反映歷史的僵局，內戰勢必不可免，多年後的我們才了解這一點，但交戰當時卻看不清楚。關鍵問題在於土地改革，其他不過是其次。問題在於要不要進行改革，如果將這棘手的問題擱置一旁，我們就永遠不可能從上而下來重建中國。國民黨軍隊雖然被西方標準視為落伍，卻已經超越中國村落所能充分支援的最大限度，因此必須重整後者。但這樣的提議說來容易，做起來難，因為一旦啓動後，就沒有辦法在中間任何時點制止，必須從頭到尾整頓，依人頭為基準，重新分配所有農地給耕種者。這個問題非常複雜，任何妥協不是不可行，就是在管理上不切實際。如果沒有內戰，一切可能顯得簡單容易。多年來，我們只是認為毛澤東太過暴力，一心想著分化，而他的「主義」太過吹毛求疵，太武斷，但我們並不了解，他的所有基礎工作都是為了最後的攤牌而做準備。我想，我在共產黨的友人事先並不知道這一點。不過，由於先前的承諾，他們還是繼續堅守陣營。

實際上，這場土地改革的細節到多年後才爲外界所知。但在內戰時，關於過程的零星報導已足以讓膽大者心寒。我不能像艾格妮絲・史沫特萊（Agnes Smedley）宣稱，就階級而言，所有的受害者都是罪有應得。我也無法說，所有的受害者都是無辜的，而且改革可以不必流血。我也不能像威廉・辛頓（William Hinton）建議下一代，長痛不如短痛，爲結束長期的痛苦，可以容許短期的殘暴。假裝一切都沒發生過，在書內完全不提這件事，又有違我歷史學家的角色，我的故事將難以理解。如果哀悼在動盪中的罹難者，又顯得我只是假惺惺。面臨這樣的困境，我只能採取最難但也可能是最簡單的方法，就是請命運來承擔我們良知的重擔，如此我才能接受事實。雖然無法精確統計，但估計改革過程中約有三至五百萬人喪生，他們大多數是中小規模的地主，大多數是被活活打死。

我沒有參與此一運動，我既非參與者，也非旁觀者，我甚至沒有在旁揮舞著階級鬥爭的旗子。但我無法完全置身事外。和我這一代大多數的中國人一樣，我的良心無法平安，即使我不在現場。多年來我一直知道土地問題的存在，任何一點一滴的消息都指出僵局所在，需要有人去打破。我既然逃離現場，就無法做出道德判斷。在這場無異於戰爭的土地改革中，無論發生什麼事，我都沒有能力去寬恕或譴責。這不能和屠殺猶太人相提並論，應該比較接近廣島原爆，是人類社會的污點。如果要提到責任的問題，應該由我們全體來承擔。多年後的現在，我只想駁斥下列說法：站在國民黨這邊的我們都希望保持**現狀**，因此阻擋改革之路。其實，大多數的人就像我自己一樣，只是抱著我們的幻想和一廂情願，希望可以延後攤牌的時刻，找到不會引起痛苦的公式。我們缺乏的是一心一意的念頭和堅強的心智，並無法預知到，當時一定要打破僵局，無論花什麼成本，無論用什麼方法，不管傳統或非傳統。兩大政黨最大的不同在於一個基本的學院派觀念：不相信農民的暴動能救贖這個國家。

將國民黨和「布爾喬亞」畫上等號（毛派人士常如此形容），並不是指國民黨人擁有股票和債券。除了極少數的人以外，事實上他們都沒有。包括蔣介石在內的國民黨將領，出身背景和大多數的共產黨領袖都一樣，除少數人以外，他們的財產還不足以多到要用生命去捍衛，更不要說是席捲全國的內戰。然而，在國民黨這一方，都市的氣息比較濃厚。「容忍」的精神可以延伸成放縱任性。如果我們無法免於物質的欲望，至少我們擁有幻想的自由。受中產階級文化的影響，我們意識到共產黨分化高壓的威脅，因此一定要抗拒甚至壓抑。我們並不知道，在回應挑戰時，我們促進了內戰大融爐的誕生，這正是導致共產黨有所突破的環境。

我們希望能靠大筆美援解決困難，而美夢果然成真。滿懷憧憬甚至不是始於蔣介石，而是從孫中山開始。國民黨的遺產可以追溯到他寫的一本書，其中計畫在十年內興建七萬五千哩長的鐵路，在沿海沒聽過的地方興建新港口，以取代香港、上海及大連。這樣龐大的工程又注重「機器密集」，當然需要外國的資金。孫中山並沒有周詳考慮到，一個國家要達到現代化，進口物資不能只是結果，而必須充當手段，讓接受一方的社會回應挑戰，培養組織能力，將外來事物恰當融入政治體。即使在一切順利的承平時期，國家經濟中現代化層面所產生的好處，也要經過很久的時間才能傳到內陸。抗戰勝利後的中國顯然沒有如此從容的環境。相反地，東亞大陸當時出現權力真空，中國必須盡快重整自己，而且儘量減少外力的影響。這些狀況讓我必須說，命運是干涉一切的因素。

我花了一段時間才說服自己，國民黨軍隊當時的問題在於「頭重腳輕」。現代化設備大規模湧入，只會增加上層的重量，底層大眾更難予以支援，軍隊顯得更像是外來力量來對抗中國社會。這個二分法所造成的結構失敗，將大於所謂的貪污無能等溫和的譴責。我們失掉中國大陸以後，也看到同樣的情況發生在其他國家。爲了抵抗和國家下層結構無法相安的外來因素，越南和伊朗的反對勢力訴諸不同的「主義」以遂其目的。

毛澤東的革命在本書稱之爲「勞力密集」，一度顯得迂迴曲折、異想天開，甚至連他的黨人也輕視這位未來的黨主席。因此，我們當時忽略其功效，也許不能算是太離譜。內戰爆發後才完全看到他的手法更直接、更有重點，更務實，因此在解決中國問題時，比其他所能想像出的方法更完備，更自足。一旦付出代價，就不能否認他計畫中的優點。讚揚他土地改革的作家常說，平等精神、人道訴求與他的土地改革息息相關。事實上，提到道德時，可以針對主題進行各式各樣的辯論。問題在於，革命本身就是重新修改道德標準。如果不同意上述的話，至少我們可以接受這個明白的事實：透過土地改革，毛澤東和共產黨賦予中國一個全新的下層結構。從此稅可以徵收，國家資源比較容易管理，國家行政的中間階層比較容易和被管理者溝通，不像以前從滿清宮廷派來的大官。在這方面，革命讓中國產生某種新力量和新個性，這是蔣介石政府無法做到的。下層結構還在原型階段，顯然未來需要修正。在此同時，這個驚天動地事件所激起的狂熱——人類有史以來規模最大的財產重分配和集體化——似乎一直持續，直到文化大革命爲止。這時歷史學家提及上述事件時，可以持肯定的態度，不致於有情緒上的不確定。

國共內鬥的時期雖然顯得長，實際上只是鴉片戰爭啓動歷史事件以來的其中一鍊。在現代中國歷史的所有層面中，都貫穿一個基本議題，就是中國由文化主導的政治體必須轉化成現代國家，其基本要求爲可以從經濟上管理公共事務。在蔣介石以前，這個問題甚至還沒有被國人所了解。在毛澤東掌權後數年，中國人口還是只能約略概算管理，顯示轉化成現代國家的路還很漫長。但即使不耐煩也無濟於事，要更改影響十億人口的結構，本來就不是一件容易事，何況這個結構有四百年以上的歷史。轉變不是小小的調適而已，問題能夠持續這麼久，正可以說明其本質有多嚴重。

內戰將人際間的衝突放大千萬倍。這個經驗有許多層次：感情與理性，迫近與遙遠，內與外，戰前與戰後。然而，在三分之一個世紀以後，我看到的是在歷史長期的延續下敵對雙方的直線進展，而不是交鋒當時似乎毫無妥協餘地的歧見。例如，如果不是在蔣介石高舉國家統一旗幟的遮蔽下，我看不出毛澤東何以能進行農村改造。即使在書寫歷史時，只有當國民黨所經歷的困難完全浮現，而各種替代方案又已用盡時，共產黨的激進措施才會顯得有意義。

身爲歷史學家的我相信，蔣介石和毛澤東都是偉人。他們都獨樹一格，用自己的方式去處理歷史加諸他們身上的最艱困處境，從而展現本身非凡的長才。他們的勇氣雖然方式不一，但都代表中國的心智和力量。但這類型的勇氣都是一面倒的固執，毫無吸引我們的個人性格和特質。事實上，如果去除他們歷史上的偉大地位，傳記作家可以簡單形容他們：一個僵硬死板，另一個掩不住土氣。這些和他們掌控的媒介有很大關係。一方在過時的社會價值中努力擠出最後一滴可用之物，另一方則採取「辯證的即興創作」，因此常常利用人類的邪惡天性，企圖打造出理想的社會。

劍橋，麻省

我的大歷史觀點在美國麻省的劍橋碰到嚴重考驗。這件事讓我至今仍無法釋懷，不過也讓我堅定意志，決定繼續固守我的立場。和十二年後的今天相比，當時的我還不清楚事件的真正意義。我必須從我的角度來說明這件事，原因不只是因爲這是我回憶錄中重要的一章，而且還因爲牽涉到與美國研究中國的權威學者意見相左。我非常崇拜他，也相當感激他，雖然道出這件事的始末可能會引起更多的不愉快。

我在中國時，並不熟悉費正清這個名字。身爲國民黨下級軍官的我，接觸的都是學界以外的人。但我成爲密西根大學歷史系學生時，就常常聽到他的大名。我的博士論文指導老師費維愷和余英時教授都是費正清的學生。在此之前，從大學時的指定作業、雜誌文章、書評，透過與教師同學之間的正式或非正式談話等等方式，我就已拜讀過他的著作。如果有人要認真研究中國問題，卻忽略費正清這個開路先鋒，我覺得是不可能的事。

我也不能否認，我自己的史觀是建立在費正清打造的大架構上。有時我捫心自問：

如果剔除費正淸先發展出來的概念，我不確定自己的文章中還剩多少內容。他的劃時代巨著《美聯邦與中國》（*The United States and China*）讓我大開眼界，尤其是一九四八年的初版。透過費正淸的作品，我才學到將中國國家和社會視爲和西方完全不同的體系。中國的意識型態已經過時，政府運作比現代西方國家膚淺。中國人民的性格內向又不具競爭性，爲了與非中國文化共存，不論對象是以前的蠻夷或是後來的現代殖民強權，中國總是試著建立一個孤立的緩衝區，有時還透過外國人的幫助，如此一來就可以過濾雙方的接觸，減少不安的衝擊。如果沒有哈佛許多學子敬稱的「費公」，我無法想像自己如何發展出一套連貫的中國歷史主題，不論是傳統或現代史。此外，在我分析中國事務時，我也嘗試讓物質生活與當時盛行的思想相互交織，這無疑也是受到費正淸的影響。

我們意見的差異源於一個信念：在判斷外國文化——以中國傳統爲例——時，我們必須保留道德判斷，直到充分考量所有的技術層次問題爲止。說也奇怪，道德是人類事務的絕對標準，但就歷史層面來看，道德卻既抽象又隨情境而變化。在大歷史中，道德標準如何適用於特定例子，必須視時間和局勢而定。我們雖然厭惡爲達目的不擇手段的做法，但又不能用道德來要求歷史人物達成不可能的任務。也就是說，原則上道德判斷必須在可行性層面**之前**，但就優先順序而言，又必須置於時空背景**之後**。

我不曾直接和費正淸博士討論這個主題，我和他的意見相左卻導源於此。十二年前我還無法理解其微妙之處，但我卻頑固違背他的期望，當然令他不快，我卻也沒有因此而高興。當時我在他贊助之下撰寫明代政府財政的專書，可以說是以荒謬的制度為研究主題。在撰寫過程中浮現一個問題：我們應該深入挖掘並思考這套荒謬制度背後的邏輯？或是運用今日的經濟學知識直接抨擊其荒謬？當時還不清楚的是，如果循後者的途徑，我們就會將技術問題轉變成道德問題。中央集權化管理已超越所需的技術支援，這個基本議題暫且不論，我們可能發現無數的明代官員都貪污無能。基本上這雖然不算錯，但特別強調也無助於我們的知識。如果這項發現應用於當代中國，更可能造成嚴重的扭曲。我們將無視於背景因素，看不到中國領導人繼承無法運作的制度，只會指責他們模仿祖先，貪污無能到無可救藥的地步。

將道德判斷置於技術層面之前，是美國外交事務常有意外挫敗的主因之一，尤其是美國外交官事實上並沒有惡意。已故的史迪威將軍在他的日記中透露對中國精神的稱讚。他在戰時目睹，由於情勢所逼，一整連的士兵必須推動一長串的載貨火車。遠遠看去，這個長方形的物體就像有無數隻腳的蜈蚣緩緩移動。他說，有這樣的精神，中國一定可以打敗日本。將軍似乎因這個實例而想到，中國必須以人力來彌補技術上的差距。但是，面臨絕境的蔣介石必須犧牲中國最好的軍隊（有些是西方特派員所說的「蔣家軍」），以宣傳這樣的精神，達到贏取西方支持的目的，基本上是以戰略物資的形式來支援。史迪威卻幾乎把蔣視為不道德的人物，更在中國人面前挑戰他的領導權，因此打擊他自己所盛讚的精神。無論是結交朋友或想影響他人，運用這種方式並不可能奏效。

費正清博士並不喜歡別人提到「美國帝國主義」。身爲已歸化公民的我，也不太樂意見到這個不名譽的標籤，因爲簡直暗示我出於自由意志而選擇壞人的陣營。但痛苦的事實是，在今日的世界，帝國主義一詞卻被開發中國家廣泛使用。開發中國家極力保衛自己國家的權益，其程度超過我們願意承認的地步。如果以污衊之名加諸他們，這種過度反應並無法有效解決問題，而且我們那些在海外不受拘束的機構是否懷有高尚的道德，我們也無法肯定。舉例來說，所謂的自由貿易，就是美國企業可以只付低廉的工資，讓那些未開發國家的頂尖人才淪爲買辦階層，或是藉電話和電報出清一個國家內主要商品的存貨，因爲控股公司在美國擁有帳面資產而有恃無恐。種種可能性導致許多國家抗拒美國的影響，這對我們應該是警訊，要我們不能要求其他國家一味模仿我們，違背他們自己較佳的判斷力，警惕我們不能未經全盤思考就批評他人，即使是過去的歷史也不行。

這些誤解可以透過大歷史輕易解決。必須記住的是，在經濟發展史上，美國是特例，不是典型。在獨立宣言前夕，英屬殖民地的這群人已經採納了母國的法律制度，設法使農業配合剛萌芽的工業和商業（見其後的英國章節）。在其後的歲月，美國擴大其組織能力，將國家經濟的所有部門都置於同樣的貨幣管理之下，並應用到廣大的國土上，其間很少受到外國勢力的干涉。然而，這並非說美國從此一帆風順，不用經過掙扎奮鬥。在新的共和國體制建立後不久，就爆發謝斯叛亂（Shays's Rebellion）和威士忌叛亂（Whiskey Rebellion），都因稅制而起。強制禁運引爆一八一二年戰爭，關稅紛爭導致卡虎廢法

（Calhoun's Nullification），廢奴和各州權利法（State Rights）將國家精英送上戰場打內戰。所爭論的議題包括錢、種族、銀行、移民法、累進稅制、信用破產、勞工工會、州際貿易、福利和各式各樣的社會立法。不過，也因爲有這些爭議，美國才能成爲已開發國家，並且是全球最先進的國家。由於進行改革、重新調適及協調，美國經濟鼓勵最先進的部門繼續精進。開發中國家之所以未開發，是因爲並沒有做好上述或類似的準備，原因不難想見是出於深藏於地理歷史中的因素，以致國家無法採用明顯易見的選擇。如果沒有考慮這些背景因素，直接以美國來比較，等於暗示贏家道德優越，而輸家不理性又笨拙。因此，到海外狂熱促銷美國主義的熱心人士常無功而返，在某些極端例子中，他們反而像是成熟聽眾面前的無知狂童。

雖說如此，但這番話已超越了我與費正清博士的爭議。此處描述的粗心並非他的性格。事實上，他有時也會對無暇深思的同胞發表類似的訴求。此外，就引起爭論的那本書來說，我仍然我行我素，最後書並非由哈佛出版。我在此處添加上一段說明，原因是經過反省及清晰的思考後，我開始了解到，十二年前意見不同的內涵遠超過我當時的理解。不安的處境讓我重新檢視自己的地位，讓我清楚意識到，二十世紀的中國領導者必須面臨技術的困難。這個領悟並沒有讓我喪失信心，反而有助於歷史的長期合理性，因而強化我的樂觀心態，這和費正清博士的充滿希望並不矛盾。

在費正清面前或背後，我常自認是他的門生。即使我不敢猜測我是否達成他的期望，我還是自我安慰：高徒不一定要永遠同意名師的意見。費正清自己就和他的老師蔣廷黻博士相左過，但直到今天他對蔣還是十分敬愛。他的愛徒之一白修德和贊助人哈利・魯斯之間，意見更是紛歧地厲害。白修德的回憶錄顯示，兩人之間仍是彼此敬愛。站在我的觀點，卡在我和恩師之間的，是學術圈和部分出版社的習慣。我們都是受害人，有必要予以揭露。

我決定寫一本明代稅制和政府財政的專書，當時是一九六六年，也就是我和格蘭結婚的那一年。以我的博士研究而言，出書是很合邏輯的延續工作，而且也是相當自然的連鎖反應。我以「明代之漕運」爲博士論文的題目，自然而然累積當時政府後勤作業的資料，寫了一篇文章，收入賀凱編的論文集中，預定由哥倫比亞大學出版社出版。但這不過是討論明代財政運作的起點而已，我的好奇心已經被激發，想去迎接挑戰。關於該主題有許多豐富的資料，但都散置各處，彼此混淆矛盾，其中有大塊領域沒有被研究過，還夾雜許多錯誤的資料，其荒唐誇張之處會讓讀者發笑。除非釐清這團混亂，否則帝制末期的中國仍將繼續陷於臆測與謬誤中。

這時情勢有了新發展：明代完整的官方歷史一般稱之爲《明實錄》，當時已從手抄本印製成書，在台北出版，價格相當合理。這是明代朝廷每日的記載，記下重要大事，登錄所達成的重大決定，通常以摘錄的方式收納重要文獻。如果下定決心從頭看到尾，將內容和其他來源的資料相比較，應該可以重建出相當精確的當時情勢。就我而言，以我的準備工夫，應該還可以勾勒出明代的財政運作，寫成一本專書。但這是很重大的決定。我買《明實錄》就花掉我一個月的薪水，全集共計一百三十三冊，外加二十九冊附錄。我花了兩年半時間從頭到尾瀏覽一次，並做筆記。在這段期間內，我得到全美學術團體聯誼會六個月的研究經費，另外四個半月則參加富路德（Carrington Goodrich）博士主持的《明代名人傳》（*Dictionary of Ming Biography*）研究計畫，讓我繼續接觸《明實錄》。我搬到紐普茲後，紐約州立大學研究基金會和密西根大學中國研究所都支付我連續兩年暑假的花費。在學期中，我設法從例行工作中擠出時間來閱讀史料。閱讀《明實錄》的前面部分時，都是在深夜，當時還睡在搖籃的小嬰兒傑夫，每晚吵醒我們。閱讀《明實錄》的後面部分時，是在休京拉公寓四周的高大松樹下，小兒就在一旁騎腳踏車。

一九六九年夏天，我們到波士頓。在母校教了三年書的余英時，剛在貝爾蒙（Belmont）買房子。我拜訪他時，帶著我的筆記本和研究資料。我對他說，我對明代政府財政的研究已經可以到出書的階段，而且內容應該不會太差。我是用中文記筆記，但要寫成英文草稿應該不致於太麻煩。但財務的問題浮現了。我請教他，哪裡可以找到支持我計畫的出資機構。他大致看過我的資料後，熱心告訴我，可以在哈佛這裡試試看，東亞研究所會有一些資金贊助我這類的計畫。如果我寫出申請書，他可以送到研究所所長費正清那裡。我於是寫了一封長達四頁的信，信也送到了。但審核還需要一番工夫。費正清博士幾乎當場就同意，但計畫草案還要經過委員會的會議，滿足所有相關科系的要求，並和其他申請計畫一併衡量，以便編入研究所下一年的預算中。當時我很少去想這些事，並不了解如此一來，對給予我友善協助和鼓勵的人來說，我一開始就增加他們的困擾。耶誕節前兩周，我收到費正清博士傳來的好消息，我的計畫核准了。一九七〇年二月，他又告訴我，研究所已撥出一萬美元的研究費，涵蓋當年夏天和其後的學期。研究所還提供我研究資源，讓我依計畫寫出專書，並收入《哈佛東亞研究叢書》。一切不可能更理想了。

肯特大學事件後，美國校園動盪不安，但一九七〇年夏天的哈佛卻是出奇地風平浪靜，各式各樣的夜間節目和活動照舊進行。哈佛大學最忙碌的地方首推職業介紹處，學生和其他人士來此尋找就業機會，無論是臨時或永久的工作。校園內外我們唯一觀察到的奇怪景象是，一群年輕人把頭髮剃得像某些宗教派別，身穿黃色和白色袍子，手持小鈴發出「輕輕輕」的聲音，站在哈佛廣場向人勸募。大多數路人舔著手上的冰淇淋，顯然很欣賞免費的娛樂，但很少有人贊助這項靈魂拯救計畫。

我們暑假在奧浦蘭路（**Upland Road**）租房子住，走到劍橋街的辦公室有些遠，但幸好公車很多。我原先以為，我們暫居哈佛會讓格蘭生活孤單，讓她懷念起住家附近的年輕家庭主婦每天來串門子。但她卻適應得很好。她希望我寫出專書來，每個人都寫書的。

通常在晴天時，她會推著坐在嬰兒車裡的傑夫，一路推到哈佛廣場。她會逛逛附近的小巷子，欣賞丹麥和瑞士設計的商品。有時我們也會在附近的三明治店裡吃午餐。

在我送到研究所的研究計畫中，我已略述明代財政管理的大致情況，描述筆調多少較爲活潑。當時我還沒有認真思考應該發展什麼模式或形式，以便呈現詳細的資料給西方讀者看。中國人提到官方的機構組織時，通常會依事件先後順序排列，例如第一年發生什麼事，第二年做了什麼調適等等，重點是在該特定機構的內涵而非其原義。如果提到推動一切的法規時，所謂的基本法規通常表達追求理想中的完美境界，但太過烏托邦，太過簡約，無法等同實際狀況。在閱讀《明實錄》的兩、三年中，我完全沈浸於中國文化與文獻的影響，並不擔心超現實自由架構和機械般的精確之間的天壤地別。十六世紀明代官僚的心態，有別於當代社會科學家式的歷史學者。因爲這點輕忽，我必須賣力彌補。

不過，我的第一章草稿相當不錯。這一章概述和財政管理相關的明代政府機構。我花了六月整整一個月和七月的一部分來寫這一章。中國政府機構總是門面堂皇。我的列舉方式依照組織圖表，保留其邏輯的順序。即使提到機構功能時常常離題，但也都還列於各機構的標題下，敘述縱然有些笨重，但大致上仍不妨礙閱讀。這就好像預告肯塔基賽馬一樣。參賽馬匹可能參加過各式各樣的比賽，有些出了意外，有些可能有奇特的際遇，但敘述者總可以從標竿所在位置一一介紹，就可以完成任務。賽馬場次表就會提供所需的形式。

結果我交出第一章的草稿時，費正清博士相當贊許：「你寫得好，既正確又明瞭。」他將這一部分視為「相當傑出的開場概論」。一切令人滿意。他的耐心讓我印象深刻，我拼錯gazetteer（相當於中國的方志）十次，他就用紅色鉛筆訂正十次。我搞不清楚material（物資）究竟是一般名詞、集合名詞或抽象名詞時，字尾的單複數也就跟著漫無章法，他會指出上下文中的正確用法給我看。在哈佛，他的子弟稱他為費公，大學部學生稱他約翰王。他無疑是亞洲研究領域的權威，但他的作品卻一絲不苟。每件事都要按步驟來，沒有理所當然這回事。至於撰寫博士論文的學生，他鼓勵他們以二十年為研究範圍，處理題材時才比較順手。最好能在較短的時間範圍內交待清楚所有的事件，其成果還可以和其他時期互為參照發明，勝過一開始野心勃勃，選擇很大的範圍，結果卻漏洞百出。這個方法暗示，大歷史一定要架構於小歷史之上。

但是我開始進行第二章時，糟了，我發現自己不但無法遵照他的指示，而且素材也沒辦法轉成我希望的形式。起初我想討論整個明代的財政運作，但在費正清博士的建議之下，我把期間縮短到十六世紀。不過縮小範圍卻毫無幫助。我想討論的機構常常分分合合。我似乎迷失在寬廣的布拉馬普特拉河（The Brahmaputra River），無數的沙洲和水道縱橫交錯，卻無法形成明確的模式。我從局部著手時，描述頓時變得含糊籠統；我轉而以編年方式呈現史實時，結果也看不出清楚的邏輯。七月一天一天過去，我開始慌張，我的進度已經落後。我自問，我在這個主題花了這麼多年的時間，難道就無法以清晰易懂的方式來描述稅制嗎？我可不能去責怪文化或語言。我一定要把問題看成實在的物品，用手牢牢抓住，用膝蓋頂，用腳踢，如果還不成，就用牙齒去咬。我一定要想清楚。如果我可以用中文表達出來，一定就可以翻譯成英文，即使是逐字翻譯也沒辦法，一開始也可以忽略句型文法，甚至拼字。這勢必是一場肉搏戰。

《明實錄》中有一組年度的財政資料。應收物品包括穀物、紙鈔、白銀、鹽等十來項東西，並沒有符合一致的財政標準。有時出現重複登記，有些項目以原始形式登記了一次，換算成其他項目後又登記一次。有些項目列入應收款項，有些事實上是登記成倉庫存貨。有一天下午我忽然想到，這組資料可以當成一個起點，演繹成符合社會科學家胃口的成果，這組資料應該可以用圖表來呈現。我因此連兩天不進辦公室。我在房東太太的書房中找到一把比例尺，手邊沒有劃好方格的現成紙張，於是花了幾個小時的工夫，就著筆記本上的虛線劃出更多直線。我打算用圖表顯示：明代的政府財政非常奇怪，雖然缺乏整體的系統，但低層的地方會計用各種方式動手腳，讓整體看起來很有秩序。最顯著的例子就是官方的馬匹。明代開國時，政府從大草原和外國收集了一些馬匹。在滿足軍隊的需求後，剩餘的馬匹就用來繁殖。約四萬匹種馬轉包給一般民家飼養，養馬的人家可以不用繳稅，但必須養好馬匹，有病時請獸醫，負責馬匹的生育，不能動用政府的錢。不久後的十五世紀初期，官方「統計數字」顯示，這一類別下的馬匹數量已達數百萬之譜。具體畫在紙上時，每年的數量曲線幾成直線，有一飛衝天之勢，顯示原始的資料並不是來自於一匹一匹地清點，而是從每年固定的繁殖率累進而來。雖然沒有直接的證據，但這番邏輯上的推理卻可以從許多其他的輔佐資料得到證實。首先，朝廷的檢查人員每三年才會到鄉間一趟，去檢查和烙印官方馬匹，因此每年的數目不可能得自於他們的報告。其次，中國當時的鄉村經濟不可能支撐如此龐大的馬匹數目，而且全集中在北方的一小塊區域內。到了一百五十年後的十六世紀末期，政府決定把這些種馬的價值換算成現金，結果發現馬匹數量大概在十萬匹左右，根本不是數百萬。我們從這次事件中學到，在帝制中國的末期，一個重要的財政政策居然可以衍生自一個簡單的數學公式，不必考慮所有的相關因素。政策的實施全賴政府當局往下施壓，因為官僚體制和一般大眾之間缺乏法律和經濟的連繫，無法確保實施一套更上軌道的稅制。

我用類似的方法處理同一組會計資料中的其他項目，我無法找出更好的形式。我必須依照明代官僚技術上的竄改方式，才能解釋他們所謂「統計」的本質。我也必須引用間接證據來證實我的立論。我匆忙把這番研究修飾成第二章，三天後送到費正清博士的辦公室。這真是個嚴重錯誤。

稿件退回時，顯然費正清剛開始的熱切完全不見了。「我已經無法再給你任何有用的建議。」在他辦公室外燈光昏暗的走道上，我看著摘要，心中充滿深沈的失敗感。他在評語末尾表示，他下一件要做的事是把我所有的草稿送到「該領域的專家」，應該是位經濟學家，讓他進行公正的評估，也許還能提供專業的建議。如果費正清對我的方法表示失望，這個專家的批評則和屠殺相去不遠。他先說，任何像我這樣大範圍的研究計畫，都應該建立在紮實的數字上，必須從人口和土地數據開始。我的草稿甚至還差得很遠，無法讓讀者產生信心。即使是費正清認可的第一章都寫錯了：黃零星地發表意見，但不曾建立任何踏實的結論。專家有何建議？黃可以大幅縮小研究範圍，或是翻譯綜合日本學者在這方面的研究，也不無貢獻。總之，他不應該再進行任何明代財政的量化研究。我覺得我好像被當掉大二的基礎課程。

但是，我檢查自己的草稿時，必須承認讀起來不太容易，也不自在。文章不再像賽馬場次表，反而像橋牌專欄。事實上，亞倫．垂斯科特（Alan Truscott）就像替我捉刀的人。桌上已經有這麼多張方塊，因此，坐在西邊的玩家手中的黑牌就不能超過五張。如果叫牌的人吃掉黑桃，積分還會增加。另一方面，爲了要讓十二出場，他一定要再給自己一次機會。不過如果這回不成功，再三輪就可以大賺回來，因爲東西家可能聯手勉強滿貫一次。每一個動作都牽連下個動作，但給讀者的資料少得很，如果讀者毫無基礎知識，一定迷失在比賽的邏輯之中。總之，這就是漏洞百出的大範圍作品。

我想這時和費正清博士談談可能有好處。我應該和他好好長談一番，把我的困難告訴他，向他解釋我想達成的目標。我想說服他，我想做的事其實做得到。一切已經在我腦海中，話都已經到舌尖了。如果可以用合乎邏輯的方式清楚寫出，來吸引西方讀者的注意力就好了！但費公不在，他周末到新罕布夏去了。他希望我能寫出自己的想法。這不是好的替代方式，因爲我已經試過卻無法成功。

除了我自己以外，我還能怪誰呢？費正清博士花在我身上的時間已經夠久了，還有一些急迫的事等待他去處理。他的桌上堆著研究生和其他學者的文稿，總共有多少份？我算不清楚，但至少有二十份。那年夏天他還要準備出版《美聯邦與中國》的第三版，一次修訂一、兩頁。更重要的是，他早已告訴我，我匆匆忙忙抓了太多資料，應該縮小我的研究範圍。他不是早就說過了嗎？我當時並不知道，研究所處理我的研究計畫時，甚至還不是經過他的直接管轄，所有相關領域或部門都要照顧到。

無論如何，我獨自面對自己的苦惱。那個周末格蘭帶著傑夫開車去紐約。她的父母從田納西一路開車過來玩。她希望他們先在紐普茲休息一下，再到劍橋，逛逛哈佛大學和波士頓。我被單獨留下來，心情低落。我痛恨自己製造出的問題，萬分沮喪的我捶著桌子，但也於事無補。我很擔憂。我要寫明代財政管理專書的消息已經傳開，目前已進退維谷。我回到奧浦蘭路的房子。爲了讓主臥室有乾淨的床單給岳父母用，我睡在房東太太兒子的小床上。我從各個地方發現他的名字叫艾列克斯，他有一架模型飛機，從床上方的天花板上垂下來，是第二次大戰期間的噴火式機種。我也參加了二次大戰，在軍中待得太久，讓我在專業上落後這麼多。我一定是在錯誤的時刻選錯地方寫錯書。我的自信第一次無影無蹤，害怕自己永遠完成不了預定的計畫。

第二天，又是很熱的一天。又一天溜走了。為了打破失敗感、挫折感和自怨自艾，我一定要找到解決問題的方法，但我找不到解決之道。一剎那間我好希望自己和內人兒子回紐普茲住一星期。但我也知道自己沒有時間，已經是八月中旬了，我的進度落後。

第三天是星期天。我走到哈佛廣場，帶回周日版的《波士頓地球報》和《紐約時報》，無意識地翻著報紙，記不起來自己看了什麼。最後所有報紙散置在餐桌、椅子和地板上，蓋住一杯牛奶，還形成路障。我到處找有用的事做，於是拿著髒衣服和一罐洗衣劑，但洗衣機就是不肯動。（後來發現：我按錯鍵，也找不到把手。）我還要餵房東太太的貓，他餓得一直對我喵喵叫，極為惱人，但是我就是找不到貓食罐頭。最後在廚房水槽下面找到罐頭後，又看不到開罐器了。（電動開罐器就在我正前方，固定在牆上，和視線同高度。）對一個心煩意亂的人來說，整個世界似乎就要分崩離析，或說一切都聯合來謀害他。

下午並沒有轉涼，但屋內也沒有比戶外舒服。我決定出去走走，去那裡？哈佛廣場。否則還能去哪裡？廣場上的行人少多了。我還是不斷想著明代的財政管理，我知道得如此之多，又如此之少。自己研究這個主題已經很多年，發表過數篇文章，可是眼前卻無法將腦海中的想法具體化，寫成可以一讀的文稿。然而，文稿和一本專書正是我必須製造出來的產物。我已經拿了哈佛東亞研究所的一萬美元研究費，一本專書是我的保證，我的承諾，我的榮譽和我的生存方式。

我不想回到空無一人的家裡，於是繼續走向查理河，從波林士頓街（Boylston Street）轉入宿舍間的小巷，一直走到紀念馳道（Memorial Drive）。河上吹來一陣涼風，卻不能吹走心中的鬱思。我一直走，看著車子從旁呼嘯而過，就穿越馬路，繼續往下走。等我走到陳家餐館（Joyce Chan's）時早已筋疲力竭，餓倒是不餓，只是渴極了。我穿過停車場，走進餐廳，通過擺設黃包車的走道。引我入座的老闆娘有些困惑。在河畔這麼高級的餐廳中，她一定很少看到單獨用餐的客人。

我眼前放著菜單，無法決定要點什麼。我輪番灌冰水又喝熱茶，熱汗很快就浮現在額頭上，一路流到脖子。我忽然感受到室內冷氣的一陣冰涼，但多多少少讓我暫時忘卻明代的財政。

在八月下旬，我終於找到費正清博士，在他進餐廳前攔住他。我必須請他幫我一個大忙，因此心中很是忐忑不安。

我們在奧浦蘭路的租屋再十天就要到期，但在劍橋找不到可以只住到年底的房子。我們四處詢問，但每間房或公寓都至少要租一整年。同時我們還是不能放棄在紐普茲的雙層樓公寓，如果我們搬走，冬天要回學校教書時就會很麻煩。東亞研究所可以讓我帶一部分的工作到紐普茲完成嗎？依我的計畫，我可以每個月開車到劍橋，在汽車旅館住兩星期，使用哈佛的燕京圖書館，並和研究所保持接觸。紐普茲離劍橋兩百二十哩，車程約四小時。

費正清靜靜看了我幾秒鐘。他的眼光停在我的襯衫上，這是一雙苦讀無數書頁而備受折磨的眼睛。不過，和他發自喉嚨深處的男中音一樣，他的柔和眼神傳達了他性格溫和、不與人爭的神態。他的和平主義是否來自於他常被侮辱，有時甚至是被才幹低於他的人所欺負？我不知道。但我似乎覺得，他為人敏感體貼，對同事忠實，一定會和他必須做的團體決策不時產生衝突。樹大招風，他的公職生涯一定讓他愈來愈謹言慎行。我的請求也會影響到他身為研究所所長的官方職責，而所裡聚集各式各樣的人物，絕對不是容易管理的單位。這無疑是他沈思片刻的緣由，不過他很快就決定順應我的心願。我提出要在家裡做大部分的工作，他的回應是：「相當合理。」他又說：「你寫封信來，告訴我你想做的事。」兩天後我接到他的回信：「我收到你八月三十一日的信。你提到要花一半的時間在家裡，以加快工作的進度，我看不出反對的必要。此事當然不合常例，但我不確定有無禁令。無論如何，我們很願意幫你創造最好的工作環境，很樂意體恤你的處境。」

結果我並沒有完全兌現書面的保證，九月我回到劍橋，待了十天。之後我去的頻率減少，待的天數也縮短。似乎沒有人在乎。我在家工作成果更令人滿意，更不用說省了汽車旅館的開支。不過我在九月、十月、十一月及十二月都到劍橋一趟，每次都送一章草稿的影本到費正清博士的辦公室。最後兩章是在新年後郵寄給他的。也就是說，我每個月都完成一章，連續五個月不間斷。

我突然文思泉湧，絕非因爲紐普茲地靈人傑。即使在九月第一周，格蘭的父母來劍橋看我們時，我就已經克服我的失敗感和挫折感。整體來說，我並沒有離題太遠。明代的財政管理不只是早於現代西方的政治經濟科學，而且還帶有特定的神祕特質，很難呈現給西方讀者。中國農業官僚制度衍生出一套管理的藝術，受不了的人常予以道德譴責，但其技術問題還沒有得到全面的探討。我的確遭遇重大的難題。

新的起點必須源自以下的了解：明代官吏進行管理時，**欠缺**所需的重要統計數字。他們所擁有的土地資料和人口數據，不過是粗略的估計。如果十六世紀的中國官員具備現代社會科學家的資料處理能力，中國其後四百年的歷史就會大不相同。這些都只能在邏輯上理解。讓我舉個假設性的例子：

假設美國必須在類似的情況下向人民徵收土地稅。首先整個領土必須置於單一的管理之下，紐普茲、紐約和劍橋的市長都由華盛頓的中央政府同時任命。市長不是律師或會計師，而是散文家和詩人。由於他們熟悉柏拉圖和莎士比亞，所以彼此才時相往來。共同的文化背景讓他們在封建社會中擔任政府所有的職務，而且職務可以彼此互換。市長任期只有三年，因此沒有人可以成爲所管轄地區的專家。此外，區域的人口多達二十五萬人，大多不識字。而且，從劍橋遞送公文到紐普茲，需要花一個月的時間。我們可以想像，即使可以確定美國的總人數和總耕地面積，和賦稅管理也毫不相干。就技術上來說，管理絕對不可能發展出相配合的精確程度。在這樣的情況下，掌握情勢的唯一方法就是從智識的建構開始：宇宙是個單一的整體，公正貫穿其間。一切都處於平衡狀態，一切都在天子的掌握中。有了智識上的共識，就可以設定通行全國的稅制標準，但無可避免要從工整的數學程式開始，不考慮任何外在因素。必須先有等號，才有數字；先考慮形式，才想到實質。中國統治者過去宣布各式各樣的財政法規，將土地劃成正方形，以完整的耕地面積進行分配，村落中的戶數剛好爲一百戶，全都如出一轍。政府根據事先擬定的區域配額來制定法律，如果情況允許就可以執行，法規無法執行時，就准許例外或法外施恩。整套方法可以說是「趨近觀念」。

從現代西方人的觀點來看，沒有必要將道德和實際混爲一談，關鍵在於：這樣的體制效率低到令人難以忍受。當法律從上往下施壓，而不是由下而上自願配合時，其運作很難避免壓制色彩。然而，如果認爲官吏宣導的慈善與好意全都是騙人的，那就大錯特錯了。在組織上來說，只有他們能制衡自己。他們的自制和互敬程度不一，顯示農業官僚體系的雙重性格。在這種情形下，稅制不只是經濟制度，也是文化制度。

至於費正清教授推薦的專家，他所提倡的數字上管理屬於一個完全不同的時代。即使在西方世界，在數字上管理也比中國的明代晚得多，其完全發展也不過是晚近的事。情況可以說明如下：在現代萌芽期的貨幣管理之下，商業交易逐漸多邊化。如果連一頭騾子都必須向鄰居徵用，你的磨坊的運作就可能受影響，連帶波及到其他村落的食物處理過程。因此，公平成為人人關注的議題。在公眾的強制下，所有的商業交易都必須置於法律的管轄之下。制度一旦成熟，政府運作可以依靠民間的商業交易，或是與之並行不悖，最後終究接受商業慣例所服膺的法律程序。所有電路全線通行，一切放諸四海而皆準。在這種情況下，有效的稽核才可行。這個趨勢持續擴大時，即使是逃稅和私下的不法交易都可以從銀行帳戶中偵測出來。但上述一切都需要數十年、數百年的時間來發展，必須始於保護財產權，確定分工的模式，其間經歷無數的智識與社會的再調適。在二十世紀的中國鄉村社區內，商業仍是雙向往來，更不用提十六世紀了。在澄清我的研究主題前，如果冒然將現代社會科學套用到主題上，我的角色將從財政史學家轉變成財政改革者。

如此一來我的問題已經確立。手上還有一堆西方人不熟悉的資料，我認為對詮釋中國現代史相當重要，不想予以增添或刪減。但是我到目前為止所呈現的不過是一堆混亂，如何說服其他人，甚至是我自己：這些資料值得一提？

住在奧浦蘭路的最後一星期中，我大幅重整我的思路。我幫格蘭打包，減少去辦公室的時間，還經常陷於沈思。我不確定新的念頭何時出現，但一個新的起點已經成形。

嚴格來說，我們現在所謂的政府財政，在明代並沒有對等的組織。當時只有「文化財政」，可以加以扭曲、翻轉、縮減及操縱，以達成政府經濟直轄領域之外的特定目的。

只要不捨棄制度的基本特色，就不需要精確管理。因此，歷史雖然充滿例外和修正，但不曾真正徹底重整，看起來就像是一連串依年代先後排列的事件。我努力把素材擠進符合學術出版規範的模式時，零零星星的資料拒絕被擠入架構中，我也無法完全掌控。現在我必須一開始就接受它是有機體，功能必須先於解剖。我應該要讀者先看到行動，再閱讀技術上的細節。導論中應該放入一個特定的案例，稍後再解釋術語。部分結語必須往前挪，不必全放在每一章的終結。敘述和分析之間沒有嚴格的畫分，行文可以夾敘夾議。我試過幾回。如果第一次談得不夠多，應該毫不猶豫再說一次。總之，這是借用新聞報導的技巧來寫制度史。

新方法奏效，我似乎已打破僵局。一旦克服笨拙的感覺，整理紊亂的線頭顯得容易多了。過去數年來我寫下成堆的筆記，累積的素材足以驅使我繼續寫下去。

我很清楚，我和費正清博士推薦的專家之間，仍存在尚未解決的歧見。我對格蘭說：「我們先把草稿寫出來再說。如果我的作品可以自成一格，費正清會原諒我帶給他的所有困擾。如果我寫不出來，所有的爭執會顯得糟上十倍。」九月，研究所轉給我該專家的另一封評論信，他繼續把我的作品說得一無是處。費正清在附函中表示，他充當批評家和我之間的調停者，或像是很有耐心的主管，希望兩個愛吵架的下屬可以彼此相讓。我必須挪出時間回信，替我的立場辯護。幸運的是，我從此再也沒有收到這位評論人的消息了。

從這時起，工作速度成爲最重要的考量。爲了每個月能寫出一章，我忙著構思、打字、修訂、自行編輯，每天工作十二個小時，每周工作七天。我不看電影，不出遊，不外食，每天輪流以咖啡和中國茶來提神，午餐和晚餐都是由格薾親手送達。幾個月下來，她完全沒有辦法使用餐桌，因爲已經變成我的工作檯，放置打字機、索引卡、成堆的書和紙張。我沒有時間和傑夫玩。他坐立難安時，格薾就帶他出去，省得我分心。真好，當時每加崙汽油只要三十五美分。她常去鄰近的購物中心，爲了避免不必要的接觸，我們儘量遠離紐普茲市中心。除了我們的隔壁鄰居以外，我們認識的人大多以爲我們還在劍橋。我延後所有的例行活動，甚至包括看牙和理髮在內。我的工作服是睡衣外罩浴袍，夜深和衣而睡，累到懶得脫下來。日子總是過得很快。早上我開始打字時，很怕驚動鄰居。不知不覺間，字紙簍已有三、四頁不要的紙，斜陽已照到庭院，附近的兒童放學回家，嘻鬧之聲不絕於耳。

從那時起，我開始替費正清博士不安。我造成他的困擾，是否我也有錯呢？當然。他對我向來大方仁慈。在我到劍橋前，嚴重低估這項計畫的工作量。根據西方社會科學學者的慣例，零星的資料必須先整理成單篇文章，發表在學術刊物上。例如，我對官方馬匹的研究就可以擴大成這樣的文章。如果附帶圖表和許多註釋，也許還可以算是井然有序的歷史題目，符合學術架構。寫出六篇這類的文章後，我也許可以發表成一篇專論。在沒有出版數本書之前，不應該嘗試一般題材的學術論文。有時一位教授生平著作不過總結於一本選集，也就是針對一個特定題目而發表的短篇文章和論文。想在一本書內涵蓋明代賦稅及政府財政的所有層面，我一定跳過了許多步驟。

在中國的研究領域中，漢學和中國歷史學者之間還有一層默契。由於在中國出生和受教育的學者理應熟悉古文，應該可以處理文字上的細節。一般相信，最後的綜合分析應該由更了解西方文化的學者來處理比較有優勢。這個背景的差異足以說明爲何將這領域一分爲二。美國學者更重視他們的專業分科，經濟歷史學家絕不應該談法律學，在研究中國官僚已小有進展的學者也不應該冒然踏入經濟的領域，讓我們尊重彼此的專長。推到極致，水管工人就不應該去拉扯電線開關。在我閉關苦讀的前些年裡，我一定忽略了學術圈中的一些基本規則。

然而，我冒著不知謙虛或鹵莽躁進的惡名，決定堅守崗位。如果我低估計畫工作量算是犯了錯，彌補錯誤的最簡單方法就是繼續前進，不是向後撤退。把漢學當成翻譯局，讓別人來寫歷史的做法，我可從來不相信。在語言文化如此舉足輕重的領域，一開始根本就不應該讓語言不夠格的人進來當權威。我也不相信大歷史應該衍生自小歷史，研究一個機構的機能時，整體是否由拆散的部分相加而成，非常令人懷疑。我之所以投入明代賦稅與政府財政的主題，不消說還心懷使命感。研究發現已經讓我得知，中國爲何無法適應現代。這些解釋還可以讓我大大解除照本宣科的乏味，讓我可以告訴學生，爲什麼孫中山錯了，蔣介石錯了，毛澤東也錯了。在這方面我已記錄我的想法，寫成數封信給費正清博士。因此所有的主張都繫乎我的能力：我必須加以充實完備，寫成可以出版的文稿。

然而，每個月寫一章仍然是相當費力的事。到一九七〇年底爲止，格蘭和我都不得閒。我如果沒有在工作，也是四處奔波。只要完成一章，我就外出影印。我一得空便直奔哈佛，第一趟行程是在九月，爲節省時間，我從普吉西搭飛機去。我住在哈佛教職員俱樂部，費用比汽車旅館划算。到第二次和第三次，我請格蘭開車載我到奧本尼，在赫遜河畔的倫斯勒（**Rensselaer**）搭火車到波士頓，再換地鐵到哈佛廣場。在劍橋，沒有人問我關於研究計畫的事。我十一月到劍橋時，費正清博士還邀請我去他在溫索普街（**Winthrop Street**）的家中參加晚間聚會。不過這純粹是社交場合，我在會上告訴他，我曾在國民黨的軍隊中待了幾年。沒有會議時，我通常到研究所去卸下草稿影本，到哈佛的燕京圖書館借書，在劍橋再住上兩、三天，然後就提著袋子衝到哈佛廣場的地鐵站。回程時我已經在想著下一章的內容。

印象最深刻的是十二月那一次的哈佛行，我開車載家人同行。我的那一章草稿前一晚才完成，也就是十二月二十二日星期二。我仍然很擔心，自己已經一整個月沒去哈佛，因此急著在耶誕假期前送過去，讓自己及時出現，如果有人問起，也可以對東亞研究所有所交待。但是十二月二十三日這一天，我花太多時間在草稿上做最後修訂，影印及編排也花不少時間，等到要出發時，已經過了中午。我們到紐約高速公路波克夏（**Berkshire**）

這一段時，早已是下午三、四點。鄰近田野的天空忽然完全看不見，大風雪瞬間驟降，等我們發現時，已經困守車內。我把方向盤緊緊握在胸前，腳趾輕踏離合器，一心只想著如何不使汽車翻覆，可能沒想到要努力前進。在擋風玻璃前的漫天風雪間，我只看到前車的尾燈，兩車相距不超過二十呎。高速公路的左線車道並沒有車子行駛，沒多久就形成雪坡。氣氛緊張，傑夫也學格蘭不發一言。我們慢慢前進，車子偶而還會打滑，時速不超過二十哩。在麻省公路上終於看到第一輛鏟雪車。這是我生平最艱辛的開車經驗，奮鬥了兩個半小時後，我很高興終於可以在路邊的一家霍華強森（Howard Johnson）餐館休息。意外的是，餐桌旁空無一人，其他的駕駛人都排隊等著打電話。輪到講電話的人則告訴親友，會遲到五個小時、六個小時或是八個小時。

經過充分的休息後，我們決定繼續往前開，這個時候再折回去已經沒有意義，反正都已經穿過山區。但我們後來發現，在麻省平地失控的車輛，多於在紐約山區地帶。我們到達劍橋時，已經是午夜十二點多了。哈佛廣場後方的行路汽車旅館（Treadway Motor House）已經客滿，我們的預約失效。但在大眾大道（Mass Avenue）的假日旅館還只有半滿，我們鬆了一口氣，真是欣慰！

第二天是十二月二十四日星期四，陽光燦爛，但道路四周積雪及膝。在哈佛廣場附近，我們看到一位老太太對一名年輕人說：「小弟弟，你可以幫助我過馬路嗎？」那位年輕人近看原來不過是青少年，這時顯得有些不好意思，於是扶著她過馬路。

在耶誕節前一天，我不應該預期研究所會有人，事實上也沒有。一七三七街的大門開著，但裡面空無一人。研究所辦公室的大門深鎖，我把文稿影本放在外頭的桌上，附帶一盒巧克力，感謝曾幫我許多小忙的秘書人員。回到假日旅館後，我們的耶誕夜就待在房間內看電視，這也是我們頭一回一起看彩色電視。

耶誕節當天，我們開車回紐普茲。開上高速公路兩、三哩後，我們跟在一輛灰色歐洲車的後方。車主一定是從波士頓以北的地區開來的，因為車頂已經積了厚厚的一層雪，甚至在一夜間凝結成冰。我們都開得很快，前車車頂的冰雪塊因此脫落，飛向我們。格爾大叫：「小心！」同時身子往前擋住傑夫。不過為時已晚，我剛好開在冰雪飛彈的彈道上，這塊白色的物體長三呎，寬一呎，不知有多厚，忽然響起輕脆的「忽忽」，原本清澈透明的擋風玻璃變成巨大的蜘蛛網。幸好雪塊沒有看起來那麼結實，撞上擋風玻璃後就消失了。我從左方較大的一塊玻璃勉強看到前方路況。嚴格來說，繼續開這輛車一點也不安全，但拜現代科技之助，玻璃雖破卻仍然沒有碎裂，而且我們運氣很不錯，這天恰巧是萬里無雲的晴天。我們在五個小時左右開了兩百二十哩，沒有碰到大麻煩。但是我不曾認出肇事車輛的車型或車牌，也許車主知道出事了，冰雪塊打到我們後，他立即換了車道，一下子就不見了。我們的車子就像海戰後局部受損的戰艦，無法及時進行有效的追擊。

一九七一年一月，我郵寄一章文稿到研究所。我知道費正清博士到南美旅行，覺得沒必要去劍橋。二月，學期開始，我又回到學校教書。最後一章草稿也是用郵寄的。費正清寄來一封日期爲一九七一年二月十六日的信，表示他已收到，他在信中寫道：「我們目前有些忙。」由信中語氣顯示，研究所應該會很快聯絡我，也許就在數星期內。

但從此研究所久無音訊。四月時，我已浮躁難安。春假時我說服格蘭和我再去劍橋一趟，了解事情的真相。這次車子開到紐約高速公路上時，機械出了問題。車速不斷減慢，顯然是汽缸無法點火。情況非常危險，尤其是所有車輛時速都在七十哩或以上。我們的車子甚至可能完全停著不動。在塔卡尼克大道（Taconic Parkway），我設法離開高速公路，慢慢開到附近的維修站。起初我們以爲問題不過出在火星塞或電路，因此去餐館享受悠閒的中餐後，以爲可以順利上路。但我回到維修站後，經理搖搖頭。問題出在活塞。在引擎徹底翻修前，絕對不能開這輛車。他出價五十美元把車子拖到普吉西，我們可以坐在拖曳的大卡車中。我們別無選擇，只好接受。幾天後，普吉西的福特經銷處告訴我們，汽缸和引擎都沒問題。原來我們沒有讓車子停在車庫，反而在戶外長期承受滾燙和冰凍天氣的輪番折磨，部分電線已經腐爛。「也許這就是徵兆，」格蘭說：「我們根本不應該去那裡。」回想起來，她的宿命論調不無道理。

我無法直接找到人，於是打長途電話給余英時，請他幫我詢問文稿下落如何，他的回電不是太樂觀。他去見費正清博士。費說，由於我的研究屬於經濟學的領域，於是他們的經濟學專家杜艾特．柏金斯（Dwight Perkins）博士有決定權。余去問柏金斯，他又說我的文稿包含一些有用的資料，但卻有「很多結構上的問題」，需要大幅修改。但他沒說如何修改，也沒說他何時會處理。

我憂心忡忡。像哈佛這種知名學府設置區域研究的指導小組時，如果是以跨學科的委員會形式，就必須尊重專家的意見，研究所當然不能出版委員認爲可笑的作品。我還得知，將研究經費撥給我這種外人，不完全是出於無私的理由。獲得研究經費的學者可以得到財務支援，利用哈佛的資源，而哈佛教職員在指導外來研究者時，也可以獲得不同面向的經驗，更不用說著作出版時，功勞會歸於他們。基本上我一點也不反對這樣的安排，因爲對我也有好處。我不曾想過去哈佛挑戰任教教授的權威。但研究所要柏金斯指導我，卻對雙方都沒有好處。

柏金斯自己的主要著作是研究當代中國的市場管制，我對這個主題不熟，相當尊重他的專業。但他認爲帝制時期的中國也可以用計量經濟學來解釋，正和我自己的經驗相衝突。我第一天到費正清博士的辦公室時就說，如果我們可以確定明代管理者寫下數字時的依據何在，就算我們運氣好。要找到兩套具有比較價值的不同數字已經夠難，更不用說是可以用統計學來處理的兩套數字。但對柏金斯來說，如果沒有附帶指數或不能進行回歸分析，就是「印象派」，這個標籤多少帶著不屑的意味。兩個意見和性情完全相異的人很難共事。我問費正清，他是否可以把我的研究歸類成一般歷史，不是經濟歷史。也就是說，明代政府財政如果不屬於經濟學的範疇，我就可以請教班傑明·史華慈

（Benjamin Schwarts）或楊聯陞，而不是柏金斯。但建議沒有被接受。不過我也了解，費正清博士一定有他的難處。

使問題更複雜的是，我已經看完一百三十三冊的《明實錄》。這個資料來源和我研究主題的相關程度，只有我自己了解。當然我要小心翼翼，不能假裝自己是專家，以其他沒看過的人要閉嘴聽我說。然而，每當我提出異議指出，在我特殊研究領域的對照之下，別人的勸告並不實際，我就會被視爲高傲自大。我別無選擇，只好引用更多資料來證明，這反而顯得我更傲慢。我曾兩次到柏金斯博士的辦公室去拜會，都受到熱誠的接待。如果我們有時間先認識，以從容和私下的方式來處理我們的問題，或許還有一點點機會化解歧異。然而，以研究所排定的步驟來看，我必須面對不具名的評論人，讓我彷彿和自己對打拳擊一樣。紙上的辯論永遠不可能縮小意見的差距，反而只會擴大。

上一回和不具名的評論人打交道，是爲我的大運河立場辯護。我在文稿中提到，對振興明、清的經濟而言，大運河作用很小。評論人的批評非常強烈，他將大運河比成現代的鐵路幹線，要我考慮其正面效益，不要只談負面。對他而言，大運河在經濟上「扮演重大的功能」。事實上，帝制末期時的大運河包括湖泊、急流和滿布沙洲的水道，到北方更借用兩條天然河流的河道，冬天時都會結冰。運河和黃河、長江交接時，只有政府船隻可以通過閘門。其他船隻都必須先卸貨，靠絞盤拉抬。一五四八年，一個日本外交使節團在運河入口等了十六天，由五隻船組成的船隊才得以從長江轉到運河。在運河的中段，不到兩百哩的距離內出現三十八個閘門。這些閘門只有十二呎寬，必須常常開開關關以適應水位。在一六四三年，水位只有一呎高。即使在滿清極盛時期，西方觀察家注意到，水位也不超過四呎高。從南部來的穀物需要用一萬兩千艘船來運送，來回一趟通常要花一整年的時間，包括冬季運河結冰時。如果將這些船從頭排到尾，總長度相當於從長江到運河北部終點的十分之一長。如此費力運來的補給品，基本上是供養一大群從事儀禮等不具生產功能的官吏。種種證據顯示，如果我專注於運河對國家經濟的正面影響，我就是和現實脫節。我必須如此下結論：明代放棄公海上的運輸，轉而由內陸運送補給，只會加強農業官僚對中國經濟的控制，對國家經濟本身卻只有負面的影響。如果大運河扮演一絲一毫的鐵道功能，中國經濟史就會迴異於我們今日所讀，尤其還加上四百多年來的累進效果。

我不知道誰是那位不具名的批評家。我只知道，我們的爭論消失於通訊中。校外的評論人確實存在。我到劍橋時，大家都知道，有一份思想史的文稿被哈佛東亞研究所積壓三年之久，原因就是校外權威人士的強烈批評。最後作者運氣不錯，評論人忽然去世，讓他的出版再無障礙。還有其他類似的故事，點點滴滴令我背脊起了一陣寒意。

我多希望在我還沒領到研究經費前，研究所就規定我必須和指導我的專家談一談，如此一來我必定會三思後才到哈佛！現在我連這種想法也說不出口，我不但領走一萬美元，而且錢也花掉了。我自己的準備工夫該怎麼辦呢？說到準備工作，我已經花了數年的研究時間，而且還動用其他的財務支援，更不用提內人的犧牲。我也希望，柏金斯教授可以解除指導我的負擔。我們意見不合，這絕不會增添他生命中的樂趣或舒適。

然而，他批評我文稿不夠工整，需要重整，真是個壞徵兆。在正常的情況下，批評不過是要求完美而已。由於他的專長是計量經濟學，我知道雙方的基本差異在於處理主題的手法不同。柏金斯要求研究生交論文時，必須有數字資料，而且可以從數字中引出結論。哈佛的學生時有怨言。尤其對我而言，明代的稅制是個多面向的問題。其他人當然可以從不同的角度著手，但對我來說，要把難以馴服的動物抓進籠中，目前的組織方式是唯一方法。在經過生死博鬥後，我不喜歡聽到沒有捲起袖子和我一起努力的人指責我，籠子的設計不夠美觀，鐵欄的間隔不夠整齊等等。我有我的缺點。先接受別人不公正的意見，後來再試圖影響批評者，這不合我湖南人的脾氣。

更令人不安的是，文稿可能從此不見天日。自我重整思緒以來，已經過了八個月，每個月我都把副本交到研究所。一月時我寫給費正清博士一封信，請求研究所「整體評估作品內容，決定計畫的狀況」。到二月我又寫信，保證接到通知二十四小時內馬上到劍橋，以回答相關的問題。但研究所毫無回應，我只好請余英時替我去了解狀況。但是，雖然有回應，但也是含糊籠統，相當負面。爲什麼柏金斯博士不通知我，他可以接受部分素材，但整體需要翻修？此外，余英時替我詢問後，劍橋還是沒有片言隻字的回答。如今當然人人都很忙，而且很難要人去做一件違背個人信念和任務的小事。

我應該去別地方試試我的文稿嗎?英時不曾公開鼓勵我去做，但他也沒說這樣不行。他曾說過，東亞研究所曾經遇到領走研究經費卻不交成果的例子。如果沒錯，我也可以用不同的眼光來看研究所：把它當成慈善機構。研究所希望領取研究經費的人將成果收入《哈佛東亞研究叢書》，但這只是光榮和恩典，不是相對的義務。這樣說來，我設法安排其他地方出版我的著作就完全不算背信。出書絕對好過無聲無息消失的研究經費。

暑假到了，哈佛仍然杳無音訊。我將第一章的影本寄給英國的崔瑞德教授，詢問他出版的可能性。我數年前在一場研討會中遇到崔教授，他是很認真的漢學家，但讓我印象深刻的卻是他的樂天開朗，和他的娃娃臉很相稱。他此時的職位是劍橋大學的中文教授，也是《劍橋中國史》的兩位編輯之一（費正淸是另一位）。他的回答相當肯定，他說，雖然他不能代表劍橋大學出版社發言，但他們看到全部的文稿後，一定很樂意考慮出版。他還恭維我，說他自己從第一章草稿學到很多東西。我將他的評論視為我在學術圈所能得到的最高肯定，因為他以研究傳統中國的財政管理出名。事實上，費正淸推薦的那位專家建議我，要以崔的《唐代財政史》（*Financial Administration under the T'ang Dynasty*）爲範本。我認爲這個建議不切實際，因爲崔在書中宣稱，他的目的是概述唐代管理者遇到財政問題的理論面，不但唐代比我的研究主題早了近一千年，而且我要揭露的是管理的實務面。唐代管理的整齊明確植基於組織上的簡約，這點很合西方讀者的口味。這方面我絕對無法複製。在千年前的帝國，中國的經濟基礎是五穀雜糧文化，但千年後的十六世紀，中國卻深陷於生產稻米的複雜機制中。我曾提出這些不同點，但卻沒有用。崔瑞德教授應該是解決爭議的最合格權威。

我立刻將草稿其他章節的影本寄到劍橋，這次的反應更具鼓舞作用。崔瑞德說，他和劍橋大學出版社總編輯麥可・布萊克（Michael Black）已經接手這項計畫。他們同意，文稿無需重寫，段落文字不必刪除更動，只要「稍事潤飾」即可，也就是請人修訂語法和句子結構。他的結論是，這項工作在英國進行即可，不必在美國處理。

這絕對比我從哈佛得到的回應好太多。才不過兩個多月，他們已經讀過文稿、加以評估、決定編輯方向。在崔教授的最後來信中，他簽名的另外一邊有一行短句：「附本：麥可・布萊克」，也就是說，我的請求已變成承諾。不過崔瑞德警告我，如果想讓這本書被接納，必須經過劍橋大學出版社特別評議會正式核准。

到目前為止，我尚未以完整的形式，將註釋納入文稿中。我在每一頁左邊的空白做記號，標明注釋所在位置。大多數中文作品只用中文寫出，沒有翻成英文。崔瑞德表示，除非妥善加上註解，並增補參考書目，文稿就不算完整，出版社的特別評議會就不可能考慮。通知於八月時寄到，我剛教完暑期課程的一門課。當時大學印刷廠的影印機故障，整個紐普茲別無其他影印設備。我決定在蠟紙上打出所有的註釋、附錄和參考書目，再用油印機油印。這個工作比想像中複雜。我的書共有一千三百七十則註釋，大多數的註釋有兩、三項引文，有一個註釋就有十七則引文。每張蠟紙上可以打十二到十五個註釋，外加其他附錄，很快我就發現自己打了近一百五十張蠟紙。威妥瑪式拼音是中文音譯的標準系統，是相當特別的發明，融合數種歐洲語言的發音，但中文拼音卻沒有科學根據，或多或少是由威妥瑪（Thomas Wade）和賀伯特・翟理斯（Herbert Giles）任意決定的。但一旦被目錄學家採用，就出現在所有的書籍和卡片目錄上，成爲無可被取代的系統。（也因此，中華人民共和國今日所提倡的漢語拼音系統，雖然受到媒體和若干的現代出版社所採用，但在相當依賴書目的作品方面，卻無法取代威妥瑪式。本書也基於相同理由採用威妥瑪式。）對我來說，一個中文字應該拼成tseng或tsun，是個深奧的謎，ying和yin有時很難分辨。一個從威妥瑪式拼音開始學中文的外國人，中文音譯的功力恐怕都比我高。我必須常翻字典，檢查拼音，速度因而放慢不少。（最後我還是免不了十來個錯，但評論人全都注意到了，無一遺漏。）校對也很困難，必須把蠟紙舉高對著光，因此一天完成不超過二十張。謄打花了一星期的時間。油印每天謄打的內容時，已經很晚了，辦公室空無一人。我操作機器，格蘭負責裝訂整理。大學的警衛好幾次看到燈光，聽到噪音，他把總鑰匙插入鎖孔，沒通知就忽然闖入，離開時也同樣迅速，進出之間嘀咕著介於抱歉和抱怨的話。但是，至少有一個人能欣賞我們的辛苦和努力，崔瑞德教授兩周後回信，說增訂補遺的工作又快又有效率，他很快收到，深爲感動。

我們能做的都做了，現在只能等劍橋大學出版社的消息。我已告知余英時我在英國方面的聯絡，但都還沒對哈佛東亞研究所提這件事。我想，等書妥善出版，獲得肯定後，費正清博士肯定會諒解。也許到時我可以對他解釋，哈佛教授和我之間的歧異大到無法折衷，唯一能做的就是給雙方機會，看有什麼後果。不過，我還需要一點時間，才能公開提出這個建議。研究所忽略我的時間愈久，我的立場就愈有道理。我想我可以等到次年的二月，離我交出最後一章草稿剛好一整年，離交出第一章則是十九個月，這時我就可以寫信給研究所，請求撤回文稿，不會良心不安。沒想到，到了十月——再四個月就一整年——費正清博士來了一封信，詢問進度如何。研究所是否還欠我一份評估？到底是誰在等誰？這封信讓我有些擔心。

直到今天，想到一九七一年十月的這件事，心頭仍覺不安。這不是進退兩難的問題，而是不知如何面對費正清博士。在決策方面，我當時立場堅定，現在也不後悔。在他來信前，我已經決定書要交給劍橋出版，不交給哈佛。但他對待我如此有風度，我卻只能負面回應，既感爲難，更覺不安。數年後，我再度讓自己丟臉，恐怕也不會增進他的好感。當時我必須表達我和他意見相異之處，雖然先前已經告知他。平心而論，費正清博士是史界的奇才。我對他的感覺複雜多變。不過，在許多反應和感受之下，只要每次想到他對我和家人的仁慈，想到我那次在餐廳門口攔住他，請他准我在紐普茲工作，想到我的請求讓他想了數秒鐘，我的心中就會浮現一絲懊悔。

一九七一年十月，我只寫了三頁的信給他。我沒有提到崔瑞德和劍橋大學出版社，只告訴他，我的文稿已交給另一家出版社評估出版的可能，而截至當時的反應相當鼓舞士氣。一名編輯和一位專家已讀過草稿，都同意保持內容的原狀。我還沒收到肯定的答覆，但他們熱心到開始估算成本，尋求出版的可能。我在信中說，我對他個人深表感激，但我發現無法採行他推薦專家的意見。在該專家舉出的十四項建議中，我只能接受一項，而且還十分勉強。實際上，我簡直是在請求費正清解除我對研究所的義務。如果目前的情況持續下去，信中直陳要點，「只會延長所有相關人士的痛苦，遷延多年也無法產生任何有建設性的成果」。另一方面，如果他讓我繼續和這家沒有提到名字的出版社交涉，可能有兩種結果。一是也許他們決定不出書。在這種情況下，我的文稿就是大失敗，專家說對了，我們也可以省力氣。二是草稿可能有微弱的機會「像野菊花般盛開」，如此一來，「縱使移出你的庭園之外，你也會覺得高興」。我提醒他，我是他的「徒孫」，因為我在密西根大學修讀博士學位時，他的學生費維愷和余英時教授就是我的指導教授。

這封信投入信箱時，我如釋重負。我原以為費正清要不就准我假釋，要不就因厭惡而不再理我。不可思議的是，他的回信再度出乎我意料之外。他信上說，看完我的信，了解我的行動後，他和柏金斯商量過。既然我的文稿已經交給另一家出版社，他們也不願反對。不過，如果我的書稿不被接受，他希望我能再和他們談談。至少可以抽出一部分以「合乎時尚」的方式出版，也許題為《明代財政論文集》（*Essays on Ming Finance*）。無論如何，這實在寬宏大量到了極點。這個提議令人難以抗拒，我回信說，如果我被拒絕，我一定願意試著與哈佛重新合作。

嚴格來說，我的話不夠坦白。把我的書縮水以編入《哈佛東亞研究叢書》，讓我有很大的疑慮。我交出的書稿有五個圖解和地圖，二十六個表格。內容的絕大部分在討論土地稅和鹽稅，各章節點出稅制的架構和管理方式。此外，草稿中包含二十六種雜項收入，包括捐官、和尚道士的特許以及將勞役折合罰金等。文中討論爲何採礦和商業稅少得可憐，描述稅如何徵收及運送、銅幣如何鑄造、糧船如何打造等。支出的章節詳述軍餉如何供應、控制用水計畫如何管理、興建宮殿如何籌資等等。總之，這本書的長處在於完備詳盡，沒有理由加以刪減。如果省略部分章節，組織架構就會崩潰。事實上，費正清建議的書名《明代財政論文集》還出於我自己的用語。不具名的評論人一直說我的文稿不像單篇專論，像是未完成的論文，氣惱的我對費正清博士說，這些章節可以說是未完成的論文，因爲所有的歷史文獻，甚至像《國富論》或《資本論》都可以說是未完成的論文，完全看角度而定。但這不代表我同意將「未完成的論文」等字印在書的封面，也不代表我樂意看到新書名的內容分割碎裂。在此之前我對費正清博士一直很坦白，但他的這封信誠摯動人，害我無法粗魯地說，要我的書縮水付印絕不可能。我對他說，如果我的文稿被拒絕，我會立刻轉回劍橋找他和柏金斯博士，這樣算是對他說謊嗎？雖然文稿後來沒有被拒絕，但我這番虛僞的保證不會讓我的鼻子變長嗎？

我與費正清博士通信後，發現和劍橋大學出版社的合作不如預期順利。崔瑞德教授寫信通知我，我的文稿錯過出版社特別評議會的例行月會。之後他又帶來壞消息：由於我的文稿字數不少，圖表數字眾多，估算後的成本太高，他們正在尋找降低印刷成本的新方法。雖然出版沒有喊停的意思，但仍然等了好幾個月。一九七二年二月，我確定舉家遷往英國，跟隨李約瑟博士工作一年。我打越洋電話給崔瑞德，電話聲「叮咚、叮咚」響了幾次後，終於聽到他的聲音。我告知這個消息後，他以保證的語氣說：「那很好，你可以在這裡校對你的稿子。」不過，書的進度仍然沒有大突破。

我和劍橋大學出版社簽約，是在一九七二年十一月，這時我到劍橋已經三個月。書稿的「稍事潤飾」非常耗時間，雖然沒有刪任何一個句子，也沒有移動任何一個段落。編訂好的文稿送到印刷廠時，剛好碰到一九七三年和一九七四年的阿拉伯石油禁運，能源短缺，英國全國工時減半。後來又發現其中有一些中文的罕見字，無法在英國付印，於是從香港訂字型，寄來時又發現部首錯了。因此，我的書喪失在「隊伍」中的位置，也就是在印刷廠的印書順序名單上不斷往後挪。等到《十六世紀明代中國之財政與稅收》出版時，已經是一九七四年的年底，離我完成文稿已超過三年半。

這本書可以算是成功，也可以算是失敗。從現代的觀點來看，它不是這個主題最好的一本書，也不是最壞的一本書，甚至不是較好或較壞的書。到今日為止，它還是所有語言（包括中文在內）同類型中的唯一一本。此書出版七年後，出版社將價格從每本二十五美元調高到五十五美元。結果只賣出八百五十本。我建議出版社，將倉庫中印好但還沒裝訂的書頁改成平裝本出售，但沒有得到回應。在台灣，這本書的盜版每本只賣四美元。

書評家對這本書已經夠慷慨大度，專業期刊已經給予夠多的肯定，我無法要求更多了。在荷蘭、英國、香港和美國，書評稱讚這本書「有原創力」、「光芒四射」、「勇氣十足」、「值得讚賞的開路之作」、「歷史典籍」，甚至「經典之作」。正如某位書評家所說，我應該覺得好評足以彌補我「投注的所有辛苦」。我以不尋常的手法切入主題，沒有引來任何抗議，但即使是技術上的缺失也沒有逃過批評。

十年後的今天回顧，我對這本書並沒有完全滿意。首先，有些表格中的數字是徒手算出來的，有些則是用手操作的機器。如果可以擁有今日高中生的電晶體計算機，效果會更加精確。其次，我當時仍然覺得，學術出版品應該專注於專業的範圍內，因此不敢宣稱，書中引用的數項因素和現代中國歷史息息相關。一九八〇年，加州大學洛杉磯分校的黃宗智（和我沒有親戚關係）教授到中國，花了一年的時間研究十八世紀和十九世紀的農村經濟相關檔案。他的初步報告顯示，農業幫手通常來自於社會背景類似的農民家庭，但致富的原因不在擁有大片田產；家庭間的借貸是村落間的重要商業活動，尤其是親朋好友間；徵稅都是由上往下施壓，不是由下而上自願配合，因此地方官員總會和村落的小官吏起衝突；無論是哪裡，大地主都很稀罕，但很多小自耕農卻沒有自己的土地。如果我早十年可以看到這份報告，我的立場將更形強化。我會更加肯定指出，農業官僚管理的種種後果早在兩、三百年前就已出現，而且是中國現代化的核心障礙。同樣的情況持續到二十世紀，一再出現在下列學者的研究中：卜凱（John Lossing Buck）、多艾克．巴內特（Doak Barnett）、楊懋春（Martin C. Yang）、悉德尼．甘寶（Sidney Gamble）和威廉．辛頓，尤其是辛頓。

中央集權的政府決定直接從個別的自耕農徵稅時，爲了本身的利益，必須維持納稅人口的數量。政府唯一要做的事，就是將法律機制納入傳統的架構中。地方官掌理的訴訟案基本上是家族間的小糾紛，地方習俗和社會價值大大減弱財產權的觀念。我撰寫《十六世紀明代中國之財政與稅收》時，雖然費正清博士推薦的專家提出建議，但我覺得沒有必要去分析財政與貨幣政策，以了解兩者對經濟的影響。我列舉政府歲收來源，這些來源的相對收入及管理支出的過程。在相當長的一段時間內，這些模式一再重複，讓我對當時的國家經濟有相當精確的認識，尤其是其服務水準。在美國獨立宣言前夕之際寫作的亞當斯密，對中國有相當正確的觀察。他說，中國數百年來達到文明的高峰，但再也無法突破，一定是由於結構的因素，國家的法律防礙財富的累積。不過，所謂的防礙倒不一定是出於積極的禁止。對中國這樣一個土地廣袤而海岸線較短的國家，民法中並沒有商業法，政府運作又排除商業因素，這些原因就足以阻礙資本的形成。少數的有錢階級不論是土地或流動資產多，不論致富原因是在朝爲官或財運特別好，都沒有辦法持久，因爲他們無法以有秩序的方式進行多邊交易。政府本身也沒有促進投資的收入或服務措施。

明、清的上述條件有助於長時期的穩定和文化凝聚，卻犧牲中國的長期經濟利益。平等精神雖然盛行，但全國卻邁向土地日稀，人口過多。更糟的是，公眾生活中很少出現法律和商業的聯繫，無法用來推行現代化活動。等到中國喪失非競爭地位，所有的弱點全都暴露於外。革命分子必須套用馬克思主義來改造整個社會，不但為時已晚，而且相當矛盾。中國實施馬克思主義的原因很簡單，不是因為中國夠成熟，已經符合《共產主義宣言》的時間表，而是因為村落單位殘存的互相依賴條件逐漸瓦解，讓中國縮短全面整頓的時間，戰時動員和其後的改造就是新的開始。毛澤東的崛起不在於他能力過人，而是因為他有辦法掌握自然經濟運動的趨勢。

不過，直到一九七一年之前，我仍然認為明清兩代的制度包含著荒謬的成分，尤其在中國前幾個朝代財政上採取行動主義的襯托之下，宋代就是一個例子。但是，等到我檢視之前各朝代（包括宋代）的失敗原因後，我才了解到，明代財政管理雖然在我們眼中顯得愚昧短視，放在歷史的全貌來看，卻更正了前人的錯誤。因此，我們回溯歷史時會感到訝異，因為許多荒謬的情況往前追溯時，都是當時開始合理化的里程碑。就人類歷史長期的合理性而言，我們認為是絕對真理的事，可能逐步降成相對真理。

然而，如此長的縱深已超越我著作的範疇。《十六世紀明代中國之財政與稅收》可以算是失敗之作，原因是沒有達到作者的有限目標。目錄學家照例把這本書編入名單中，學術刊物會援用對瑣碎項目的結論。除了他們和書評家以外，我懷疑這本書是否有實際的讀者。前陣子伍渥德（C. Vann Woodward）在《紐約時報書評》中指出，學術界人士出版作品，不過是爲了和同行溝通。伍渥德教授所指涉的無疑是研究美國和歐洲的歷史學家，但研究中國領域的學者可不然。他們競相自稱爲某一個沒聽過領域的專家，忙得不肯注意綜合領域的發展。將別人的主題引入自己的作品中，還會被視爲自貶身價，顯示作者低人一等。學者也不必去注意偏離自己研究主題一百年以上的領域，所以我的書激不起任何漣漪。據我所知，沒有一本教科書的作者認真思索過，我所提出的社經狀況對現代中國有無影響，而許多不可思議的事繼續出現在教科書中。自從《十六世紀明代中國之財政與稅收》出版以來，我已收到許多博士候選人的來信和長途電話，詢問特定問題。他們的指導教授認定我是知道答案的專家。無一例外的是，答案全在書中。最近有一位研究生問完她所讀的相關問題後，對我解釋，由於她是治思想史的學生，所以沒有看過我的書。我非常想提醒她，帝制末期的財政管理不只是政治經濟，也是思想的產物，當相關的技術指標一再出現時，她應該可以察覺其含意。但最後我還是沒說出口。除非我的訊息能普遍傳布，否則如果只傳達給她，可能讓這位年輕學者承擔不應有的重擔，而她還必須努力奮鬥以獲得肯定，而且一定是透過前人不曾挖掘的題目，那還用說。

劍橋，英國

英國的劍橋是個特別的地方。

他們總會告訴你，這一部分的建築興建於伊莉莎白時代，相當於中國的明代，那堵牆的時間還要早兩百年，接近於元代。這些故事都只能聽一部分。沒錯，許多建築的確像舊版畫中的圖案，像是霍蒙德（Homond）地圖的細部。但原來的建築不可能完整保存這麼多年。如果結構沒有翻修過，大多數的磚牆一定更新過，甚至更新多次。直到今日，工人還在這個地方的牆上打洞，埋水管或電線，在那個地方整修大門。晴天時，你會看到他們在換修國王學院牆垛上的水泥碉塔，連上方與天際交接的葉飾和下方的縮尺山形雨遮都一併更新。無疑地，每個碉塔都一樣，因爲不管他們做什麼，都會遵照原有的設計，連最小的細節也不放過。時間一久，新的碉塔也會融入舊塔蒼黃苔綠的色調中。如此一來，他們可以一點一滴、一日又一日地更新整個大學城，將中世紀的氣氛保存到二十世紀及未來。

一九七二年秋天，我們抵達劍橋不久後就聽說，爲了供應彼得市（Peterborough）和列斯特（Leicester）磚窯的材料，東安格里亞大片地區的上層土經年累月以來已被刮走一大層。也就是說，在這個任何地點距海不過百哩的國家裡，一切都要保守因應。老舊建築不能斷然拆除，任意代之以摩天樓。因此，事事都必須彼此相容，原則上要避免極端的改變。修道路時，就像外科手術一樣，一開始只能鑿開幾平方呎的路面。補完路面後，蒸汽壓路機發出「衝衝衝」的聲音，來回壓到路面分不出新舊爲止。大多數的街道上舖鵝卵石。在聖約翰學院前，街道迴轉，險如髮針。起先我以爲連開車都很難，但雙層巴士卻通行其間。我要親眼看到才敢相信，巴士彷如龐然大物行駛峽灣之間，兩旁都有商家，但司機從容悠哉，車輪連人行道邊都沒擦到。這時我已察覺，在美國生活多年已加快我的生活步調，我們不太習慣這裡的從容不迫。一篇文章指出，在劍橋的商業區，汽車時速通常爲十二哩。在美國城市就不可能。如果美國的駕駛速度如此慢，後方的喇叭聲一定不絕於耳，有些人可能還會大叫：「老兄，快點走行不行？我們可沒有時間等你一整天。」

但這裡是英國，生活中還有許多不慌不忙的優雅層面。開車接近圓環（英國人稱爲roundabout）時，是相當愉悅的經驗，一定會看到園丁在工作。他們幾乎整修每一吋地表，每個月都布置新的花。在靠近約夏．泰勒（Joshua Taylor）的小店裡，可以用合理的價位修理便宜的手錶和照像機。格爾太陽眼鏡的框架壞了，是在離凱思學院不遠處修好的。在美國，他們一定會叫她直接把眼鏡丟進垃圾筒。在短街（Short Street）後方，一家商店掛著招牌保證只要「你等一下」，他們就會修好假牙。在我們住的桑葚空地（Mulberry Close）的後街，我們看到一名垃圾工人拆解一輛車。他把零件浸在煤油桶中，洗得乾乾淨淨，再用手中的工具拉直部分零件，最後再全部裝回去。這樣水準的工匠技藝，在過去二十年的美國已經看不太到了。

「抱歉，我們的經濟很原始。」房東太太指點我們如何使用暖氣設備時，向我們道歉。她可以不必這麼謙虛，因爲我半輩子所經歷的生活條件更有資格被稱爲原始。至於暖氣設備，格蘭不覺得不方便，反而覺得有趣。暖氣設備分成兩套裝置。蓄熱器在非顛峰時刻插電，以利用較便宜的費率。蓄熱器內部的油料和耐火磚可以吸收能源，晚上天氣變冷時再散發熱氣。另一套裝置則在壁爐下方的有蓋水槽，大小相當於大茶壺。水不用自己裝，而是用電動幫浦抽水。打開壁爐架附近的開關，等「嘩嘩嘩」的聲音減弱時，水槽也差不多滿了。再來就點燃壁爐中的煤，但不是用火柴點，而是用一根長約兩呎的鐵棒，鐵棒另一頭是彈性的鐵線，連到瓦斯管。點燃後發出噴火的聲音時，再插入煤堆約十五分鐘，如果出現藍色火焰，表示煤碳已經點燃。此時就可以將鐵棒上的火熄滅，放置一旁。除了樓下會感受到壁爐的溫暖以外，水槽的熱氣還可以透過和義大利麵差不多粗細的管子，接到樓上臥室的迷你散熱器，多少散發一些暖意。在英國寒冷的冬夜裡，以這兩套裝置種種零件組合來說，雖然不是最有效的方式，但也達成了保暖的目的。

我們和大多數的美國家庭一樣，剛住進來不免有些怨言。家中的電冰箱似乎太小，尺寸差不多等於床頭几。我們每天必須推著菜籃車一、兩次，到附近的雜貨店去採購。傑夫當時五歲，就讀米爾頓路上的「幼兒學校」。校方不提供校車，也不鼓勵兒童在學校吃中餐。理論上母親們每天要接送子女四趟，除非能找到年齡較大的學童陪著上下學。遊客必須準備好面臨觀光的不便之處：劍橋的店家白天並不是隨時開著。有好幾次我們逛街逛到錯過午餐。在下午兩點半到黃昏之間，沒有一家餐館會營業。大多數小店中午也都休息，他們拉下窗戶內側的窗簾，掛上「外出午餐」（Outspan）的通知。當然了，星期日絕對不做生意。

但另一方面，郵差每天騎腳踏車送兩次郵件，如果有掛號信，就再送一次。地方上的郵局就是鄰近的菸草糖果店，幾乎都在步行的距離之內。行人仍然享受相當大的行動自由，遇到斑馬線時，車輛都必須禮讓。我們太常聽說中國有很多腳踏車，但是還沒有人寫文章介紹劍橋的腳踏車和摩托車。這裡有各式各樣的單車騎士，包括身穿運動外套、頭戴比賽用頭盔的祖母級騎士。工人利用這種兩輪的運輸工具運載各種想像到的物品：工具箱、梯子、甚至木材。有一次我們還目瞪口呆，看著一個單車騎士載著一大片玻璃。

無可懷疑的是，英國人的性格在此處顯露無遺，至於是哪種性格，我們也說不清。看看計程車司機吧。我們所搭過的計程車中，沒有一位司機會先開口引起話題。如果你從奧伯瑞路（Aubury Road）搭到川平頓路（Trumpington Road），打算不發一言，司機先生絕對沒意見。他會靜靜地開車，絕不破壞雙方的緘默。但是如果你決定聊聊，你會發現他和全世界任何地方的計程車司機一樣健談。你只要洗耳恭聽，讓他滔滔不絕，聽他不時省略、拉長、甚至含糊帶過句子中的音節。對所有的司機來說，五便士還是叫做一先令，一英鎊叫做「女王」，因爲紙鈔上印著伊莉莎白女王的頭像。

在這個地方，禮節無所不在，很多小地方都看得出來。舉例來說，離我們兩條街遠有一家肉店，老闆自稱「你的家庭肉商」。但這絕非不實廣告，他的行動足以證明。他個子不高，灰色的頭髮梳得整整齊齊，衣著總是乾淨俐落，身穿白襯衫，打領帶，繫著一條沾有血跡的圍裙。即使買得再少，他一點都不嫌煩。他會替你切一塊只有四分之一磅的牛肉，無論切丁切絲，悉聽尊便。他工作時總是全神貫注，技藝高超。他的感謝自然而然流露，毫不勉強。你開口買肉、他遞肉給你、你付他錢、他找你零錢，每個步驟他都要謝你一次。爲了避免單調，他還多次低語「非常感激」。

「真好！」我們印象深刻。

對美國遊客來說，英國是個旅遊的好地方：氣候溫和；多樣化的文化活動讓生活更多采多姿；對非語言學家來說，沒有語言障礙。而且，我們觀察到，劍橋現代化的舒適程度只比美國差一級，但價位卻合理很多。最重要的，我們遇見的每個人都是氣定神閒，彬彬有禮，知足又從容。得到以上結論的同時，我們讓自己變成特別的觀察家：美國觀光客。

我接到李約瑟博士邀請參加他的《中國科學與文明》計畫時，是一九六七年七月。當時格蘭和我新婚未滿一年，小兒傑夫只有兩周大。我們正要從白原（White Plains）的老瑪瑪羅內克大道（Old Mamaroneck Avenue）搬到紐普茲，因爲我剛獲得州立大學歷史系副教授的教職。

在過去兩年，我一個接一個認識美國頂尖的漢學家，速度快如連鎖反應。起初我結識賀凱教授，他介紹我認識哥論比亞大學的狄百瑞（William Theodore de Bary）教授。我參加他們的明代學術研討會，每次都寫一篇文章登在會後的論文集中。狄百瑞又安排我參與富路德博士的《明代名人傳》計畫，爲時一學期。到了夏天，我參與的部分完工，我期望重回教職，完全沒想到這時會接獲從英國劍橋來的邀請。

李約瑟的信裝在不起眼的信封內，沒有寫寄信人的地址，凱思學院的淡紅色郵戳也不明顯。乍看之下以爲是大量郵寄的廣告信函，但等我打開，看到第二頁寄信人的簽名，立刻飛快看完全信，非常興奮，不禁對格蘭宣布：「有人邀請我們去劍橋！」

「現在？」她問。

「三到五年後。」

在這封信中，身爲皇家學院院士、英國學士院院士、凱思學院院長、《中國科學與文明》作者的李約瑟博士說，他從富路德博士處得知我的姓名和地址。他還客氣地問我是否聽過他的系列叢書和計畫。他正在著手第四卷的第三部分，接下來的數卷會花上數年工夫。但一九七○年後，他應該會認真計畫寫最後一卷。他的問題是：中國很早就將自然科學的知識應用於人類的需求，比西方還要早一千四百年，但為何沒有比歐洲早發展出現代科學呢？在社會和經濟的背景因素中，一定可以找到答案的線索。他問：「我正在想，也許在進行最後一卷時，不知你有無可能來這裡加入合作者的工作？」

我回信中答稱，我能獲邀加入他的計畫，深感榮幸。我當然很高興有這個機會，很樂意成為被考量的人選。他其實可以不必介紹自己和自己的計畫，他博學多聞，作品質量皆驚人，已經成為我們領域中學術的代名詞，在這一行裡人盡皆知。我隨手引用幾段《中國科學與文明》中我最欣賞的段落，因為其中對中國思想和中國文化有深刻的見解，我也常在學生前引述。但在他認真考慮我的參與之前，應該對我再多認識一些。原來李約瑟博士曾擔任英國大使館在重慶時的科學參贊，在第二次世界大戰期間對中國有第一手的了解。國共內戰後，他在道義上繼續支持中華人民共和國，並指出社會主義路線是中國的最大希望。他公開宣稱自己是「左派分子」，英國參加韓戰時，他也公開反對。他參加的一個國際委員會證實，美軍曾在韓戰時進行細菌戰，英美兩國政府一度很不歡迎他。就我所知，這些爭議都已隨風而逝。我自己早就學會接受發生在中國的事，但我的國民黨背景不會讓他為難嗎？在我以前謀職和申請研究經費的過程中，我的政治經歷從來不成問題。但我想李約瑟博士應該知道我的背景。所以我告訴他，我曾在蔣介石的軍隊中擔任軍官，而且為期不算短，我也是美國陸軍參謀大學的畢業生。我吐露這些事實後，又自承我可以在短時間內瀏覽中國的古文典籍，勾勒其要點，但是生性魯莽，極度專注細節並非我的長處。

我在紐普茲接到李約瑟博士的回信，筆調輕鬆愉快，顯然已接納我的告白，我的國民黨背景一點也不會困擾他。至於我的急性子，他很有風度地說，他做研究時也是一樣的。幾天後我又收到一大包印刷品，其中包括他投稿登在雜誌上的抽印本、演說、書評、以及一本《中國科學與文明》的內容簡介。他對我簡介他的研究手法、他的風格和他的史觀。我們就此持續了好長一陣子的通信，直到我在一九七二年秋天踏上劍橋的鵝卵石街道爲止，離接到他的第一封信已超過五年。

藉通信交換意見不無幫助。但讓我相信「院長」——我和李約瑟博士熟識後，我們家人都如此稱呼他——和我在很多方面看法相同的關鍵因素是《翻身》這本書，作者是威廉・辛頓。該書平裝本的封面上有李約瑟博士的推薦辭，對象是給那些想了解中國革命的人。自從平裝本問世以來，我就要求修當代中國歷史的研究生和大學生，在翻開教科書前，要看完這本書。

威廉・辛頓是一名牽引車的技師，在第二次世界大戰後被聯合國救援重建組織（Relief and Rehabilitation Administration）派到中國來。國共內戰爆發，牽引車的零件和汽油的供應中斷，辛頓被困在共產黨控制的地區內。他改到華北大學（譯按：正式名稱為華北聯合大學）教英文，這是一個和共軍有關的「游擊隊組織」。一九四八年春天和夏天，中國的內戰進入最關鍵時刻，大學實際上已經停課，教師和學生被編組成訪問團，到共軍占領的重要村落，和地方黨工相處，注意和指導已經進行一段時間的土地改革。身爲觀察員的辛頓先生，前往一個他稱爲「長弓」的村落。《翻身》融合他的長篇訪談和個人回憶，並收錄他注意到的報告、指示和其他文件。這本書依時間先後順序排列，但不時穿插著倒敘，內容相當多，超過六百頁。全書涵蓋的期間是從抗戰勝利到一九四八年，前後約三年，接近內戰的總持續時間。

長弓村擁有「兩百多戶人家」，「人口共一千人」。村落在山西境內，位於中國旱災和饑荒密集地區的核心，貧窮和艱困的生活構成村落背景的重要因素。長弓的最大地主不過擁有二十三英畝的地。中國農村最典型的商業交易成爲本村的例行公事：農民將規模已經夠小的土地當成借貸的擔保。高利貸盛行。鄰居親戚彼此雇用當短期的幫手。長弓的基本問題和其他無數的村落一樣，在於人口過多，而可分配的土地和天然資源不足，但整個地區仍必須自給自足。村民因此沒有選擇，只能遵照古老的傳統，就是剝削弱者，除非自己願意等著被剝削。有錢人其實不是太富有，但窮人根本毫無稍事喘息的餘裕，稍微不小心，下場就可能是饑餓和死亡。書中的描寫讓我想起孫中山先生的意見：中國的問題在於普遍貧窮，不在貧富不均。中國的有錢人還不一定比得上西方的中產階級。

但是，《翻身》中的一些段落也讓我驚覺自己的無動於衷，這也是國民黨的毛病，甚至孫中山也不例外。問題在於，貧富嚴重不均時，例如在許多已開發國家，其實並不是太嚴重的問題，前提是窮人的生存不致受威脅。但如果貧富的差距就是生死之別，即使是貧富差距不那麼明顯，也會構成最嚴重的問題，亟需立即改革。我們國民黨這邊的人大可以說：長弓的一切不是我們的錯，千百年來向來就是如此，完全是共產黨小題大作，以利他們掌權。事實上，他們持續戰爭行為時，我們的國家經濟被破壞，全國永遠沒有重建的機會，而他們竟然還把全部責任推到我們身上！村民不曾聽過我們上述的辯白，即使有，也絕不會同情我們。只要我們象徵「法治」，就是支持現狀，因此就是站在剝削者和壓迫者的這一邊。我們所提出的現代西方生活水準，對他們毫無意義，這裡畢竟是中國的山西。「快淹死的人有暴力傾向，」辛頓警告。他證實「人們提到過去，沒有不哭泣的。」

一九三八年，長弓村落入日軍之手。七年後的抗戰勝利日當天，村落是由一連日軍支持的「偽軍」所看守，被共產黨非正規部隊輕易解除武裝。在《翻身》中，國民黨軍隊從頭到尾都沒有接近村落，但在每一章節中，由於美國帝國主義分子的撐腰，蔣介石和軍閥省主席閻錫山的高大黑影簡直無所不在，呼之欲出。國民黨即將展開報復的威脅，無論是真是假，剛好形成迫切需要的壓力，推動土地改革計畫。

辛頓描寫共產黨時，夾雜黨派的熱切，但他風格不失坦白幽默。他不遺餘力，描述被派去當運動尖兵的農民領袖貪得無厭，心胸褊狹。他也不隱藏某些黨工冷血無情，總是高唱官方路線，帶著神聖不可侵犯的權威語調，一舉一動有無數的教條當後盾，但實際上立場卻搖擺不定。但全書最動人之處在於，受過教育的年輕人在投入這個大融爐時，所進行的自我探索。他們和村落裡擁有土地的剝削者同一階級，眼看著這些人被清算，但在他們參與的同一運動中，他們的父母很可能在別的省被清算，甚至火燒皮膚，被強迫說出隱藏的資產，更不用說有無數人被活活打死，或是被迫自殺。書中有一個年輕人因此發瘋，其他人則徹夜難眠。

這些年輕人爲何讓自己身陷其境，需要簡短說明一番：就學理上來說，中國一百多年來的問題在於從傳統社會轉變成現代國家。但問題沒這麼簡單。傳統社會是文化導向，現代國家卻一定要由經濟學辭彙來主導。兩者之間毫無關連，無法有過渡期。

毛澤東和共產黨能做什麼呢？嚴格來說，他們的任務必須爲非歷史性，必須超越中國的歷史經驗。但他們都是務實的革命分子，一定會從現有的材料和工具著手，不可能從想像和幻夢出發。在中國，有一群蠢蠢欲動的年輕男女，因爲戰爭而流離失所，對國民黨和美國產生幻滅，憂心祖國在世人眼中的悲慘地位，願意盡一切力量來改變這一切。中國還有許多只能成群管理的不識字農民，可以誘之以小利，但必須除去初期的膽怯心理。這些狀況造就了毛派思想。

當你想移開厚重難以撼動的物體時，你需要槓桿。當科學家進行實驗時，他們會控制環境，將觸媒加入試管中，嘗試加速、減緩或逆轉所觀察的自然過程。革命分子迎接最大膽的挑戰，將他們的生命投入形形色色的社會實驗試管，爲什麼不能動用人爲的方式呢？

毛派思想並非神祕古怪、不可捉摸之物，它提供革命分子所需的槓桿和化學觸媒，就從歷史書寫開始。在一九四〇年代，一些毛派歷史學家大膽重新詮釋中國歷史，其中以侯外盧、范文瀾和翦伯贊最爲有名。起初他們的意見紛歧，後來逐漸形成共識，將整個帝制時期到鴉片戰爭歸爲封建時期。不過，其間有一例外。在明代末期，曾出現類似「萌芽的資本主義」。這個本土的資本主義不曾茁壯，更不曾開花結果，原因是封建勢力反撲和外國勢力干涉的雙重阻礙。真正的轉捩點是鴉片戰爭，將中國導入「半封建、半殖民」時期。他們的企圖很明顯，打算把中國歷史的動態循環轉變成馬克思的直線進展。根據他們的理論，所有的國家都必須經歷階梯式的發展，從奴隸社會到封建主義，到資本主義，最後到社會主義。但新史觀如何和共產黨策略結合（包括辛頓書中提到的土地改革計畫），當時還沒有這麼清楚。

讀者要記住，在第二次大戰結束前，中國之再生必須繫於農村改造的態勢已逐漸明顯，雖然在國民黨這一方的我們仍然拒絕接受其必然性。回顧過去，土地問題已經變得盤根錯結，嚴重到必須訴諸最後手段，也就是全面禁止私人擁有土地，而單單這一點就足以引發全面的大整肅。但對共產黨而言，要推動如此劇烈的改變，必須先激起農民渴求土地的胃口，革命初期才可以動員活躍的多數。階級鬥爭就是槓桿。同時必須啓發愛國心切的年輕人，讓他們擔起運動的領袖角色。歷史直線進展這個意識型態的膠囊就是化學觸媒。他們會運用意志力去相信，只要奮力一擊，中國就可以趕上西方，中產階級的階段發展可以完全略過。中國在四百年前早已嘗試過萌芽期的資本主義，此時不需要再從零開始。

以革命主張的標準而言，這套主張相當有效。所有的國內敵人都可以被稱為封建餘毒。為了避免革命受到外國的干涉——可能來自於人道關懷、對國際法的不同解釋或是真正的利益衝突——歷史學家把所有的可能全放在一起，全視之為殖民主義者的陰謀侵略，既邪惡又多管閒事。辛頓曾任教的華北大學校長范文瀾，寫了一本教科書，指出美國是最明顯的殖民主義強權，原因不在其實際的行為，而在於具備龐大的侵略潛力。如此已截然劃分戰線。雖然《翻身》中宣稱的危險和風險可營造緊張的氣氛，但這本書也可被視為在隔離病房中進行外科手術。

中國的土地問題一旦成為純粹的內政問題，階級鬥爭的主題就更具正當性。以前是普遍貧窮，現在可以強調貧富不均。村落內種種商業行為——已進行了千百年的交易行為——全都可以說是「封建剝削」，毫無辯論的餘地。大多數在抗日期間加入共軍陣營的年輕人，例如王適方（見本書一九三頁至一九九頁），並不清楚革命主張將帶領他們走向何處。內戰爆發第一陣槍響時，他們可以重新經歷老共產黨員二十年前的生活，正如毛主席所說：革命是骯髒的事，革命分子必須用手去掌握嚴酷的現實。

我持續和李約瑟博士保持通信。一九七〇年，第一個「警戒日期」來臨時，他寄來一封信：「請牢牢記住我們的約定，你將來此地研究中國科技發展的經濟與社會背景。」同年二月，我收到一本他的最新著作《大滴定》，這時我已相當清楚院長的史觀。他稱唯心派的史學家爲「主觀論者」，唯物派的史學家爲「現象論者」。他認爲自己大半時間是現象論者，但常提醒自己不要輕信任何思想學派。別人曾建議他，不要把中國科學視爲現代科學的「失敗原型」，而應認真考慮陰陽五行等理論是否可以構成獨立系統。他對我透露，他會聽取建議，但只能到一定程度。

我完全同意院長的意見。在我們這個年代，知識必須受限於容器和商標。無論去哪裡，我們都必須標明自己是唯心論者或唯物論者，是主觀論者或現象論者，是進步或保守，是人文或社會學家。就像在法院裡作證的證人一樣，答案只能爲是或不是。整套的觀念本身就是學術界不成熟的表現，顯示在完全評估主題的內容前就已預做歸類。勞倫斯·史東（Lawrence Stone）研究英國內戰文獻時曾批評：「假設不斷繁殖，超越對事實的研究。」他不知道，在中國這一領域，我們往往必須受限於事先預設的模型，方法論和學理比知識的內容更重要。

李約瑟也研究過英國內戰。在《大滴定》中他引述劍橋史學家賀伯特·巴特菲爾德（Herbert Butterfield）這位「主觀論者」的意見，說英國在十七世紀的衝突是典型的「矛盾—僵局」，而後形成綜合。不過這種辯證的公式無關馬克思。當時的大融爐包括商人的中產階級、次要的鄉村士紳、貴族階級、英國國教教會人士、掘地派等提倡社會主義國家的分子，以及信仰清教徒的共和派。這些團體都提出特定的觀念和主張，有助於最後的和解。巧合的是，李約瑟寫這篇文章是在一九四四年。篇名的註解指出，他寫這篇文章時，滇緬公路上發生山崩，讓他困在雲南的一個小鎮。當時我離他不會太遠，我在雷多公路上，同樣受阻於大雨、泥濘及日軍十八師團和五十六師團的殘餘部隊。

但更讓我們確定信念相同的是威廉・辛頓的《翻身》，顯示我們可以直探歷史本質，忽略外表的標籤。這本書是由書評月刊出版社（Monthly Review Press）出版。辛頓不完全算是馬克思主義或毛派主義分子，雖然他替中國共產黨說話，但在處理事實的細節時，他不曾扭曲事件，也沒有選擇性地掩蓋部分證據來支持他的論點。因此我可以很心安地以他的書爲教材，雖然他是站在毛陣營內部的觀點寫作，而我一度是國民黨的軍官，在特定議題上有時必須在學生前反駁他的論點。他的書顯然不是邪不勝正的簡單故事，而許多親共文學卻常掉入這種陷阱。本書也不像淺薄的親國民黨故事，只是不斷重申共產黨是靠狡詐詭計贏得政權，雖然這話不無可信之處，但長期來說卻站不住腳。

「翻身」可以指好運降臨時運不濟的人，使他脫離貧窮和惡名。「翻身」也可以指正義終獲伸張。集體來說，它可以貼切描述被革命所成功解放的人民，以充滿象徵意味的口語來表達。

抗戰勝利後不久，翻身的過程發生在長弓的弱勢人民身上，但當時還沒有清楚的體認。一夜之間共產黨的地下人員忽然成爲村裡的統治勢力。在這群出身貧農階級的當地年輕人中，最活躍的是個二十歲的文盲青年，辛頓稱之爲「公安」。區幹事兼村主席甚至沒有名字，大家叫他「黃狗郭」。一名副主席當了一輩子的雇工，據知染有梅毒。另外一名副主席偶而當當土匪。這一群人的書記曾經在日本的藥店工作。他們無疑是「社會渣滓」，可能打破所有紀錄，成爲長弓歷來最不受人尊敬的村民代表，但卻符合毛澤東群眾運動的精神與性格。一九二七年，毛澤東就體認到他的運動是「痞子的運動」。爲了使其後的革命能大膽、貫徹、無可妥協，「由貧農領導絕對必要」。我們甚至可以想見，傳統的名望和舊社會秩序息息相關，正是革命分子除之而後快的對象。利用「流離失所的無產階級」做爲運動先鋒的邏輯，正是革命的深度及廣度所在。正面及負面不只逆轉，群眾的公分母還必須來自文化水準最差的人，否則多數決就不可能真心誠意。

然而，雖然看似隨性，共產黨部署人員時卻經過深思熟慮。所有的舉動都已事先算計過，其標準策略屢試不爽，應用於當地的時點也拿捏得當。從共產黨掌權到一九四五年年底爲止，長弓的革命委員會（此刻自稱爲村政府）就忙著「掃除叛徒運動」，目的在於鞏固農民領導的權威，動員村民進行即將到臨的階級鬥爭。他們挑選一些漢奸接受公開審問，其中有的就被當場處決。

一九四六年新年，長弓展開「清算」運動，鼓勵房客、佃農債務人、雇工等人揭發曾經剝削他們的人。「雙方以前都同意」不能被當成籍口，平反冤屈沒有時間表。爲擴大參與層面，男男女女都被告知，除非他們和被指控對象算清舊帳，否則無法獲得「優點」，就無法瓜分被沒收的財產。起初暴力行爲只限於活躍分子，但後來膽子放大的村民開始自行執法。至少六個村民被活活打死，或是傷勢過重致死。有些人自殺，有些人被趕出家門，不准帶任何食物，因而餓死。這時運動已經獲得大多數人的支持，參與者已經無法回頭。如果暴動無可避免被壓制，國民黨一定藉法治之名進行報復。

「清算」運動結束時，村落中四分之一的可耕地和半數的房屋被沒收。清算地主和富農後沒收了穀物、牲畜、農地用具、貴重物品和傢俱。這些都歸爲「奮鬥成果」，重新分配給報復心重的農民。勞力和資本空前結合，創造村落的暫時繁榮，提振窮人的士氣。隨後共產黨在長弓村設置支部，約三十名農民加入，其中七名是女性。在一九四六年年中，透過壓力和勸說，這個支部徵召二十名自願者加入共產黨的軍隊，也就是人民解放軍的前身。自願從軍者占全村人口的百分之二。

又過了一年半，其間黨只透過地方單位施展間接而匿名的控制，命令祕密下達地方。雖然地方核心幹部成員可能升官或轉往其他單位，但基本上仍保存粗獷農民的本土色彩。共產黨的首要目標仍是打贏內戰。需要擴大動員規模時，村落發起「打倒落水狗」的運動，「所有已被鬥倒的人的其他家人都要接受公衆審問」。這時的口號是「勇敢做每件事」及遵行「貧農路線」。

乍看之下，上述一切的確都是狡詐詭計。村民被煽動報復只比他們稍微幸運的對象，被煽動對抗實行數百年的社會制度，卻不明白自己在共產黨擬定的劇本中扮演何種角色。但整個過程也可以從許多不同的角度來觀察。

毛澤東的成功可以歸功於他有能力打破溝通障礙，他能勸誘城市青年執行鄉村改革計畫，讓受過教育的菁英分子和文盲群眾對談。他的訊息透過無線電發報機傳達到中國各地，再透過口耳相傳進一步傳播，形成二十世紀聰明機巧對抗十六世紀組織的最佳實例。他的觸角延伸到小村落時，被孤立的少數絕對沒有機會贏。這也可以說是一次動員計畫，迅速以中國西北來對抗東南。在旱災饑饉頻仍的地區，比較容易提供他所需的暴民統治和士兵的素材。

數十年後，歷史學家可能必須深刻考量他的洞察力。在中國革命的情緒衝擊背後，有其智識基礎及經濟現實。雖然也許過於誇張，但中國內陸土地剝削到錙銖必較的地步，的確類似某種形式的食人族。遇到天然災害時，鄰居和親戚彼此反目，輸家及其子女只有滅亡一途。即使當年我在上海放鬆自己時，也從雜誌上了解不少悲慘的處境。如果這樣還不夠，我到美國後對費孝通教授的論調也很熟悉，他說，如果可耕地的面積不夠，必須在地主和農田勞工之間做選擇，只好選擇後者，犧牲前者。還有楊懋春博士對位於中國東岸的農村故鄉提出建議，他預測，為更合理運用農業用地而進行改造，即使是採取私有制，都無法不訴諸暴力而達成。面臨如此的處境，我們也許終於可以看到革命分子的觀點，他們採取的是最後手段。現有文明正在解體中。他們可以說，他們正應用社會契約的理論，只是方式略有不同。爲徹底淸除過去的影響，每個人都必須先回到野蠻狀態，然後才能談高貴。

這個方法雖然有其正面意義，但在辛頓著作的前面章節卻不如後面章節明顯。可惜的是，無數讀者著迷於這本不平凡的著作，通常能輕易看完前面兩百頁。當革命以感情層次呈現時，點燃的憤怒和同情自然會讓讀者一路讀下去。但隨著故事開展，讀者就會感到吃力。我曾和一些聲稱已看過這本書的人談話，如果有人只看完一半，我也不會吃驚，他們可能將因此錯過作者最重要的訊息。

我們於一九七二年八月抵達劍橋時，時機再理想不過了。我的稅制專論文稿已經完成，一年前送到劍橋大學出版社，我熱切期待能看到書的出版過程。在美國，物價和薪資仍然在管制中，相對於採取浮動匯率的英鎊而言，美元比較強勢。每次英鎊再貶値一些，我們的購買力也就稍微提升一些，正如格蘭所說：「我們此處省下一毛，那裡掙著五分。」同年稍早，尼克森在北京人民大會堂受到周恩來盛大國宴的款待，人民解放軍的樂隊在旁演奏美國民謠。中國終於開放了！尼克森在簽署上海公報後凱旋回到美國，一般預期他會連任總統。李約瑟是中國長期友人，中國科學院又邀他訪問，是中華人民共和國成立後的第四次訪問。

當我們計畫到劍橋與他合作一年時，我擔心找不到願意提供財務支援的機構。因此，我以措辭略微不同的兩份申請書分別送到華盛頓的全美學術團體聯誼會和國家科學基金會。爲了將申請金額降到最低，我自動刪除在英國的額外花費，只申請相當於我薪水的金額。在申請書中，我又說，我和家人的來回機票是由李約瑟博士計畫的研究基金來支付，但事實上是他的版稅收入。但後來發現我們的膽怯毫無必要，兩個機構都全數批准我的申請。最後我必須通知國家科學基金，將重複的部分刪除。

但我們到達英國時，李約瑟博士夫婦和他的長期合作人魯桂珍博士正在中國，進行一個月訪問行程的最後階段。同時，我們在桑葚空地的租屋在八月的銀行休假日（和美國九月的勞動節一樣，都是在第一個星期一）前還沒空租給我們。如果我們這十天都住在附早餐的民宿，就會非常奇怪，因爲我們沒有太多事可做。我從《劍橋晚報》的分類廣告中，找到一個位於凱辛蘭海灘（Kessingland Beach）的營區內拖車，每周八英鎊。這筆租金非常划算，我們只需交錢領鑰匙即可，拖車主人還告訴我們如何找到那輛車。拖車空空盪盪，但還有瓦斯，附帶設備及餐具，勉強可以準備簡單的餐點。

至於交通，包括從劍橋出發這一段，我們購買週票券，得以在東安格里亞無限次搭乘火車。我們就這樣在迷你假期內到處觀光。

這時最關鍵的因素就是氣候。如果總是碰到雨，我們的假期將一片淒慘。由於時序已是八月下旬，營區拖車內的人並不多。我們誰也不認識，只帶了一些隨身物品。陣雨的確無法預測，真是典型的英國天氣。幸運的是，在整個星期中，雨勢不大，時間又短，我們還沒真正擔心時，雨就停了，我記不起有任何半天的遊興因此受阻。我們遊覽許多海灘、港口和地方上的小鎮，在窄軌鐵路的火車廂中臨時起意，根據地圖和旅遊指南變更行程。

有好幾天的清晨，格蘭和傑夫還在睡夢中時，擔心天氣的我就已外出散步，觀察天氣。整片地方空無一人，營區的商店還沒開放營業。兔子聽到我的腳步聲，在沾滿晨露的草地上快速奔跑。雲層通常顯得陰暗沈重。但在東方遠處的海平線上，雲朵帶著粉橘色的邊，這就是希望之光，清晨的承諾。連續數天，黑雲總會被吹走。天空清朗後，又是乾爽舒適的一天。

我獨自在沙灘上徘徊，不免沈思三十年前發生在這條海岸線的事。大雅茅斯（Great Yarmouth）、洛斯托夫得（Lowestoft）、依普斯維治（Ipswich）、菲力克斯托依（Felixtowe）和哈維治（Harwich）都是充滿感情的地名，都會讓英國皇家空軍軍官和德國潛水艇指揮官心跳加快。他們爲赴命運之約，被派到這些水域來，執行獵人和被獵的任務。有多少青春飛揚的年輕人滿懷天真的希望，卻被這塊布滿浮油和子彈的水域所粉碎！在寧靜的八月清晨，北海平靜無辜，完全不像戰士進行生死奮鬥時所經歷的殘酷。他們的回憶仍然生動鮮明。在劍橋的書店中，有成堆成疊的戰爭書籍。我自己就買了兩本平裝書帶回拖車。但戰爭文學總是有一定程度的自我欺騙。你閱讀到英國頂尖戰鬥機飛行員的回憶錄時，你會希望他好運連連，肅清天空中德國佬的轟炸機和駕駛梅瑟施密特戰機的狂徒。但如果讀到德國潛水艇指揮官的傳記，你會希望他彈無虛發，直接命中在護航艦旁難以發現的載貨船，不管他們是誰。就本質上來說，軍人不必深刻思考，他們只需執行命令。他們的故事具有娛樂或放鬆的效果，因爲他們讓領袖去面對良知的衝突。今日的讀者可以自在閱讀他們的事蹟，沈醉在他們的冒險故事時，當然自己不必跳傘降落波濤洶湧的英倫海峽，也不必在暴風雪中駛進北極圈，進入一個沒有天堂地獄之別，沒有日夜之分的國度。我還沒有看過一個前英國飛官描寫自己坐在機艙裡汗濕前額，扣扳機的手發抖，爲的是執行邱吉爾的命令，驅逐德軍的救援勢力，以免他們救走在水中掙扎的德國飛行員。我們應該感激邱吉爾爵士在回憶錄中直言無諱指出，英國承當不起寬宏大量的後果：讓那些被擊落的飛行員再度有機會閃電襲擊英國城邦及人民。

無論如何，邱吉爾是命運之子，他也意識到自己在歷史上的地位。只要看看他著作的書名：《命運的樞紐》（*The Hinge of Fate*）、《他們的最佳時刻》（*Their Finest Hour*）及《終結》（*Closing the Ring*）。短短數字，卻鏗鏘有力，擲地作響，其中總是包含時間的元素，總是有邂逅的感覺。即使凡人如我們，今日恐怕無從逃避這些力量，無論我們是否打算操縱他們，在這個日益縮小的世界中，他們總是節節逼進。聽起來太複雜？但是一個荒涼的海灘正是沈思和清理思緒的理想地方，一邊是起起伏伏的溫柔海浪，另一邊則是陷入濕地的足跡。因此，我獨自走在凱辛蘭海灘這個位於北海的工人夏日勝地時，想到不遠處的海平線三十年前一再被烽火所染紅，不禁也開始細數自己的足跡。

想想看，同一場戰爭擾亂這片水域，也使我的世界天旋地轉，生命就此改觀。過去三十年來，我常遠行，先越過東海到日本，再越過太平洋到美國，現在又越過大西洋到英國，離中國共一萬兩千哩，目的是爲了協助知名英國作者進行他的撰寫中國歷史計畫，而這件工程也占了他快三十年的時間。三十年！這一切都不可置信。三十年前的我，會強烈否認這種可能。當時我二十四歲，有一綹頭髮常不聽使喚，垂到前額。我已厭倦在重慶衛戍司令部當差的日子，很想離開中國，也許去印度或緬甸，都是英國的屬地。但英國本身太過遙遠，是在另一個星球上。

我還沒有對任何人透露：如果我挖掘記憶的深處，英國根本不是友善的國家，而是頭號大敵。在我進小學的成長階段，日本不是中國的天字號敵人，大不列顛——對我們來說是英國——才是。我出生於一九一八年。三年後，華盛頓會議降低了二十一條的影響。其後十年，日本的外交事務是由濱口雄幸、若槻禮次郎和幣原喜重郎（我在東京遇到，見一六〇頁）等和平派人士處理。軍事侵略是日本現代歷史的特色，但他們希望向世人展示迥異的一面，可是一九三一年發生九一八事變，他們的努力再度破滅。在那十年間，英國似乎是帶頭不停阻撓我們自決的殖民強權。在學校中，我們學到英國是全世界最強大的國家，但同時也是最愛侵略的國家。在任何世界地圖上，我們看到成塊大陸、附帶的半島和大大小小的島嶼都塗成粉紅色，這些全都是英國的屬地。英國人有一個特別惡劣的壞習慣，就是把擁有古文明的國家降格成殖民地和保護國，印度、美索不達米亞和埃及都是，即使希臘和波斯不算在內。更不用說，我們的現代中國歷史始於鴉片戰爭的教訓，其道德責任沒有爭辯的餘地。悲哀的是，當時加諸在我們身上的不平等條約，成爲一百年來無法擺脫的羞辱桎梏。

一九二五年發生「五卅慘案」。當天上海租界一位名叫艾佛森（Everson）的英國警官，下令對示威的中國人民開槍，殺了十一名中國人。後來刊登在雜誌的照片顯示，幾名受害者倒在街上流血而死，但死不瞑目。但更令人沮喪的是，當這個案子送到上海的法院時，艾佛森居然不是被告，而是檢方的證人。他作證指控槍殺後當場被逮捕的示威者，他們還以違法被起訴。

英國當時不但是我們民族美夢的主要阻力，而且還因先進而引起我們的妒忌。在每個現代城市中，英國租界總是最整齊最繁榮的地區。爲了創造殖民地的氣氛，他們會引進包著頭巾、留著鬍鬚的錫克人，全都高頭大馬，擔任警察的工作。在他們銀行大樓的石階盡頭，總有銅獅坐鎮。他們的百貨公司內陳列著最現代的物品，散發化學成分的宜人芳香，沒有中國街道上慣有的醋、醬油和桐油的味道。他們的倉庫和碼頭都標明著斗大的字：太古洋行、怡和等。在長江江面上任何快速的現代貨輪，煙筒等漆成橘紅色，頂端鑲黑邊，掛著英國國旗，看起來像中文的「米」。看到衣衫襤褸的苦力扛著成捆成箱的貨品在甲板上裝貨，不禁會想問：是否他們因此富有，而我們因此窮困？如果不是，爲何他們開著砲艇在我們的內陸水道巡邏？事實上，蔣介石進行北伐，引爆中國群眾與海上入侵者的衝突。每當他們覺得自己的國民和財產受威脅時，就會命令砲艇朝中國城市人口密集區隨意掃射。其他國家也牽涉在內，但在每起事例中至少有一艘英國船涉案。

日本佔領東北，局勢才因此改觀。我們開始一步步走向對日抗戰之路時，對大不列顛的印象才從敵人變成善意的中立角色，再變成遙遠的盟邦。當我們的命脈轉到雷多公路時，我們才開始真心覺得與英國休戚與共。在藍伽的營區歲月以後，我才開始接觸英國陸軍軍官，之後在雷溫烏茲和南京又認識了一些，但真正熟悉的並不多。不過由於當時的職業使然，彼此都存留固定僵化的印象。如果當時有人問我對英國的認知，我會說，以一個小國來說，他們有相當偉大的軍事傳統。他們有許多兵團，叫做國王兵團、女王兵團、蘭開斯特郡兵團、得文郡兵團、近衛步兵第一團、燧發槍團等等。每一團都有自己的制服，不但紐扣的數目不同，甚至連紐扣的設計也不同。而且，他們還有許多鬍髭很工整的上尉，再配上他們方正的下巴，簡直就像《笨拙》（*Punch*）雜誌上的插畫人物。他們還有許多頂上日益稀疏的自負中校，四處張揚自己是軍事奇才，人人都相信，蒙哥馬利將軍做不到的事，自己可以輕易接手完成。我實在搞不清楚，這麼一個小國家，如何找到這麼多鷹鉤鼻的中校。

到安亞堡以後，我才有機會從容深入研究英國和大英國協的歷史。我頭一次發現，原來英國根本不是一個小國家。英國和俄羅斯或中國相比雖然小，但卻遠大於威尼斯、荷蘭這兩個現代史之初英國常打交道的國家。也許英國的簡約規模是很重要的因素，讓歷史上制度的發展更形明顯。諸如英國內戰、克倫威爾、復辟等史實，如果讀上十至十二次，每次閱讀的作者都具備不同的背景和性情——有的強調憲政的延續受到考驗，有的專注於成形的階級鬥爭，有的猛烈攻擊前人的著作，被攻擊者最後不得不抱怨自己「體無完膚」——就會開始學習如何吸收基本史實，如何形成自己的理論，雖然後者不免有風險。

但膽小絕非了解事物的途徑，爲深入認識一個國家和一個民族，你理當有若干第一手資料，可以有助於形成自己的見解。經過更多的觀察後，看法可能因此改變。我以前非常厭惡風笛的聲音，或許是因爲尖銳的聲調讓我回想起在上海靜安寺路上行軍的英軍，或許是如泣如訴的聲音讓人聯想起電影中英國軍人在國旗號召下，準備出發槍殺中東和中亞的當地居民。但等我開始熟悉蘇格蘭高地的景觀，看到山丘上一望無際的羊齒植物在秋風中沙沙作響，這時才解到，風笛簧片的振動與發源地的自然節奏相呼應。說也奇怪，從此以後，我就因爲風笛的感情特質而學會欣賞其音樂。

念過這麼多莎士比亞和亨利八世故鄉的事蹟後，還是有必要到這裡來認識尋常百姓。他們一再爲天氣道歉，似乎錯在他們。他們算零錢時算到半便士。他們的外食是炸魚和薯條。他們安靜悠閒，粗魯似乎與多禮的個性不合。我們擔心異國通婚的我們會受到歧視，但這種事從來沒發生過。許多老太太原本不苟言笑，但看到小傑夫這個美亞混血兒後自然笑逐顏開，尤其是他學會用英國腔要「冰淇淋」或「巧克力」時。

這一切的背後是個不可解的問題：這麼一個文明守秩序、親切善良的民族怎麼可能被煽動去征服大半個地球，羞辱一半以上的種族，直到英國成爲帝國主義的同義詞爲止？

對於這個大問題，即使嘗試解答也會引發諸多爭議。但是，由於問題有很多種回答方法，讓人有機會擴展胸襟或是加重偏見。如果你想強調英國是侵略好戰的民族，有很多證據可以舉證。倫敦本身可以說是戰爭博物館，你可以看到納爾遜的錨和威靈頓的鍛鐵門欄，還有特拉法加廣場和滑鐵盧橋，有聖堂騎士修道院和海軍拱門。每場戰爭結束後的確都設置紀念碑。如果你仔細閱讀觀光指南，還可以找到韓戰紀念碑。身爲外國人的我們很難記得，在現代之前，英國常受到國外勢力的侵略。我們也很難想到，從宗教改革以來，英國一直擔心鄰國的入侵：西班牙人、荷蘭人、法國人和德國人。英國是個以貿易維生的島國，很難保持孤立，遲早會捲入歐陸事務，或在海外與歐陸強權起衝突。在兩次世界大戰時，英國起先都希望能維持現狀，保持軍事力量的平衡，但最後都爲求生存而作戰。倫敦這個戰爭博物館也是盟軍中最常被轟炸的城市。

然而，英國在第二次世界大戰前稱霸長達兩世紀，是世界史上特殊的案例。雖然令人心醉神迷，但這樣的豐功偉業不太可能再重演。我只能推斷，英國結束長達一世紀的動盪後，在斯圖亞特王朝的末期無意間開啓通向現代發展的祕密之門，這一切純屬碰巧，而非刻意。一般認為，在光榮革命與緊接的王位繼承法案之後，宗教議題不再成為爭論焦點，而英格蘭銀行設立與國家債務形成，更使國王無法任意課稅。但不只如此，一六九二年的土地稅更是重要的財政改革。一六九三年實施礦業皇家法案施行，礦區挖到貴重金屬時，所有權不再屬於王室，對礦業是個重大的鼓勵，而今回顧，這更是對工業革命重要地區的必要法規。此外，約翰·霍特（John Holt）被任命為法院院長，他把用於商業慣例的衡平法應用到習慣法的法庭上。在背景因素方面，英國的土地持有權已逐漸現代化，因此英國早期累積的資本就可以直接承載土地財富，也就是羊毛這個向來是外銷項目的主要商品。農業因此能和貨幣經濟同步。更多的圈地法案、收費公路的興建、依地區不同而栽種商業作物等等，一切都上軌道。這些步驟及對外貿易共同推動一致而強大的運動。英國富商沒有理由和歐陸富商一樣成為城市中的精英階級，他們成功融入擁有土地的鄉紳階級，財富得以交換。即使社會階級因寫作目的不同而有不同的歸類方式，但就整體來說可以分成上層的上流社會、下層的守法公民，及中間一群靠自己本事享受有限流動性的冒險家—官吏。整個國家已轉換成一個大企業，其簡約及紮實足以構成有效率的城邦，但又有相當規模的土地經濟和豐富的中古傳統做後盾。陸軍和海軍的威望空前提高，不僅是因為國家需要武裝部隊，也因為他們的結構能融入新社會。英國因而長期超越對手，其他國家無法達成英國的組織整合狀態。

英國人建造帝國時，也曾遭遇一些小意外，但他們記取教訓，精益求精，卻沒有揚棄基本的型態。兩世紀以來，一切運作都很順暢完美。海外擴張增加貿易量，國內改革又適時增加社會接納累積財富的能力。把這種前所未有的狀態稱作「帝國主義」或「資本主義」，只能說對了一部分。這些泛泛的標籤無法涵蓋英國人的獨特性格：信仰英國國教、土地與海洋並重、對身分很敏感、具備創新能力又服膺傳統、有能力採取大膽舉動但大致能按部就班和堅忍不拔，因此能把信仰蘇格蘭長老教派的兄弟一起拖進冒險中，連風笛也沒忘記。

英國人靠風笛和砲艇征服世界。但英國人不像日本人必須發明「共榮圈」，也不像德國人必須想出「生存空間」才能進行擴張計畫，他們打造帝國的過程並沒有事先規劃，而是自然而然發生的。起初英國人必須爲生存而奮鬥。以貿易立國的英國人迅速發現，在激烈的競爭中，設立海外前哨站對他們有利，從這個基礎出發後，加上英國人具備一流的組織能力，又能掌握科技的優勢，因此能壓倒貿易路線上的許多國家。這些國家的組織不足以形成有效的抵抗，甚至因結構問題而無法快速適應現代的挑戰。結果就是世界地圖上產生許多大塊和小塊的粉紅地區，但整個過程緩慢而漸進，即使在擴張的極盛時期，大多數的英國人仍深信自己只是服從國際法。他們的行爲一點都不好戰，只不過是在現有的國際秩序架構中尋求正義的必要方法。英國殖民地管轄者處理當地居民事務時，不也是以人道關懷的精神秉公處理嗎？在許多方面不是勝過本土的印度土王、埃及軍司令官或滿淸官吏嗎？這種態度屢見於英國的國會辯論中，後來就出現「鮮明命運」

（Manifest Destiny）的蠱惑說法。

然而，這種論調卻不能說服地圖上粉紅色地區的人民，所謂的世界秩序並沒有他們的參與。當然，歷史向來偏袒組織較好、較能適應現代科技的一方，無關正義。艾佛森警官下令開槍時，就和印度安瑞薩爾（**Amritsar**）戴爾（**Dyer**）將軍的命令一樣，都宣示大英帝國已達到最高水位。在大眾傳播的時代，被壓迫的民族如果還沒有掌握足以反擊的科技，總是可以訴諸意識型態。這也是今日的世界局勢。在第二次世界大戰末期，邱吉爾爵士拒絕成為「將國王陛下之帝國加以清算的首相」，但有人願意。大不列顛應該感謝艾德禮先生，他使英國子民免於承受法國在越南與阿爾及利亞、荷蘭在東印度的痛苦經驗。邱吉爾的傳人艾登卻不幸在蘇彝士運河事件中扮演違背潮流的角色，最後燒到自己。

但是，一九七二年的英國仍然苦惱不堪，需要重新調適，走出過去的殖民時代。報紙報導，愛爾蘭共和軍抗議英軍在倫敦德瑞（**Londonderry**）一帶槍殺天主教徒，還揚言報復。曾在殖民地陸軍裡官拜中士的阿敏，要求英國「取回」在殖民時期進入烏干達的數千名亞洲人。冰島單方面宣布領海離海岸五十哩，英國拖網船進入該海域，冰島海岸防衛船執行命令，剪掉英國船的魚網，嘲笑英國砲艇。在英國，爭辯最激烈的話題當然首推是否加入歐洲經濟共同體，也就是我們所說的共同市場。就我們的觀點來看，如果你必須從義大利進口水果，向丹麥買醃薰肉，加入組織當然對你有利。但許多英國人遙想當年光榮的孤立時代，擔心會因此喪失獨特的認同感。有些人還擔心，隆隆作響的歐陸笨重卡車將橫行英國安靜的街道上。

今日，奠基於「白人負擔」和「鮮明命運」的世界秩序已一去不復返，但世界仍然分裂，東方與西方之間形成清楚的界線。有的擁有一切，有的一無所有。國家被分爲資本主義和共產主義，歸類成已開發及開發中。換個不同的說法，有些國家組織已調適完畢，可以掌握現代科技的優勢，但有些國家則還沒做到。對後者而言，意識型態是動員的最有效方法。缺點在於，意識型態只是一套哲學，某種一般的概念，通常只不過是一個牽涉到許多包裝的口號，初期可以用來動員革命分子執行任務，如解除外來的枷鎖，或推翻古老政權。其一般性和模糊化正可以確保最廣泛的參與層次，足以進行破壞工作，不需要精確詳細的計畫。但一旦完成破壞的工作，重獲自由的國家必須面對實際的問題，也就是重新改造自己，以適應今日的世界。基本的困難在於，沒有一個國家可以彈性到隨心所欲改變自己。特定的背景基礎因素如氣候、地理、人口密度、土地生產力、貿易路線等等，再加上人民順應這些狀況的生活習慣，構成我們泛稱的「文化」，無法輕易妥協。「協調一致的改變」只不過是模糊概念。上層結構移動而下層無法因應時，其斷裂就會引發暴力。必須經過相當時日的嘗試錯誤，才能達成最後的解決之道。以十七世紀的英國爲例，查理國王被處決後，不確定的時期長達四十年。法國在大革命以後，也經歷數十年的拿破崙戰爭、波旁王朝和拿破崙家族的復辟、共和國和公社階段。

在這方面，這些國家在追求國家重建的路上，並沒有從李約瑟的作品中找到立即的建議，學到何者該做，何者不該做。但李約瑟強調，科技的發展需要特定的有利社會環境，就長期的歷史觀點而言，有些社經狀況使某些國家比其他國家更有影響力也更先進，在某些時期特別明顯。由此觀之，他所處理的又是共通的問題。另一方面，他認爲，領先的國家不應自滿於自己的地位，情況可能改變。無庸贅述的是，在今日一些比較開發的國家，科技的好處基本上回饋到經濟，兩者的進步一旦變成強制性的地步，可能離人性愈來愈遠，正如通尼曾提出的警告，我們可能在過程中淪爲奴隸，不再是主人。如何駕馭此一變化，成爲普遍關注的焦點。李約瑟建議，人人都應該仔細研究中國仍在領先局面時的經驗。

對許多讀者來說，中國人被認定發明絲、紙、火藥、指南針、雕版印刷和活字印刷。在這份名單上，李約瑟博士又增添了弩、馬鐙、水鐘、縱舵、節塊施工拱橋、防漏水的艙壁、縱帆式的航海技術、生鐵、鼓風爐等等。只要《中國科學與文明》的作者繼續擴充，名單也就愈來愈長。近年來，他的驚人發現已讓若干西方學者感到不安。更何況李約瑟博士的文風炫麗華豔，他的書一點都不枯燥無聊。他討論鄭和到非洲時，想像這個宦官出身的艦隊司令從船艙凝視大海的場景。在嚴肅探究自然科學時，他會忍不住在註釋中加進個人的回憶，甚至問候失散多年的朋友。書評家雖然畏於其廣博，驚於其原創，卻不免懷疑起作者的方法論，尤其是將應用科技與科學混爲一談時。

其實這些批評家並沒有整體評估院長的作品。如果我們綜合考量他的所有著作，不禁想像出一個威嚴的巨靈揮舞學術紀律，做爲必要工具，但不打算用來畫地自限。思想家李約瑟藉此擴大哲學和科學的定義。他一直認爲，在有機會聽取其他民族的意見前，不應將傳統西方標準視爲最終標竿。除了他自己投注諸多心血的中國領域以外，他強烈覺得應該有人對其他領域也下類似的工夫，印度文明就是很好的起點。

但這並不意謂中國人或印度人是一切的權威。正好相反，李約瑟會批評中國事物，有時還非常嚴格。他曾批評，中國傳統派論斷歷史時堅守不變的標準，也就是加以「褒貶」。他認爲原因出在中國人沒有一套學術標準去區分倫理與物理（他認爲這是自然法和自然規律之間的分際），科學因而停留在中世紀階段，和西方的現代科學大不相同。至於《易經》這部今日西方人仍相當著迷的占卜經典，他認爲是「自然珍奇的歸檔系統」，因爲此書將特定屬性歸諸一些類型的象徵之下，藉長短相間、正負交錯和陰陽組合衍生出歸類系統，但兩套變數之間的關聯並沒有太多科學基礎，就像把active歸成A，把zealous歸成Z一樣。此書的迷人之處在於，其中引用的抽象概念就其附著、傳播、分裂和突破的層次來看，顯示有一種普遍力量會隨周期而移動，可以設計出一套宇宙體系來監測。這些在在提醒我們，無論我們採取什麼動作，時機很重要。這位研究科學的歷史學家雖然給予本書極高的評價，卻沒有停止批評分析，還指出中國詩意心靈造成文字方面的限制。李約瑟博士認爲，朱熹的二元論與其說是不正確，不如說像是依照愛因斯坦的理論而架構出世界觀，卻不了解牛頓地心引力和星球運動的研究，因此缺乏數學假設。但他推測，透過萊布尼茲的介紹，朱熹的思考方式可能會影響西方的思想家。

李約瑟呈現中國的發明時，運用許多考古證據及從古書複製的插畫。他的私人圖書館現在改隸東亞科學史信託（East Asian History of Science Trust），是他以一人之力，傾數十年心血而成的獨特收藏。批評家忽略強調一項特色：《中國科學與文明》這套書不僅文字明白流暢，插圖也頗爲可觀。作者以木刻插圖顯示釣竿捲輪、火藥地雷、現代橋樑的伸縮縫（像兩個反轉的L鉤在一起）、將迴轉運動改爲簡諧運動的裝置（像活塞桿原理的逆轉）等，在歷史記載運用於西方之前千百年，已在中國使用。但他同意，近視眼鏡可能是從義大利傳到中國。他最大膽的主張是，歐洲藥劑學到十九世紀末期才趕上中國。無論是否有如此大膽的聲明，部分批評家仍不肯退讓。自然科學知識經驗如此豐富的民族，爲何在近代的經濟生活和公共事務的表現如此之差？實際應用和理論融和之間，爲何產生如此巨大的鴻溝？

我覺得自己很幸運，可以和作者建立私人交情。世界上有很多不可思議的事，科學可以說從系統性懷疑的習慣演變而來。李約瑟五年來寫給我的信顯示，他對上述的矛盾也同樣困惑。藉著自問貼切的問題，他已準備好要提出自己的解答。

李約瑟生於一九○○年。我見到他本人時，他已七十一歲，剛被凱思學院票選連任院長。他原先是生化學家，在一九三六年遇見魯桂珍及她父親前，早已靠一部包含許多冊的胚胎學著作建立名聲，也榮獲皇家學院的院士。多年後，他的妻子桃樂西也因研究肌肉收縮而獲得院士的頭銜。但他興趣之所以轉移到中國事物，魯氏父女有決定性的影響。他靠自修學會說中文、閱讀中文古籍。一九四二年，外交家兼日本史學家喬治・桑松（George Sansom）爵士建議英國政府，派遣科學使節團到中國，以鼓舞中國知識分子的士氣。李約瑟博士在皇家學院提名下率領使節團。後來他成爲英國大使館在重慶時期的科學參贊，成爲中國陸軍軍醫署及其他單位的顧問，積極參與他們的事務，並曾多次搭卡車旅行，車上還載運散置的活塞環和彎曲的連桿。和靠演繹法起家的漢學家相比，經歷過這些情況的合格自然科學家有無比的優勢。李約瑟不受限於任何預設的想法，也沒有選擇性的視野，可以在行程中看到許多精巧的發明，不但中國政府官員看不到，而且一心模仿西方的現代科學家也無從得知。經過長期觀察，社會能否適應科學的問題因此浮現。在李約瑟的許多文章和演講中，他認爲中國的官僚式管理既是奇蹟，也是恥辱。他一再提到，中國從來沒有城邦的歷史經驗。城邦制度的特色在於商人掌權，因此首腦和人手、勞心和勞力、管理者和工匠間的距離就會縮短。我讀到這些段落時，感到非常高興。就我自己的觀察，中國缺乏有效的貨幣管理，沒有足夠的「連結環扣」來串連上層結構和下層結構。我的觀察正符合院長的立論。

至於李約瑟博士身爲「左派分子」，必須稍作解釋。首先，他是家中的獨子，父親對社會階級抱持正統的維多利亞觀點。當我抵達凱思學院時，他父親的照片仍放在K-2研究室壁爐架上，身著英國紅十字的制服，職位相當於上校，以麻醉專家的身分在第一次世界大戰中服役。雖然李約瑟博士十分孝順，但父子間的代溝非常深。只有體會兩次大戰間英國的社會氣氛，才能更了解這一切。此外，劍橋無時不自覺到身爲自由主義和社會良知堡壘的地位。我決定到劍橋時，告訴一位牛津畢業的英國學者，這位友人以半嘲諷的語氣說：「那也不錯，是次佳的選擇！」當時我並不知道，這兩所大學自古以來的彼此競爭，竟然持續到今日。牛津可說是王室的城鎮，劍橋卻意識到自己和議會的歷史淵緣。劍橋也自傲於歷史上的傑出校友，例如培根、哈維、牛頓、達爾文、凱因斯和羅素，全都具備創新精神，不然也有一定程度的不隨流俗。李約瑟就是在這樣的氣氛下長大。在一九三〇年代，他們家和一群活躍於政治的科學家時有往來。我非常懷疑他們是否曾相信「科學至上」。科學是改善人類生活的工具，在這方面取得領導地位的頂尖科學家，當然可以就公眾事務發表議論。李約瑟也不會選擇保持緘默。我第一次見到院長本人時，他對帝國主義仍然憤憤不平。

即使在一九七〇年代的英國，社會階級仍不容輕忽。我的房東太太說英國經濟很原始時，只是開玩笑，畢竟英國製造全世界最好的航太引擎、跑車和各種電子產品。英國也生產許多一流品質的消費品，包括羊毛衣飾、威士忌、菸草、餅乾和糖果等。倫敦仍然是全球的金融中心，黃金市場和保險業獲利驚人。鄉間有許多宅邸和公園，由於維修得當，仍然壯觀氣派，不過有些因爲經濟考量而交由公眾信託。問題在於財富的分配，依二十世紀的大量生產標準來看，這個問題益形嚴重。由於英國人工充足又廉價，個人服務仍然很便宜，美國遊客因而享受到種種便利。另外一項衡量社會不平等的標準是教育制度。大多數的英國有錢家庭會把子女送到私立學校或請家教，以準備人生的重大考試。這項「十一歲特考」是十一歲生日以後考的試，以決定兒童未來要念的學校。GCE（一般教育證書）考試分成普通（O）、進階（A）及獎學金（S）三個層次。除非青少年能通過這些關卡，否則絕對進不了大學。公立學校分成「兩派」，文法學校調教菁英，「中等現代」學校則教導十多歲的青少年學習職業技巧。改革派人士建議廢除這種二分法，卻引發抗議風潮。反對者在全國性的大報上主張，如果所有的兒童都「過度教育」，國家將欠缺勞動力。這些議題和主張不會讓知識分子心安，他們可能尋求激烈的解決之道。結果，英國的左派分子和其他國家的激進分子可能大不相同。依我們的標準來看，他們比較像是現在的費邊派社會主義分子。

然而，李約瑟博士雖然喜歡談論馬克思的階級鬥爭，本身卻不是馬克思信徒。他對中華人民共和國的情感也許比多數人想像的複雜。他還不致於天真到認可中共的所有作爲，而且有時很不高興別人的論斷。這些人認爲，一旦李約瑟替中國說話，立場就應該始終一致，甚至應該替紅衛兵的行爲辯護。在他的演說和文章中，有兩點很明顯：他認爲中國人是值得尊敬的民族，應該在世界上占有一席之地。他還堅信，中國爲求脫離停滯狀態而達成現代化，社會主義路線不但是最好方法，而且是唯一辦法。關於第一點，很少人不同意。但他很早宣布第二點時，當時並沒有太多人具備寬闊的視野，可以分享他的智慧。我們花了好些時間才了解個中因由。

我無法說院長和我每次意見都相同，但我們對中華人民共和國都有由衷的情感和期許。他在著作中宣稱，共產黨的接管是個幸運事件，因爲新中國也許可以避免西方在工業革命初期所犯的所有錯誤。在十九世紀初，小女孩被綁在大箱裡到地底運送煤礦；小男孩超時工作，導致眼力受損，身體變形；據馬克思說，倫敦的麵包師傅一天工作十六個小時。一思及此，你或許想同意他的說法。但我雖已勉強承認，共產黨在中國的勝利是軍事上的成就，我的思考方式卻不相同。我認爲，在二十世紀中葉，我們應該可以表現得更好。

然而，我和院長共事，發現良心負擔大爲減輕，因而覺得欣慰不已。能親近如此傑出的人物，真是一項殊榮。在我一生中，我第一次覺得，不論我做什麼，成果都很正面、很有建設性。回憶數年前，我必須和學生討論共產黨佔據中國時，心中不免進退維谷。如果指控共產黨靠詐欺詭計獲勝，無異畏首畏尾，掩飾自己逃離戰場的怯懦，隱瞞自己尋求現代舒適生活的自私。但如果照本宣科，稱讚毛澤東的勝利純粹是正義戰勝邪惡，又覺得像生吞金魚，而且還保證餘生的每天都要多吞一尾。身爲皇家學院院士、英國學士院院士、虔誠基督教徒的李約瑟能肯定我的想法，讓我既喜悅又興奮。我認爲，我們可以強調歷史事件在技術上的必然性。中國今日實施的集體主義有其歷史根源，其形式或性格可能略有不同，其名稱可能是馬克思派、毛派或其他，但就其本質來說，事件的過程已由歷史決定，早已超越我們的肯定或否定。

眾所皆知，在毛澤東之前，中國的鄉村組織歷史久遠。用最簡單的方式解釋，無論哪個年代，整個鄉間的組織結構都是爲了配合中央集權的官僚式管理。每十戶人家組成一個小單位，每十個小單位再組成一個村落。這些單位領袖的產生方式不能算是任命，也不能算選舉。他們被迫當差，無法也無能執行逾越傳統的任務。他們代表人民，因此不能伸張自己的權利，甚至也不能要求平反冤屈。領導的原則在於集體負責，也就是說，不管是他們自己，或是被管轄的人，只要有逃漏稅或怠忽職守的情事，這些領袖都必須向政府官吏負責。整個安排是爲了符合管理的方便，沒有永久的法源依據。所徵收的稅因此不能太多，更說明地方政府缺乏深度，在個別案件中可能很高壓，但大體來說軟弱無能。如果稱這些爲「封建制度」可以說是名稱錯誤，顛倒事實真相。明顯的是，如果這些單位領袖像地方長官或地主管家一樣能幹又有效率，具有權威及實權，現代中國歷史絕對會有不同的風貌。事實上，中國的體系將自己侷限在最簡單的官僚式管理，鼓勵小規模的生產方式，但對誰都沒有太多好處。我在稅制書稿中強調此一特色，認爲這是中國普遍貧窮的主要原因。我很高興院長贊同這一點，這番了解埋下日後我們合寫文章的基礎。

在威廉・辛頓的《翻身》中，我們可以看到毛澤東的運動針對這種局勢。這不能形容成「奪權」，因爲根本沒有什麼權力可言，只能說是在情勢允許之下在鄉村創造權力基礎。打擊一些小地主和中級佃農，可以被視爲分裂中國廣大農民的手段，以便打開空間，讓共產黨的再造得以啓動。這項計畫既然已經過非常努力，又已犧牲到相當程度，外加知識青年在情感衝擊下而參與，就不能再畫地自限爲短暫的解決方案，而應定位爲持久的成就。身爲前國民黨軍官的我認爲，我們毫無爭辯餘地，因爲對毛的計畫我們無法予以阻止或修正，也提不出另外的可行方案。這本書對李約瑟博士的現代中國觀有相當重要的影響，也影響身爲歷史學家的我。因此我還要再探討一次。

在國共內戰期間，兩個美國人密切注意時事的進展，得以寫出相當於現場報導的書籍。傑克・貝爾登（Jack Belden）的《中國撼動世界》（*China Shakes the World*）和當時美國記者的許多特稿沒有太大差異，觀察層面尚未脫離情感面。作者對國民黨諸多抱怨，包括蔣介石的軍隊有一次將騎兵當步兵使用。每個美國大學生都說錯在蔣介石，但貝爾登並沒有提出可信的解釋，說明蔣爲何犯下許多無意義而奇怪的錯誤。由於我的國民黨背景，我的解釋顯然是不可信的辯白。幸好，我們從辛頓的著作看到敵對陣營內部人士的觀點。

但《翻身》並沒有得到應有的重視。許多美國讀者讀到「蔣介石和美國帝國主義者」

幾次後就覺得受夠了，他們並不了解，本書見證如何在向來原始管理的龐大農業社會中建立下層結構，在這方面的價值就無可比擬。如果置之不理，討論「共產黨佔據中國」時就會像大傻瓜，好比不知軍用航空的存在就妄言現代戰事一樣。書內的資料對我的工作尤其有用，因爲觸及到我想探討的社經背景。

我們可以從一九四七年底的長弓談起，當時地方仍然由社會渣滓控制。但在過去幾個月內，共產黨的內部陣線面臨挫敗，由村民的不滿即可見一斑。財富充公已殃及中級佃農，沒有更多的鬥爭成果來滿足貪得無厭的窮人。村民已厭倦開會。村落幹部透過「翻身」而成爲大人物，卻不知檢點自己的行爲。他們占用沒收來的財產和稅賦，騷擾村民，有時還對婦女爲所欲爲。

但幕後的共產黨不會放鬆警戒。一九四七年年底，包括四個省的鄰近區域當局召開會議，討論和土地改革相關的議題，參加代表達一千七百人，會期長達八十五天。沒錯，一千七百人和八十五天！會後黨組織派訪問團到村落。至於長弓所在的縣內，有十一個村落受到抽查。在本書第一段，我們得知作者參加的訪問團就是十一個之一。華北大學是長弓附近最機動的單位，由教師和學生組成的訪問團中，還包括代表當地人口的幹部，但村落中的幹部不在其中。這個訪問團有權力管理村落事務，讓一切上軌道。

訪問團抵達後不久，迅速逮捕數名村落幹部。包括村支部在內的所有現行組織一律停止運作。在過渡期間，訪問團本身就充當村政府兼監察機構，監視進一步的鬥爭和改造。

團員有三大要務。首先是完成和矯正土地改革。村落中的地主心態已連根拔起，無法復原。但整個農民人口仍應區分成富、中及貧的等級，被指定的富農應將部分田產分給貧農。其次是組織永久的村落政府。三是訓練及檢討當地支部的黨員。

理論上，這次任務應該相當簡單。事實上，一石似乎不但可以擊中二鳥，而且應該可以擊中三鳥。訪問團只要將村中的一些人家指定成貧農，組成「貧窮聯盟」的核心，只有成員擁有投票的特權。其他人必須到小組前陳情，當然無不希望被歸成赤貧，因爲貧窮已經被視爲美德、榮譽和特權。如果有一戶被列爲「貧農」，就可以成爲聯盟的一員，所推舉的代表有權參加小組會議，聽取其他人家的陳情。但聯盟原始核心自然希望成員人數愈少愈好。不過，訪問團對小組的決定也有相當的影響。案子就這樣由「普羅獨裁」和「民主中央集權」共同決定。

一旦完成分類，貧農聯盟就成爲核心，和其他農民家庭共同組成農民聯會，形成村代表會議的基礎。農民聯會和村代表會議都有機會重審農民聯會完成的分類，之後村代表會議就可以選出一個永久的村政府。這時共產黨首開政黨政治的先例，將黨員交由全村人口來評斷。每一個支部的黨員必須出現在村民的公開大會上，而且不只一次，必須出席三次。除非這名黨員被大眾投票肯定，否則就會被黨開除。黨員舉止如果受到村民的質疑，就可能被送到感化所去。整個過程完成後，必須向縣級的大會報告，由黨書記決定認可與否。黨中央當局無法接受的行動路線一定會被批評成「左派極端主義」或「右派機會主義」。

實際上，財產的最後分配依照「科學公式」。村民已全是自耕農，開始學習馬克思的勞動價值理論。每一戶人家要算出剝削所得（例如雇用短期幫手所產生的利潤）占總收入的比重，如果到達一定的百分比，這戶人家就被歸類成富農，財產充公。這種削平財產的舉動仍然遵照著階級鬥爭的教義。幸運的是，一九四八年七月，也就是《翻身》一書結尾時，人民解放軍的勝利已經在望。華北大學的相關人員撤離長弓。共產黨的政策不再是「對剝削階級施予無情的重擊」，而是療傷及強化體質，追求更有效的生產，「極端貧農路線」已被揚棄。夏天時，黨報刊登專文，毛澤東表示要修正「偏差左派」。

在長弓，管理體系產生新領袖。這位新領袖的家人在早期土地改革中備受攻擊，兄弟也被打死。他實施「愛、保護、教育和團結」的政策，多分一些土地給不足以謀生的家庭，勸無法充分有效運用土地的家庭繳出盈餘。農業合作社和公社尚未成立，但過渡期間的工作可以先從互助合作隊著手。在局勢有所轉變之下，辛頓先生可以用樂觀的語氣替他的書做結論：被動而無知的中國農民也可以受到鼓舞，成爲主動打造新世界的推手。

辛頓先生鮮明的狂熱爲我所不及，我只希望能有他忍受「主義」的能耐，因爲我最多只能接受應該爲事實的情況。但是我有和書中不同類型人物打交道的經驗，因此我可以說，除了上述兩點以外，作者的描述並無不可置信或扭曲之處。如此的解決之道也許並非我們所願，但在特定情勢下卻顯得很合理。我從學術研究觀點證實，毛澤東的計畫已夠格成爲重大突破，將文化導向的社會轉成可以在經濟上管理的社會，即使如辛頓所說，任務尚未完成。至於本書描寫過程中的道德責任，顯然我們的意見大不相同。此處的關鍵在於，只要一觸及人類生活和人性，就不再是社會問題，而是神學問題，因此會牽涉我們的良知。雖然說不破則不立，不打破蛋就不能煎蛋捲，這種話說來容易，但當你視受害者爲個人，他們是你的同胞，臉上有痣或眉毛倒豎，呆滯悲哀的眼神偶而會瞥向你，這時你就無法明確下結論。這一定很難受，否則辛頓爲何花上六百多頁描述村落裡的事件，又引用馬克吐溫和法國大革命呢？在我的任教班級，我建議學生除了將《翻身》視爲中國現代史的教材外，也可以視爲二十世紀人類道德處境的教材。

中國三十多年前爆發內戰時，許多思想家開始思考，事件應被視爲偶然的發展？或是歷史長期發展的必然結果？三十多年後的今天，種種情況清楚顯示，我們只能以擴大的縱深加以觀察。我認爲，我們沒有理由不把這一切視爲歷史的技術調適，而且已在中國進行一百多年。我想我們不必堅守內戰時好戰分子的論調，他們必須加強教義上的偏見，才能捍衛自己的行動路線，因此只能採取短打的做法。也就是說，翻身在中國並不是普通的階級鬥爭，而是填補真空的笨拙手法，或說是彌補中國文化傳承嚴重不足之處所投注的艱辛努力。

更難的是評斷毛澤東的人格。傳統中國史家的「褒貶」手法此處無法適用，因爲他有許多生涯。歷史學家還必須記住，他的妹妹、兩個弟弟、一個妻子和一個兒子都因爲他的追求權力而橫死，更不用說另一個妻子還在獄中。（譯按：黃仁宇開始寫回憶錄時，江青還在獄中。）我可以毫不猶豫地說，毛澤東是個偉人，有超強的行動能力和遠大的視野。但我不確定他是好人或壞人，是慈悲還是奸詐。就好像我們看古代的名將一樣，例如凱撒和拿破崙，我們可能崇拜他，也可能替他難過，但絕不可能視他爲普遍的榜樣。他是非凡的人物，在異常的時代以極端的手段去對抗反常的局勢。

我抵達劍橋不久後，向李約瑟博士透露部分的感想。「不用擔心，」他向我保證：「我們的看法相去不遠。」

但李約瑟的情緒起起落落。他在不同的場合對我說：「我只希望還有五十年！」他顯得不快樂，有些陰鬱鬱寡歡。我這輩子已浪費很多時間，累積可觀的失敗紀錄，因此對我而言，他的不滿足完全沒有必要。在李約瑟七十一年的生命中，他已成爲傑出的自然科學家、備受敬重的社會科學家、偉大的歷史學家、環遊世界的旅行家，而且還是外國奇異文化的詮釋家，起先是名副其實的「參贊」，後來是親善大使，最後更登峰造極，稱霸這個領域。他在求學時代甚至沒有學中文，現在卻是研究中國領域最多產的作家，他沒有理由覺得自己做得還不夠。甚至沒有人預期到他會有目前的成就。

但李約瑟停不下來。

他從一九四八年開始就投入《中國科學與文明》的計畫。因此，當我一九七二年出現在他的研究室時，這項計畫已進行快四分之一個世紀，但正如魯桂珍博士告訴我：「我們還只做了一半。」

當這項計畫宣布時，內容簡介指出，全系列共七卷。這個承諾仍然有效。前三卷出版時，完全符合簡介的描述，每一卷就是一本書。但第四卷付梓時，由於超過兩千頁，必須分成三本書，最後一本更厚達九百多頁。更複雜的是正在進行中的第五卷，很可能需要印成六本書，才能容納所有材料。作者必須向讀者致歉，說他的作品「成某種形式的等比級數擴增」。但故事還沒完。在將印成第五卷的六部分中，第二部分已付印，緊接著的三個部分也在著手中。但第一部分和第六部分卻還在最初的計畫階段。也就是說，第五卷的出書順序顛倒。作者宣稱，緊要關頭顧不得邏輯，他再度請讀者接受他「道家自然的散漫和驚喜」。

但隨遇而安的訴求卻不能用在作者身上，有時他顯得不夠安靜沈著。在此同時，還有一些書評家懷疑，李約瑟博士是否能在生前完成這項計畫。事實上，提出這個問題的人完全沒有抓住重點。如果李約瑟願意，他大可以把工作交給別人，自己可以放鬆，享受他的黃金歲月。但對他來說，這項計畫是享受，也是放鬆。雖然偶而也會有焦慮的時刻，但並不常發生，而且爲期也不長。就好像他擔任凱思學院的院長一樣。他必須主持院務會議，參加儀禮宴會，花去不少寶貴時間，有時他不免抱怨兩句，但他顯然樂在其中。李約瑟是我認識的人中最善於社交的人之一，他喜歡與人爲伍。

正如《中國科學與文明》第一卷的前言所透露，李約瑟博士進行這項計畫時，依賴的是他的經驗和所受訓練——語言學、技術、歷史和哲學——的總和。一開始他就保證要犧牲個人，全力投入。草率的作家可能以爲這部巨著是翻譯上的持久努力。對於他所投注的心力而言，這絕非公允的論斷。西方人士習慣從字母變化中衍生出字的排列組合，但語言工具一旦轉成表意文字後，兩種類型的語言之間沒有剛好對等的句子或段落。多半在魯桂珍的協助下，李約瑟必須從頭開始，先確定中國作家的原始概念，回溯他們的邏輯所在，才能拼湊出其根據，這時他才能以現代科學的眼光來評估該理論，有時還必須補入自己的知識。我只能想像，頭幾個案例一定很艱難。但一旦打破僵局，他可以輕易以同樣的技巧施用於其他案例及人類知識的其他層面，其興奮就像一個人獨自在整個大海裡游泳一樣。因此每項工作都是挑戰的經驗，每天的探索都是新的學習過程。作者擴大和豐富自己內涵的速度還比讀者快。李約瑟很有風度，並沒有修改內容簡介，彷彿把它當成具有約束力的合約。同時他又像舉重選手一樣，總是負荷過重，因爲這是他滿足自己不斷成長的好奇心的唯一方法，也是勝過自己——他唯一的競爭者——的唯一方法。有願意配合的出版社和現成的讀者支持他，他的焦慮是艾瑞克·霍夫（Eric Hoffer）在《真誠的信徒》（*True Believer*）中所說的，無盡的機會讓人感到挫折。

李約瑟的計畫一開始像是家庭工業。「德爾菲，」他說到他妻子：「就我所知，是唯一看完我寫的每個字的人。」這句話提醒我們，就丈夫的生產力而言，妻子的奉獻程度值得激賞，尤其是想到李約瑟作品的厚度不是以吋來計算，而是以呎、甚至以碼來衡量，所需要的家人支持和熱心已超過普通的水準。她的妹妹穆瑞兒・莫以爾（Muriel Moyle）隨時待命，準備編排索引。魯桂珍更不只是姊妹而已。雖然李約瑟有數名約定的打字員——由朋友和同事的妻子兼職擔任——但他不時會自己打出一份目錄，立刻可以送交排版。有一天魯桂珍告訴我，院長和彼得・薄璧吉（Peter Burbidge）在一起。薄璧吉是劍橋大學出版社的印務經理，李約瑟稱他是「另一個我」。兩人從一疊照片中挑出下一卷書的插圖，李約瑟當場撰寫圖說，薄璧吉將圖片和名單帶回自己的辦公室，就這樣跳過整個編輯群。他們事事自己動手，對在美國進行集體研究計畫的人而言，真是一大挑戰。在美國，研究計畫會養一組打字人員，辦公室的訊息要靠對講機來傳遞。直到近幾年，內部作業的生產方式才稍有改變，例如讓何丙郁教授和納森・席文（Nathan Sivin）教授撰寫相當分量的煉金術章節，我自己的部分也屬於例外之列。但院長幾年前就藉書信往返替我的任務熱身，我推斷他將這項計畫視爲個人風格的一部分，就像他最喜歡的領帶或是他頭上戴的貝雷帽一樣（他有四分之一的法國血統）。

李約瑟長得方方正正，寬肩闊胸，恰好搭配長腿和超大尺寸的腳。如果沒有他的滿頭華髮，他的高大身材也不會讓人印象如此深刻。他的銀髮不但有畫龍點睛之妙，而且讓他有時讓人望而生畏，有時光采奪目，完全視他何時工作何時休閒而定。

我開始在K-1看書時，不免對他產生敬畏，他的存在帶來專心一致所產生的壓迫和緊張感。這情況只能以下列方式比喻：在奧伯瑞路的那一端便是劍橋大學城的盡頭，但路上沒有任何告示。路的一邊是相連的紅磚屋，另一邊種著成排的白楊樹，再過去即是開闊的麥田，景色的轉換十分突然，毫無過渡地帶。李約瑟的情緒變化也同樣快速。他開始工作後，就全神貫注，全力以赴，每一分鐘都很重要。他專心過度，顯得嚴厲冷峻，全無笑容，連悠閒打招呼的時間也沒有，一天中唯一的休閒是在固定的下午茶時間。和他工作習慣並稱的是他的節儉和有條不紊。他會把桌上紙張沒有用過的部分剪下，存成零碎紙片，沒有用的信翻到背面再利用。複寫紙即使已放進打字機上使用多次，也都整齊放回盒子中，絲毫沒有皺折。他的鉛筆無論是黑色或彩色，全都一起放在桌上或書架旁，方便隨時取用，但其中沒有一枝破損，沒有一枝會掉到地上或夾進書中。書籍當然更是整整齊齊放在書架上，每一本書都有自己的永久固定位置。

「這是維多利亞時代的紀律，」魯桂珍博士如此辯解。也許是吧，但紀律不會讓我的日子更好過。多年來我已養成一些壞習慣。我喜歡在身旁放個杯子，看書時不斷喝茶。看了一陣子之後，會自動把椅子往後推，雙腳就自然而然擱在桌上。我還喜歡在房間內踱步。我需要思考深思時，總會想離開研究室，到市場坡（Market Hill）去看小販賣花椰菜和瓷器。也許我最惡劣的習慣就是浪費紙張，這是我少年時在中國就養成的惡習，儘管當時物質缺乏。現在人處富足之邦，只要一篇文章的第一個句子看不順眼，就很有衝動想把紙揉成一團，沿著拋物線丟進字紙簍。在製造出一張完美的紙張前，這個過程可能會重複數次。但在李約瑟的研究室內，我必須完全壓抑住這個衝動。我懷著妒忌的心情看著他在打字機上構思演講稿或文章，彷彿他是大廚根據牢記於心的食譜來做菜，又像是鋼琴家熟極而流彈著最喜歡的協奏曲。過程非得快速不可。他的字紙簍總是乾乾淨淨，我不明白他為何還多此一舉放置字紙簍。

幸好我們的研究室之間有一段距離。在平常的日子裡，李約瑟博士用的是凱思學院院長室裡的書房，和**K-1**、**K-2**隔著草坪呈對角線相望。**K-2**放置醫學相關書籍和參考資料，由魯桂珍博士使用。李約瑟每天來和她討論，有時一談就好幾個小時。對門就是**K-1**，放置一般參考資料、社會和經濟史書籍，通常只有我在使用。李約瑟一天會進來一、兩次查閱資料，總是希望我們彼此忽略對方的存在。我書桌一旁有另一張桌子，但他很少坐下來。

李約瑟博士擔任院長的職責大半屬於儀式典禮性質，這個地位本身即含有象徵的影響力。每當他不在時，側門總要立刻上鎖，而正門也關閉，只在大門上開一小門。我只能想像，此等慣例一定是沿襲自中世紀，當時年輕的大學生吵吵鬧鬧，一旦採取防止滋事的步驟後就形成慣例，其間沒有人出面建議廢除或修正。但從不同的角度視之，遵照現有習俗的習慣也有其目的，清楚顯示權威何在。同樣的，教職員和學生遵行的許多慣例也不一定毫無功能，這些慣例確定了井然有序和紀律。我一開始就覺得這一切非常有趣，但受邀參加各種場合時還是擔心自己會出錯。美國學術單位缺乏傳統，向來爲英國學者所鄙。有一位凱思的研究員就對我說：「你們就是我們所說的**速**—**食**大學。」

李約瑟博士多次邀我在學院餐廳用餐，我是唯一沒有穿袍服的人。但身爲院長貴賓的我卻坐在他右席，上菜都比別人早。院長以拉丁文說完祈禱文後，全體在燭光下用餐。我們和教師坐在主桌，享用烤牛肉和葡萄酒。大學生離我們十呎遠，菜色不及我們，而且只能喝水。用完甜點後，所有主桌的人魚貫離開，到吸菸室喝咖啡和烈酒，開始社交時間。我必須緊跟著李約瑟博士行動，其他人再跟著我。

我們從美國大學畢業時，校長照例在畢業典禮宣布授予我們特權。多年來我一直對這種空洞的承諾感到不解。在劍橋，我終於了解，特權的確存在。身爲院長的李約瑟博士後來讓我有權使用學院的自助餐廳，這有別於正式的學院餐廳。然而，院長之下的學監卻正式行文，授予我這項特權。我每一學期還可以免費用餐一次，沒有時間限制。而且，庶務長還替我設了一個記帳戶頭。順帶一提，庶務長在美國無疑應被稱爲管財務的副校長，這位庶務長是退休的空軍副元帥，相當於美國空軍的少將。十年來，我仍然每年收到凱思學院的年報，受邀參加校友的年度聚餐。我可以把自己當成是這個學術單位的一分子，雖然只是邊際分子。

李約瑟毫不考慮就使用他的大特權，也就是只有他能踩凱思學院的草坪。他從院長室到側門旁的K-1時，總是大踏步穿過草地。由於他這種時刻都不打算與人對談，跟在他後方的我確實不知如何是好。因此我決定跟著他踩草地，而不自己繞路而行。直到今日，我還不知道這樣是對是錯。不過，院方人員從來不曾指責過。不可思議的是，抗議竟然來自於觀光客。一車又一車的遊客來參觀凱思學院時，眼睜睜看著我們踐踏草坪。草地像地毯一樣，又厚又光滑，剛剛修整過，沒有一絲雜草，讓人忍不住想踩上去，看看是什麼感覺。導遊必須加以制止。被責備的觀光客就會指著我們兩人一個高大、一個略矮的身影，在草坪上揚長而去，詢問導遊何謂不准踐踏草坪。

我抱怨無法從大學圖書館借出書籍時，院長說：「我試試幫你弄一個等同文學碩士的地位。我想可以安排妥當。事實上，我想一定可以。花不了什麼錢。」這件事如何做到，正如這個大學城成千上萬的事如何做到一樣，都已超越我的理解力。但不久後，校方發布公文，我在劍橋停留期間享有文學碩士的資格，一次可以從圖書館借出四本書。更驚人的是，在圖書館的借書處，沒有人要求看我的身分證明或公文。單是我的話和借書單上標明的文學碩士資格就夠了。

我就這樣在種種便利與特權之下於K-1工作近一年。事實上，我在劍橋待了差兩天就一年。原來在我們回美國前，我決定當美國公民。申請時至少要在美國住五年，在我離美前不知已超過多少倍。但我到劍橋就破壞連續性，因此回到美國後必須再住一年。然而，如果我離開美國的時間超過一年，我之前的紀錄就無法算數，必須從頭開始算，住滿五年後才能提出申請。因此我向環球航空訂位時，還預留四十八小時，以備班機延誤時還有緩衝的時間，不致破壞我對移民局的申請計畫。

在停留劍橋的一年間，我在周末帶家人渡假，到過巴黎、布魯塞爾和阿姆斯特丹，也曾在短程旅行中去過約克、巴斯、溫莎、牛津和巨石區。除此之外，我遵照李約瑟博士一周工作六天的行事曆，少有例外。我到研究室的時間，早於他和魯桂珍博士開始動工的時刻，但離開時也比他們停工時刻早得多，因此我獨自吃中餐，也不和他們一起喝下午茶。有時候我待得比較晚，看到院長室書房的燈還亮著，顯然他們工作到很晚。我對魯桂珍博士提及此事，她顯然想安慰我：「我們沒有在工作，我們在打牌。」但我不相信他們會在書房裡玩撲克牌。這一年我也了解更多英國習俗：贈禮日，也就是耶誕節次日，是「絕絕對對的假日」。那天方圓半哩內唯一有食物的公共場合，就是玫瑰新月街的巧克力棒販賣機。不過，元旦卻根本不是假日，我知道的商店沒有一家不營業。

這一年最令人驚慌的經驗是，傑夫有一天晚上突然發高燒。第二天他發燒到一百零四度，燒遲遲不肯退，他開始胡言亂語，把我們嚇壞了。到晚上，我把他的小床移到我們的大床邊。但是在市醫院分部值勤的醫生拒絕出診。「給他服些阿斯匹靈藥片，把他放在冷水裡！」他對著電話吼叫。我們聽從他的指示，不知道對或錯。我把他放進冷水的那一瞬間，忽然覺得大錯特錯。我很恐慌地把他抱出水中，讓包著濕毛巾的他緊緊靠在我胸前。他仍然燒得發燙，眼睛半睜半閉，兩眼無神，無精打采。我們覺得十分無助，對社會主義醫療制度的信心全然崩潰。第三天，我在研究室對魯桂珍說起這件事，我不知道她竟然對院長說明我們的困境。傍晚，分部突然來了一位醫生出診，但不是前一天值勤的那一位。最重要的是，這位醫生告訴我們，症狀顯示是一種特殊的病毒，還沒有開發出治療的藥，但只會有驚無險，一、兩天後就會自行痊癒。他並不明白，這個簡單的診斷對我們是多大的安慰。白樂地（Brodie）醫生剛好是凱思學院的校友，一直和李約瑟博士保持聯絡。傑夫轉好時，我們帶他去感謝院長。李約瑟博士彎下腰來以食指戳傑夫的鼻子好幾次，也讓傑夫戳他鼻子。從此以後，李約瑟成爲傑夫的偶像。傑夫聽到我們說到院長每兩年出一本書，就把幾張紙釘在一起，在紙上胡亂塗鴉，對我們宣布他也可以出書。他還向我保證，他有一天要像李約瑟博士一樣，完全靠自學學會讀中文和說中文。

格蘭要在艾登布魯克（Addenbrooke）醫院開刀取出腎結石時，我們提早安排，希望完全脫離社會主義的醫療體系。手術是由最好的醫生來執行，檢查是透過最新的設備。在復原期間，她住在四間高級病房中的其中一間，「享受女王般的待遇」。但全部費用都由美國的醫療保險來支付，幸好我們出國時沒有中斷，結果我們一分錢都不用出。在這兩個例子中，我們都受惠於地主國的醫療服務，有一次和當地的勞工階級一樣享受免費的服務，另一次則是進入上流階層，自己完全不用出錢。在我們表達感謝之前，我要說，這兩次事件讓我們在英國社會階級方面上了難忘的一課，顯然還是上流階層好得多。如果已開發中國家的福利社會都還不夠好，很容易想像開發中國家會以較激進的方法解決問題。這也可以解釋，爲何一些受過醫療訓練的人士有特別強烈的社會良知。

在內人康復階段，李約瑟夫人還來探視。桃樂西．莫以爾．李約瑟是皇家學院院士，本身也有著作問世，當時約七十五、六歲（比她丈夫大四歲），必須拄著拐杖走路。然而她仍然走完所有的階梯，只爲了表達夫妻兩人的關心。在K-1的牆上有一張她年輕時的大幅木碳畫，眼神和現在一樣柔和。她曾告訴我們，她初到劍橋時，國王學院前那株比鄰近最高建築物還高的大樹，當時才剛剛栽種而已。我們聽說，她當時也是政治活躍分子。我們很想聽她現身說法，了解她當時及現在對社會正義的看法，但我們沒有機會與她進行較長的對話。她來病房探視格蘭時，大部分時間都在替病人打氣。她告訴格蘭，他們第一次飛越非洲海岸時有多興奮。她建議我們，下次去倫敦時，可以去逛逛雀爾西一帶的小商店。從她的閒談中，我們可以確定，這位身材嬌小老太太體內的旺盛精神毫無衰退跡象。

我與她丈夫的來往真是很獨特的經驗。除了我們的通信以外，在劍橋時我們周六下午的談話更增添交往的新面向。在下午兩點，李約瑟博士會打電話請我到院長室，或是親自過來K-1。既然工作壓力已放置一旁，他的嚴峻表情也跟著消失，有時還會流露可愛的孩子氣。他到K-1時，外套及貝雷帽已穿戴妥當，有時會立正向我敬禮，模仿教練班長。

我們兩人常常一起散步，很少不超過一個半小時，沿途會討論一些主題。我們常常穿梭在劍河西岸的中庭和公園之間，有時他會停下來讚美花草，摸摸樹葉，說出植物的拉丁學名。他的介紹豐富了我對劍橋當地歷史的知識，他會指點出羅馬古道的痕跡，講一些這個大學城在內戰時的軼事，當時克倫威爾就在附近的封廷登（Huntingdon）訓練他的鐵騎兵。但我們會面的主旨當然是中國的官僚體系，以及其對科技發展的影響。散步後仍無法有所突破時，我們會繼續喝咖啡、吃點心，地點可能在大學中心，也可能在評議會辦事處。

在討論和閱讀雙管其下後，我寫出了兩百多頁的草稿，準備放入《中國科學與文明》第四十八節。從其中又摘成一萬字的文章，由我們兩人共同署名發表，已刊登在香港、羅馬和舊金山的期刊，我還沒看過已行刊載的東京期刊。部分與本書讀者相關的重點將摘要如後。

尋找對歷史的技術辯證

數年前有一個中國農業專家代表團拜訪英國，主人帶他們參觀英國農村。農業專家看完機械、麥田、肥料、穀倉和馬廄後，留下深刻的印象，但他們對農家現代化的舒適便利設備更是感興趣。這時其中一人問：「這一切都好得很。可你們的農民住哪裡？」

這個天真的問題一提出，沒多久中國人很無知的消息就四處傳開。

但並沒有太多西方人了解，自己的天真可以媲美中國人。我們看到書籍出版，專家在廣播和電視上辯論，彷彿中國的領導人和農民之間已存在法律及商業的連繫，讓蔣介石和毛澤東可以有條有理處理國事，而中國之所以數十年混亂動盪，原因在於領導人無法無天。他們如此認定時，不僅忽略中國歷史的真正本質，也昧於西方歷史的一些細節。事後回想，那位中國農業專家提出的問題並不笨。西方人有理由可以知道，這個問題可以提供了解東西差異的關鍵之處。

在英國歷史上，佃農的前身是農奴，也就是附屬於田莊莊主的奴隸。在十四世紀的黑死病之後，由於勞力短缺，他們設法解放自己。但是，大多數沒有取得耕種土地的所有權，無法成爲「自由農」（原註：事實上，「自由農」和「租地農」遠比此處所討論的複雜，但對一般讀者而言，粗略的概念比精確的定義有用多了），也無法和地主重新簽約界定彼此的關係，當不成「租地農」。大多數人成爲「官冊農」，有些像違建戶，依原始的官方清冊享有土地的權利。依不成文法的原則，土地不可以讓與，但使用者的權利仍然受到承認。因此官冊農的地位就成爲數百年來的棘手問題。有些官冊農仍對地主提供封建時代的義務，但義務上至茲事體大者，下至「盛夏的一朵玫瑰」等瑣事。有些義務已轉換成現金，在通貨膨脹的時代，租金可能縮水成象徵性的金額。地主和官冊農的鬥爭持續進行。地主曾試圖趕走官冊農，或是強迫他們根據對當前物價的調適而簽訂有期限的租約。如果順利調高租金，都是以「侵入罰金」的形式，是法律上的新名詞。遲至十七世紀初，愛德華·科克（Edward Coke）還宣稱，如果官冊農已善盡義務和服務，「就讓地主皺眉頭吧，官冊農一點也不在乎，因爲他知道自己安全了」。這聲明本身證明當時瀰漫的不確定氣氛，否則身爲法院院長的他沒有必要發布這種聲明。

不難想像，在英國內戰前數十年，宗教議題、經濟危機、國外事務的爭論、國王和議會間的憲政僵局全都同時出現，土地租約問題更使情勢益發複雜。問題不止於誰擁有課稅權，或是誰擁有土地的何種權利。關鍵在於，沒有人能確定實際狀況。地主發現自己田莊的「所有權複雜到令人混淆」，有的企圖在十二年內調高四次租金，有的一點都不調整。皇家土地的轉讓更證明局勢有多混亂。在都鐸王朝末期，這些土地就已開始出售，到斯圖亞特王朝初期更加速進行。出售價格非常低，以致於過去的歷史學家常指責，這是某種形式的貪污，是送給王室親信的禮物。不過最近的研究顯示，田莊對土地的權利十分複雜，價格也受制於此。不動產的分類毫無秩序可言，有些土地並沒有列在清冊中。無論在何處，租約都不確定，更常常找不到主要的承租戶。詹姆斯一世時，土地出價曾高達相當於一百年租金的金額。但有時即使將售價減成相當於七年租金，仍然無法吸引承購人。

在這些情況下，運載費和稱重付費點燃查理一世時的內戰。整個國家經歷一場大動盪與混亂，五十多年後局勢才完全穩定。但就全國而言，農地的利用愈來愈趨於合理化，和社會正義無關的這項運動持續步向正軌。在十七世紀的相當時日裡，不動產易手快速。較有企業精神的地主自然會重整田產，將部分土地以高價轉售，鞏固及保留其餘的土地。內在的矛盾消失，持有大塊土地的情況愈來愈普及，無法在經濟上管理的土地就被清算出售。在自然經濟的壓力下，官冊農這種制度愈來愈站不住腳。一些官冊農成爲自由農（爲規避法律，有時土地以極低的租金出租六千年，但卻收取高額的侵入罰金）。其他人被迫簽有特定期限的租約，形式接近現代的租約，這些人就成爲小佃農。

如果以上的演進力量還不夠，圈地法案使土地的改革更爲完整。即使都鐸時期不喜歡圈地，怕造成人口減少，還立法禁止圈地，但潮流無可抵擋。這項運動不斷進展，直到十九世紀初爲止，最早是爲了方便養羊，後來的目的卻轉成提高作物的生產力。小地主不能使用公用地，再也無法維持他們的自耕農場。一小群的佃農受雇成為大田莊的幫傭，但其他人只好前往城市，成為新產業所需的廉價勞力。農耕技術的現代化更使佃農人數減少，大幅降低幫傭的人數，直到今日，佃農這個字眼已無法適用於英國鄉間。

但比較少提到的是，隨著經濟的穩固，法律也歷經改革。土地租約簡化，農地單位擴大，農地使用更有效率時，現代法律才有可能適用於社會的土地部門。十七世紀末，普通法提倡的平等開始發酵。在光榮革命和約翰．霍特擔任法院院長後，法院逐漸將牽涉到商人的訴訟視同商業慣例來處理。這些訴訟案很快就誕生一些前例。普通法不再受制於早期僵硬的封建習俗，商業化的農作因此受惠良多。農產品的行銷擺脫地區性的限制，不動產的買賣和繼承也能妥當處理，合約不再局限於狹窄的鄉村模式，破產申請程序也能適用，土地財富因此和國家經濟的較先進層面相互融和，鄉村銀行和保險公司的成立只是時間問題。國王特權不再是問題根源，整個國家開始可以在貨幣上管理。衡量這場改革初期成功的標竿是一六九二年頒布的新土地稅法。以戰時四先令對一鎊的換算法，當時一年徵收兩百萬英鎊的稅，打破以往有紀錄可循的總歲入。後來財政擴張後，所收的稅更多。

這次的成功值得大書特書，代價卻是很多人受苦，不法之事橫行，其結果也並非完全可以預見或算計。種種因素相結合產生罕見的壓力，才造就這一切。因此我們必須把這一切歸功於自然經濟。不說別的，中國就沒有經歷這些過程。

美國人很容易忽略其中的差異。美國的歷史始於移民新大陸，當時有特許公司、股份公司和宗教活動的公社。至於放棄租金、限定繼承及長子繼承法等殘存的封建土地慣例，都還沒有完全消除。南部的奴隸問題不算，在中部殖民地區的問題比其他區都明顯。但邊疆的存在使問題大爲減輕，獨立戰爭更解決了所有問題。美國獨立後，公有土地公開出售，起先是以六百四十英畝爲單位，後來單位再降到三百二十英畝及一百六十英畝。一八六二年實施公地放領法，放任的土地政策更達於顛峰。法案規定移民居住和使用土地都必須滿五年，比支出些許費用購買一百六十英畝的辦法實際多了。因此，很少美國人會了解，土地的分割爲何會影響國家的公共事務。也少有美國人能夠回憶起非特許佃農和簽約勞工。對美國公民而言，經營農場接近其他商業型態。佃農一詞對美國人並沒有太大意義，更不要說是中國式的佃農了。在中國，絕大部分的人口所追求的經濟生活，並不在現代商業法的適用範圍內，因此全國的事務不可能在貨幣上進行管理。

比較留心的讀者此時應會發現，在討論這些議題時，李約瑟博士和我遭遇表達上的難題。如果我們視歷史爲定論，只要對歷史進行比較，任務就輕鬆得多。我們可以採取中國的觀點，或是西方任何一個特定國家爲範例，仔細檢討中國的情況。以上述段落爲例，我們可以說，總之，英國在一七〇〇年已完成資本轉換的工作，而中國仍遠遠落後。但這樣的結論無法說明世界歷史其後兩百八十年的動態特性，此外我們還必須假定，所有的國家不但都必須經歷資本主義的發展階段，而且還必須經歷英國曾經歷的階段。這種說法暗示一邊的歷史會吞噬另一邊，我們如果加以背書，無異落入鮮明命運的陷阱，而歷史事件早已淘汰這種不健全的世界史觀。

李約瑟和我不希望比較歷史，然而我們的研究仍將是一種比較，只不過終極目標是兩邊歷史的融和。此外，院長曾經問：爲何我們今日所知的現代科學不是發軔於中國，而是起源於歐洲？這使問題增添額外的層次，因爲現代科學從不曾畫地自限，因此無法用已知的辭彙加以定義。如果全世界所有的科學家都同意，據今日所知，人類智慧已達頂點，那麼科學將就此踏上末路。現代科學家基本上必須有開放的心靈：對已知的事物保持有系統的不輕信，但深信現在的不可知將來必定可以掌握。

接受這些信念和前提的我們很快發現，不只是院長形容的字母文化和表意文化之間有很大的鴻溝，而且我們很容易變成從研究「務實」面——也就是中國的社會及經濟背景對科學的影響——轉而研究抽象和哲學的課題，因而違背我們的初衷。

在K-1研究室的鋼製櫥櫃中，有兩個抽屜裝著參考書目和零碎雜記，都是影響中國科技發展的社經背景資料，全都是李約瑟博士三十年來累積的成果。我到劍橋後，院長讓我整理這些資料，看看是否能放入《中國科學與文明》。這些資料非常有趣，包括各種色調、顏色及尺寸的紙張。其中有登在學術刊物文章的抽印本，有寫在油印通知函背後的手寫字跡。有些是很久以前的書信，但有時也看到書名寫在零碎紙張上，甚至餐廳的紙巾上。其中所提到的作家，有的享譽全球，有的名不見經傳。有些資料非常重要，很有原創性，有些則很有爭議性，甚至很輕浮瑣碎。整個檔案事實上反映收藏者的個性。李約瑟博士的座右銘是「無一遺漏」，他秉持同樣的精神發現無數精巧的裝置和機械應用，以展示中國內陸的科學知識，並且從常見及罕見的古書中發掘其他觀察家忽視的事實。

不過，我必須承認，整體來說，這些資料的可用程度相當有限，我一開始的反應甚且更爲負面。這些資料顯得太不相關，太片斷。例如有一封信是賴德懋（Owen Lattimore）的建議。他主張，中國的地理分布利於千篇一律，因爲由地形可以得知，類似的農業社群可以適用於所有地區。這種立論有許多可議之處，事實上甚至可以說，由於中國的氣候、天然障礙、土壤生產力、農作物的適應力及勞力要求有相當大的歧異，因此分開還比統一好。考古學家鄭德坤則贊成完全客觀。他建議李約瑟，去除所有的成見，先以十至二十個發明爲例，分析當時的社經環境。這個建議完全不可行，因爲我們雖然對紙和火藥的發明有模糊的概念，但我們甚至不知道那一群人首先發明縱舵，或是替騾套上馬具是在哪一世紀，更不用說這些發明的背景環境。而且，如果我們太過注重特定發明，最後就會出版一本類似阿基米德洗澡或牛頓被蘋果打到之類的故事。在李約瑟博士的相識友人中，以霍莫．達布斯（Homer Dubs）最爲悲觀。沒有人了解，爲何現代科學無法在中國發展。他直接了當說：你們要有常識一點，負面的問題無法得到正面的回答。他的態度讓我想到中學時教科學的教師。有人可能可以證明鬼的存在，但沒有人可以證明鬼不存在。只要有一個證據就可以得到肯定的答案，但為了證明否定的結果，必須反駁古往今來的所有可能性。

但於今回顧，這些學者雖然沒有成為我們的開路先鋒，但他們多多少少影響我們的思路，程度大過我們的認知。我認為，檔案中唯一自成系統的就是魏復古（**Karl A. Wittfogel**）博士的資料。

在研究中國的領域中，魏復古是個顯赫人物。我在密西根當研究生時，主修中國研究的人都常常提到他，也許頻繁到一個月至少提一次。他是《東方之專制》（*Oriental Despotism*）的作者。埃及、美索不達米亞、波斯、印度和中國的古文明到底出了什麼問題？這本書會告訴你，這些文明全屬於「水力社會」，農業生產必須依賴大規模的灌溉工程。大批的勞力必須施予嚴格的命令，以求順利執行任務，因此專制勢力的產生無法避免。如此衍生的組織技巧雖然不無利於經濟之處，但只限於初期。這些社會的努力遲早會形成「管理效益遞減法則」，也就是說，一開始投入的勞力愈多，效益會成比例增加。但其效益有其限度，等達到飽和點後，收獲和勞力將不成比例。以科學術語來表達，這公式是個想像的弧線，但作者並沒有解釋這種現象何地、何時或如何發生，也沒有說明效益如何測量。沒有關係。在魏復古的字典中，水力社會和東方社會是同義詞，不僅在政治上可鄙，在經濟上也沒有吸引力。這種社會道德敗壞，不值一提。

魏復古將東方專制主義發展成一體系時，目的是為了避免馬克思「亞細亞生產方式」

所引起的混淆。但魏復古的「東方」包括在今日祕魯的印加帝國，卻將日本排除在外，因爲日本的灌溉工程是片斷零碎而非協調一致的，因此日本社會是「水利農業」而非「水力」，因此即使連封建時代的日本都「無法發展戰爭的藝術」。水力社會的特色也會影響藝術。他們的建築只能產生笨拙的結構，稱爲「水力建築物」，使用最多的材料，卻只有最少的概念。東方的專制主義是過去式了嗎？不見得，在今日仍相當活躍。今日世界有何危機？是馬克思主義—列寧主義威脅西方世界嗎？魏復古認爲不是。問題的根源仍然在東方專制主義，因爲蘇聯是俄國「在亞細亞的復活」，以工業基礎充實其新專制主義，而中華人民共和國當然是「貨真價實」的亞細亞復活。

魏復古和李約瑟的接觸一開始很順利。東方社會概念剛發展成歷史研究，以德文發表成論文時，李約瑟在封面用中文寫「寶貝的」，要夫人閱讀。後來他和魏復古碰面。顯然他們一度還算友善，雖然還不致於熱絡。但「東方專制」理論茁壯到繪聲繪影，比迪士尼卡通還生動活潑時，李約瑟發表一篇批評，指責該書「否定事實」，後來作者要求當面解釋，但被他所婉拒。

這事件對我也有深遠的教育意義。無論信不信，我更能體會中國歷史上道家的政治思想家。他們堅持，道德只能和自然合而爲一。任何提倡善良和正義的分化行爲，如同儒家常標榜的目標，都爲他們所輕視和不屑，因爲他們認爲這不過是自利的行爲，只是爲了滿足自己的驕傲和偏見。在機器時代，我們無法達成道家兒童般的純真，但這教訓仍然警告我們，不能單看表面就認可或抨擊任何「主義」。在這個例子中，李約瑟和我都受不了中國的農業官僚，然而我們卻不能完全忽略中國官員的雙重性格，他們「陰」的一面總是和「陽」的一面背道而馳。這個主題出現在李約瑟駁斥一度是朋友的魏復古的書評中，後來也放入我融故事與傳記爲一爐的《萬曆十五年》。我們也因此將我們特有的史觀稱爲「技術辯證」。所謂技術，就是不帶意識型態的色彩。

但一九七二年年底將至，我們卻只知道自己反對的方向，但還找不到《中國科學與文明》相關部分的確切方向。有一個星期六下午，我們邊散步邊進行討論時，決定忽然自然而然冒出來。我們間的對話照例沒有前言、分界、順序或轉折。

「院長，」我說：「爲什麼你說英國這裡的天氣很糟？現在已經十一月底了，天氣還是如此溫暖明亮，世界上其他地方找不到的，你自己也知道。」

「這是異常的，」李約瑟回答：「但不會持續太久。」然後他的話題又轉回《中國科學與文明》。「就我所知，」他說（大概是我遇見他後第四次這麼說）：「文藝復興、宗教改革和現代科學與資本主義的發展——這些都是一起出現的，整批地來。」

接近他讓我獲益良多。他這些年來常寫信給我，此時讓我有機會回饋。因此我說：「你的意思是，從十五世紀到十七世紀的西歐歷史是獨特的發展，是眾多因素交織而成的產物。同樣的，中國的歷史也很獨特。我們不可能靠四、五個註釋來證明中國歷史是某種『主義』，把它丟入普遍體系之類的大桶子，然後再拿出來，並宣布中國文明畢竟含有原本相反的特質。」

「我們不可以這樣，」李約瑟博士說。當他變得很嚴肅時，說話照例很簡潔。他頭腦中的數百根思緒終於構成結論。我記得他在給我的信中強調，不能理所當然以爲中國科學是西方模式的失敗原型。

「院長，」我說：「我已經看過這兩本談官僚的書，恐怕對我們沒有太大用處。他們提到西方世界的經驗，說明不能只看到個別案例的優點。處理這些案例時，必須從類別、群組和類型著手，因爲數量相當龐大。這種分析法的缺點在於範圍太過狹小，作者欠缺歷史的觀點。至於另外那本中文書，前言說是受到你的啓發，但事實上看不出來。作者的錯誤在於走到另一個極端。在他澄清中國官僚管理的本質前，就提出一個理論，說中國官僚主義的歷史時點大概介於英國的都鐸和漢諾威王朝中間。」

李約瑟博士接著告訴我這位作者的些許逸事，他們如何相遇，他的長相如何等等。最後他問我，我覺得如何呈現《中國科學與文明》第四十八節最理想。我告訴他，在他的卷二，他說中國科學思想**本質**上並不精確。中國思想家的缺點在於太早下結論，缺乏數理證明就立即跳到絕對真理。在政治—社會—經濟歷史中，情況也十分類似。中國的成就和問題一樣，都在於「過早統一化」。帝國統一來得太早，政治上的中央集權也領先時代。如果我們以這樣的心態讀《二十四史》，也許可以整理出一組新資料，可以回答我們的疑問。爲達成此目的，必須將自己的歷史感發展到極致，不能受到其他學者的影響。

事實上，這是李約瑟博士一輩子的寫照，我當時看不出有其他可能，現在仍舊看不出來。

但要把念頭轉成實際的工作時，以上的建議很可能改變全書最後一卷的一部分，改成對全書本身的專門研究。一開始必須先談土壤和氣候，再來是中國兩千年帝制的朝代順序。爲了符合他自己的想法，還必須重新定義西歐的資本主義，接著才能提到這些因素對科學發展的影響。當書付印時，這部分的草稿還沒完成。不過，我仍然很高興，最重要的資料都已在掌握中，受過院長指導下的某位學者一定能據此加以完成，不會遇到太大的難題。對李約瑟來說，這項龐大工程中的計畫之所以能吸引他，完全在於其規模，因爲李約瑟雖然喜歡剪下沒利用到的紙片，但一生中的寫作沒有不是從大處著眼的。

李約瑟博士和我決定《中國科學與文明》第四十八節模式後的一年半，考古學出現重大的發現，《國家地理雜誌》稱之爲「中國不可思議的發現」。在一九七四年春天，靠近現代西安的公社工人爲提高生產力，把驪山的土壤挖得更深。他們偶然發掘出中國第一個皇帝下葬的地方，陵寢在這之前從未出土過。他們挖掘出「兵馬俑」。陸續的考古工作發現，真人尺寸的陶俑士兵不下七千五百個，全都配戴真正的兵器，戰車是真的，但戰馬也是陶製的。這些兵馬捍衛他們主人的遺體，也就是在西元前二二一年統一全中國的秦始皇。

當細節陸續公布時，即使是秦代歷史的學者也大感震驚。這座地下陵寢的特色在於各方面的完善設計，連細節也很在意。士兵的造型似乎取材自活生生的人物，沒有兩個人一模一樣。他們的臉部表情顯示出無盡的個性。他們的髮型都一樣，但梳理的方式或多或少有所不同，鬍鬚修剪地很整齊，纏帶也都打好結。他們的帽子有點狀圖案，腰帶上有金屬環扣，從雕刻鎧甲的樣子，看得出是用皮帶來當束帶。鞋底還有止滑金屬片。從步兵到騎兵，武器都不相同。騎兵肩上沒有鎧甲，以便在馬背上行動自如。軍官的裝備更爲考究。這些士兵或立正，或跪地拉弓，或駕馬車，或隨整體戰術所需就個人戰鬥位置準備肉搏戰。總之，整個場景創造出一整師的秦國步兵，側翼是排成隊形的戰車和騎兵隊，隨時準備作戰。如果現有的展示已經夠壯觀，專家猜測，在這一師的南側可能有更多的戰馬、士兵和戰車。或者，更壯觀的是，所有兵馬俑的各師隊可能部署在始皇長眠之地的其他三個方位，也就是已發掘數量的四倍。

這種壯闊雄偉的景觀自然會吸引大家對陵寢主人的興趣。一九七四年以來，已有數十萬西方遊客到西安去參觀兵馬俑。康乃狄克州歷史書俱樂部已推出三本和秦始皇有關的書。專制的指控絕對無法避免。《國家地理雜誌》中對秦始皇的報導圖文並茂，有一則圖說如下：

> 無論是在鞭子的揮舞或長矛的戳刺之下，新政權運用無情的武力鞏固皇帝手中的絕對權力。他強徵七十萬人去建萬里長城，以抵抗中亞來的遊牧民族。這些勞力將

舊有的山間要道連成長達一千五百哩的牆，成為地球上最長的要塞。為了防禦內部的異議分子，皇帝下令焚燒引發爭議的歷史和哲學書籍，並且殺了四百六十名儒生，有些被活埋，有些據說豎立在土中，土深及頸，然後再砍頭。

然而，雖然有考古證據和相關的中國文獻記載，我們卻不能導出道德譴責的結論。採取這樣的立場並非表示我們對人類的受苦必須無動於衷，或是對道德應置之不理，或甚至是極端的手段有其必要。我認爲**對歷史採取道德詮釋**並不恰當，無視於時空背景就貿然地問：「爲何不依照我認爲合理的方式出現？」身爲歷史學家的我們，關心的是更直接的問題：「爲何以這種方式出現？」如此才能更接近問題的核心。以秦始皇的例子來說，在地下墳墓發現整個師的兵馬俑，正足以顯示其理性和非理性的一面。我們也許會哀歎，竟然在暴君遺體附近浪費這麼多創造力和心血，其中牽涉到各式各樣的迷信傳聞，但我們無法不驚訝其組織能力，無論是藝術或實際生活方面。如果我們稍微放縱一下想像力，我們幾乎可以想像出參與其中的哲學家、藝術家和工匠，外加巫人和隨扈軍官，因爲要設計和執行如此浩大的工程，一定需要許多意見的交流和技術的整合。今日投入心血不夠多的工程可能採取捷徑，結果就會像俯視亞斯文水壩的巨大努比亞雕像，用尺寸來取代龐大數量；或是用複製的方式，像大流士聽政所地壇上長列的步兵浮雕；或是像康士坦丁拱門，雖然很有風格，卻略嫌粗糙。總之，即使在帝制的初期，中國就已脫離世界上其他古文明的模式。更明顯的是，秦代的官方意識型態是「法家」，類似現代西方法學中的實證學派，將法令視爲統治者的宣告，獨立於傳統道德和習俗之外。好奇的讀者可能問：爲什麼這些事會發生？野蠻殘暴爲什麼和開明教化並存？最重要的是，如果不是出於個人野心，中國人爲什麼會在國家形成初期就建立中央集權制度？秦俑的生動多變讓我確信這絕對不是出自奴隸之手，有時反而讓我想起在田伯伯指導下的武漢大型壁畫（見本書一九八頁）。

如果西安的遊客、歷史書俱樂部和《國家地理雜誌》的訂戶也都很好奇，提出類似的疑問，李約瑟博士一定很欣慰，因爲在一九七二年那個異常溫暖的十一月天，也就是我們在劍河漫步後不久，我們試著對上述問題提出解答，結果是聯署寫成論文，其中有些已發表，有些尚未發表。我和院長達成協議，我可以自由使用和我研究相關的部分，但要註明原出處是來自準備放入《中國科學與文明》的部分章節。以下黑體字段落即表代這個出處。但既然我已濃縮、重述及重新編排這些段落，又加入一些新概念，以下摘要的全部責任都在我一個人身上。

到目前為止，中國歷史還帶著早期統一的永久痕跡，而影響統一的主要因素則是大自然的力量。

秦始皇於西元前二二一年統一中國後，在高山上豎立若干石碑，碑文見於《二十四

黃土地帶

史》，內容爲不斷宣揚自己回應地理挑戰的成就。

在這些地理挑戰中，最重要的首推聯合整治黃河。這裡絕對不是重複魏復古的論調。治水在中國文明發展的重要地位，已經成爲兩千年來中國學者不斷強調的主題。在二十世紀，有數名專家窮盡一生之力，研究中國的水利工程歷史。他們對黃河的興趣集中在治水，而不是灌溉，更不用提勉強符合世界歷史模式的大型灌溉工程。然而，這兩項主題之間也有關聯。人民需要一個能全盤處理水患問題的當局，因而造就中國這個國家的誕生。早在西元前六五一年，黃河畔的各諸侯國就召開會議，除其他事宜外，還保證不進行妨礙鄰國的水利工程。孟子討論治國之道時，治水就提過十次，顯示當時問題的嚴

十五吋等雨線

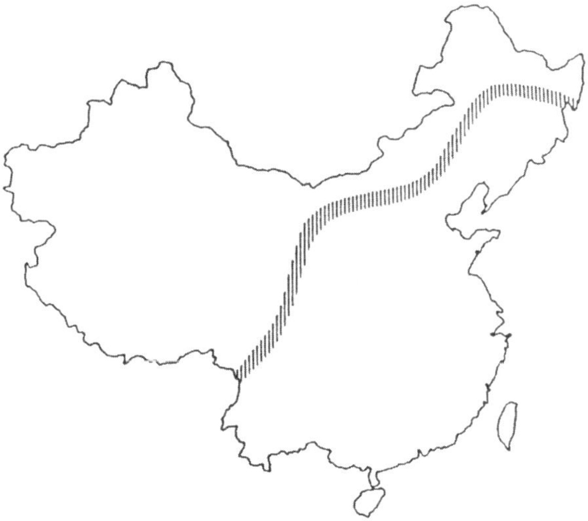

重程度，而當時在秦始皇統一中國前不到一百年。

現代科學家指出，黃河必須通過大片黃土地區，風沙所沈澱的黃土厚度介於一百呎到三百呎之間，水流因此夾帶大量的淤泥。在全世界主要的河流中，淤泥含量如果超過百分之四或百分之五，含量就算高了，而亞馬遜河在夏季高達百分之十二，但黃河有紀錄可循的淤泥含量竟高達百分之四十六，其中有一支流在夏季時含沙量居然達百分之六十三，簡直不可思議。也因此，黃河常常會塞滿河道，溢出堤防，造成難以計算的生命財產損失。只有一個統合所有資源、同等對待各方的中央集權政府，才能提供所需的安全保障，解除人們面臨的常態威脅。大自然所加諸的要求，讓中國注定早而持久的統一。

這項要求也因為其他因素而更形強化，因素之一就是亞洲的大陸型氣候。翻開中國的氣象地圖，可以看到所謂的十五吋等雨線，從東北東部內陸開始，穿過長城中部，彎向西南方，將中國內陸和青海、西藏劃分成兩邊。在這條線東南方，每年雨量大致超過十五吋，符合拉鐵摩爾的描述：「中國農業興盛，人口繁衍。」相反地，在這條線以西及以北，則被他形容成「在長達數千哩的地帶，人們完全置農業於不顧，不直接依賴地表的作物，而是在作物與他們之間插入一個機制」。這是遊牧民族的另一種說法。遊牧民族隨水草而居，畜牧經濟無法轉成農耕經濟，反之亦然。

在中國，農業人口和塞外畜牧人口間的爭鬥持續兩千年，留下許多家破人亡的記錄，卻沒有太多溫馨的回憶。這種爭鬥起源也相當早。早在西元前九世紀，亞述人的浮雕上就出現騎在馬上的弓箭手。但後來才發展出「完全遊牧」和騎兵戰術，並逼近中國和亞洲內陸的接壤地帶。到西元前三世紀，遊牧民族入侵已成為嚴重問題，因此才會把北方各國分別建造的防禦工事連成綿延不斷的長城，秦始皇也因此留名青史。國防成為早期就建立中央集權政府的另一項強制性因素。邊疆約略吻合十五吋的等雨線，在整個帝制時期事故不斷，成為世界地圖上最長的邊界線，對中國歷史無疑也造成一定的影響。中國農業官僚管理制度的興起，部分原因可以說是回應這種挑戰。

風向圖

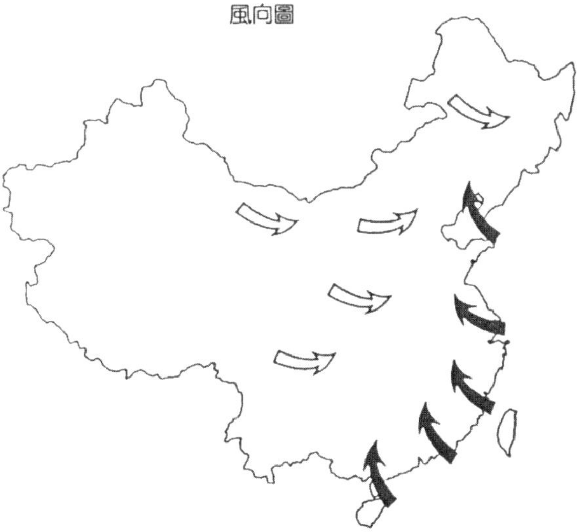

救援饑荒災民是任何朝代政府的重要功能，也是中國很早就統一的另一個原因，但到最近才澄清大部分的端倪。中國的降雨量如前所述受制於地形，但同樣受季節限制。百分之八十的雨量都集中在夏季的三個月，期間主要的風向還會改變。農業因此相當不穩定，因爲雨季時的雨像暴風雨一樣，也就是說，從菲律賓海吹來的高濕度氣流，必須由吹向東部和東北部的低氣壓中心先行冷卻，才能降雨。無數人的生計因此必須依賴環境的兩大變數同時發生。氣流常常交會，在特定地區發揮威力時，就會產生洪水和氾濫。相反地，如果氣流沒有會合，就會產生極度的乾燥和旱災。可以理解的是，這兩種天災常常同時侵襲不同的地區。早期的歷史學家並不了解氣象機制，在《二十四史》預先警告，每六年農作物會嚴重歉收，每十二年會出現大饑饉。在民國成立前，爲期兩千一百一十七年的歷代記載中，就包括一千六百二十一起洪水和一千三百九十二起旱災，嚴重到足以引起皇帝的關切。在帝制時期，平均每年發生一點四二起天災。

有了這些資料，我們就可以用不同的眼光來研究先人的史料。在秦完成統一前五百年，中國處於長時期的自相殘殺階段。原先的一百多個國家逐漸減少成數十個，最後剩下十三個。在最後兩百年間，還剩七個大國，後來其中的秦合併其他六國，完成統一。在世界歷史上，還沒有規模類似的中央集權運動。當時在各地稱王的霸主一心只想提高個人權勢，再加上陰謀和家族間的宿怨，似乎是民無寧日的主要原因。但我們無需懷疑，自然力量才是背後更具決定性的因素，包括連年旱災水澇引發的饑餓和缺乏安全感。從古籍中我們可以發現：好戰者掠奪彼此的作物；破壞互助協議是引起武裝侵略的原因；饑荒時停止發放食物會導致戰爭。這些事件會產生循環累積的效果。比較大的國家援助飢民時比較有效，自然有更多民眾願意追隨，國家勢力也可能愈來愈強大。因此，早期的統一有氣候和地理因素的支持，而完成統一大業的秦始皇也以象徵的方式承認這一點。在鐵犁發明後，農業雖然不是唯一的謀生方式，卻已取代漁獵，成爲中國人民的主要謀生方式。中國必須靠中央集權才能生存。

回顧過去，西元前二二一年的統一事實上確立了無可逆轉的趨勢。中國曾受到異族征服，必須忍受分裂狀態，有一次甚至長達三百五十年以上，但統一帝國的觀念、秦代的統一文字、許多文獻支持帝國統治以及人民的調適全都經過更長時間的醞釀。「本質派」認爲文化凝聚力是中國帝制統一的最重要因素，但至少應以這些外在因素平衡他們的論調。如果漢學家一廂情願認定，上述幾項因素既然只影響歷史，就不必再行探討，這樣的想法絕對有害無益。不到十年前，中國報章雜誌仍然刊出多篇文章，討論將黃河河水引入長江這項野心勃勃的工程，目的是重整全國的灌溉體系。白修德形容河南的饑饉是項決定性因素，讓他懷疑蔣介石的天意依歸，這在之前已經提過。《紐約時報》的羅森塔（A.M. Rosenthal）在最近的一次中國之旅時哀歎，將大草原的放牧區改爲作物區的行爲有多愚蠢，因爲會對上層土造成無法彌補的傷害。這種動力雖然也反映出毛澤東一心執著於糧食的自給自足，但主要是呼應中國人兩千多來的徒勞無功，也就是想靠密集農耕解決邊疆的問題。有ＫＧＢ背景的維克多・路易斯（Victor Louis）所寫的書也觸及這個問題，哈利森・索斯伯利（Harrison Salisbury）還寫了一篇「有異議的導論」。至於邊境的遊牧民族，無論是在歷史上被描繪成絲毫不尊敬文明世界的野蠻人，或是家鄉被強權侵略的無助少數民族，等到不再構成對定居族群的威脅後，在中蘇衝突下反而變成雙方共同猜忌的對象。在此同時，中國的氣候問題仍然存在。美國中央情報局搜集氣象地理資料，不列入機密文件，可供學界參考。資料顯示，數年前，在中華人民共和國的不同省分中，降雨量有時低於年平均量的百分之五十，有時又超過年平均量的百分之兩百，這種現象不斷重複，已成爲固定模式。這些資料可以妥善利用，例如投機美國的穀物期貨市場，或是藉此證明，中國勢力還不足坐大到成爲強權。但本書要讀者注意這些現象，卻是爲了不同的目的。無論任何時間，只要我們提到中國，就可能被亞洲大陸陸塊的動力所影響，因此不得不處理規模更大的問題，不管我們是否願意或是否準備就緒。

對中國的官僚管理而言，意識型態向來很重要，不論是古代或現在。

一旦歷史學家採取「現象論者」的立場，就會很輕易發現，從孔子以降到毛澤東的形形色色「主義」，與其說是絕對真理，不如說是管理邏輯的形式，或是官僚機器所需的意識型態工具，用以彌補技術上的不足。我們可以想像，在紀元前的中國，由於受到外力的影響，必須採取中央集權制度來管理約六千萬人口，因此要雇用多達十三萬名官吏。當時甚至還沒發明紙，官員必須透過寫在竹簡上的字來溝通。中國整套的政治哲學可以說是受到環境壓力而誕生。

也因此，中國思想家開始強調下列數點：

首先是對所有人進行倫理訴求，要求大家降低自我，減少個人及地區利益，支持全國的普遍利益。國家最關心的是所有民眾最低限度的生存，而不是較高的生活水準。對同胞的責任比自己的權利重要。因此管理的基礎雖然廣大，但同質性相當高。

其次是將社會習俗當成自然法來遵行。幾乎在所有階段的帝制時期中，男性優越、尊敬長者、平民敬重讀書人等都寫入法規中，其優點就是地位有別得到普遍的認同，社會的贊同更強化王朝的統治。今日仍可感受到殘存的效果。

第三點是強調以概要的手法處理大問題。如果將同樣的管理模式應用到美國，密西根可以被視爲另一個長方形的州，地圖上的海岸線可能被畫成直線，就和懷俄明州的邊界一樣直。從加州和蒙大拿州到華府的距離同樣被規定爲兩千哩，威斯康辛和密蘇里到華府則是一千哩。土地和人口資料都不是以確切數字登記，而是可以分類編組的一般概念。由簡單算術公式導出的預設計畫可以放入法規中，強迫人口和當地社群去調適，就像穿上統一設計、尺寸選擇有限的成衣一樣。李約瑟博士比較東西方數學時得到如下結論：歐洲的數學強調幾何，中國的數學以算術和代數爲主。此處也許需要稍做說明。我們今日掌握的幾何知識是源於古埃及人。每年尼羅河氾濫以後，古埃及人都必須重新計算不動產的位置，因此必須非常注重精確的細節，但中國官僚卻不必講究精確。相反地，這些官僚面對問題時，是以抽象來思考龐大的數字，根據他們處理事務的特殊方式，只要沈思默想即可，不一定要具體描述。

中國政治哲學的第四個特點，和僞裝能力有關。這個要素不但對西方觀察家是絆腳石，對成長於這個文化傳統下的我們也是一大困擾，因此有必要稍微解釋。

在帝制時期，中國官僚的問題沈重到似乎無法負擔，但他們卻有一個獨享的優勢，是其他地方管理人員所沒有的：中國的地位不具競爭力，不論內在或外在而言。當政治體成爲天下獨大的整體，無法解決的問題最後就會成爲美學和神學問題，不再是經濟或社會問題。因此，只要經過共識同意成爲真的內容，就等於真實，沒有必要引進客觀標準。這個信念引入政治時，因人心的狡猾層面而大爲興盛。就本質上來說，通常處理大範圍的人類事務時，在真實與激勵觀眾相信的內容之間，很難劃出清楚的界線。因此，牽涉儀式、神話、訴諸意志力、依據古人典範而立誓、銘記在心的國家崇拜信念、迷信和合理化機制等一連串教訓和慣例，全保留在帝制中國的傳統中，成爲政府不可或缺的工具。在中國喪失非競爭性的地位之前，不能輕忽這種治國之道的半宗教性質。這樣的環境無疑產生巨大的影響力，嚇阻追求絕對真理的努力。正如利瑪竇在十六世紀的觀察：中國有學問的人必須容忍大眾信仰的虛假。即使是今日的中國，也無法完全擺脫各式各樣的虛僞。在一張寫實的畫作中，明代的宮廷畫家將皇帝畫成近臣的兩倍大。爲媲美古人，毛澤東的遺孀雖然參加了他的葬禮，但官方畫家卻抹殺這個事實。

此處的解釋最無法說服西方的讀者大眾。「務實派」的學者有興趣研究法規、人口資料和食物價格等，卻常完全漠視思想史。他們並不知道，他們認爲不相干的事，對本身的研究領域可能產生重大的影響。如果事先就拒絕相信，更可能產生很大的風險。相反地，這些學者的批評可能變得無關緊要，因爲他們可能批評中國在某些方面失敗，但實情卻是中國無意踏入此一領域，或甚至蓄意規避。採行另一極端也有危險。在目前學院的分科情況下，中國思想家被歸入哲學的範疇。爲達到深度的要求，討論通常都超越思想家著墨的實際議題。如果脫離社會甚至語言學的背景，很容易在荀子中讀出柏拉圖，從王陽明中看出尼采。但這種學術研究的價值非常令人懷疑。讀者如果想藉此掌握中國歷史的本質，將會被嚴重誤導。

現代中國成長與發展遲緩，官僚管理要負最多責任。

嚴格來說，我們無法簡單直接比較中國文官管理和西方政府，因爲前者已實施兩千年，後者的現代化才只是晚近的事。李約瑟博士開始著手分析時，必須始於中國官僚的雙重性格，因爲對科學的發展同時產生激勵與禁止的作用。舉例來說，七世紀初期的盛唐是中國歷史最光輝璀璨的朝代，而歐洲仍然處在最近仍被稱爲「黑暗時期」的階段。雕版印刷不但是官僚溝通和傳播思想的重要工具，而且也有利凝聚一大群文官的共識，在東方的使用還比西方早一千年，說來也就不足爲奇了。即使從孟子以來的政治經濟範圍狹小，但不見得顯得落伍，尤其和歐洲文藝復興前的封閉思潮相比。

但我們如果想用今日的觀點來嚴格審視中國文化，就無法避免以下的問題：在戰爭與和平的藝術上，中國竟然落後西歐。說來諷刺，失敗的源頭來自明顯的成功。中國政府和社會無法適應環境這一特點，必須往上追溯自很早就完成統一大業。帝制中國政治上的統一不同於希臘各城邦、羅馬帝國、封建時代的歐洲或甚至德川時代的日本。中國過度強調中央集體與單一的管理，地方機構和民間管理少有發展及成熟的機會。最後中國就像是潛水艇三明治，上層是巨大的官僚體制，底下則是龐大的農民人口，組織結構毫不複雜，無法與本身的規模相稱。

雖然有相反的批評，但官吏對民生的關懷不能說不是真心誠意。在帝制歷史中，我們看到積極而持續地提倡農業，幾乎已成為永久的政策。在每一個朝代開國之初，帝制政府總是忙著從事農業重建工作。土地、種子及牲口都分配給流離失所的人民。新的灌溉工程動工，鼓勵人民開墾。有時政府還倡導特殊的農耕技術和改進的農具。但毫無例外的是，目標都是扶持小自耕農，因為他們才構成帝制時代的同質經濟基礎。保護他們家園的努力有時成功，有時不然。同樣的，廉價貨幣以銅幣的形式出現，從紀元前就已開始，一直使用到二十世紀。在宋代，每年通常鑄印二十到三十億枚硬幣，有一次還創下五十億枚的記錄。但最後中國並沒有發展出太多持久的商業技巧，也沒有太多重要的商業法。無法累積資本持續成為趨勢，再加上機制的缺乏，是中國人生活水準低落的主要原因。官僚管理依賴文化凝聚力來維持政治穩定，本身無法成為在本質上擴展國家經濟的工具。我們不需要魏復古博士提出「管理效益遞減法則」，《二十四史》中已有許多記載。

在一九七〇年代初期，我並沒有立刻意識到，在英國研究中國歷史有何意義。我認爲搬到劍橋完全是就事論事的安排。有時我發現周遭的稀奇古怪很是可愛有趣。但我不曾察覺，這個有趣的地方不但修正我的史觀，而且因此修正我的人生之路。

我記得，一九七二年初遇李約瑟博士時，他帶我去吃晚餐。餐後抽著雪茄的他帶我參觀院長室，我們談了一回後，轉到K-1研究室，他給我一串鑰匙，簡介他的歸檔方式和書籍在書架上的排列方式。等到談話告一段落，已經接近晚上十一點，他陪我去市場坡等公車。我們互道晚安，我自然而然伸出手來想握手感謝他，但他卻顯得不太自在。「我們這裡一年只握一次手，」他嘟喃著道歉的話：「劍橋顯得很正式，但其實一點也不正式，這就是它的魅力所在！」

後來我們和隔壁家的美國夫婦比爾．奇恩（Bill Keen）和莎莉．奇恩（Sally Keen）討論這件事。他們比我們早來一年，他們也同意，英國人對握手的態度顯然比我們認真。李約瑟的說法清楚顯示，握手帶有儀式的作用，不能漫不經心去做，身爲院長的他也無意破例。

和許多外國遊客一樣，我們覺得這類習俗很有意思，有時感到困惑，有時甚至啞口無言。坐在K-1的我有時不禁想到，這個地方實在很奇怪。學院的內門又厚又寬，石階因爲多年使用而出現了細槽紋。整座學院半像修道院，半像現代化的商業辦公室。K-1還有一個小房間，幾乎沒有轉身的餘地。一張寬不及三呎的床當額外的書桌使用，置放一些新書和期刊的抽印本，空間還沒填滿。臥榻和周遭環境顯示，早期修道士在此起居時，過著簡陋的生活。在另一邊，面臨國王大道的樓面設有承霤口，承接屋頂的雨水，避免直接流到牆壁上。在屋頂上飄揚著凱思學院的院旗，旗上有黃、綠、黑三色的盾徽。但越過K-1後，走到院自治會秘書辦公室中，可以看到電動打字機、對講機和影印機。從建築的一側走到另一側時，有時會覺得石階彷彿帶我穿越數百年。

有人會說，將對比加以混合就是劍橋的特色所在。就我的觀察，此地炫耀招搖的明顯跡象首推學院的晚宴。集合在食物之前，是所有人類社會的重要社交功能，劍橋恣意強調此一功能。在凱思的每一學年，每位研究員至少要有一次受邀參加院長的自助餐宴，他們的妻子也在受邀之列。每位大學生則在求學期間要被邀請一次。有時李約瑟博士和夫人花很長時間做最後的潤色，將外來的訪客列入來賓名單中，人數想必超過兩百名。他對我解釋，學院款待賓客的預算相當充分。自助餐宴每學期都辦一次。此外，院長還舉行正式的夜間派對，歡迎來訪嘉賓。無論是自助餐宴或正式晚宴，食物都屬一流。餐具全都純銀打造，餐盤印著學院徽章，金邊閃閃發光。桌布剛漿洗過。葡萄酒的供應源源不絕，讓我想起早年在東京的外交使節團。院長的管家同樣穿著正式，像木頭般筆直站著，宣布「晚餐已就緒」時，讓人覺得一切都是爲了完美的演出。

劍橋的氣氛在黃昏時最容易感受到。教堂鐘聲響起，穿著方帽長袍的研究員和大學生穿梭在巷弄中，急著趕路赴約，中世紀的氛圍在薄暮時刻完全顯露無遺。要欣賞劍橋的風格和水準，你還可以觀察任何學院的門房。他們總是穿著深藍色的厚重嗶嘰西裝，鬍子刮得一乾二淨，全身修飾地一絲不苟，皮鞋閃閃發亮，簡直就是自成一格。他們顯得如此尊嚴氣派，讓你不禁遲疑，不敢開口請他們替你提行李或叫計程車。

但劍橋也有另一面。凱思學院有一名特別研究員，而且還相當資深，平日以小摩托車當交通工具。他到達學院時，頭戴安全帽，臉上架著護目鏡，工作手套直抵手肘，褲腳反摺，讓人很容易顛倒他的職位，把他當成僕役。我們把K-1和K-2純粹當研究室使用時，也有人把類似設計的房間當套房用，吃住、工作和召見學生都在同一個地方。在觀光客看不到的走道上，有時可以看到髒的床單和枕頭套，等待女佣拿去送洗，有時則是空的咖啡壺、裝著碎麵包屑和蛋黃痕跡的盤子，等著被送回廚房。

即使擺闊，劍橋事實上還是受到不景氣的衝擊。教職人員的薪水和津貼無法隨著通膨的速度調高。我們眼見教授穿著磨損的衣服，襯衫的領口都磨壞了。我們和任教職的鄰居聊天，他們設法了解美國和加拿大的就業情況。有些學者已經搬走，他們並不是急著捨棄工作，以追求更高的薪水，而是在英國很難讓他們達到收支平衡，尤其子女還就讀私立學校。

如果這一切都顯得矛盾混淆，我們還沒探究到背後的組織架構呢。我們像許多外國遊客一樣，有許許多多的問題：何謂學院，何謂大學，兩者有何關係等等。我剛到劍橋不久，就問過李約瑟博士：「學院是什麼？」

「基本上來說，」院長只是簡單回答：「學院是宿舍。」

但這個答案只對了部分。學院不只是宿舍，還是基金會和財團法人。學院是自治體中的小自治體，擁有不動產及股票，研究員（有些還是終身任命）有權領取收入的「分紅」。研究員是導師、是研究人員、也是行政人員，他們是大學的「主要勞力」。頂尖的人員則被稱爲「特別研究員」。學生並不是由大學給予入學許可，而是由學院篩選、面試和認可。許多相關資料都見於《劍橋大學手冊》，我們到時已印行第六十二版。但印在紙上的一行鉛字照例不會留下深刻印象。在凱思學院，我必須親眼見到學生在辦公室外等待面試的緊張模樣，才了解實際的運作情況。

另一方面，就整合的機構而言，大學簡直不存在。大學本身甚至沒有大禮堂，大聚會就使用國王學院的禮拜堂。大學任命教授、設立學系、充實實驗設備、舉辦綜合演講，以及管理圖書館和博物館，但所有人員和單位都散置在大學城的各個角落。大學最重要的功能是維持一致的標準。學生可以經由和導師的討論，選擇大學開設的任何研究主題，但只有大學能決定學生是否能畢業。學生獲得學位前，必須先通過大學主辦的「優等考試」，內容和所選課程息息相關。所有課程和學分規定的問題就此定案。

如果遊客多花一些時間研究劍橋的歷史，就會發現，學院初設時，事實上無異於托缽修道會。有時學生窮到必須上街乞討食物。但後來學生也一度非常富有，連當他們家教的特別研究員都因此很有錢。方帽長袍是今日學界的制服，但事實上代表的是現代改革，希望恢復古代修道會時的風格，因爲其間學生曾蓄鬚、帶長劍、穿軍服，不一而足。

劍橋也不是始終如此保守。它的現址是懷抱遠見和雄心的人所創設的，其中包括亨利六世。工程的執行本身就是動人的故事。亨利六世在十五世紀下令整修國王學院的用地時，無數房屋被拆除，幹道要重新定位，通到劍河的路要重新規劃，讓商人可以在新指定的地點裝貨卸貨。年輕有爲的創辦人主持破土大典後才八年，國王學院禮拜堂就已完工，目前仍然是棟崇高的建築，發揮很大的作用，事實上還無法加以取代。後代的學者必須接受早期建築設計的左右，因爲先人宏觀的視野難以輕易抹殺。

我於一九七二年到一九七三年卜居劍橋期間，三個學院——克萊爾（Clare）、國王（King's）及邱吉爾（Churchill）——已經決定讓男女同班。這是比乍聽之下更具革命性的舉動，因爲正如李約瑟博士所定義的，學院「基本上來說是宿舍」。在此之前，另外三個學院——葛頓（Girton）、紐翰（Newham）和新堂（New Hall）——已經決定只招收女生（現在仍是）。凱思學院投票決定仍只收男生。但在李約瑟博士擔任院長的期間，院自治會開始有學生代表，是數百年來的空前創舉。「我很擔心，」院長對我透露改革後的第一次院務會議，「他們也許有不當的舉止。但後來一切順利，他們穿著方帽長袍，相當自制。」這個一度被視爲極端分子和左翼分子的人，居然說出這番話。

我們可以從中獲得何種結論？這許多矛盾背後有何邏輯可言？爲了概述局勢起見，我們必須要先了解，和美國的大學院校相比，劍橋的自主程度高很多。劍橋歷史悠久，因此有權追求大半由自己決定的方向，當然也不能過度強調這種理想狀況，因爲劍橋本身畢竟仍面臨嚴重的問題，起因於規模的膨脹和財務吃緊。但其不成文法仍然有一定的影響力，規則在沒有修改前一律有效。這種雙重性質讓劍橋可以務實到極點。在劍橋過夜的遊客將發現，我們在歷史書中讀過的許多文化因素全保留在此處，包括維多利亞時期的紀律，愛德華時期對階級的自覺，有時又穿插著費邊學社的社會主義路線。時期更早但無傷大雅的是許多中世紀的流風遺緒，馬克思主義分子無疑會稱之為封建殘餘，事實上也沒錯。

但英國的保守主義並沒有一套嚴格的外框，反而存在於社群生活的關節紐帶之間。保守主義之影響觸及社群生活的外表，使其色調更為鮮明活潑。保守主義成為價值觀的寶庫，推動過渡時期圓滿順利。在這樣的氣氛下，學者所享有的行動自由相當充分，有時還大於美國的同行。這些規則即使顯得隨心所欲，但數量卻少得出奇，而且通常對個人的影響並不大。劍橋的各學院還有一大優勢：公共任務大都由大學來執行，各學院就可以發展各自的特色。由於有二十三個學院和更多的科系，無論有意無意，都不太可能達成任何形式的穩固控制，因此地方分權得以確保。不過，深思熟慮的觀察家卻了解，在這種情況下，各學院必須維持一定的古老形式，才不會發生認同危機。

抱怨無可避免會常出現。如果特別研究員身兼政府或產業的顧問，可能被批評為出售學術地位。如果他們不關心錢的問題，又會被指為生活在象牙塔中。但整體來說，英國學界設法讓他們的研究單位像知識分子的共同轄區。從他們的觀點來看，美國大學通常比較像工廠，太注重大量生產、規格化和創造可以交換的零件。英國的漢學家人數不及美國，但卻沒有公然表示關切：學習亞洲語言只是爲了亞洲的戰略價值、中國歷史一定要依有利政府政策的方向去詮釋。崔瑞德在劍橋擔任中文教授時，他就成爲整個領域的權威。他可以對大學生開講語言課程，指導研究中國歷史的博士班學生。即使他自己被公認爲中國中古時期的專家，但他可以指導清代社會史的論文，甚至民初時期的軍閥現象。教授是終身職，即使他的領域只有幾名學生，也不必擔心地位會岌岌可危。只要大學生能設法通過優等考試，就不必被迫聽教授上課。就美國的觀點而言，李約瑟博士的例子一定顯得非比尋常。他接受的是生化學家的訓練，大半輩子卻忙著寫中國歷史的書。事實上，就我所知，還是二十世紀單一個人所進行的最龐大工程。而他卻從來不曾擔任過劍橋的教授，也不曾待過劍橋的東方學系。

於今回顧，客居劍橋的這一年間，李約瑟的大膽對我有很深的影響。事實上其中毫無祕密可言。他的性格部分解釋劍橋本身的矛盾：一個具有如此保守背景的大學城，居然可以產生如此多具備原創力的思想家。原因相當簡單：學者照理應當加強自己的學術紀律，而且毫無疑問是屬於傳統類型的學術紀律，這樣他們才能熟悉最基礎的工夫，直到熟透爲止，就可以逐漸發展不合常規的作爲，藉此打破傳統，設定自己的標準，展望未來能有所突破。相對於美國漢學家的慣例而言，英國學者有遙遙領先的優勢。美國學者雖開口閉口談學術自由，但在大西洋這一岸的我們卻深深覺得，絕對不能嘗試前人沒試過的事。在英國的制度中，你幾乎可以嘗試任何事，但不能與傳統對立。不過，如果你言之有物，傳統是可以修改的。

在劍橋研究歷史的另一項微妙優勢是，這個大學城本身就住在歷史中。正如柏克（Burke）所說的，「一個由短暫零件組成的永恆實體」，這個大學社群比較願意考慮時間的縱深。我後來向此地的幾位朋友提到，中國兩千年帝制時期可以當成一個單位來處理，沒有人大吃一驚。李約瑟博士就已做過類似的事。他研究中國科技的各種層面，時間從西元前綿延到最近數百年，並已來回往復推究數次。他自己的《二十四史》中夾了各種顏色的紙片，是數十年來的鑽研成果。

一九七二年冬，靠近年底的某一天，我們在劍河散步時，我終於向他建議，爲了總結最後一卷的中國社會經濟背景，他或許應該研究主要參考資料。我猶豫了一陣子才提出建議，因爲多少有些冒進。到當時爲止，我們一直處理次要參考資料，包括相關主題的一些已出版資料，以及他的朋友和同事提供的「線索」及建議。想法相當多，但沒有一些包含足夠的資料，足以證明中國數千年來爲何和世界其他地區有如此大的差異。但我提到我們應重讀《二十四史》時，他非常高興。「那是唯一可以找到資料的地方，」他表示同意。

多年後，我才了解，這個決定影響我有多深。

中國的帝制時期從西元前二二一年到西元一九一一年，可以說是由八或九個主要朝代、數十個小朝代所組成。《二十四史》並不是一本論二十四個朝代的書，而是二十四本不同的著作，有些將數個朝代合併討論，有些彼此間的年代重疊。最後一個王朝清代並沒有包括在內。這些作者大體上受限於在現代之前的觀點，但他們之間有也很大的差異。由於本書是已經編輯過的主要資料的合集，因此向來被中國歷史學家視爲基礎中的基礎。書的總厚度大到令人生畏。李約瑟的殿本可以塞滿一輛轎車。我回美國後，買了一套現代重印版，共七萬六千八百一十五頁，分成兩百三十三冊。

我還沒有從頭到尾讀畢《二十四史》，也不建議現代學者如此做。在早期史書中收納天文學和數學的基本知識，但只強調現在很難站得住腳的主張：歷史應該廣納所有知識（就技術上來說，現在絕對不可能做到）。史書中對無數貞潔婦女的描述，只會對研究特殊層面的社會歷史學家有意義。史書中的辭彙、參考書目和時間表呈現古代中國學者特別型態的有條不紊。對我們來說，這些材料只適合參考，不能研讀。也就是說，相當部分的頁數應該撕掉。

運用這一大堆資料時，還有另一條捷徑。我常用的方式是將現代中西方學者的論文和摘要當成參考指南，其中通常會涵蓋一、兩個朝代。他們的引文常常是很好的索引，帶我進入《二十四史》的原文。我對明代的知識也讓我保留一些自己的判斷。我希望藉此方式在綿延不斷的海岸線上建立一些灘頭堡，逐漸將據點相連結，持續往內陸推進。

此外，《二十四史》中還有十二篇所謂的〈食貨志〉，指點出影響民眾生計的政府財政。這些食貨志的水準不一，其中還包括很多錯誤的描述。但據我所知，唯一研究這十二篇食貨志的中國學者李劍農教授，曾出版一本選集，共分三冊。他的方法是老派作風，沒有系統，不過對後來的學者來說，仍可以省下不少功夫。在這十二篇食貨志中，經過註釋翻譯的部分包括英文的四篇、法文的一篇及日文的一篇，崔瑞德教授的唐代管理專書算是其中之一，我自己的稅制專書也可以算是屬於這一類別，涵蓋的明代剛好有和田清（Wada Sei）教授的日本翻譯註譯。我們可以把這些作品放在一起，彷彿在茂密的森林中開出一條小徑，只要把現有的地點和路徑相連即可。

在劍橋的其後八個月，我就進行這兩件事：將灘頭堡連成一線，並且在叢林中開出一條小徑。研究報告放在李約瑟的檔案中。但我回美國後，也重新檢視對《二十四史》的研究發現，試著簡化觀察所得，以便將訊息傳遞給一般讀者。我的心得包括一個很簡單的概念：

中國由於很早就統一，已發展出一套特別的治國之道，將無數的佃農户置於朝廷的直接管轄之下。這個趨勢持續兩千多年。研究中國歷史將有助於我們看出背後的強制性因素。然而，缺乏實質的中間階層向來是根本上的弱點。中國政府和國家的道德色彩、理想的正義、沈湎於偽裝等現象，都肇因於在數字上無法管理的局勢。

如果沒有掌握這一點，我們也很可能誤判中國近年來的發展。

在接下來的八到十頁，我將依帝制各朝代順序解釋此一立論。由於我的個人經驗（見下兩章）及在《紐約時報》讀到艾德溫・麥克道威爾（Edwin McDowell）的〈新聞檢查可能採取間接的形式〉（Censorship Can Take Indirect Forms），我必須和讀者共同破除一些錯誤的念頭，才能推廣以上的概念，原因不只是在於意識型態，也在於技術層次。我的方式是直接引述古籍以建立主題，這已經引發許多漢學家的反對，他們認爲應該堅守社會科學家的研究途徑。

不消說，他們雖然建議我應該延後我的綜合方式，但我深感不耐，我們的等待毫無意義。另一方面，我們握有相當重大的資訊，需要直接呈現給讀者大衆，無論是在美國、中國、英國或其他地區。如果我們扣留這些資料，會有何種後果？一般大衆對中國的了解將因此源於其他簡化的概念。我們可能受到引導而相信，發生在中國的是一大陰謀，或是中國人民並不理性。我們已經看到，一些書報雜誌和公開演講的內容都來自於這些假設，事實上反映的是挫敗主義。一旦接受中國是「神祕」或「謎題」，這些作者和演說者就不會再進一步深究這個國家和人民，只會依自己的個性和衝動來寫作或演說。他們應該知道，沒有一個國家可以保持半個世紀的不理性，即使某個社會因爲已和全世界脫節太久，在特定時點可能顯得非常笨拙。悲劇在於，傷害會加諸我們自己身上。我們對外國貼上詆毀的標籤，對他們並沒有太大的傷害，但我們可能從似是而非的假設中訂定錯誤的政策，受的傷害反而更大。即使現在不必付出代價，遲早有一天要面對。

我的詮釋方法可以說是「事件式」。如果我只提出一面倒的證據，預計會造成扭曲，這樣的方式就不可行。但就目前的例子來看，並非如此。這些事件其實是主流歷史中的突出事件，卻被過去的歷史學家所忽略，原因是他們並沒有具備我們的後見之明，因此無法停在適當的段落，找尋更多的相關線索。就歷史的詮釋而言，沒有比這些實際的史料更有效的工具。

毫無疑問的是，卜居劍橋這段期間，更強化我拓廣中國歷史架構的決心。事實上，我並不了解歷史學家有何科學工具。在凱思學院的K-1工作時，我明白座位後方的牆壁已經歷數世紀的興建和修補。如果有必要解決爭辯，不難想像可以移走一、兩塊磚，或至少刮除其成分，送到實驗室進行分析。像我這樣預計在此地停留一年，以便進行研究和提供諮詢的個人，對這種建築細節真的感興趣嗎？對我而言，只要了解劍橋的建築是新舊磚石相疊就夠了。或者，我應該完全不去管大學城的歷史，等到介紹二十三所學院個別歷史的完整書籍出版再說？當然不可能。我必須讓自己隨時能接納重大訊息，因爲這些知識可能會影響身爲訪問學者的我。在過程中，我必須提醒自己擴大自己的視野，準備吸收新經驗，先前的信念也可能因此改變。如果我來此地前就已認定：劍橋保守（或進步），李約瑟隨俗（或叛逆），我很可能只累積選擇過的印象。如此一來，無論從磚牆中敲打出多少樣本，無論我的紅外線視力多麼具穿透力，仍然可能得到扭曲的結論。

我觀察帝制中國也是同樣的方式。首先，我覺得對一般讀者而言，從頭到尾詳述朝代史或只呈現罐裝的抽象概念，都沒有太大的幫助。讀者需要知道中國歷史中的特定事件，並了解與時事的關係。以下即簡要概述我認爲重要的特定事件。我必須承認，在我到劍橋之前，並沒有太注意到其中的許多故事，當時我已經對數十萬人次的大學生講授過中國歷史。因此，如果專家拒絕暫時擱置他們狹窄的興趣，讀者不可能期望從他們身上獲得這些知識。當然選擇重點反映作者本身的興趣。因此我交待自己的背景，其中包括我的性情及衝動，僅供讀者參考。

第一帝國確定中國歷史的主調。

在我對中國帝制史的概述中，爲求方便起見，三個大段落可以被稱爲三個「帝國」，彼此之間有極大的差異，但又具備上述的共同特徵。

從統一中國到漢代滅亡（西元前二二一年到西元二二〇年）這段時期可被稱爲第一帝國。此時的官僚統治還沒有脫離貴族的色彩。由地理位置要求所啓動的中央集權動力，到西漢中期獲得滿足，全國隸屬帝國的治理之下。政府所積極倡導的社會秩序，是以質樸簡單和家庭凝聚力爲礎石。帝國毫不留情地執行權力，但創造出國家崇拜，認定儒家

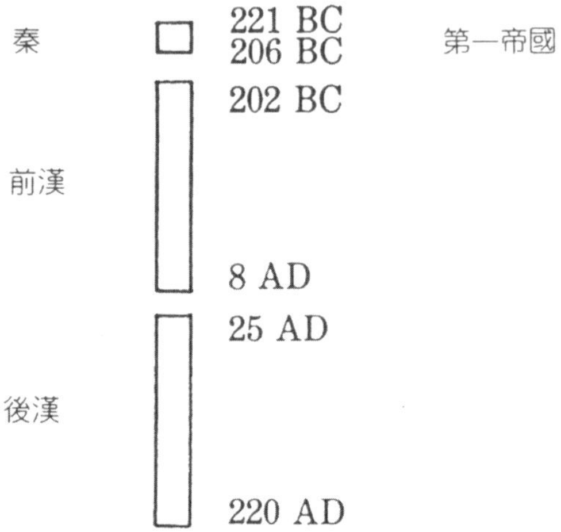

倫理合於自然科學的天理，兩者都很可行。漢代就這樣替中國創造出一個永久的機制，也就是說，人數龐大的農民由數目眾多的開化官僚來管理。漢代實施「察舉」制度，要求每兩萬人中選出一名「孝廉」。被提名的人和高官的子弟組成實習團，先當宮廷守衛，學習應對之道後，再分配到政府單位任職。

這個制度最大的弱點，在於國家機器無法規範、控制、抑止或甚至合法扶持鄉下富人勢力的成長。大地主最後集結成黨派，更透過察舉和宮廷保持內線聯繫。他們在鄉間的影響力大增，侵蝕地方政府，逐漸撼動中央。在東漢前的權力真空期，這個現象更是嚴重。東漢末期，學問成爲獲取權力的公然手段。私人講學吸引很多門徒，常常達數千人之眾。朝廷設的太學更有三萬學生入學。對國家來說，這並非福氣，反而有些尷尬。

西元二〇〇年，發生了一場大戰，開啓長期的無政府狀態和武裝衝突。大戰的其中一方是袁紹，企圖以新興的州郡力量稱霸。他的七世祖袁良以易經專家起家，因此賺了一筆錢。他曾在朝廷擔任太子舍人，後來將專業知識傳授給孫子袁安。袁安由於具備學術地位和正直的名聲，從縣的地方官升到郡太守，後來擔任朝廷大臣。從此以後，袁家沒有一代不在朝中任高官，門生故吏遍天下。袁紹興兵時，門客和屬下據說組成近十萬的大軍，但數目恐有誇張之嫌。軍糧必須動用一萬輛車，從中國北方運送南下。大戰的另一方是曹操，以王朝的保護者自居。曹操出身孝廉，養祖父顯然是宦官，曾擔任皇帝的中常侍。在這場戰役中，袁紹的雜牌軍潰敗，但朝廷的秩序並沒有恢復，反而瓦解。政府的侵蝕早已進行很長的時間，一旦不再假裝服從中央政府，一切全都解體。當時的組織和輔助單位也無法使地方自治正當化。無論如何，當時的問題包括大規模的天災，以及邊疆的防禦線長達數千哩，由地方崛起、從學閥轉成軍閥的人士並沒有能力處理。晉代曾打算復興帝制，但爲期甚短，中國自此陷入長期的分崩離析，期間長達三百五十年。

第二帝國嘗試貨幣管理，但功敗垂成。

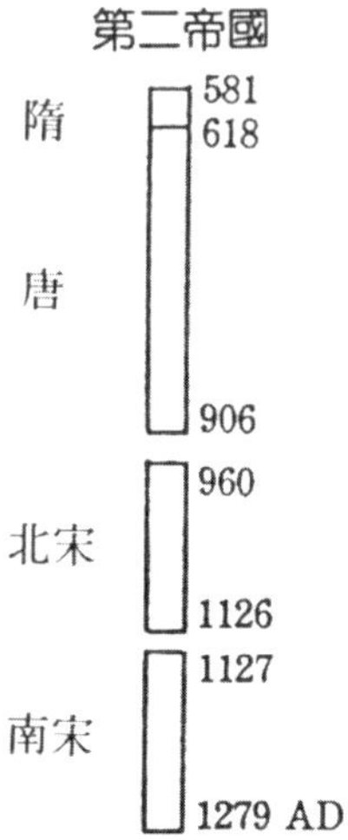

第二帝國包括隋、唐及宋朝（西元五八一年到一二七九年），並不是第一帝國的延續。在數百年的擾攘紛爭後，入侵中國內部的遊牧民族已經被漢化。中國文化的影響力並沒有斷絕，仍然保存在農業社群裡。但帝制的復甦仍然面臨無法超越的困境，帝國必須將龐大的農業人口置於中央集權的管轄之下，但又無法容納中間階層。許多不可能的任務是由鮮卑種的拓跋氏帶頭，最後拓跋一族成爲隋唐的先驅。拓跋氏在長城以南建立農業基地，地點在今日的山西省。他們在遊牧地帶俘虜許多遊牧民族，並有計畫地消滅這些部落的首領，強迫其餘的族人當農工。拓跋氏逐漸建立適合農業官僚管理的國家。他們軍事勢力擴展到中國北部時，就把制度應用到較廣大的地區。他們雇用個別漢人當顧問，異族通婚自然而然產生。但新興的國家必須防止遊牧貴族和漢族精英勢力竄升，後來隋代能在這方面成功，開國君主的精明幹練是主要原因。他是混血兒，性格神祕，成功降低兩種勢力的影響。

唐代中期以前的第二帝國可以說是結構嚴緊，也就是說，所有重要的法規據說都符合整齊的數學公式。例如，在拓跋氏統治時，所有戶數都以五爲單位，以利行政管理。農業土地號稱是由國家擁有，由身強體壯的人輪番耕種，但這些人同時也要服軍役和繳稅。只要上層的官僚可以順利解釋制度，就不會強制底層嚴格遵守法令。現存文獻顯示，實際情況有很大的差異，官員極力調適內容來符合形式。在中國北部人口稀少、土地經濟缺乏變化的情況下，這些法規還勉強可以執行。至西元七八〇年，唐代才將早已不可行的土地分配計畫宣告無效。其後私人擁有土地成爲**既定的事實**。

然而，第二帝國時期卻是中國文明輝煌燦爛的顛峰，創造力達於鼎盛。漢代實行察舉制度，隋以科舉考試取代，由於任何人都可以參加，因此有助於社會流動。再加上複製佛經的需求及中國古籍的普及，終於導致雕版印刷術的普遍使用。中國南方的發展造成農作物多樣化、城市化的範圍擴大及水路運輸的空前利用。十世紀末到十一世紀初，人口中心已從北方移到南方。種植稻米有利小戶人家，上述因素永久改變中國社會的性格。社會更爲繁榮，也更爲庶民化。

到了宋代，中國的農業官僚面臨組織現代經濟的能力考驗，因爲大量的現金和商品源源不絕流入政府的財庫和倉庫。宋的開國帝王是將軍出身，決定驅除長城以南非漢族所建立的半漢化國家。宋代意識到本身掌握的經濟實力，所徵召的軍隊人數逼近一百萬。政府積極提倡貿易，注重軍事技術。官吏薪資之高，可說空前絕後。在許多方面，朝廷在公共事務扮演主動而非被動的角色。宋代似乎有能力創造中國歷史的新局，甚至今日部分背景不同的歷史學家都將十一世紀之初形容成「中國早期的現代階段」。

但開國君王的美夢沒有實現，失去的疆土不曾收復。相反地，宋代和「蠻族」競爭時，反而被迫南遷。宋代三百多年歷史的特色是，戰場上一再慘敗，又以最屈辱的條件議和。令人困惑的是，這種事居然發生在中國有史以來最富裕的朝代。除經營礦區和鑄造金屬貨幣以外，宋帝國還發行紙鈔，規定鹽、茶、香料及明礬由國營專利，將釀酒業視爲特許業，控制內陸、邊疆及水上交通，並掌握部分貨運。和尚道士必須繳特許費用，徒刑可以易科罰金，這些都是行政收入。當代的資料宣稱，其土地稅收爲唐代的七倍，其中包括穀物、貴重金屬及紡織品，數目驚人。在十一世紀，國庫倉廩滿溢，必須再加蓋新建築來容納稅收。今日美國大學生所使用的標準教科書指出，在一〇二一年，宋代政府的歲入超過一億五千萬貫，一貫相當於一千枚銅錢。根據當時的匯率計算，相當於一千五百萬到一千八百萬盎斯的黃金，換算成今日的幣值，相當於六十多億美元。其他地方看不到這樣富足的政府財政。

現代教科書很大方地稱呼當時爲「進步經濟」及「商業革命」，但這些標籤全都貼錯了。如果實情真是如此，世界歷史絕對會大異於今日我們所讀的內容。國庫的數字來自無數地方單位及倉庫的流水帳加總，總數不可能達數十億元之譜。沒有一個民間單位有能力匯出上述資產的幾分之一，因此國庫的物品沒有理由也不可能大批運送。在宋代，經濟中的服務部門要不就完全欠缺，要不就嚴重不足。當時沒有銀行、保險公司、現代的商業法規、或是監督大規模商業及財務運作的司法程序。在二十世紀，中國的統計和資料處理能力仍嫌不足，更不要說是十一世紀。即使是現代學者嘖嘖稱奇的運輸和通訊狀況，也只限於臨水的大都市。如果那些讀者深入內地，或是到大戰開打的地區，可能會大感意外，就像我一九四一年到雲南的十四師報到一樣。

就本質上來說，這些設施不只是器具和傳輸設備而已，他們是經濟和社會秩序的產物。在銀行和法院的背後，是國家的法律體系，再其後則是社會習俗和宗教。因此，一群村落的聚合體無法充當貨幣管理的適當運作基礎。

王安石變法的例子反映的不只是宋代的情況，還包括中國現代的問題。一〇六九年，王安石成爲御前顧問。當時軍隊和官僚人員不斷擴充，形成龐大的財政負擔，面臨這個不可能任務的王安石，建議將政府財政商業化。國庫物資閒置無用，不如加以流通獲利，如此國家歲入增加，但不必加稅。

王安石「新政」中最引人爭議的就是「青苗錢」。無論是宋代或後來的朝代，眾多小自耕農都面臨每年農耕時的貸款問題。他們通常向族人預支現金，但利息貴得離譜。王安石計畫讓政府在春季稻苗青綠時提供貸款給農民，秋收時農民再還貸款。借期六個月，利率百分之二十，依當時的鄉村標準而言並不算高。

這個實驗在各區的成果各不相同，但整體而言卻是失敗之舉。當時缺乏服務單位，計畫無法有效執行。個別農民無從申請貸款，政府無從調查申請人，擔保品無從設立，欠債時也無法沒收擔保品。批評家指控，大多數的地方官就把錢全部發放給地方人民，不管他們需不需要。鄰居基於連帶責任，必須被迫彼此擔保貸款，就像彼此擔保稅捐一樣。青苗錢的來源是地方政府穩定食物價格的儲備金，並非每區都有足夠的現金。但所有地區都規定配額，必須繳納一定的青苗錢利息。至少有一名官員向皇帝報告，大肆宣傳的貸款其實並無其事。這位官員指責，錢並沒有真正貸款出去，但人民還是要繳稅，等於是在正常的稅款外又額外加稅。另外一個衡量這個計畫成敗的方式是政府財政的反應。如果成功提供貸款給農民，利率應該逐漸調降，不可能長期維持半年百分之二十的利率。情況不禁讓人起疑，整個社會的農地盈餘是否足以支撐此一計畫。

新政的其他內容也同樣行不通。在市易法中，將人民繳納的物資重新出售，卻無法吸引民間的商人。由於缺乏法院的保護，這些商人擔心，政府代理人可能以公共利益之名行沒收之實，以彌補預算的漏洞。官員必須親自在城裡買賣商品時，躉售商和零售商全都無法生存，最後再也沒有公平價格這回事。因此新政白忙一場，在鄉村裡鼓吹貨幣經濟，卻抑制城市裡貨幣的流通。

由於王安石和政府的關係，讓儒家學者轉而成銀行家。為達到此一目的，他必須給予市鎮特許狀和使司法制度化，才能產生民間的對等單位，便於商業來往。但顯然這些措施勢必連根拔起帝制中國的根，也就是說，數千名識字的官員以他們的正義感和善意加諸千百萬農民身上，以維持秩序。事實上，王安石並沒有革命的眼光，無法跳過一千年的歷史，但他仍然造成宋代官僚的分裂。新政先實施後再撤回，後來又再實施，結果導致在朝的官員分裂成派系，技術議題轉變為道德問題。

宋人在十二世紀初被趕往長江以南後，王朝所掌握的資源仍遠多於北方的異族。在經濟上較進步的國家無法動員本身，以打敗經濟較落後的國家，就此成為一種模式。由於印刷術發達而產生的流通票據，反而造成通貨膨脹率節節上揚，財政運作愈來愈困窘，短缺和脫節成為常態。南宋種種情況不如人意，讓我回想起在國民黨軍隊的悲慘經驗，兩者原因相同。在鄉間實施大規模的貨幣運作制度，卻缺乏司法督察等城市才有的服務，後果可能慘不忍睹。相反地，北方入侵的國家滿足於只及於基礎的簡約管理，因此可以依需要當場運送人力和食物供給，即使必須在顯得落後的地區運作也無妨。女真族是例外。他們成立金這個異族王朝，占領北宋的首都後，反而崇拜起被消滅的對象。金也建立自己的農業官僚體系，模仿宋朝的財政制度。在金被蒙古人吞併前夕，其紙幣的通貨膨脹率創下六千萬倍的歷史紀錄，連創立這套制度的漢人王朝也望塵莫及。

第三帝國的退縮符合歷史模式。

在大歷史中，元代這個蒙古王朝只能算是第二帝國和第三帝國之間的過渡期間。元的行政體系缺乏一致，反映征服者的困境：既不願完全遵照中國式的官僚管理系統，又找不出更好的方法來管理農民數量如此龐大的國家。史料顯示，元朝一方面聽從維吾爾族顧問的建議，努力掌握財政的實際面，另一方面又急於尋求漢人的合作，大幅降低稅率，推行「農業第一」的政策。中國北方的管理方式顯然和南方大不相同。稅法的規定一再修改，無法符合實情。

第三帝國的主體包括明朝和清朝（一三六八年到一九一一年），和前一時期相比，有非常顯著的退縮。政府依賴意識型態的程度更勝以往。毫無疑問的是，官僚制度針對的是一般而非特定的管理。許多經濟活動在宋朝達到高峰，此刻一一退卻。明代發行紙幣失敗，其後五百年的政府因此缺乏貨幣管理工具。明代有意創造特定條件，讓中國更加成為村落體的大聚合，清代雖加以修正，卻不曾大幅修改這些條件。整個國家因此內向而不具競爭力。只要想到中國即將與西方產生衝突，就會覺得，中國此時退縮回簡單一致，在時點上非常不智。局勢需要進行調適時，官僚卻最無法調適。希望他們能有大膽的創意時，他們卻永遠處在自滿的狀態中。

第三帝國

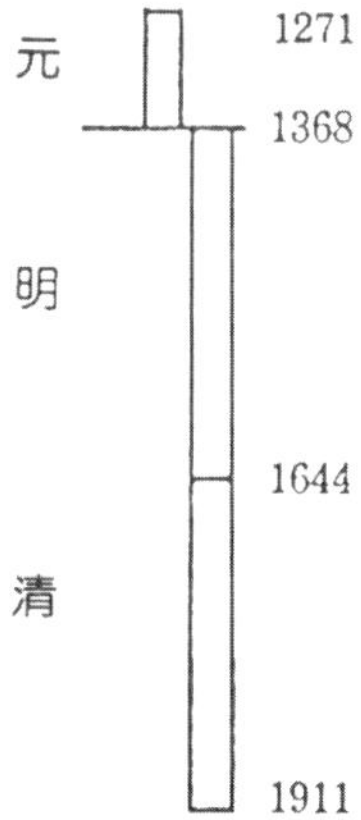

我大可以說，現代中國的所有痛苦完全起源於明代開國之初，因爲當時將退縮的精神加以制度化。在稅法和政府財政方面，明代帝國將自身限定在狹窄的範圍中。十六世紀末和十七世紀初，局勢有所變化，需要一連串的預算調整，但明代卻無法回應需求，導致改朝換代。但我如果將明清兩代和第一帝國、第二帝國相比較，結論將大爲不同。由於各朝代無法未卜先知，只能盡力避免前人的錯誤。接受歷史的長期合理性之後，我更加相信，地理具有長期的力量，可以影響人類事務。

一九七三年以後，我們又造訪劍橋三次，分別在一九七四年秋、一九七五年夏及一九七八年夏。一九七四年是我留職留薪的休假年。我們幾乎用光積蓄，將旅程擴展到歐陸，包括科隆、波昂、法蘭克福、維也納、薩爾斯堡、茵斯布魯克、威尼斯、羅馬、拿坡里、龐貝、日內瓦、里昂和巴黎，最後才回到英國。我們不曾後悔這次歐陸之行。旅行時，一定要抓住立即的機會，因爲機會可能稍縱即逝。我們不知道這趟旅程對傑夫有何長期影響。但對我們自己來說，我們從這次經驗中得到充分的教育機會。不久前富路德博士發表一篇文章表達他的不安。他說，許多年輕人研究中國，卻不曾到泰山的階梯去試腳力。我們看到萊因河畔的城堡時，才更加體會他的意思。「看，每兩、三哩就有一座城堡，」格蘼說。也許沒有那麼多，但山上的城堡和城垛最能說明歐洲的封建制度。在這套制度中，地方分權扮演很重要的角色，牽涉到深厚的戰士傳統和私人形式的政府。雖然讀過許多資料，但還是要親眼目睹，才能確切想像出其運作方式。正如卡爾·史帝文生（Carl Stephenson）所說，誰控制山頂，誰就控制底下的山谷。歐洲因此和帝制中國大相逕庭。在中國，中央集權是主調，公共部門是政府的重心，官吏建造龐大的城牆，打算以全部人口抵擋敵軍的圍城。他們攀登泰山以習慣「小天下」的感受。

在成堆的磚石前，很難主張某一方的道德比另一方優越。如果一定要譴責，對象應該是人類共有的好侵略天性和好戰傾向。觀光和大歷史一樣，可以穿透許多扭曲的詮釋，帶我們更接近歷史的長期合理性。因此我們相當羨慕能親眼見到西安兵馬俑的人。這些人俑清楚透露，中國的中央集權完全不同於西歐的地方分權。由於兩方都受限於地理和相關因素，其實沒有一方有真正的選擇自由。封建領主以城堡鞏固地位時，同時也授予市民自治權。他們無法預知，我們今日所知的公民自由就此埋下種子。中立的觀察家可能指出，到唐代或甚至宋代，中國統合的司法制度勝過封建歐洲各地零散的法庭。在當時的歐洲，國王和貴族間的僵局必須由法理學專家來仲裁，地牢及用嚴苛考驗來判罪也是當時的產物。但現代的司法獨立和陪審制度卻脫胎於中古歐洲，而中國今日的法律制度在很多方面仍然近似唐代和宋代。如果歷史是科學，和其他分枝不同之處在於，歷史直接牽涉到時間，只有天文學有類似的狀況。

英國沒有很多山讓遊客鍛練腳力。便利的是，幾乎所有的歷史古蹟都可以在半天內開車抵達。如果你參觀雀茲渥斯屋（Chatsworth House）或隆利特屋（Longleat House），你可以親眼觀察昔日私人所控制的農業財產。在倫敦北方有一個小村聖阿爾班斯（St. Albans）。從歷史上來說，這個小村可以說是埋葬英國莊園時代的地方。我們得知，在黑死病之後，整個地區人口大爲減少，剩下的農奴就摧毀莊園紀錄，因此得以解脫農奴的身分，重獲自由，而且逃過懲罰。但今日整個區域都已都市化，小村莊幾乎爲大都會的一部分。劍橋西方約二十哩處，有一個村落聖尼歐茲（St. Neots）。這個地方特別之處在於，它可以算是英國現代內陸貿易的搖籃。在伊莉莎白時代，一位地方鄉紳了解此地的重要戰略位置。他清出一片地，設立穀物市場，開始向商人收取攤位稅。事實上他無權徵稅。但市場就座落在烏斯河（Ouse River）上，到鄰近地區的交通十分便利，從貝德福郡（Bedfordshire）各地、封廷登及劍橋來的大麥農人照樣付稅金。最後這個冒牌貨還把他的「權利」出租給下一個企業家，自己就退休了。這個案例證明，資本主義不需要經過階級鬥爭也可以取代封建主義。在這個例子中，一位有遠見的冒險家可以善用舊制度涵蓋不到的空間，在其他人還沒發現前捷足先登。這起事件還說明，私人管理如何侵入公共領域。李約瑟博士和我得知此一掌故後，他就載我到聖尼歐茲，兩人仔細研究這個地方。院長站在烏斯河邊，聽任夏日的微風吹亂他略長的華髮，動也不動。他站了很久，凝視著河水，陷入深思，彷彿等待另一艘穀物船開過來。

我們爲何對西方的發展如此有興趣？原因還是和我們對中國的興趣有關。我們兩次約略爬梳帝制中國歷史，一次是爲了土地租約，另一次則是貨幣管理，因而發現，中國非常強調大規模公共利益的基本項目，甚至仰賴簡約設計和做假，完全不同於現代西方的體系。就歷史背景而言，無需多做解釋也可以了解，中國完全錯過資本主義發展的所有階段。但正如霍莫．達布斯的諷喻所顯示，我們無法證明鬼並不存在。爲了證明中國所欠缺的內容和過程，我們必須到資本主義興起的地方研究其成長和發展。我們朝這個方向尋找資料以滿足好奇心時，發現許多讓我們迷惑之處。

如同墨利斯．陶蒲（Maurice Dobb）指出，在這個題材上的現有文獻可分成三大派學說。一是馬克思。資本主義取代封建主義。資本主義的生產模式正是差異所在。以前是農奴在農地裡辛勤工作，但後來變成產業工人出賣勞力給工廠老闆。第二派學說是以馬克斯．韋伯和通尼爲代表。資本主義的起源和宗教有關。新教激勵資本主義者的精神，心理的提升又創造出新類型的文明。第三派學說沒有特定的代表人，強調的是資本主義體系中的貨幣經濟。陶蒲認爲，最後一派最沒有說服力，因爲如果採納上述定義，事實上可以包括最原始經濟以外的其他所有經濟體系。

李約瑟博士和我認真檢視這些資料，翻閱所有可以看得到的相關書籍，但沒有一個單一文獻符合我們的需求。舉例來說，馬克思處理歷史的方式太過格式化，甚至於後來的馬克思主義學者都很難自圓其說，例如：現代中產階級社會是「滋生於封建社會的廢墟」。單是這個句子就讓我們分心，無法專心研究介於聖阿爾班斯和聖尼歐茲事件的兩百年史事。如果我們承認中產階級社會取代「搖搖欲墜的封建社會」的確是「很快的發展」，同樣無法解釋雀茲渥斯屋和隆利特屋的前因後果。我在學生時代曾讀過韋伯和通尼，發現他們很具啓發性，這看法迄今不變。但歷史的概念主題並非將突出事件加以摘要即可。新教對資本主義的形成無疑有所貢獻，但新教並非資本主義的起因或獨一無二的因素。資本主義早期的提倡者來自義大利的城邦，他們是天主教徒。另一方面，荷蘭早期的喀爾文教徒有強烈的反資本主義傾向。也就是說，這兩派學說都因爲過度執著信念，而違背我們發現事實的目的。他們無法讓我們的眼光踏實。他們在解說資本主義的歷史源起前，就開始進行道德分析。因此，雖然陶蒲警告在先，我們還是要從第三派學說著手。

由於我們已相當了解中國經濟史，具備的優勢大過先從西方經驗起家的學者。我們知道，使用貨幣不一定導致貨幣經濟。就像中國的宋朝，許多貨幣以雙邊流通而非多邊流通，但並不具備貨幣經濟的特色，更不用說將中國提升到資本主義的歷史階段。

這番尋找帶來挫折又有趣的經驗。例如，我發現許多馬克思學者不曾讀過《資本論》的第二部。如果他們讀過，寫出來的內容會大爲不同。即使在劍橋，也很難找到《資本論》全三部的完整英文譯本。後來我從當地書店買到一套，是從蘇聯進口的。我也覺得韋納．桑巴特（**Werner Sombart**）很有意思。有時他像是畫家霍加斯撰寫內容一再重複的散文，有時又像薩克雷厭倦寫小說，改行寫起非小說。

在我們的時代，對這主題最有貢獻的學者無疑是弗南德．布羅代爾（**Fernand Braudel**）。我特別欣賞他提出許多一針見血的總論，其中之一是「資本主義只有和國家合而爲一時才能成功，這時資本主義就等於國家。」這句話就像鋒利的刀刃，一舉切開大部頭的歷史。（不過，布羅代爾教授對中國資訊理解錯誤，史景遷教授已於《紐約時報書評》中指出，但這和本文主題無關。）我對他的「總體歷史」只有兩點反對意見：首先，他詳盡列出歷史事件，卻忽略時間的先後順序。其次，他的重點放在歐陸，不同於我的觀察。我認爲資本主義起源於海洋文化。舉例來說，即使根據布羅代爾的上述標準，資本主義在法國生根的時間也遠落後於英國。

我們在這個主題斷斷續續努力數年後，決定發表研究成果。李約瑟博士和我再度聯名發表專文，是篇簡潔的兩萬字概論，註釋有兩百六十八則。爲了準備這篇專文，我們參考八十二篇著作，其中大多數是專家寫的專論，其中有許多分成多冊。無可避免的是，這篇文章可能招致批評，說我們找來這麼多次要參考資料，只不過是說明門外漢的觀點。但如果此文可以達到填補知識鴻溝的目標，我很樂意被指責越界。以李約瑟對西方的認識，在發表文章前，他還是請多位這方面的專家來閱讀草稿，其中有一位是計量經濟學家。

在這篇文章中，我們開門見山地提出觀察所得：資本主義是一種組織，一項運動，具體且無可逆轉，有時間表可言，從世界地圖上也可觀察出前進路線。我們同意，爲了讓資本主義運作，社會必須體認到，財產權是絕對而至高無上的，凌駕皇室特權和傳統的道德觀。就技術上來說，資本主義牽涉到將商業法應用到農地的運作，以致全國經濟的所有層面都能相互配合，結果導致整個國家都能在數字上進行管理。在種種條件之下，這個運動勢必起源於近海的小國家，之後才拓展到大國、內陸國家和傳統色彩較重的國家。

這個見解讓我們觀察到，義大利的城邦是現代資本主義的搖籃。威尼斯就是一個突出的例子。帝國和教廷的衝突造成權力真空，讓威尼斯**實際上**已是獨立王國。陸地上的農業收入向來不曾成爲經濟的主體。由於城市裡的水是鹹水，大規模的生產並不切實際，但相當有利於打造船隻。城裡的貴族紛紛領年金而退休，而奴隸和移民勞工可以解決勞力問題。威尼斯還能做什麼？又能做什麼呢？一位現代作家稱威尼斯是「沒有領土的城市……政府是股份公司，總督是董事長，議會是董事會，人民則是股東。」這個城邦不需要努力面對教會法庭、領主權利、商業同業公會、君權神授、不成文法或甚至議會代表制等問題。它只要遵循自然本能，就可以成爲橫行海上的商人。貨幣管理是特色，也是業務，而兩者都需要資本主義化。但正由於缺乏生產基礎，這樣的資本主義無法持續。威尼斯注定只能稱霸一時。

北方的文藝復興取代義大利的文藝復興時，荷蘭也取代威尼斯，成爲歐洲最先進的貿易國家。宗教在此地成爲爭議所在，西班牙的宗教大審判盛行，資本和技術勞工被迫流向尼德蘭。尼德蘭接受挑戰，善加利用這一事實。除保險、銀行和運輸業以外，他們還長於冶金和布料產業。香料貿易的管理更接近於壟斷的地位。農業部門和經濟較爲進步的部門之間產生利益衝突，必須靠邦聯和地方自主權來加以化解。荷蘭一地的人口就占全國三分之二，獨立後更貢獻全國歲入的四分之三。事實上，荷蘭原本是獨立的城市，和其他市鎮結成永久的聯盟。

現在我們可以清楚看出，國家愈大，農業的比重愈高，問題就愈複雜。緊接荷蘭之後，英國也符合上述標準。英國的財富和土地息息相關。英國的出口產品中，有百分之七十五是羊毛。食物有時還要依賴進口。現代化肇始之初，國家必須進行重整，以便跟上時代的腳步。在地中海國家稱霸的顛峰期，倫敦倫巴德街上的義大利銀行家簡直自成租界，義大利人享有治外法權。這些銀行家提供羊毛生產所需的融資，預先借錢給生產羊毛的牧人，資金來源則是準備滙回羅馬的什一稅。到十三世紀，英國才開始進行外貿。然而，數百年後，英國仍然落後荷蘭人和德國人。直到十八世紀，倫敦的保險公司才取代荷蘭人，開始承保自己國家的船運。這些發展不免排擠古老的英國土地租約和傳統的不成文法。傳統不利現代商業交易，而且也是資本形成的障礙，成爲國家問題無法解決的原因。

光榮革命以後，英國的資本主義和國家合而爲一。條件所以成熟，是因爲已經歷數十年的動盪不安。英格蘭銀行於一六九四年成立，更是有力的證據，以布羅岱爾的話來說，就是資本主義等於國家。國會通過法案後，英格蘭銀行擁有一千多名股東，其中國王和王后都以私人的身分投資。這些股東成爲國家的債權人，銀行未來的收入得自進口稅和烈酒稅，做爲發行長期債的擔保。銀行有權創造和管理鈔票信用。對於這樣的機構，沒有評價可以高於加爾布雷斯教授幽默的類比：「在各方面來說，它之於錢就像聖彼得之於信仰。」

要說明私人資本在公共事務扮演何種角色，莫過於英格蘭銀行成立不久後執行的第一項重大任務：政府要求銀行滙兩千萬英鎊到法蘭德斯給馬伯羅（Marlborough）的軍隊。任務當然一點都不簡單，不是開張支票，再到比利時兌現即可。當時沒有對等的機構，銀行也沒有設置分行，可動用的現金甚至無法達成要求。所謂的「滙款」，就是由銀行董事們親自渡過英吉利海峽來執行。他們事實上抵達馬伯羅的軍隊所在地，向全世界宣示，倫敦的商人押寶這場戰爭，以他們的性命身家來支持英國軍隊。其後五年，憑藉說服和保證，他們和歐陸的無數公司達成協議，將這些公司的信用和資產轉成戰略物資。代理人被派到卡迪茲、馬德里、來亨、里斯本、奧波多、日內瓦、威尼斯和阿姆斯特丹。事實上，新的銀行法人組織歐洲的商人聯盟，擊敗法國。

另外一項和這一連串事件有關的事實是，這時經濟中的農業部門已整頓完畢，貨幣管理可以普及於全國。輝格黨和托利黨都擁有相當多的土地產權，由此即可見其一斑。英格蘭銀行被視爲輝格黨的組織，藉銀匠的進款和政府的計數帳（相當於今日的短期公債）取得資金，托利黨提出相抗衡的主張，提議成立「土地銀行」，希望靠不動產取得資金，股東可以享受立即信用的便利，但仍然可以保有和使用不動產。這個提議沒有成功，因爲輝格黨在下議院占多數，不樂意見到新的銀行與英格蘭銀行競爭。這次事件仍然顯示，抽象貨幣的概念已經方興未艾，同時農業持有和農場運作已經和其他商業行爲地位相當。最後，不過才數十年後，製造信用的機制已經就定位，小地方、鄉郡和蘇格蘭的銀行數目不斷繁衍，倫敦也出現私人銀行。

總之，我們指出，促成資本主義的繁榮要件有三：

私人所有權的信用擴張，

不帶人治色彩的管理，及

服務設施的整合。❶

說得當然比做得容易。事實上，要實施這些條件時，一個國家的法律制度必須能夠執行特定法規，以確保其實行。在達到這一目標前，全國上下人心必須有所改變，上到當局，下到公民，都必須要接納新思想。更重要的是，農業生產和農產品的商業化必須進行重大調適，才能配合社會的資本主義運動。如果沒有外來的壓力或甚至暴力，很難達成上述的狀態。階級鬥爭和新教倫理並非毫不相關，只不過不是問題的主因。

就我所理解，資本主義的優越不在其道德價值，而在其技術優勢。如果社會可以接受財產權絕對且至高無上，一切就可以加加減減，可以繼承、轉移及交付信託。因此，物質生活的所有層面，不論是私人或公共，就可以在數字上處理。財富的可交換性利於財富的累積，創造出動態的環境，隨著經濟成長和擴張，分工就像連鎖反應和螺旋動作一樣緊接而來。我可以舉一個周遭環境的例子：

❶譯註：在《資本主義與二十一世紀》中，作者則是詮釋成資本主義的「技術性格」，包括以下三點：一、資金的廣泛流通，剩餘之資本透過私人貸款方式，彼此往來；二、經理人才不顧人身關係的任用；三、技術上之支持因素通盤使用。

紐普茲位於開茲奇爾山腳。在一九七〇年代初期，食物價格飆漲，我們和鄰居都試著在自家庭院中種青菜，但行動並沒有很成功。土壤中有太多頁岩碎片，投入許多心力和昂貴的肥料後，成果簡直無利可圖。這時我們才了解，爲何村落外有成畝成畝的蘋果樹。這就是自然經濟的力量。這些蘋果園的主人向銀行借錢，只要一通電話，挖地工具就送到門口。土壤分析和害蟲防治都由專家在實驗室中研究。只有果實需要用手採，在收成時就由一車一車運來的移民勞工來摘取。鄰近公路和有效的卡車運載系統是整個作業不可或缺的一環。成堆成山的蘋果必須儘速送走。在這方面，華盛頓和奧本尼的政府可以說是受到資本主義的影響，負責執行相關法規，以順利推動和保護經濟活動的所有層面。經濟活動的基礎是財產權的原則，不過有時必須衡量私人和公共利益孰輕孰重。在多元化的農業之下，紐普茲靠特殊產品而享受到好處。

如果在中國，又會如何呢？我深信，大部分的農地會用來種穀物。從開墾田地到從河流引水灌溉，在在需要許多人力，我可以想像出農耕的利潤有多微薄，而小規模農作又抑制機械的使用。這也許可以解釋中國爲何人口過多又普遍貧窮。但許多書籍和文章不提出技術改善的建議，卻反而指出，一方比較富裕是因爲決定較爲明智，在道德上比較優越。這些都使討論回歸本章的第一段。西方國家把農民藏到哪裡去了？

攤開來說：紐普茲沒有農民可以隱藏，但也不可用蘋果園來引發道德議題。這個村落最早的開拓者是法國的休京拉教派，抵達的時間相當於英格蘭銀行在倫敦開張。他們發現整個地區都沒有人居住，因爲當時從赫遜河到德拉瓦河的這一塊區域被稱爲「新凱撒省或紐澤西」，企圖吸引宗教異議分子來開荒。中國當時已經進入歷史上最後一個朝代，正值康熙帝在位。他是全世界有數的明君之一。西方旅行家在遊記中已經提到，中國人口密度已經相當高，但康熙帝仍希望自己的領土充滿更多子民，下令凍結人頭稅配額，以鼓勵人口成長。政策規定每個地區都能生產自己所需的糧食，完全符合同質性和一致性的要求，這也是自然和習俗相互作用的結果。時至今日，已無從辯解這些行動。但難以想像的是，今日高談「自由選擇」、擁抱東西方的人士，竟然可以無視於這些相關的背景條件。他們認定中國所擁有的許多選擇，其實只存在於他們的假設中。

在劍橋，我克服車輛靠左行駛的膽怯後，便常在周末租車去鄉村旅行。林肯附近綠油油的田野都排成棋盤式的圖形，爲屈維廉（George Macaulay Trevelyan）所盛讚。我看到這番景象後，對田園般景致背後的組織邏輯留下更深刻的印象。爲了創造這種整齊的風景，難怪當代人必須付出高昂的代價。在我卜居劍橋的同一年間，我再度收到家妹粹存從中國寄來的信件，在此之前的十年，雙方音訊完全斷絕。一年後，她搬到桂林，在寄來的部分明信片上可以看到，廣西的稻田呈長條式排列，和我在英國鄉村看到的景象有類似的感覺，雖然兩邊的地形不完全相同。之所以相似，是因爲都必須合理化使用農業用地，做爲經濟現代化的第一步，不論所有權屬於私有或公有。田地必須能丈量、能形成整合的單位，才能在法律及財政上予以計算。如果在十七、十八世紀沒有完成這項任務，到二十世紀仍必須完成。

一九七八年，李約瑟博士將辦公室搬到目前的劍橋布魯克蘭茲街。有一次我們又提到這個主題，當時還有兩名研究生提姆·布魯克（Tim Brook）和格雷哥利·布魯（Gregory Blue）在場。我忽然說：「公社是圈地。」我常亂說英文，這次也是，說的話傳遞訊息的本質，但常省略一些連接詞。我的原意是，爲了多元化和提升農業經濟，中國人已發現，必須在農業公社下整合零碎的可耕地，效果和英國加強圈地法案一樣。意外的是，院長此時的情緒也一樣興奮，立刻同意我的話。「公社是圈地，」他也如此說。

我們似乎都把這個主題當成數學公式，因爲已經研究了很久的時間，因此一旦找到結論，發現頭尾可以相連，就會感到莫大的高興，其間牽涉到加加減減的機制再也不重要。在這方面，院長其實和我講同樣的語言。

新港，康乃狄克

就很多方面而言，一九七四年是我一生中重要的轉捩點。其一是我想寫的書《中國並不神祕》（*China Is Not a Mystery*，譯按：此書即後來的《中國大歷史》），被一家主要的商業出版社所拒絕。編輯K先生先前曾通知我，文稿「已被數人讀過」，數星期後再與我連絡。這些話聽起來很有鼓舞作用。我可以合理推測，書稿已受到多家出版社的好評，否則不會動用多位審稿人。如果他天天相處的同事尚未決定，他也不必寫信給我。很可能一切手續都已完成，草稿已被送到我的同行處進行評估。如果來信的反應是肯定的，我的書就會印上這家出版社的標幟。

但數星期過了，最後的決定卻是否定的。K先生還不怕麻煩地對我解釋，他自己很喜歡這部書稿，而且「喜歡到極點」，認爲這本書「以生動活潑而吸引人的方式，綜合許多歷史文化事實」，因此第一位審稿人表示反對時，他又找了第二位審稿人。等到第二個人也表示否定的立場時，在這種情況下，他只好「向權威的意見低頭」。我很感激K提供的訊息。但是，他當時並不知道，而我自己也沒料想到的是，他那封率直的信讓我陷入多年的苦戰。即使是我今日所從事的工作，也仍然和這場奮戰有關。目前的這本書取材自沒有出版的《中國並不神祕》，雖然兩者風格和格式並不相同，但仍是K先生立即確定並欣賞的大歷史手法。

出版《中國並不神祕》對我很重要，原因不在出書可以帶來盛名，而在我需要出書給學生閱讀。我在英國住了一年後，發現自己在課堂上的表現不及以往有效率，原因之一是我和教材間的意見差異愈來愈大。中國有十個主要朝代，至少十二個次要朝代，已經讓學生暈頭轉向。然後我再告訴他們，所謂的動態循環理論只有相對的價值。這個理論主張，各朝代都是因為財政秩序上軌道而興起，因為財政秩序走下坡而沒落。但基本上來說，中國歷代的「帝國」架構並不相同，運作的原則彼此差異，滅亡的原因也各不相同，絕對不是「有勢力的家族維持免稅狀態，小人物負荷過重」這麼簡單的觀念可以解釋。一個國家不可能重蹈覆轍無數次。但困難之處在於我常常牴觸教科書作者的觀點。到了民國時代，我的立場更艱難。我只能勸學生，不要落入「我不太喜歡蔣介石，他太貪污」或「我也不贊成毛澤東，他太殘忍」等窠臼。這些都是讀者對歷史不假思索的反應，並不是歷史本身，而歷史遠遠超越我們的喜歡或不喜歡。我對學生解釋，為求了解國民黨治理期間的貪污和共產黨的殘忍性格，我們必須掌握事實：中國的現代化，牽涉到從文化導向的單位轉型成在經濟上可以處理的政治體，歷史上沒有前例可循。如果學生願意，可以運用迪士尼的幻想力，先想像一尾魚把自己變成一隻松鼠，然後再變成一隻鳥。動盪時期政權的移轉，當然不能和哈定、格蘭特或其他總統任內的階段相比較。

比較理想的狀況是我自己出一本教科書，但這需要多年的準備，而且我也不敢確保成果一定比現有的書來得好。基本上來說，問題牽涉到歷史觀。我最不滿意教材的組織架構，史實的選擇缺乏連貫性，雖然有許多故事，但沒有頭緒，反而讓人分心。整體來說，這些材料並沒有直接傳達一個讓人信服的主題。之所以產生這種現象，是因爲作者並沒有時間去研究主要參考資料並加以消化。如果能有望遠鏡般的視野，就可以補正這些缺失。因此，我預計將《中國並不神祕》當成輔助教材，而不是用來取代教科書。如此一來，也可以減輕我講述史實的負擔。我以短句的形式來寫這本書，五萬字的內容分成一百三十八段，從秦始皇統一帝國到當代爲止。該書和本書一樣採取技術詮釋的方式，我認爲其中的觀點都超越黨派之爭。

正如我所擔心的，書稿被退回後，其他家出版社也都沒有興趣。其中當然沒有陰謀可言，但書的格式和內容都太不尋常，唯一的訴求對象是本身對題材也稍有涉獵的編輯，才能夠肯定作者的研究方式，並且可以熱心到獨排眾議，充分掌握出版社的資源來出版這本書。別人勸K先生放手不管時，我甚至找不到願意稍加考慮的出版商。一九七五年年初，我又將文稿加以修正，同時我幾乎把它當成我上課的演講稿。我把草稿給富路德博士，他讀完後指出兩點技術上的錯誤，但仍然予以肯定。我又拿給德克．博德（Derk

Bodde）博士看，他也認爲應該出書。他們的認可讓我更難忍受挫折感。如果沒有出書，我無法向學生充分解釋我對中國歷史的詮釋。我的講課異於他們所閱讀的內容時，初學者的他們很難抉擇。我也擔心，部分學生認同我的觀點後，將來轉到其他學校或到別處追求更高學位時，會遇到嚴重麻煩。

富路德天性慷慨，但他如果覺得一本書基本上立論薄弱時，並不會認可其出版。他對別人的確稱讚多過批評，如果情況許可，他寧願保持沈默，不願主動提供意見。但如果情勢要他直言，他不會退縮不負責，有時他也會發表非常負面的書評。我認識博德後，他已從賓州大學提前退休，到劍橋埋頭於自己的著作。他對中國古籍的知識即使不是西方世界的唯一權威，無疑也一定是同行中的佼佼者。在他的無數著作中，有一本《北京日記》（*Peking Diary*），是他對一九四九年共產黨占據大陸的親眼見證，使他的學者生涯能近距離接觸中國最近的發展。德克出於禮貌和謙虛，也跟著我稱李約瑟博士爲院長。在他和妻子嘉莉亞（Galia）堅持下，格蘭和我都必須直接稱呼他們的名字。但他清楚劃分私人敬意和學術標準間的界線。他總是一針見血，如果心中有任何疑問，他會毫不猶豫地好奇發問，就像〈六十分鐘〉中的麥克・華勒斯（Mike Wallace）一樣。他直言無諱，有時說話的力道很重，以致每個音節都加以強調。他告訴我，雖然他只看過書稿的前面數章，但他相信我的概念很對。如果編輯來請教他的意見，他會小心評估後再反應。

書稿被拒絕後，我又寫信給K。一九七五年夏天，我第三度前往英國前夕，我鼓足勇氣請他再考慮《中國並不神祕》。我強調，他的審稿人批評文稿「不平均」，其實是出自西方學者的弱點，不是我的錯。由於目前的博士論文格式使然，學者任意選擇一些主題做爲他們的專長領域，讓大塊區域無人處理。如果有人嘗試連結所有要素，就會被指責爲將不熟悉的名詞、過度探討的領域、甚至陳腐過時的觀念全混在一起。我告訴他，我試過把修正後的文稿傳授給大學生，因此相信這本書是了解中國的有用工具。我求他再看一次修正過後的書稿。最後，我列出五位最知名的權威，他們的見識可能勝過他的審稿人。這五人是富路德，哥倫比亞大學的名譽教授；博德，賓州大學的名譽教授；亞瑟．萊特，耶魯大學教授；崔瑞德，劍橋大學教授；比爾．簡納（Bill Jenner），里茲大學講師。上述人士都享譽全球，可能只有簡納例外。但比爾曾住在共產黨統治時期下的中國多年，曾將中國末代皇帝溥儀的自傳翻譯成英文，而且最近還著手英譯《洛陽伽藍記》，恐怕沒有幾個美國人讀得懂這本六世紀時的中國古書。他比其他人都年輕，可以增加我名單的多樣性。

K先生的回答顯示他對我作品的濃厚興趣，但也透露他不看好我的計畫。他沒有直接回絕我，只表示他覺得繼續追究沒有太大意義。他完全了解我的感受，因爲他自己「曾充分討論過出書計畫，並且也思考了一陣子」。問題在於，我提出的「傑出見解混雜可疑或備受質疑的觀點」時，我自己並沒有足夠的威望足以讓我的見解過關，我的綜合與概論勢必會引起尖酸刻薄的攻擊，沒有一家出版商能視若無睹，因爲銷售可能首當其衝。

他承認再讀我的修正版本並沒有害處，但還是看不到被接受的可能。他還透露最令人吃驚的消息：其中一位審稿人正好名列我的五人名單上，而且那個人的意見是「強烈否定」。

這個訊息讓我不敢置信。事已至此，我無法再退卻。我的好奇心很難滿足。既然K在來信中同意再看一次修正後的版本，我決定寄《中國並不神祕》的修正版給我名單上的每一個人，並附帶一封信，對他們解釋書稿的內容，如果我未來的出版商請教他們，請他們能直接回應。我又寄一份修正稿給K，順便告知此事。之後我就展開橫跨大西洋之旅。

編輯K沒有再採取任何行動。但有一個夏日清晨，一封從康乃狄克州新港的信寄到英國劍橋。亞瑟．萊特教授寫信「招認」他是《中國並不神祕》初稿的「裁判」之一。他的反對理由是「在一些醒目出眾的論點之後，緊接著近乎傳統的觀點」。這番評價讓我驚愕莫名。老實說，我應該將這句話視爲讚美，而不是視爲不夠資格出書的原因。事實上，這正是我嘗試的方向，而且也是編輯爲何一開始就感興趣的原因。在我和K的通信中，我們恰好認定這是事實。亞瑟．萊特是耶魯大學查爾斯．西蒙（**Charles Seymour**）講座的歷史教授，也是五本中國歷史書籍的編輯，當然知道這是唯一能改進歷史觀的方法。就像撰寫新傳記時，不必更改研究對象的出生年月日，也不用改變子女的名字。

我只見過萊特教授兩次，時間都不長，而且都在公開場合。有一次是在《明代名人傳》計畫的會議上，是在紐約舉行，前一天剛好是亞洲研究協會的年會。另一次是他受邀到瓦薩學院演講，會後接著歡迎會。我和他說話的時間總共不超過五分鐘，但我深深覺得，他對我很友善。我在密西根大學的指導教授約翰．霍爾後來到耶魯，他告訴我，萊特教授讀過我的部分論文，這實在很不尋常。法蘭克．奇爾曼（Frank Kierman）和費正清合編的《中國的戰時作風》（*Chinese Ways in Warfare*）出版時，《亞洲研究期刊》的書評編輯很難找到書評者，畢竟這本書上起西元前，下至十六世紀。萊特向編輯建議由我來寫，後來果然是由我寫書評。全美學術團體聯誼會（ACLS）批准我隨李約瑟研究的經費時，我知道萊特是委員之一，於是從英國寄了一張明信片給他，得到熱誠的回信。我的稅制專書卡在劍橋大學出版社時，他甚至建議，我把草稿寄給他，因爲美隆基金會已經可以撥經費給大學出版社，資助像我這類著作的出版，因此我可以有其他選擇。後來問題解決了，並沒有勞駕他的協助（否則會破壞我對費正清博士的保證，見三一六頁），但我仍然很感激他的好意。我申請古根漢研究經費寫書（就是後來的《萬曆十五年》）時，還請他推薦，後來我也領到這筆經費。我欠亞瑟．萊特很多，他沒有理由狙擊或暗算我，沒有必要。

但我如何解釋他鏟平了我的一項重要計畫呢？這項計畫贏得一位出色編輯和知名出版社的肯定，所牽涉的不只是我的作家身分，還有我的教師身分。我多次重讀萊特教授的來信。他在信中建議我，刪掉所有傳統觀點的段落，只留下挑戰既成觀念的主張，書名可以改成《中國歷史：九十五點主張》（*Chinese History: Ninety-five Theses*），以「模仿馬丁路德」。這比我在哈佛的經驗還要糟，因爲當時我只不過被要求寫出刪掉量化研究後的財政史。但亞瑟．萊特應該更有見識才對！《中國並不神祕》的目標，在於說明從西元前二二一年到現在的一貫邏輯。如果刪除年代先後或社會環境，整個結構就會崩垮，整體感消失，甚至他自己在提出上述建議後也緊接著問：「似乎不太可能？」

但他指出，仍然有改進的方法。「我希望我們能朝這方向努力，也許秋季時可以面對面討論。」

我們在一九七五年九月的耶魯之行是一次悲慘經驗。我不應該帶格蘭和傑夫一起去。我原先以爲，我們可以把握機會出外玩玩，因爲以前也有類似的情況。但那天碰巧下雨。我和萊特教授約在研究生廳見面，接近約定時刻時，我把家人留在城西達比街（**Derby Avenue**）的一家汽車旅館中。整排平房中的房間都很潮濕，從床單到枕頭到床墊似乎全都是濕的。我把車開走後，格蘭和傑夫坐困愁城，一邊是漢堡店，另一邊是福斯車輛經銷店，停滿省油的**Rabbit**車款，車價就貼在櫥窗上。會談失敗後的不滿，我們待在城裡那半天的情緒因而更低落。

「強納森很想見你，」亞瑟．萊特以隨和的態度歡迎我：「可是他必須去紐約。」他說的是史景遷，我們只在電話上連絡過。我的主人讓我完全放鬆自在，使我覺得自己是個受歡迎的客人。但提到《中國並不神祕》的話題時，他的態度頑固依舊。在他先前的信函中，似乎仍然有達成妥協的勉強可能，但現在這扇門完全關閉。「**你**不會想出版**那個**，」他的口氣從命令轉換成要我自願同意。他接著說：「你當然可以做得更好。」《中國並不神祕》不再具備醒目出眾的主張，不再是中國歷史領域的新馬丁路德。這次它無法出版的原因是低於水準之下。

「書稿出了什麼問題？」他的回答是，總論應該「適可而止」，不能過火。例如，他即將出版的隋朝專書只涵蓋四十年。我對他說，我想出的書性質並不相同。即使我沒有進行大範圍的研究，別人也會。我甚至大言不慚地告訴他，我至少還長期接觸過主要研究資料，由我來做，總好過那些不曾進行原創研究的人。我提出這個意見時，立刻發現說了等於沒說。亞瑟·萊特是位很有深度的學者。他不必我來告訴他，無論長時期或短時期，無論是四百年或四十年，都可以整理出概論來。他是個勤奮不懈的讀者，知道中國歷史領域中無數作者的優缺點。他隨手就可以舉出三、四位，他對他們的評價和我自己的評價不相上下。

「萊特教授，」我提出最直接的問題：「你是否認為我對歷史的詮釋手法太具有民族優越感？是否太偏袒中國？」

這個問題碰觸我們彼此的敏感區，無論稱為民族優越感也罷，稱為文化主義也罷。學者和知識分子之間有道心理鴻溝，就像政客和煽動家一樣。如果你出生在北京，你一定是個驕傲的中國佬。如果你生在愛荷華或德文郡，你不必太費力就自然而然以為西方文化比異族優越。但事實上，誰能切斷族群的臍帶呢？有中國血統的歷史學家當然會如此懷疑。我的問題反映出，自己急於澄清自己對族群效忠的類型及強度。我當然絕不可能否認效忠族群，但只希望能在無害而可以接受的範圍中。

亞瑟．萊特沒有直接回答我。不過，他沒花多少時間就提出一個精確的評估。「沒有像何那麼糟，」他說。何就是何炳棣，芝加哥大學詹姆斯．威斯佛．湯普森（James Westfall Thompson）講座的歷史教授，他強調中國民族驕傲的立場已招惹批評，其中一部分還出現在學術期刊中。我非常感激萊特教授以坦白來回應我的鹵莽。他不必給我一個如此精確的回答。他也不需要花時間如此注意我的問題。我感激他極力包容我。但就《中國並不神祕》而言，討論已告終結，毫無妥協餘地。我必須同意，是**我**自己不想出版。因此，也不必再對文稿有額外的建議。先前的決定不變，沒有爭辯或談判的空間。

事實上，這一切不算太意外。萊特早已表達他的「強烈否定」立場，即使他想更改判決，也會自陷於尷尬的處境。即使他說：「對不起，我弄錯了，畢竟黃的草稿好極了，你們應該出版」，出版社是否會持續進行出書計畫也很可疑。的確非常值得懷疑。我還記得K編輯在信中指出，除了萊特教授外，還有另外一位審稿人。這位審稿人說，我處理的問題太大，我的權威還不夠份量，只怕會引來攻擊。既然攻擊者「不一定全然公正無私」，如果他和K先生不謹慎，恐怕人人都會遭殃。在出發前往耶魯前我已警告格爾，文稿起死回生的可能性極低。

在一九七五年那個下雨天，我覺得悲憤交加。因爲我不是權威，所以無法出版一本我覺得重要的書。但如果沒有出版具有影響力的書，我永遠不可能成爲權威！而所有的意義、所有的影響力、所有的賣點、所有的威望，全都不是由客觀的標準來衡量，而是由長春藤名校內的不具名審稿人決定，而這些校舍的哥德式建築和迴廊也不過是矯飾的模仿品而已！

我難道沒有提醒自己避開民族優越的傾向嗎？即使在和學生討論中國時，我也沒有隱藏過去的不可告人之處：蝨子、壞疽、人海戰術的大屠殺、把人活活打死和活埋的殘忍。我不曾否認國民黨的貪污腐化，我只希望指出，貪污是失敗的結果，不是原因。在討論十九世紀時的李泰國（Horatio Nelson Lay）和赫德（Robert Hart）被指派任職中國總稅務司時，我指著坐在前排的學生：「如果這個位置提供給我們，而且人選縮小到只有你們和我，我寧願你們去做。你們之中不管是誰——丹尼爾、蘇珊或史提夫——都會做得比我好。爲什麼？到十九世紀末，你們已經有不帶人治色彩的數百年管理經驗。如果你們願意，可以在中國清清白白從頭開始。但是如果是我來做，我一定會考慮用我弟媳的舅舅或舅舅的弟媳。不要一直問我爲什麼！這就是我們社會下至村落階層的運作模式。更可能的是，我所以能當上總稅務司，是因爲靠親戚幫忙。如果你們強迫我切掉這些關係，我不但無法工作，而且也不能生存。這樣清楚了嗎？」顯然不是很熱衷於提倡中國的民族驕傲。

我的研究手法不同於其他的歷史學家：我將中國現代史的底線再往前推數百年，而不是從鴉片戰爭前夕開始；討論時事時，會牽涉到社會關係和思想史，這就是我說的大歷史。其好處在於一百年來的弊端、恐怖及悲劇都可以解釋成巨大轉變的後果，是歷史主宰的劇烈翻覆，打破太多關係，釋放出太多無法控制的力量。只要我的目的是提供空間，以分析中國在西方衝擊下的重新調適，我就不會極力縮小西方的力量和影響，畢竟我已經歸化成美國人，會站在積極支持西方的立場。我對一般讀者大眾講解上述的簡單概念時，不需要出版許可。他們的知識水準只要不低於我教的大學生，就可以理解。

我從耶魯大學回來時，又累又沮喪，回到汽車旅館，發現格蘭的情緒一樣低落。她沒有興趣重遊新港。雨已經停了，但天氣仍然陰霾沈鬱，這時室內的濕度已到難以容忍的地步。晚餐後我們就打道回府。寧可在晚上開車一百哩，至少可以在家裡歇息，好過待在那裡，什麼事都沒做，只會覺得更無助。

但到現在爲止，我還沒提到，那天我和萊特教授的會面持續了三個半小時。我在他的辦公室待了很久。他帶我去教職員俱樂部享用一頓悠閒的午餐，餐後我們又回到他的辦公室談了一個小時。《中國並不神祕》並不是我們的唯一話題。事實上，顯然再談下去也於事無補，於是就此結束這個主題，改談其他，交換共同感興趣的消息。在我道別前，他同意增加對李約瑟博士計畫的撥款，我同意拜讀他的《隋朝》草稿，並提出建議。之後我們定期通信。不到一年後，也就是一九七六年八月三日，我再度拜訪他，這次是去他位於康乃狄克州吉爾佛（Gilford）的家。這次會面同樣持續了三個半小時，同樣也包括一頓悠閒的午餐。八月下旬，萊特太太，也就是瑪雅・汪科維琪・威爾許（Marya Wankowicz Welch）女士，打電話通知我，她丈夫已死於心臟病。她說：「他很喜歡你，知道你要來訪時非常興奮。」她提到的是我們最後一次會面，八天後他就去世了。我告訴她，這點我毫不懷疑。我們彼此有好感。但我常抱怨，亞瑟・萊特並沒有公平處理我想出的書，因爲他不曾完全說服我或出版商，封殺這項計畫的原因何在。我如何解釋其中的不一致呢？難道是我說謊嗎？還是他說謊？還是我們彼此欺騙？

在美國研究中國的頂尖學者中，亞瑟・弗雷德烈克・萊特以善於籌募推動研究款項而聞名。費正淸、史景遷、崔瑞德教授在《亞洲研究期刊》登出的訃聞中形容他是「古典學家兼企業家」。對反商的中國傳統派人士來說，這樣的說法談不上是讚美。必須先概略知道我們這一行，才能更了解這句話。

精確來說，在美國的中國研究這整個領域可以算是萌芽的產業，真正的轉捩點是在韓戰爆發時。一夜之間，原本一個冷門程度僅次於聖地和埃及學的領域，受重視的程度突然媲美化學和物理。在主要大學的研究所課程中，開始增添和中國相關的各式各樣課程。二、三流大學和社區大學部也增加了中國研究課程。這股熱潮加重協調的困難，同時也提供創造帝國的絕佳機會。萊特教授既是個一流的協調者，而且也是積極進取的帝國建造者。

中國研究既然是個新興產業，自然需要資金。在第二次世界大戰結束前，對中國研究資金貢獻最大的首推洛克斐勒基金會，當時贊助的規模比後來小得多。協調學術權益的主要機構是美國太平洋關係研究所協會（American Council of the Institute of Pacific Relations）。戰後的合縱聯盟變得更複雜，但經費來源仍出奇得少。一九五八年國防教育法案通過後，美國政府本身開始提供資金給一些大學，做爲中國語言及相關研究之用。民間最大的資金贊助來源是福特基金會，贊助金額超過其他機構的總和。其他贊助機構包括卡內基公司、洛克斐勒基金會、美隆基金會及亨利・魯斯基金會。這些基金會透過不同的管道將資金撥給受益對象，有些直接撥到大學，有些則是流到 ACLS 及社會科學研究協會（SSRC）等主辦許多計畫的單位。大專院校的圖書館設備和教職員出版品質等學術水準及聲譽，自然是決定贊助順序的考量依據。結果形成某種循環，營養愈豐富的學校，愈有機會享用大餐。

這樣的背景當然引發受益學校的激烈競爭。但很少人注意到，對我們整體也形成很大的壓力。我們身在快速成長的領域，必須展現水準和生產力，以證明倉促投資的金額有價值。這絕非資金從國庫中滿溢而出，會計只要快速付款證明其效率即可。在這種情況下，亞瑟・萊特貢獻重大，他把自己當成學術圈和贊助機構之間的橋樑。他出身富裕家族，和波特蘭的百貨公司業關係深厚，具備先天的優勢。熟知萊特的唐納德・季林（Donald Gillin）對我說：「我也不確定，但如果他不是百萬富翁，也差不多接近了。」萊特熟悉基金會的管理人士，加上他無疑也具備相同的企業家精神，讓他能洽談出無數的經費，撥給研究中國的計畫。他對《明代名人傳》的貢獻，富路德博士銘記於心。他一再組織研究中國文化傳統的討論會，十年內舉辦了數場，都是由福特基金會贊助。參與人受邀發表論文，討論一個共同主題下的較小議題。團體討論後，主席（常由他自己擔任）會把論文集結成書。在大力倡導下，具備歷史深度的中國文明研究顯現進步的跡象。萊特成就斐然，成爲極有效率的資金募集者。此外，他還能吸引金額較小的私人捐款。他掌理耶魯大學的中國研究計畫後，從福特基金會獲得的贊助事實上只占整體金額的一小部分，一起獲得贊助的學校還包括哈佛、密西根、哥倫比亞、加州大學、康乃爾和史丹佛等等。耶魯中國研究計畫的財政來源大半來自對等的基金會，其中有些是他自己籌募的匿名捐款人。

亞瑟・萊特具備積極的組織能力，和主要大學的頂尖中國學者維持聯繫，而且形成非正式的討論會。他們的策略是出席研討會及經費來源的委員會，並密切注意評論媒體。這樣的手段無可避免會招致批評。我自己就曾聽到「學術寡頭壟斷」的指控。但很少批評家願意停下來想想，如果研究中國的歷史學家無法形成共識，無法形成團體的凝聚力，會有什麼後果？尤其和歐洲歷史學家與美國歷史學家相比，我們簡直是侏儒。再想想，慈善單位捐款的初衷不過是基於一個專注的問題：「中國忽然構成軍事威脅，恐嚇自由世界，到底是怎麼一回事？」也許可以用不同方法來處理這樣的局勢，但後果可能更糟。

研究當然需要錢。有人說學者不能用金錢收買，我可能是這一行最不可能說這句話的人。我們需要金錢來購買餘暇，進行課外的研究，同時要養家，如果可能的話，甚至還設法讓自己過得舒服一些。我之所以可以累積對中國的知識，有能力充實像樣的藏書，可以到美國各地及國外旅行，全都是因爲美國大眾突然對中國事務產生興趣。我感激爲我寫推薦函申請研究經費的人，我也感激貢獻時間組織管理這些計畫的人。

在亞瑟・萊特這個小團體背後抱怨的人通常以爲，憑他們在中國領域的成就，應該受到這個小團體的禮遇。這種想法可能沒錯，但也可能錯了。這個主張的基本弱點在於，根本沒有這種特權存在。萊特他們不過是一些積極進取的教授自由形成的集合體，他們適時興起，回應大眾的需求。甚至還可以說，由於缺乏對公眾的服務和進取精神，這些反對人士只會嚼舌根，不滿的情緒滿天飛，卻缺乏行動力。我曾把我的著作和初稿的抽印本寄給這些人，但我懷疑他們是否會看。我也把同樣的內容寄給亞瑟・萊特，他不但每一頁都讀，而且總是用各種方法將評語告訴我。我把我和李約瑟合寫的第一篇文章寄給他，他影印後在研究生的課堂上討論。

至於萊特對中國和中國文化的態度，有時被形容成批判或負面。專治思想史的他，特別駁斥中國人不理性的這種「神話」。在白樂日（Eitenne Balazs）的影響之下，他對中國的官僚管理沒有幾句好話。這兩種觀點我也贊成，只是略加修正而已。本書甚至出現類似的主張。整體來說，中國對問題的處理方式和西方大不相同。在概念形成的階段，人人心胸開闊，爲群體設想，但到運作階段常轉變成背叛。以烏托邦式的衝勁追求理想完美的境界，但動力無法持續時，常常轉化成規模嚇人的管理失當。可是，在下結論前，國家架構的壯觀規模、所牽涉到的恢宏氣派、許多人成全大我的堅忍和自願犧牲、甚至太多人所遭遇的悲痛和絕望，這些層面即使沒有精神上的訴求，至少也有感情上的呼喚。因此，無論是否出生於中國的學者，對中國文化的影響通常懷有曖昧矛盾的態度，喜歡或厭惡必須視情況而定。將一個夠格的中國歷史學家隨意貼上親中國或反中國的標籤，其實並沒有意義，因爲這些人的意見會隨個別情況而改變。舉例來說，我有時覺得亞瑟．萊特甚至比我更正面樂觀。我的基礎研究始於明代財政的崩潰，整段歷史可以概述如下：開始使用銀元時，帝制中國進行的財政調適還不夠。預算的明顯增加最後導致改朝換代，異族統治——這個歷史教訓具備相當的鎮靜效果。另一方面，萊特的中國歷史基礎是隋朝和唐朝的大一統，開啓其後持續的成長和擴張期，他樂於詳述唐太宗這位少有忌諱的明君。我去耶魯拜訪萊特時，他指點我，隋文帝和查理曼大帝有相同之處。對兩位皇帝的比較出現在他的遺著《隋朝》之中。

他回答我對於民族優越感的疑問，即使事後回想，也不會讓我耿耿於懷。基本上來說，種族偏見的消失和國家主義的強硬路線，在西方世界中都還只是新近的發展，尚未完全成定局。瓊安．辛頓（Joan Hinton）離開美國三十多年後，於不久前到瓦薩學院演講。我問她，重新回到睽違多年的祖國後，是否能說出最正面和最負面的印象。她不假思索回答，美元貶值是最駭人的經驗，種族歧視消失則是最振奮人心的現象。但對於住在美國的人而言，改變並非一夕之間的事。我獲得美國的永久居留權，是在一九五六年，當時我曾保證一旦戰爭爆發，我願意爲美國大叔披上戰袍。我確定這是最大限度，因爲在一個以白人爲主的國家中，當二等公民可一點都不好受。到一九七四年我才取得美國公民權。我在快二十年後才改變心意，因爲住在美國的這數十年間，我的美國同胞已經修正對種族的觀念。轉折點很難找出來，只知道在此其間我深信，我可以歸化成爲美國人，同時維持中國人的族裔，不致削減任何一方的尊嚴。出國更加強了我的信念，因爲別人看到我們一家人時，都會認定我是美國人。我無法否認，這些年來我在種族上和文化上一直意識到這些情緒。我也可能採取不必要的防禦態度。

但在我當面質疑萊特近十年後的現在，我了解到，我和其他研究中國學者之間的鴻溝不在種族，而在意見嚴重差異。如果只是小小的差異，萊特教授只會建議我修剪部分句子，重寫一些段落。但實情並非如此。

《中國並不神祕》開宗明義就指出，中國之所以如此發展，不在於毛澤東具備所有美德而蔣介石付之闕如，也不在於美國干涉過多或過少。最迫切的問題其實是土地稀少和人口過多，農地的不斷切割和農民的負債累累，更使情況雪上加霜。文稿在列舉兩千多年的帝制史後指出，「封建主義」和「資本主義」是西方歷史中的原型，但不存在於帝制時期的中國。中西兩方遵循不同的方向，各自有不同的發展。中國發展出特有的組織架構，使城市無法管理鄉村地區。書稿中強調，共產黨能夠成功，抗日戰爭是很重要的因素。侵略的日軍襲捲全國時，村落也必須承擔起戰爭的重擔。中國共產黨就把本身轉變成一個農民政黨，大部分的措施都是回應自然經濟的要求。

我撰寫《中國並不神祕》時，林彪已經去世，文化大革命的瘋狂已經平息，但毛澤東仍然主政，四人幫也依舊當權。我在書稿中指出，中國激進的毛派主張即將走到盡頭。除非中國領導人致力於經濟發展，否則中國不但無法抵抗來自蘇聯和日本的威脅，而且也無法面對南北韓和台灣的壓力。北京近年從貿易著手和西方開始接觸，是個好跡象。我們謹慎希望，這可以代表東方和西方的開始交會，但雙方平起平坐，沒有附帶條件。我在結論中打算呼籲讀者，將中美貿易視為促進彼此了解的工具，暫時擱置哲學爭辯。我當時寫下：

> 但重要的是，交易必須基於純粹商業的基礎。任何從貿易中滋生的文化對話應該是互動而自然流露的。如果一方決定用貿易當槓桿，以影響另一方進行非自願的調適，後果可能帶來很大的傷害，沒有太多正面的益處。甚至一方如果刻意努力影響

另一方的想法，並以狂熱的情緒推動，只會引來怨恨。

爲何這本書的出版計畫會引起反對，甚至造成在耶魯時的尷尬處境？

雖然我的書理論上是通史，但和當前時事密切相關。情勢使然，不得不如此。我所以成爲歷史學家，是因爲自己顛沛流離，一切源於中國的動盪不安。但住在美國數十載後，我也了解到，處理公共事務時，尤其是牽涉到廣土眾民時，解決問題的方式極其有限，而政客所宣稱的目標很少能符合實際採取的步驟。甚至舞台上的演員沒有機會讀到劇本，所作所爲的意義必須等到塵埃落定後才能研判。例如，誰能預測到，第一次世界大戰竟然引發連鎖反應，導致歐洲的貴族王室全都下台？誰又能預測到，從某個觀點來看，第二次世界大戰可以算是對抗種族主義的聖戰，行動一旦開展，種族平等的觀念就超越原先預期，擴展到世界各地，並有助於消滅殖民主義？這些歷史教訓鼓勵我要深度思考，我逐漸勇於對長時段的歷史進行推論。

有一件事很明白：由於現代科技的進步，整個世界勢必合而爲一。你幾乎可以說，自然經濟順利運作，已經變成無可抵擋的趨勢。然而爲何世界各地仍有抵抗的跡象？從歷史學家的觀點來看，零星的暴力事件都反映出劇烈的變動，在多數情況下是開發中國家內部進行重整以因應此趨勢，有時對外抗爭也企圖修正此一潮流。此時中國正位於歷史開展的關鍵地位。中國是全世界人口最多的國家，也經歷最痛苦的改造。中國已產生一個下層結構，雖然還達不到西方的標準，但至少不再老舊。中國有信心重新被接納，成爲國際社會的一分子。但這不代表所有問題都已解決，我們仍然要思考數百年的歷史背景：這是一個從前以亞洲內陸導向的古老文明第一次站起來，以平等的身分面對另一個因海上商業而發展出組織技巧的文明。

在這些情況下，我如果重新探討意識型態的爭辯，並沒有太大意義。大多數的教條口號不過是動員時的手段，本身並沒有固定的意義，很可能在後革命時代被修正。從技術的角度來看，即使是中國鐵路的總長度和能源總產量，也都只是其次的問題。我在寫《中國並不神祕》時認爲，在中國的再造中，組織仍然是最重要的議題。雖然毛派運動已經創造出一個粗糙但可行的國家秩序，鄉村地區也可以進行成塊管理，但就整體架構而言，所需的各種關係並沒有各就各位。數目仍然很重要。數量仍比品質重要。做爲組織原則的同質性和單一性仍然有很大的影響力。一個主要問題仍然存在：完整意義的貨幣經濟仍然很難在中國運作。司法系統無法促進多邊交易與現代商業慣例同步發展。但文化大革命業已證明，將精力導入意識型態之爭，只會造成中國找不到出路，未來必須進行更多組織上的修正，但修正的確切內容和方式仍然是嚴重的問題。至於所謂的「中國的開放」，不只是西方強權給予外交承認而已，也不是簽署一些貿易協定即可，而是應該透過長期的互動幫助中國達成安定。這一切都是前所未有的變局，在過程中無疑會產生許多嘗試錯誤。我預期到讀者會期望中國能有迅速的「改造」，因此在書稿中提出警告。

訊息的主旨是，我們希望中國改變是一回事，但中國最後會變成什麼樣子又是另一回事。而且時間點也很重要。

身為歷史學家的我，不可能對當前時事進行更仔細的討論。不過，就我知識所及，我想強調，未來中國歷史將和西方歷史融合為一，總結過去一百五十年來的對抗。在這段時間的所有重大歷史事件，我都加以排列整齊，彷彿他們是入侵軍隊的分遣隊，準備就緒等待開始進攻的日期。所有長時期的社會制度和文化影響都已清楚顯示，一個大的農業國家離海遙遠，無法調適自己去面對截然不同的海洋文化。當時海洋文化興盛繁榮，解決問題時並不要求平衡，所有組成因素的價值都可進行交換後，這個系統才能運作，講究精確管理——也就是說，中國所欠缺的所有可控制性。

這樣的詮釋方法錯了嗎？事實上的確有問題。討論時事時，我會回溯到兩百年前。我還將蔣介石和毛澤東視為不過是歷史的工具。我如此強調自然經濟時，會造成一種印象，以為我在合理化中華人民共和國，甚至替他們辯護。我的技術詮釋掩蓋了所有的傳統歷史議題。至於西方民主對抗東方極權主義這個常見的主題，也因此被我擱置一旁。我重新檢視中國歷史時，無意間也觸及美國的道德判斷。我們批評鄰居用光積蓄去購買露營用汽車、在屋頂上裝置無用的太陽能板、讓小孩在街上亂跑等等，這些批評事實上反映我們自己的智慧和價值觀。我們無法只修正一方而不改變另一方。如果不去批評，也等於貶低我們自己的價值觀。《中國並不神祕》探討的是歷史中無法削減的力量，無意進行攻擊。但如果強調鄰人某些機能性行爲背後的邏輯，並把這種邏輯稱爲自然經濟，其爭議性可能大過我的預期。萊特教授個人如何看待我的作品，這點我們不曾討論過。但我仍然覺得，即使是顧及一般大眾的反應，他也不可能贊成文稿出版。然而，我在一九七五年九月去耶魯拜會他時，並沒有得到如此清楚的結論。

亞瑟．萊特和我彼此都口是心非嗎？有時我的確如此認爲。由於他的影響力，我還應該討好他，因爲我一直需要他對我友善。但仔細想來，現在我覺得我們之間的問題有很多層面，我們也因此發展出不同層次的關係。我告訴他，我仍然想出版這本書。他建議用抽印本的方式，我說那樣不符合我的目標。「所以你還是想印成精裝本？」他問我。我說，對。

但當時我仍不清楚，他對公眾的義務可以讓他有多少限度。我的不滿主要是因爲他雖然宣稱有品質管制，但他不曾說服我：我的作品低於水準。如上所述，在美國的中國研究領域仍不成熟，有許多研究計畫不過是加了註釋的翻譯而已。大多數的教科書，尤其是討論一八〇〇年以前的時代，都以中國及日本教科書爲藍本，但這些書是五十年或更久以前寫的。在我看來，由於結構不牢靠，捍衛者會更加擔心修正主義。就像蘋果推車已經做好了，但由於是臨時拼湊成的，所以要更小心保護，以免翻覆。對我來說，這種防禦性的態度不是行使領導權的明智方法。我一點都無意於顛覆。到目前爲止，我最大的野心不過是在推車上放進一顆小蘋果。

賣不掉的蘋果退回後，我卻發現，萊特非常有意思。即使他處理《中國並不神祕》時略嫌突兀，他的精力旺盛和虛懷若谷卻讓我留下深刻印象。有時他隨意透露私生活時，洋溢著小男孩的氣息。他提到他生命中的兩個女人，也就是第一任和第二任萊特太太時，語氣都同樣充滿愛意與關心，而且都稱她們是「內人」。我必須注意談話的上下文，才能確定他指的是哪一位。如果不是他個人的魅力，我想我在耶魯的第一次拜訪不會這麼久，因爲像我這麼沒有耐心的人，如果不是真心崇拜，問候的時間不可能長達三個半小時。亞瑟．萊特長我五歲。當時我以爲，我們之間的歧見最後終究會化解。我離開耶魯時很沮喪，但回到紐普茲後卻存著夢想和希望，我很高興萊特維持我們間暢通的溝通管道。後來我把這番感受告訴編輯K。基於同樣的理由，我很感激瑪雅．萊特從電話中所透露的訊息。如果她丈夫不喜歡我，大可以客氣敷衍我半小時就讓我離開。他絕對不欠我一絲一毫。

一般認爲萊特的政治觀保守而具備精英傾向，但我沒有測試探究的親身經驗。不過，我去耶魯拜會他時，他告訴我他一年前去中國，看到上海的「種種進步」。後來他以悲哀的語氣喃喃說著，爲達到這種目的，「中國人民必須付出很大的代價」。

中國這個議題常造成家人間的意見分裂，萊特家也不例外。第一任萊特太太，也就是瑪麗．克萊苞（Mary Clabaugh）女士，是半世紀前最令人傾心的才女之一。我在紐普茲的同事雨果・蒙斯特堡（Hugo Munsterberg）興致高昂地描述哈佛男生（他自己也算在內）如何競相追求這個才貌兼備的女孩。最後亞瑟・萊特贏得芳心。他們一起去中國，剛好碰上太平洋戰爭爆發，被日軍扣留三年多。只有後來受教於瑪麗但和亞瑟更熟悉的唐・季林，才能描述殘忍的戰爭對這對敏感的年輕夫妻造成多大的心理傷害。抗日勝利後，他們仍繼續在中國的冒險。據說他們在延安「買下共產黨的文件檔案」，事實上是保管人正要棄置許多文件資料時，他們及時搶救。這些資料目前保存在胡佛戰爭、革命暨和平研究所。約四分之一世紀前，《讀者文摘》報導這次壯舉。無論是在史丹佛或耶魯，萊特夫婦都一起教授中國歷史課程，丈夫教傳統時期，妻子教現代史。不過，夫妻間的和諧並不是免於政治歧見的保證。在瑪麗・萊特於一九七〇年死於癌症前，她還染上酗酒的惡習。她會清早起床，開始稱讚中國的文化大革命，甚至還說，如果文化大革命不成功，人類就沒有希望可言。由於我已事先知道他的家庭悲劇，自然不會提起這個話題。

說也奇怪，我去耶魯拜會萊特時，他主動提起瑪麗。「她自知只有六個月的生命，」他說：「她說她一切都盤算打點好了。是不是這樣，我實在是不知道。」聽起來非常悲哀，我只能沈默以對。但沒多久他又甩掉了陰鬱的情緒，興沖沖地對我說，明年夏天他要去歐洲，「帶我內人去看牛津」，這時他指的是瑪雅。

我建議，如果他去英國，應該去劍橋看看李約瑟博士。

對李約瑟博士來說，一九七五年是關鍵的一年。到當時爲止，美國政府仍然視他爲

「不受歡迎的人物」。也因此，他受邀至華盛頓大學演講時，無法取得簽證。後來參議員傅爾布萊特（William Fulbright）從中說項，禁令才得以解除。數家美國大學開始邀請他演講。亞瑟．萊特告訴我，耶魯先前打算邀請他在畢業典禮上致辭，但後來因簽證問題而打消念頭。不過，我的建議卻是針對《中國科學與文明》的財務支援。這一年李約瑟博士已七十五歲，兩度延長的凱思學院院長任期已經屆滿。但退休卻造成寫作計畫的困難，因爲先前的家計都是由凱思學院負責。劍橋大學出版社撥給他位於雪夫斯伯里街（Shaftesbury Avenue）的一棟小建築，以收納他的藏書，提供他和合作夥伴的工作空間，但他還是得付擔水電及稅捐等雜費。日用品、文具、郵資及購書全都是支出，而且還有交通運輸費用。圖書館員必須支薪，部分合作夥伴也必須予以補貼。李約瑟博士照例對財務不聞不問，但魯桂珍卻十分憂心。到目前爲止，他們都還沒有四處尋求贊助捐款，不過也沒有婉拒外來的捐款。倫敦的威爾康信託（Wellcome Trust）和代表亞特蘭大可口可樂公司的席林洛（C.A. Shillinglaw）博士，都已採取贊助行動。我拜訪亞瑟．萊特前，曾和魯博士及彼得．薄璧吉（代表《中國科學與文明》背後的信託基金）通信，我們同意由我去找萊特，問他是否能爲這項計畫舉辦募款活動。

但其中還有一個尷尬的環節。數年前萊特曾爲文評論《中國科學與文明》第二卷，登在《美國歷史評論》上，他在文中質疑李約瑟博士對歷史的目的論詮釋方法。納森．席文教授還在他的書中加以報導。由於有這層關係，請他來主持募款是否會很奇怪？在萊特先前擔任ACLS的中國文明委員會主席期間，相當支持我申請經費去劍橋工作，當院長的合作者，顯示他的書評不致妨礙他挺身而出，讓計畫獲得應有的協助。

我的預測成真。萊特傾聽我描述計畫的工作狀況，立即同意幫忙。在他其後寄給我的信中，還提到這件事，他說：「非常謝謝你對於每日財務細節的描述。我原先也疑心到，但不了解有如此拮据。」然而他卻立下附帶條件：他堅持自己必須是不具名的協助者，所有的書信往來都透過我進行，不能直接和他連絡。事實上這簡直不可行，我猜他怕李約瑟會拒絕他的協助。數封書信往返後，所有疑慮終於消除，薄璧吉開始直接與他通信。但時間已浪費了三個月，一切開始推動時，已經接近年底。推行《中國科學與文明》的內容簡介計畫時毫無困難，但必須針對募款活動特別擬定現狀報告，一定要在劍橋執行。報告寄到耶魯時，已經是厚厚的一疊紙。這時發現其中有好幾處有錯，有數頁必須寄回英國修改。英國文具紙張的規格很特別：比美國信紙長一些，但又比法定尺寸短一些、窄一些。銅版紙的材質和色調也很特別，在大西洋的這岸找不到完全符合的紙張。當文件最後準備就緒時，一系列的募款活動於春季展開。有一個基金會立刻宣稱準備捐兩萬美元。萊特夫婦五月下旬訪問歐洲，我收到他們從機場寄出的明信片。薄璧吉也從劍橋寫信來，說他們和李約瑟博士見面，共進午餐。約兩個月後，我去吉爾佛拜訪亞瑟・萊特時，他很熱心地討論這項計畫，並且保證秋天時積極推動財務支援計畫。但八天後他就去世了。令人懊惱的是，德克・博德告訴我，既然萊特已經去世，該基金會的兩萬美元贊助從此沒有下文。所以整個過程剛好可以用「徒勞無功」來形容。所幸，《中國科學與文明》及其知名的作者擁有足夠的朋友和推崇者，計畫不致於流產。

還有另一項因素將亞瑟．萊特和我拉在一起：我計畫「寫十六世紀末某一年發生在中國的事」，亞瑟不僅支持這項計畫，而且也很熱心參與。對我來說，在經歷過製造失敗品的可怕感覺後，這是唯一可以讓我前瞻的計畫。

我在秋天去耶魯拜會他時，已經準備好在教書之餘撰寫一部分的草稿。我計畫春季這一學期停止上課，全力寫作，一直寫到夏天。《萬曆十五年》的原意是和《中國並不神祕》相輔相成，一是探討中國歷史的縱切面，一是橫切面。未出版的書稿是以直線描繪歷史輪廓，以概論的方式顯示兩千年歷史中的高峰和低谷。下一本書則是帝制晚期的橫切面，引入詳細、完整、充實的資料。較薄的時間切片讓我有更大的空間，可以敘述傳統中國國家和社會的內在運作情況。我打算利用一系列的傳記素描來進行描繪的工作。考慮的因素在於，我們所說的「文化導向政體」牽涉到許多不同的特色，自然會將歷史導向利於學科整合的研究方式。文化導向的原因出在法律體系並不具備獨立的特色，無法展開多層次的分工，無法進行多邊的商業交易。如果沒有上述的組織原則，貨幣管理就不可能進行。這一切都要回歸到我先前的主張，也就是說，如果要將司法和經濟分析應用到這個主題上，結果將是徒勞無功，就像將對鳥的解剖學知識應用在魚身上。

就某方面來說，我的方法遵循李約瑟博士的建議，也就是不要認定中國的一切嘗試是「失敗的西方原型」，而應該先發掘本身的邏輯和運作情況，再進行批評。描寫生涯彼此交錯的部分人士的言行舉止，應該很能符合這個目標。亞瑟·萊特相當熟悉李約瑟和我的作品，又核准我向古根漢基金申請的研究經費，當然非常了解我的計畫。他開始對我的計畫產生興趣，原因是他認爲傳記模式可以提供歷史分析的肥沃土壤。組織架構建立於浪漫不切實際的哲學元素，但事實上一切都受到人爲因素的影響、修正和妥協，在這種情況下，從個人的功蹟和內在想法著手，遠比研究機構更能有效呈現歷史史實。然而，《萬曆十五年》不只是普通的傳記集結而已，它還打算將一個時代幾位人物的平生行誼全整合在一起。它將是綜合傳記，或說是一個時代的傳記。

亞瑟提醒我，朱東潤寫的《張居正大傳》是非常有用的參考資料。「那本書不是很有趣嗎？」

我告訴他，就開山始祖的角度而言，朱東潤的傳記的確很獨特。但如果就最近二十年來的發展而言，參考資料更廣爲流傳，稀有書籍以顯微膠捲及石版印攝影複製的形式保存及流傳，我們擁有的優勢勝過朱東潤。如果還要再談到同一主題，也許我們可以做得好一些，「因爲我們有更多材料可以處理」。這種確定的口吻讓他很高興。他問我是否會碰到重大的問題。

我告訴他，對我而言，基本領域不再是陌生的題材。參考資料已充分揭露朝廷儀式、宮廷生活、地方政府、邊疆防禦、軍隊戰術、武器、補給系統、控制用水工程、稅制和司法事宜、家庭工業的本質、城市商人的業務範圍、官僚的生活、他們的哲學、甚至於他們的超自然信仰。我深信，這些元素全都交織在一起，即使植物科學也和政治生活密不可分。但最大的困難在於把這些事全擠在一年的時間之內。我坦承，原先向古根漢基金會申請的計畫可能略為龐大了一些。

「不用擔心，」他說：「你可以採用倒敘的手法。」他接著對我解釋，古根漢基金會一旦核准經費，就再也不會干涉或批評申請人的作品。

「萊特教授，還有一個問題，」我說：「參考資料有很豐富的視覺材料，但卻沒有相對應的聽覺材料。多麼奇怪的事：你可以看到一切——建築、大理石石階、家具、樂器、香爐、服裝，而且不只是衣帽外袍，還包括襪子和內衣——但是你就是無法知道他們彼此之間的對話情況。我可以引用和複製的對話並不太多。」

這個障礙顯示出中國文化的影響。古文的起源是在獸骨上雕刻表意文字做占卜之用，因此簡潔到極點。如果數百年前的對話曾經被記錄，也只能以高度格式化的形式保存，言辭中已省略許多部分，因此讀者很難抓住段落的語調。古人所說的話也許不可能太口語或太自然。而且，在文化從眾的壓力之下，中國作家即使在寫回憶錄或自傳時，通常也會避免以個人的角度太貼近主題。在無數的情況下，我們可以推論出他們想說的話，但無法精確複製其內容。

「關於這一點，」萊特說：「你要非常小心。不久前有一位女性也面臨你剛剛描述的處境，她於是直接把這些話放入引文中，並且承認對話是她自己的杜撰。她甚至區隔這兩部分，一是可以考據的部分，一是她自己杜撰的部分。批評家不曾原諒她。重點在於，如果你想寫小說，你就寫小說。如果你想寫歷史，你就寫歷史。事情就是這樣。」

這番對話決定《萬曆十五年》的基本原則。雖然亞瑟要我閱讀《隋朝》的初稿章節，後來又寄給我大約一百頁的文字，但我在技術顧問方面並沒有發揮太多功能。可是，身爲前輩和朋友的亞瑟．萊特教授，卻忠實地閱讀我寄給他的每一個字。一九七五年十二月初，我把《萬曆十五年》的初稿寄給他，以下的信透露出他的敏感，不論於公於私：

親愛的雷，

我利用抱病在床（喉嚨受病毒感染）的機會，拜讀你的萬曆章節。動人之至！行文確實傳達出宮廷生活的紋理豐富（以及種種異常之處）。我向來覺得，天子的最大負擔不在工作和儀禮的繁重，而是要展現——永遠在舞台前方的正中央——適當的形象，無論是對當時或後代子孫。這一切需要超人的特質，但我們卻都只是普通人，很少具備這些特質。

我眞心希望你的岳父早日康復，新的一年比即將逝去的一年少些艱苦，多些快樂。

收到薄壁吉來信時，我會告訴你。同時獻上我最深的祝福。

你永遠的朋友，

亞瑟

一九七五年十二月十八日

但我的前輩朋友兼著作批評家萊特，卻不曾想像我身爲教師的處境。我在紐約州立大學紐普茲分校中所教的學生，對中國的看法早已根深柢固：中國是個保守的國家。中國人發明羅盤及火藥，建造萬里長城。但中國人是儒家信徒，所以希望一切都維持現狀，沒有求進步的觀念。在近代，有一個壞人，是一個高壓的軍閥，有的學生念成「清介石」。爲了挑戰這個壞人，又出現一個好人，但不是每個學生都會拼他的名字，有些人稱他是「哞主席」。自從紐普茲廢除通識課程以後，亞洲研究不再是必修課程，一些學生選修我的課是因爲他們自認爲對內容已有足夠的了解，因此很容易念好書，或是稍微努力一下就可以取得學分。遺憾的是，有些學生從來不曾超越此一水準。

FTE使我們的處境更爲艱難。我不知道誰在何時發明這套制度。類似的制度有不同的名稱，但在紐普茲代表的是「全職教書等量單位」。運作方式如下：爲計算方便起見，假設紐普茲有五千名全職學生，每個人都修滿十五個學分，相乘後就是七萬五千個學生—學分。假設紐普茲有兩百五十個全職教師，理論上他們應該平分教書的負擔，因此每位教師就要有三百個學生—學分。多數的課程是每星期上課三小時，學生在學期末可以獲得三個學分。因此，在上述的假想情況下，可以算出每一位教師的平均負擔，也就是開設的三或四門課共有一百名學生。在這種理想狀況下，這位教師的ＦＴＥ就是1.0000。每位出席的學生占全部的0.0100。在實務上，還有很多複雜的做法。半工半讀的學生有不同的計算方式，研究生的ＦＴＥ比重又高一些。一般課程是三學分，所以兩學分的課程只有三分之二的ＦＴＥ。相反地，四學分的課程則是一又三分之一倍。1.4000的ＦＴＥ最常出現在經濟學概論、社會學概論或英文作文，代表修課學生遠高於平均。0.8790的ＦＴＥ則略低於平均。在紐普茲，計算ＦＴＥ時不考慮該門課是否必修，也不管教師的等級、資歷深淺或專長，一切都是由電腦來計算。自從我開始注意到自己的ＦＴＥ時，這項數字從來不曾超過0.4000，在很多學期甚至還遠低於這個數字。

最初提到ＦＴＥ這回事時，我們都把它當笑話。「他們把我們當做什麼？汽車推銷員嗎？」但我們逐漸發現，這個ＦＴＥ可不能隨意一笑置之。系主任和部分資深教員公開誇耀自己的ＦＴＥ很高時，充分顯示這個數字早已是衡量價值的標準，相當於我們的打擊率。接下來，教務處註冊組就會送來個別通知：下列選修你課程的學生還沒繳學費。請告訴他們，如果他們不在某期限前繳清，他們的選課就會無效，他們的出席也不會計入你的ＦＴＥ。價值顯現法又添一層意義，和個人的工作保障更加密切相關。否則送來的備忘錄也不可能暗示，我們必須了解銷售情況，因爲事關我們的權益和好處。

強調選課人數事實上造成新的供需關係。學生了解到自己是被需求和追逐的對象，因此覺得他們站在「買方市場」。對學習的興趣因此陡降，作業和規定也因此減少。有些學生甚至大膽到和教師爭論分數。一九六〇年代末期到一九七〇年代初期，課程開始自由化，學期報告已逐漸取代筆試。你也不可能給這些報告打太低的分數，這些報告全都「資料」豐富。我的問題在於，學生一開始的資訊既貧乏又錯誤，學術紀律的要求又大幅下降，讓我不清楚底線何在。我當然教過好學生。我教過聰明的學生、勤勉的學生、正直負責的學生、忠實誠懇的學生，畢業數年後都還會寫信給我。最近我都還收到他們的來信。但他們是少數，而且是極端的少數。大部分的學生才是問題所在。

許多學生都有一個共同概念：整個中國現代史可以總結於一個道德教訓，也就是邪不勝正。不消說，國民黨和蔣介石貪污無能，因此喪失天意所歸。既然這些學生同情毛澤東和共產黨，他們顯然是開明進步的。這才是重點所在。我對他們進行筆試測驗時，通常大多數的申論題都顯示學生的開化程度有深有淺，卻很少展示不同層次的歷史知識。有些學生的觀念直接來自於校園中的其他教師，有幾位已去過中華人民共和國，在兩周的行程中去過三個城市。

有時我問學生，如果一個數億人的國家把自己的命運交給一個道德敗壞的人物，而每個美國大學生都可以用一句簡單的話來歸納這個人的錯誤，數十年如一日，毫無變化，這種情況不是很荒謬嗎?這時我聽到貪污無能的指控已不下百次。我還將在大陸時期的國民黨和之前之後的情況加以比較，進一步和中國歷史上朝代更迭時相比。經過無數反省後的現在，我想說的是，整個國家運作失調，反映的不是個人的性格，而是一個前工業社會的欠缺，無法管理牽涉大量工業產品的商業，也無法提供所需的服務。在中國抗戰期間的最後數年間，每個城市的商品價格都不相同，城市和鄉村間的價格也不一樣。國民黨政府無法照顧到所有的軍隊單位，只能給資深將領一整筆錢，但通常無法符合軍隊的需求。這些將領迫於情勢，必須遊走於法律邊緣，因爲沒有任何明文法規清楚規定他們可以做什麼，不能做什麼。我從柳州到重慶時，發現軍用車輛和資源委員會的卡車運送私人貨品時，身爲步兵下級軍官的我非常生氣。但身爲歷史學家的我，卻必須往深處探究，尋找這次失敗的終極原因，否則可能錯判中國問題的面向和本質。

我對學生建議，如果我們對國民黨和蔣介石暫時停止道德判斷五十分鐘，在課堂上也許可以找出教科書作者和通俗作家所忽略的史實。學生同意後，我問他們是否知道國民黨的預算有多少。一位美國人所提供的證明文件顯示，到一九三七年對日戰爭開打時，依當時匯率計算，中央政府一年的支出是四億美元，還不及現在紐約州立大學預算的一半。雖然當時當地的購買力和今日的美元沒有直接關係，但對於一個處於關鍵時刻的大國來說，金額仍然嚴重不足。從這麼小的預算中，蔣介石還必須打造現代化的陸軍、海軍和空軍，養活他的官僚，推行他的建設和教育計畫。我一再向學生保證，我的目的不是替國民黨開脫或漂白。如果不帶感情來評估，歷史上的蔣介石會被視爲賭上中國命運的領袖。他劃時代的大膽冒險導致僵局有所突破，因此改變世界歷史，連帶影響美國人民的命運。也因此他必須付出代價。他決心所引發的事件愈演愈烈，情況遠超過他的處理能力，最後造就毛澤東的時代，在這段不下四分之一個世紀的期間內，積極壓制城市和外來的影響，建立一個符合鄉村簡樸氣質的同質性基礎。即使歷經數十年的動盪不安，任務卻尚未完成。

無論我們喜不喜歡，在肯定名將貢獻的同時，我們也許可以將當代歷史還原到原有的時空之下。各種里程碑讓史學充滿層次及縱深，相關事件及因素才能各就各位，如此才能看到直線的進展。如果做不到這一點，我們恐怕只能說，這個時代的一切都亂成一團，而中國不過是個發瘋的國家。道德指控常將歷史轉成好人戰勝惡人的刻板形象，我們終究會搞不清楚誰是好人，誰是惡人。壓扁和緊縮歷史非常容易，但同時也會模糊美國對世界的貢獻。

我雖然批評學生花太少時間準備課程，但並非對他們的辛苦無動於衷。對絲毫不了解中國文字的讀者而言，充滿單音節人名的教科書實在是沈重的負擔。就表意文字的視覺而言，張宗昌和孫傳芳之間有天壤地別的差異，但羅馬拼音化以後的差異卻消失了。而且，如果沒有具備文化背景，絕對很難理解外國人的邏輯。很少有紐普茲的學生一心想當中國專家，他們選讀中國歷史課程時，焦點放在一般常識的醒目部分。孫逸仙、袁世凱、蔣介石、毛澤東和周恩來既然是考試時的重點，自然吸引他們的注意力。他們無法從教科書的上下文中獲得理解時，便從通俗文學和電視上尋求指引，事實上這些媒體只會更強化美國人原先存有的僵化概念。所以我才非常希望能由知名出版社來出版一本小書，以便向學生解釋，毛澤東的美德或蔣介石的無德都不足以了解中國。這樣的解釋和之前或之後的事件並不一致。

在土地稀少與人口過剩的主題方面，我要學生尋找，共產黨進行公社改革前，每人可以擁有多大的土地。學生毫無困難地從教科書找到答案：在中國北方是每人六畝，在南方是每人一畝。由於種乾糧的地有別於稻田，北方的六畝和南方的一畝具有差不多的價值。但一畝有多大呢？一畝約六分之一英畝。但學生的觀念仍然很模糊。這時我有機會讓他們留下深刻的印象：一畝是六千平方呎，比兩個網球場還大一些，如果以美國的足球場來換算，比十五碼線到終點區的範圍還小一些。「大概可以勉強快傳一次，觸地得分。」視覺上的認知讓我可以對學生進一步解釋，在公社化之前，土地一再經過分割，最後可能只有「教室大小，農民要翻轉犁都很困難」。這些資料都收入《中國並不神祕》。

如果我以爲自己有何原創力，或是正在校園中進行「創造性的教學」，我最好僅只於幻想而已。除了一些和我較親近的學生以外，我的努力並沒有受到肯定。在我去耶魯見萊特教授的前一年，我曾遭遇到奇特而羞辱的經驗。一名大學生來上課的時間不到一半，以期末報告代替期末考。他在報告中點出我最喜愛的主題，也就是說，在現代之前，一個強而有力的中央政府對傳統中國留下不可磨滅的印記。但接下來的文章卻支離破碎，和開頭的主張毫無關連。這名學生在報告的結尾附了一張字條：我一定要給他B或以上，因爲他是「小有成就的人士」。但因爲已是學期末，他沒有時間等待成績的結果，因此留了一個紐約市的電話號碼。如果我不依他的要求給分，最好在把分數送到註冊組之前打電話給他。一周後我寫信通知他，他的成績已被送到註冊組，但沒有經過他的同意。我不可能事先和他商量，因爲會違反慣例。我把他的報告送到系主任辦公室，除了註明評分的理由外，還附上那張紙條的影印本。如果他對分數有意見，他應該依照規矩和系主任談。這位學生再也沒有來找我，但我還是沮喪了很長一段時間。我不禁把這件事當成個人的挫敗經驗。無論是教書或其他行業，我都從來沒聽過類似的事。我懷疑我的同事是否也碰過同樣的事。

不久後，學生問我是否可以修我的課卻不來上課。我被問了兩次。事實上，在課表排定的上課時間內他們都要工作。課程開始的一、兩堂課時，他們可以從工作中撥出時間出席一下，但他們希望以後就可以用「略微不同的方式」來達到課程的要求。我問他們，爲何不能登記成跟著我「獨立學習」，因爲學校願意如此核准，以便應付特殊情況。他們說，他們希望學分單上可以顯示學分數目和分數，如果是獨立學習，學分單上只會註明S，代表令人滿意而已。我必須拒絕這種要求，因爲我無法得知情勢如何演變。我同樣不知道這是否爲校園中的普遍現象。我所知道的是，獨立學習的學分給得很慷慨。「給他們一些紅蘿蔔，」一位資深同事建議我：「有利於你的選課學生數目。」

凡此種種，我卻不能歸罪於個別學生。如果說他們厚顏無恥，大膽妄為，真正原因在於他們受到鼓勵。紐普茲一九七四年到一九七五年年度的《大學概況手冊》中指出：「校方致力於教育經驗中所有層面的彈性和多元化，往年許多結構複雜的程序和規定全都已經簡化或棄置，以利於今日的選擇自由。」在另一段又指出：「為促進學生自行肩負責任，校方不會強制學生一定要上課。然而，每一名學生都必須為自己選修的每一門課負責。」如果無視於修辭，讀者可以從手冊中感受到，紐普茲正經歷危機的處境。前校長威廉·哈格提所設定的嚴格架構已經崩潰，但又沒有別的架構可以替代。管理政策尚未定案。教師多多少少要考量自己的生計。在課堂上點名不再是好事。所謂的學生責任也降低成付學費和通過筆試，有時還可以用學期報告來取代。紐普茲面臨雙重壓力，一是經費縮減，因而威脅到教師的地位；二是學生入學人數減少，可能造成經費再縮減。手冊中所宣揚的自由主義其實是向內退縮。

此外，阿拉伯石油禁運所引發的不景氣，也衝擊到美國的大學校園，中國領域同樣面臨嚴重的縮減。表面上來看，隨著尼克森訪問北京和中國的開放，中國研究應該引發更多人的興趣。但如果從企業的角度來看，就完全不是這麼一回事了。要注意的是，韓戰以後，美國才突然興起對中國的興趣。一九七一年，一份給福特基金會的公開報告分析這個領域最近挫敗的因素：「……教育和公共的優先順序已從國際事務轉向國內事務，

中國戰略安全的威脅性明顯減弱，以及校園內外**利用中國達成在國內的目標**」（黑體字是我加上去的）。總之，基金會的大筆金額已重新分配，用來研究都市更新、種族衝突、環境和生態、毒品、貧窮、墮胎、平等權利、新能源來源及相關議題。另一方面，中國之「被利用」絕對不是新聞。中國造成的緊張情勢減輕後，老巫婆的形象被白雪公主所取代。毛澤東運動中具備烏托邦和浪漫的色彩，其中不完全欠缺曝光價值，可以廣為宣傳，用來推動和中國毫無瓜葛的運動。我們在校園中已碰到這樣的例子。學生的興趣並沒有導向中國研究，更不用提中國歷史。中國的「進步」不過是用來做爲口惠的工具而已。

更重要的是，在歷經十年的供不應求以後，各地中國領域的教職已滿到接近飽和點。中國不再是熱門的領域，因爲正如部分專家公開表示：「肥缺不再流向這個方向。」教師的過度供給甚至已到中學的階段。我開始在紐普茲任教時，研究生莫不希望可以增添一項學經歷：有資格教授中國和日本的課程。有一名學生告訴我，本校的教育碩士（要持有紐約州教學執照的必備學位）可以讓她加薪八百美元。十年後的她如果還能保持教職，就算很幸運了。解雇多餘教師不再是威脅，而已成爲事實。

因此所有的問題全都環環相扣。在不景氣時，入學人數很重要。我們不比符合及時需求的經濟學、社會學等「強勢」學科，我們這些「弱勢」領域爲求生存，有更充分的理由去迎合學生的需求。如果課程內容、出席率、考試和評分無法維持「往年」的水準，我也無意以一人之力企圖扭轉趨勢。如果校方決定「彈性」，我絕對不會堅持嚴格的標準。

我可以向現實屈服。我可以減少指定閱讀的分量，降低考試的難度，分數給得比較寬鬆。這些我都可以調適，但一切總有個限度。我絕不可能教我自己認爲錯誤的內容，課程內容即使稀釋，也必須仍在中國歷史和文化的範疇內。我不會容許「中國」被利用來證明我自己、我的學生或其他人站在進步的這一邊，不會容許這一點成爲我課程的目的。不論學生如何毫無準備，學習速度如何慢，我的每一名學生一定要學會一點東西。我不可能只因爲學生有註冊就讓他們過關。但後來還是發生無法達成最低要求的情況。

「你可以讓內容更容易理解，」我的一名同事建議：「老實說，你總不能超越學生的理解程度吧？」

「我的大綱，」我向他保證：「並不是新奇而複雜的玩具，事實上不過是常識而已。如果我自己研究時必須在小巷暗弄間穿梭，我替學生上課時，會把這些曲折巷弄拉直，只有平實的論點，不會唱高調。我只希望強調，從遠古到現在的中國歷史包含著一致的邏輯。對他們來說，就像捷徑一樣，找到一個減輕歷史複雜程度的方法。」

「我對這點不是很確定。你有自己的政治觀，不是嗎？還有，你曾在蔣介石的軍隊擔任下級軍官。抱歉提起這件事，不過如果不是你自己常說，我也不會提到。」

「我提這回事是因爲我希望人人都能了解，這絕對不是障礙。我是下級軍官──沒什麼大不了的。差別在於，你當兵時，一心想著冒險。但身爲大學教授，你必須教年輕人如何思考。這是兩件不同的事。」

「非常有意思。教年輕人思考。但這樣不會開啓通向你政治觀點的大門嗎？」

「如果你所說的觀點是指歷史學家的觀點，沒錯，我的確有我自己的立場，你可以說是實證主義。我無法想像我們教導學生時可以做到毫無立場，但這種立場不一定牽涉到黨派。我來不曾說過，國民黨應該贏，或是國民黨人全都知道自己在做什麼。」

「實證主義，」我的朋友說：「多麼偉大的字眼。」

「我親愛的同事，」我提出抗議：「你希望我不要爲難學生，所以我保證避免艱深的字彙。但現在我面對的是一位擁有主要大學博士學位的人，而且正在質疑我的教學哲學，我仍然必須遵守基礎英語的原則嗎？事實上你知道實證主義並不晦澀。如果一件事發生了，背後一定有原因，不能因爲你不喜歡就否認這件事在歷史上的地位。我可以繼續說下去嗎？」

「請說，」我的朋友有些懊惱。

「至於蔣介石，重點在於他刺激日本對中國進行全面作戰，因而改變國際間權力的平衡。他決定放手去做，最後導致珍珠港事變和美國的參戰。許多美國人因此不肯原諒他。他誘騙美國人加入戰局來拯救他自己，但又不讓美國人控制他。我可以說，詳情還要更複雜。但我們沒有理由爲此爭辯，因爲不會有任何結果。我們不如承認，一九三七年七月七日，他下了關鍵性的決定。從那一天以後，世界局勢再也不一樣了，這就是我說的不可逆轉。同樣的，毛澤東也對歷史產生不可逆轉的貢獻。如果我們把這些不可逆轉的因素相加，就是實證主義。你會以不同的眼光來看歷史……」

「所以你認爲毛澤東發起的運動也是不可逆轉的？」

「姑且算是如此，但其實言之過早，只不過其中有部分的確不可逆轉。老實說，我認爲他的階級鬥爭無法持續，因爲其邏輯很值得懷疑，而且已經被過度強調。但對他來說，階級鬥爭是一種方法，可以用來完成許多事。看看土地改革和公社制度就可以知道了。」

「所以你認爲公社也是無法改變的？」我的朋友有些激動。

「在那篇李約瑟博士和我聯名發表的文章中，我們極度強調這件事。兩個非農業專家發表這種聲明，似乎有些武斷。但實際上，公社不一定要維持現在的形式。地方分權開始盛行後，就可以進行調適。就個人來說，我希望他們可以修正成半私有的型態。不過，我可以毫不猶豫地說，修正有一定的限度。如果要他們解散所有單位，以毫無限制的原則讓土地回歸私有制，這是不切實際的做法。我敢追隨李約瑟大膽斷言，是因爲我像他一樣，在共產黨占領前都曾經在無數的村落中進進出出。我們知道什麼是土地的分割，也親眼看過灌溉系統。就算沒有，還有農業專家和經濟學家對這個主題進行的一大堆研究，如果還不夠，還有人類學家和社會學家的研究。即使像我這樣的外行人，我也可以大膽指出，單是爲了稅賦、教育、房屋和公共衛生等因素，就沒有理由回到過去。沒有一種司法制度可以讓約八億農民全都擁有田產，全都接受公平的待遇。請不要用那種眼光看我，我可不曾投毛澤東一票！我只是說，不管我們喜不喜歡，其中一定有相當程度的集體主義，不需要是共產黨或左派分子才有資格這麼說。」

從這番對話中，我了解到，兩人之間有相當大的差異，無關於我所使用的辭彙。讓兩方意見相左的甚至不是意識型態或文化差異。並不是中國歷史的研究沒有更新，也不是欠缺資訊，而是一般大眾並沒有體認到背景中的部分事實，畢竟這些事實十分惱人。我說一般大眾時，指的是中國人和美國人。我們很容易將珍珠港和廣島原爆視為歷史，但較難接受蔣介石和毛澤東是歷史人物。在八年前上述對話發生時是如此，八年後我回想起這段對話時還是如此。

一九七六年的春季學期我向紐普茲告假，依原定計畫撰寫《萬曆十五年》。研究帝制末期似乎讓我稍微分心，不再全心關注當代中國的事件。就某種程度來說，這是另一個世界。我看到明代官吏絲袍上的鏽金線，也看到大理石橋及半月形大門，還有白鶴盤旋在京城裡的喇嘛寺上方。我曾對萊特教授抱怨，研究中缺乏相配的聽覺材料。然而此時我卻彷彿聽到廟裡的鐘聲響起，宣告皇太后的葬禮；我也似乎聽到各種場合中的司禮官對聚集在宮殿前的官吏一一唱名，語調低沈而拖長，以創造莊嚴肅穆的效果。然而，一個年代的種種味道和顏色卻無法阻礙我的視覺，不能讓我無視於中國歷史一脈相承的事實。我不久就確定，現代中國所有問題的根源都在我翻閱的書頁中。在中國的結構之下，一大群沒有差異的官僚管理一大群沒有差異的農民。就技術上來說，其可管理程度相當有限。任何嘗試運作這套制度的人最後全都失敗，而且惹禍上身。

這個寫作計畫的真正樂趣，在於綜合所有資料的過程。溪流溝渠的水全都匯集成大川，即使處理的是令人沮喪的負面題材，但仍帶給作者美學的滿足感和特定成就感。我建立出壯闊的視野。三月下旬，我應賀凱教授之邀，前往多倫多，參加他在亞洲研究協會年度會議中的研討會，報告明代政府組織。在會議中，我在聽眾之前宣布：「這作品最有趣的部分可能在於綜合。重新組合不同的元素時，我們可以從不同角度來欣賞全景。」這種興奮感源起於以下的發現：原來歷史中並沒有太多的浪費。乍看之下顯得輕浮瑣碎、毫不相干的事物，如果全加在一起，也能展示出他們的重要功用。

四月，傑夫放春假。他現在已經快九歲了。由於岳父的病情延長，內人從感恩節起就一直待在田納西，小兒因此非常想念媽媽。我在這段時間充當單親家長，有機會了解母姊會、小童子軍和小聯盟棒球隊的活動，並且培養和兒子間的親密關係。他先前也陪我去加拿大。我決定去哈佛燕京圖書館進行更進一步的研究時，他再度成爲我的旅伴。

對所有的父母來說，他們的子女當然都是獨一無二的。我對傑佛遜的感情更深，原因不只是他是我的獨子，而且還因爲我們之間有四十九歲的差距。我不知道是他或格蘭讓我更親近美國主義。但毫無疑問的是，身爲美國兒子的父親讓我自覺到我個人對美國的義務，畢竟美國的未來直接影響我家人的福祉。兒子的生日在七月四日，讓這一切顯得更有意義。本書也考慮到這些情緒。

在紐普茲，我厭倦做菜時，我們會從麥當勞和肯德基買外食回家，但我們也常從中國餐館叫外食。傑夫正處於隨時想證明自己有用的年齡，他會打電話訂木須肉，而餐館的人都已熟悉他的聲音。半個小時後，我們開車去餐館，他總要我在車子裡等，因爲他對遞錢算零錢的工作已經十分在行。有一天，他拎著食物袋回來時，告訴我，餐館的人一直問他，「小傢伙」，將來長大要當美國人還是中國人。

「你怎麼回答？」

「我說：『當然是美國人。』他們就問我原因。我說：『首先，我出生在美國，不是在中國。其次，我從來沒去過中國。第三，你們講兩種語言，而我只會講英語。』」

他又問我，我覺得他的回答如何。我說，我覺得他回答得很好。事實上，他自行決定的能力已超越我的預期，內人和我都不曾替他準備這個問題的答案。

令我擔心憂慮的，是傑佛遜的世界。我離世後，他的人生至少還有半世紀之久。我當然也想到他未來的家庭。目前的局勢會持續下去嗎？這個念頭讓我很害怕。格蘭告訴我，傑夫問她，等到他學會開車時，全世界的石油都用完了，那該怎麼辦？她敘述時語氣平靜，但顯然透露著極度的關切。我的心裡因此蒙上陰影，但也刺激我以濃厚的興趣去閱讀新能源開發的相關報導。同樣的，最近熱門的議題如生態、核子戰爭、性道德、生態保育等，如果思索每一議題對下一代的影響，就會發覺這些主題具有引人注目的強大吸引力。至於我自己，也以類似的迫切感來對待世界史。對於那些有充分理由嘲笑我自我膨脹的人來說，我的態度自然顯得很愚蠢，和我的行業與技藝顯得很不相稱。但對我來說，歷史學不只是行業與技藝而已。或者，換一種略微不同的說法，我開始接觸這一行業和技藝，是因爲動盪不安的生活造成心靈苦惱。爲了尋求問題的解答，我才發現世上所有的事件全都緊密相連，而且，由於距離縮短，重要議題的衝擊很少只及於國內，而是會傾向國際化。因此，我們必須更新所有的背景資料，妥善收藏，因爲這些事情可以共同影響我們的決策。我無意誇大其辭，只想就我能力所及搜集資料，整合成可讀性高的內容，以學生的程度和興趣爲對象，來達成我的任務。即使這樣的努力都會遭到很大的阻力，令我十分心煩。我們甚至還沒有機會面對毛澤東的獨斷主義時，就碰到這樣的遭遇！不過，幸好我還有《萬曆十五年》這項計畫。它雖然有些偏離，但探討的仍然是一般主題。一旦出版，書的美學價值可以讓我多吸引一些學生來修課，增加我的選修人數。學生都崇拜英雄，急著看老師的書付梓。

九歲的兒子當然不知道，即使我在進行學術研究時，也掛念著他。在多倫多，他忍受亞洲研究協會長達兩個半小時的會議。會議於皇家約克飯店舉行，我不知道如何安排他整個早上的活動，而且又能與我保持聯絡，只好讓他坐在會場裡。在哈佛，他每天聽我的指示，從大眾街的假日旅館走到神學街，到達燕京圖書館。他在靠近大理石樓梯的大廳等我一起吃午餐。有一天他等了半小時，我從厚重的玻璃門後方出來時，看到他單腳跳躍，自己消磨時間。最後，我終於完成數日的瀏覽，借來的書也都放進在哈佛廣場買的竹篋中，剛好放進車後的行李箱。我們終於有機會四處觀光，正好可以利用開車回家的一整天。

第一站是普里茅斯。我們隨著遊客的路線登上《五月花二號》，欣賞普里茅斯岩，在普里茅斯殖民村散步。小兒非常高興，眼睛閃閃發亮，張著嘴巴。但在這種情況下，父母總是受益最多。我童年就聽過《五月花號》。〈五月花〉是我在長沙念六年級時念過的一篇文章。作者看過普里茅斯岩，想像完成旅途的一百多位乘客的心情，想像他們帶著行李和糧食上岸，再看一眼將他們與故鄉永遠分隔的大西洋。當時這篇文章對我並沒有太大的啟示，因為我不曾去過很遠的地方，不曾離開家，不曾看過海，也不曾理解何謂宗教迫害。但五月花這個美麗的名字，卻讓我印象深刻。和德弗乍克的《新世界》一樣，說的是共通的語言，那種冒險奔放又夾雜著多愁善感和神祕的魅力，觸動和傑夫年齡相近的中國少年。但歷經半世紀和許多體驗以後，我很高興能帶年幼的兒子前來瞻仰清教徒的殖民區。有一天他或許可以理解，美國是殖民的國家。我們這些外來的子民不只是一個友善國家的客人，還要以歸化公民的身分成為積極的參與者，我們形形色色的背景和經驗必須豐富美國的生活。對華裔美國人來說，抱怨不幸的中國佬被別人欺負的時代已經過去。身為少數族裔的我們，有更多的道德負擔，必須展示我們的性格和優點。殖民村的設計也讓我更確定，自由是超越的因素，沒有固定的經濟價值。美洲早期的移民必須長時期過著公社般的生活，彼此緊密連繫，等到後代子孫才可能冒險進入空曠的原野，滿足自己的選擇自由、幻想和個人主義。

過了普里茅斯，是一大段的次級公路，直通到秋河（Fall River）。我開車時，傑夫在一旁睡午覺。整個地區人煙稀少，天空陰沈灰暗。我把車停到通騰河（Taunton River）的海岸區，登上《麻薩諸塞號》時，行程才又恢復生氣。

兒子看到戰艦，十分興奮。他爬上主砲台前的木製台座上，幾乎可以輕易鑽進十六吋寬的砲管內。他想操作其中一架高射砲，但坐到位子上卻搆不到準頭，不過他一點也不介意，臉上照樣綻放燦爛的笑容。他很高興地聽著我們在門口借來的耳機，可以從中聽到錄製好的解說，隨著腳步的移動而了解各戰鬥位置。我一直認爲戰艦像玩具，以前從來不曾登上戰艦，只能就手冊中的插畫和縮小的模型自行想像，不曾想過戰艦也可以是遊樂場。兒子興高采烈地四處漫遊時，我也變得很興奮。我後悔沒有找他的一些同伴一起玩。如果說我先前顧慮到兒子的教育，不讓他接近戰爭的思想和暗示，此刻也都拋到九霄雲外去了。事實上，我現在想到，戰爭是場羅曼史。這麼一個龐然大物從港口啓程遠赴戰區時，約兩千名水兵穿著漿得筆挺的海軍喇叭褲，發誓在這艘浮動的要塞上生死與共，這樣的場景無疑是冒險的高潮，也具有瞬間的真實感。

然而，我如何教育我的兒子，戰爭是危險又不人道的事，很少達成解決問題的預期，有時還對無辜人民造成難以計算的痛苦，而且我儘可能要他遠離戰爭，希望他一輩子不要捲進任何戰爭內？事實上我無法教他。我自己樂於將戰艦當成浮動的遊樂場，很難說到底是由於好戰天性在沒有防備時竄出來，或只是縱容的父母討好子女心切時所產生的無意舉動。

數月後，我們一起觀賞一部戰爭片。「爹地，」傑夫問：「鋼鐵製的船爲何會著火？」我對他解釋：「所有東西都會燃燒，完全看溫度有多高。一根火柴可以點燃一個火柴盒，但無法點燃一截木頭。另一方面，如果把木頭丟進火爐，一下子就起火了。發生海戰時，彈殼、炸彈或魚雷直接命中目標時，產生的高溫足以使鋼片像錫箔紙一樣燃燒。如果打中的是油輪或火藥庫，甚至可能把整艘船的結構變得像大型火柴盒。每個東西都是可燃的，要多熱才行？我實在不知道，一定要百萬度吧，有時連船下方的水都在沸騰。」

「好吧，」傑夫說：「我知道了。」所以他也受夠了。

也許這才是解決問題的方式。我不是反戰的活躍分子，身爲歷史學家的我，反而有時候要把戰爭視爲理所當然。以上所描述的地獄般情景夠噁心，應該可以沖淡戰爭很好玩這種想法，畢竟成人常會助長戰爭是遊戲這種念頭。

冬天我埋首於《萬曆十五年》，春天我還在寫，一直到一九七六年夏天，也就是美國立國兩百周年，格蘭又回來和我們同住到年底，再飛去父親的病榻旁，盡獨生女的責任。

但我寫作時碰到困難。我原先以爲七月底可以大功告成，但現在已是七月，手上卻只有一份草稿，不太確定是否算是完成。到目前爲止，我已將各章節分批送給萊特教授。七月底，我寫信給他，詢問是否能見他，我需要他的幫忙。

我原先打算，以他的影響力，他可以介紹一名編輯給我，比如說是耶魯大學出版社的編輯，可以建議我如何潤飾草稿，以便出書，但我卻大失所望。「還沒準備好就不能試，絕對不能讓自己陷入一開始就兩好球的處境。」

但他對我親切友善。我寫信請教他時，他並沒有慢慢回信，而是打電話給我，讓我決定自己方便的時間。如何到他家？很容易。先到吉爾佛，在高速公路第五十八號出口下交流道，向南開到沙群岬（Sachem Head），大約開三哩路，到達這個濱海的小村後，再打電話給他，他會進一步指點我。但我從加油站打電話給他時，他卻堅持親自來帶我。他駕駛一輛跑車，穿著運動裝和短褲，從車內走出來時，我發現他穿著沙灘涼鞋，臉和手臂曬成健康的棕色。

他介紹我認識他太太後，就帶我進書房，書桌上放了一套十二生肖的雕刻。亞瑟·萊特工作時乾淨俐落，沒有亂放的紙張或翻開的書頁。

現在回到正題。我想自己已發掘出一套十六世紀明代的翔實資料，西方讀者還一無所知，因此我以爲多數編輯會深感興趣。一定有人願意盡力幫我整理潤飾，讓書很快就可以付印。我記不起來在哪裡看過，但的確有作者碰到這種好運氣。萊特提到兩好球前告訴我，我的期望不切實際，現在所有的出版商都在尋找編排完整、可以立即出書的文稿。看看史景遷吧，他寫康熙皇帝的書立刻就被接受，原因是一切都整整齊齊，沒有太多額外的工作。但他即將出版的山東村莊生活一書卻碰到困難，還有問題必須解決。今天他就開著自己的小船去長島灣，以便把一切都想清楚，希望他可以找到靈感。「他當然會找到，」他說。但重點在於，人人都會碰到困難。

我的書稿很糟嗎？

不，不糟。事實上，萊特還自作主張，把明將戚繼光的那一章給法蘭柯看。法蘭柯和他一樣，都說「非常好」。法蘭柯就是賀柏特・法蘭柯（Herbert Franke），德國慕尼黑大學中文教授，對中國軍事史相當有研究，不久前才到萊特家作客。這時瑪雅・萊特進來宣布午餐已經準備好了。她確認先生的說法：「沒錯，賀柏特。那天他說他想午睡一下，結果沒睡成，在看你的文稿！」聽起來像是好消息。

午餐是鮪魚沙拉和青菜，排列得很有藝術氣息。餐桌放在陽台上，但只有兩個位置。「你們男士自己坐，可以繼續你們的話題。」女主人自行告退。

數分鐘後，她才又行動，這次手上拿著獵槍。萊特屋子的前院是一片美麗的草坪，遠處是瑪雅的蔬菜區，但卻常成爲齧齒類動物的食物。我們坐在那裡時，正有一隻準備出擊，萊特太太決心捍衛她的蔬菜，手執致命武器。「兩天前她才殺死一隻，」萊特悄悄告訴我：「看，來了一隻花栗鼠。」他拿著叉子，全神貫注。他低聲要我觀看，表情活潑生動，對於妻子的運動技能顯得又驕傲又開心。但那頭齧齒類動物察覺到危險，很快就跑走了。瑪雅只好把槍放回槍架上。這時我們才又回到書稿的主題上。哪裡不對勁？

「哪裡不對勁？在提到首輔時，你竟然插入十頁的財政管理，一點也不好讀。」

「你覺得要如何改進？」我問。

「我不知道，但一定有方法。」

這樣的對話設定會談的型態。批評又尖銳又一針見血，但補救卻要我自己負責。已故的萊特教授耐心閱讀我送去的草稿，又以批評的眼光指點問題所在，我欠他許多。《萬曆十五年》原本打算在每一章討論一位主要人物。和他談過後，我重新安排章節，增加一些彈性。歷史事件才是重點所在，形式其次。除一位皇帝、兩位內閣大學士、一名地方官員、一名將軍和一位學者兼哲學家以外，我原本打算再加進一個人物。王世懋也可以算是飽學之士，他是地方官員、書法家和作家，遊遍中國，出版過各式各樣的書。但他的地緣政治學卻夾雜著風水，對植物的研究混合假科學的論點。總之，迷信和荒謬搞砸他所提出的每個聰穎主張。他的宇宙統一觀很狹隘，原本決定性的觀察變得毫無用處。他的觀點顯然可以替一個時代增加質感和色彩，應該有助於從特殊角度了解中國的思想史。他和文人官僚的管理一樣，顯示出無限的廣度卻極爲有限的深度。但我們對這個人的生平所知甚少，無法和書中其他人搭上關係。在考量可讀性及一致性之後，我捨他不用。我還做了其他次要的修正。後來我把修正後的文稿給其他知名學者閱讀時，書的基本架構已經變更過。我感激亞瑟廣博的歷史觀點，以及他對歷史書寫的美學要求。

在八月三日那一天，我還向他建議，探討中國思想家時，不應該把他們說的「善」和「惡」等同於西方哲學家的「存在」和「非存在」。對中國人來說，宇宙的存在是無法爭辯的。一旦確定這項議題，傳統的思想家運用善惡的基本概念時，無非是建構普遍的個人倫理標準。他們心懷極致簡單的目標，希望能透過自然法來劃分出可允許的範圍，就此取代西方世界所有的司法複雜程度。西方人努力區別「合法」與「不合法」的行為，劃分「合乎憲法」和「違憲」的舉動。最近許多中國人宣稱自己是革命分子，不同意他們的人是反革命分子，這也是出於類似的原始簡單概念。一切都考慮過後，我不太能接受新儒家是哲學家。只要他們的爭論重點是西方的「憲法背後的更高法則」，我們就可以用同樣的原始類比，視他們為憲法的法律學家。我從來不知道萊特的反應如何。我剛好把探討李贄和明代新儒學的這一章放他桌上，請他指點。為滿足我的好奇心，我深深感激史景遷教授一九七六年九月三日的來信，離我與萊特教授的會面剛好相隔一個月。承蒙他應允，我在本書中引用三句話（見後文）來澄清亞瑟的觀點。

我在八月三日拜訪萊特時，對他處理《中國並不神祕》的不滿已擱置一旁。《萬曆十五年》的撰寫既然已近尾聲，我非常希望這本書的出版可以促進另一本書也出版。但我仍然不同意他的立場，我認為他不應以負面的力量扮演領導者的角色。他指出桌子後方一疊抽印本，是另一位知名教授的作品，指責中國領域的學術研究參差不齊。但我問他，為何這本書精裝出版，另一本則是平裝本。「不用擔心，我們會射下他們。」他向我保證。

「我擔心你射不下這麼多，有些已經展翅高飛。」

後來他提議我們在他屋子內外走一走，我再度提起這個話題。我說，許多關於中國的錯誤觀念廣為流傳，責任都在「我們」身上。「你和我都有責任。」我告訴他。

「我們創造出一個真空地帶，你是這個意思嗎？」

我說：「對極了。」

話題就此打住。當時我無從想像，這次對話的結束竟成永恆。如果瑪雅．萊特說亞瑟喜歡我，我必須問她，我怎麼可能不喜歡他。除了坦率以外，亞瑟也很信任他人。我們在他屋子內外散步時，他指出海那頭的長島海岸。他還告訴我許多他個人和家庭的小事。他有一輛跑車，那是他的樂趣所在，儀表板全都是銅製的。不知為什麼，他已登廣告求售，但他又希望沒有買主會來，讓他可以一直擁有這輛車。房子的財產稅高到令人難以忍受，他可能會拆掉一個多餘的車庫，降低房屋的整體估價。時間過得很快，夏天就要結束，再四星期後就要回到課堂。我寫下那天他告訴我的許多瑣事，因為我深信，這些小事絕不會有損他的人格。所有的這一切，加上他對工作、朋友、學生和家人的盡心盡力，構成亞瑟．弗雷德烈克．萊特這個人。他充滿活力，決心享受生活的每一秒和每一層面，而且也希望被如此認定和懷念。我對他有特殊的了解方式，不亞於他的朋友。我們都喜歡工作和遊樂，工作可能比較重要，但遊樂更讓人享受。我們都需要一些小小的物質，可以激起我們生命的火花，在一成不變的生活中提供娛樂，滿足我們的突發奇想，討好我們所愛的人。無論是百萬富翁的遊艇或私家噴射機，或者是平民的二手車或機器腳踏車，都有玩具的功能，很少人能夠完全不需要。在確保這些物質上的需要時，我們大多會覺得，有限的資源無法符合不同的需求。在這些方面我完全同意亞瑟。他不以爲恥而且沒有理由覺得羞恥的事，我也沒有理由讓他引以爲恥。我自己從來不曾想到要過僧侶的刻苦生活，禁慾大師的形象不曾吸引我，不論是做爲崇拜或模仿的對象。我自己對歷史學的概念也認可物質方面的成就和欲望。也可以說，沒有享受就沒有歷史。我一點也不想說，我現在的貧窮和道德有什麼關係，甚至也不方便說。身爲家計負擔者的我，有時很難面對妻小。之所以發生這些事，原因就在於局勢超越我的控制能力。如果我處於亞瑟·萊特的地位，我的行爲表現也可能很像他。他的誇耀立即爲他的謙虛所沖淡，使他顯得更有趣，更令人讚賞。我對格蘭敘述上述會面的細節，讓她留下深刻的印象。

更動人的是亞瑟對待兒子們的方式。據我所知，其中有一位念橋堡大學（University of Bridgeport）。那天下午，這位乾乾淨淨的英俊年輕人在院子除草。亞瑟對他說話，下達額外的吩咐。「他們聽吵鬧的音樂，有時還帶女孩子進房間，」他對我透露：「我不太喜歡這種事，也不知他們母親如果在世會做何感想。不過我還是寧可他們在家裡，至少我可以知道他們在做什麼。」

我那天離開時，已過了下午兩點。亞瑟走到車子旁，站在我身邊道別：「不用擔心，我會把李贄那一章撕碎。」他以開玩笑的口吻保證他會讀完我最後一部分的草稿，並且會加以評論。這就是我的前輩兼批評家朋友對我說的最後一句話。他只剩八天可活。

一星期後，我到劍橋的哈佛燕京圖書館去還書，格蘭和傑夫也同行。我還替亞瑟辦一件差事：到圖書館查閱隋朝（他的專業領域）特有度量單位的特殊定義。八月十四日星期六早上，我們離開波士頓地區，決定犒賞自己，在周末到沙拉多加泉（Saratoga Springs）去度個小假。當天我沒有看《紐約時報》，因此沒有看到萊特教授的訃聞。我們賭馬時輸了一些錢，悠悠閒閒地回家，數天後我才寫信給萊特教授，回答他提出的技術性問題。當時我還溫和提醒他，我不曾忘記《中國並不神祕》。回答就是萊特太太的電話：「他很喜歡你，知道你要來訪時非常興奮。」

「我很難過，萊特太太，」我說：「你知道我們彼此懷有好感。」

我有幸受邀參加十月在耶魯的追悼會，正好坐在費正清教授和牟復禮教授的正後方。現在我有更多理由將亞瑟・萊特當成已經失去的朋友，因爲史景遷的部分來信（如上述）如下：

> 我想向你確定，亞瑟・萊特對你的作品非常有興趣。在他去世前不久，我們最後一次見面時，他與致勃勃地說，你認為晚明的新儒學欠缺想像力和完整性，他深感興趣。

我知道你和我一樣悲悼他的去世。他是個溫暖又親切的人，盡職的學者，出色而負責的教師。

確定的是，耶魯大學查爾斯·西蒙講座的歷史教授亞瑟·萊特，哀歎暑假即將結束，在生命中的最後八天的確花了時間閱讀我的李贄一章。各種跡象顯示，他已準備好要給我建議及鼓勵。

萊特已逝，我於是重新修正《中國並不神祕》，希望能出書，這次是向費正清教授尋求協助和支援。如果這顯得很不可思議，迫使我採取此一行動的情勢更加匪夷所思。

一九七六年不只失去萊特教授。上半年周恩來死於北京，九月時則是毛澤東辭世。又過了一個月左右，「四人幫」被逮捕。但令人難以相信的是，雖然發生這些大事，紐普茲的中國研究卻面臨空前的挫敗。由於經費的削減，亞洲研究系的全職教員從八位減成四位。我在勞動節前夕回到校園時，發現系主任已經辭職，回到他以前待過的政治科學系，是校內FTE較高的系之一。包括我在內的其餘三個人都成爲不屬於任何系的教授。既然亞洲研究系已經形同解散，系上的學生要不轉系，要不就轉校。我無法從歷史系得到幫助，他們要面臨自己的FTE問題。歷史系不可能歡迎我，因爲我的FTE紀錄不良，但如果沒有任何系支持我，我的FTE會更低。在我休假的春季學期時，校方實施分散課程的新計畫。每名學生除了所謂主修的必修課程外，還必須從人文、自然科學及社會科學等三大類別中選修許多學分。但不是每門課都可以算是分散的選修課中。委員會擬出一張合格名單，詳列三大類別之下的課程。由於我不屬於委員中的任何學系，包括中國歷史等基本課程在內的大多數課程，都沒有列在這張表上。也就是說，學生修我的三學分課程時，等於喪失他可以用來符合必修規定的時間。「不用擔心，」行政人員說：「這個領域很重要。我們會想出解決方法。」但行政人員自己也有壓力，他們必須和控制大部分ＦＴＥ的科系祕密會商，教職員可以藉祕密投票的方式評量他們的表現。就像公司的管理階層一樣，大股東有權藉投票逼迫他們下台。

我必須靠自己，我需要更多的學生。出書不一定能保證學生人數增加，但由於沒有系主任或系辦公室或秘書來幫我聯繫學生，我只能用出書來吸引學生。對紐普茲的學生而言，我的稅制和專論太過遙遠，「超越他們的水準」。《中國並不神祕》和《萬曆十五年》才是他們可以使用的閱讀教材。既然《萬曆十五年》還需要整理潤色一番，顯然有必要重新努力將《中國並不神祕》付印。毛澤東的去世，有助於書的適時出版，似乎顯示新時代已經降臨。

我重敲費正清這一扇門，必須稍作解釋：《十六世紀明代中國之財政與稅收》出版時，我在前言中感謝他的個人教導，以及我從哈佛東亞研究領到的研究經費。我立刻送他一本書，表達我的「推崇、敬意和感激」。他回信表示，他認爲這本書是「憑明智又辛苦的努力」所取得的成就。我到多倫多參加討論會時，他就坐在我的正前方。麥克風功能不佳，我不完美的表達方式讓情況顯得更糟。但遇到很幽默的段落時，我聽到他的咯咯笑聲，讓我覺得和他很親近。大會後我寫信給他，重申我以前的想法：我從他的寫作中建立起自己對中國歷史的概念。這次他承認我是他「智識上的傳人」。無論如何，請他替《中國並不神祕》寫序暗示，我利用他的友善。但從我的觀點來看，這也達成我的目的：消除為上一本書爭議所引起的不快。他一定了解，我沒有理由故意觸怒他，因為毫無意義可言。我只是想讓這份文稿有復活的機會。顯然他已經不計較過去的事。這時我如果請他支持我投入心血的另一本書，應該可以產生善意。我雖然投機，但卻沒有惡意。

一開始，我寫了一封長信給費正清。用單行打字的這封信長達五頁，花了我兩天的工夫。我提到《中國並不神祕》的性質及目前狀況，提到編輯K喜歡它，但沒有提到亞瑟・萊特先前的否定，因為我想稍後再告訴他所有的細節。我向他解釋，為何這本書很重要：「它也許可以吸引更多大學生進入我們這一行，甚至可以因此挽救我的工作。」在列舉現有教科書的缺點時，我大膽地說：「容我放肆，《大傳統》（*The Great Tradition*）也包括在內。」這本書是他和賴孝和（**Edwin O. Reischauer**）教授的共同作品。但我隨後修正我的立場。我說，我打算出的這本書比較適合紐普茲等二流學校的大學生，不太適合哈佛和耶魯等名校，而在「簡潔的題綱」中的許多觀察都源於他自己的博學基礎。我接著緊扣求他作序的主題，我向他建議，他可以用不同方式來寫序。如果他喜歡我的文稿，他可以寫一篇相當長度的專文，讓我的文字顯得像在闡述及延伸他的主題。在這種情況下，我們可以重新安排版稅的問題。另一方面，我也歡迎他以批判的角度寫一篇短序，點出意見不同之處、我作品的臆說本質及可能的改進之道。

我打完這封信、簽名、影印、放進貼好郵票的信封中，但沒有密封。在最後一頁的頁底有一行字：副本：編輯K和他的公司。我已經與K約好見面。請費正清博士幫忙的念頭全來自於K一年多前寫給我的信，他在信中說，爲了讓《中國並不神祕》順利出版，作者必須「靠本身的威望壓垮敵人」。他又說，太糟了，我「剛好不是費正清或富路德」。以合乎邏輯的方式推論可以得知：如果得到兩人中任何一人的背書，書稿雖然麻煩叢生，但背後的權威問題就可以解決。後來我對K透露，我和富路德博士比較親近，但我實在很想獲得費正清博士的肯定。

在K的辦公室，我忽然覺得不安。我在數天前打電話訂會面時間時，並沒有告訴他來訪的目的。等到第一次和這位能幹的編輯面對面時，我才提到此行的目的，請他協助我。我讓他閱讀沒有密封的信，等於是提議：讓他拒絕不止一次的書稿起死回生。我對K永無止盡的耐心留下很深刻的印象，直到今天我仍然很欣賞他的這項特質。

起初他一點也不相信。「費正清，」他提高音量：「最近我經手三本中國的書，有兩本是他寫的序！」數秒鐘後，他又重複這句話。

這是他拒絕我的方式嗎？我這麼想。但在我想要回話時，他已看到信的第三頁。他閱讀的速度很快。他繼續看下去，態度愈來愈肯定。「這封信寫得很好，」他說：「我看不出有何不妥。我們寄去看看他的反應好了。」他看完信後，更加確定。他把原信遞還給我，我用舌頭舔濕信封上的黏膠，密封後就丟到他桌上標明「出」的籃子中。隨後我把影本給他，讓他存檔。

正事談完後，我在椅子上坐下來，許多來訪的作者一定都坐在這張椅子上和K聊天。他向我抱怨：「你們這些人都不知道這一行會牽涉到什麼。你們只會說，去做吧，出書吧，完全不知道可能陷入什麼處境！」我告訴他，我現在已經清楚狀況了。自從《中國並不神祕》第一次被他拒絕後，我曾寫信給他其他出版社，只有一家大學出版社和一家商業出版社願意看一看我的書稿。但他們全都拒絕了，包裹以最快的速度回到我身邊。不過，就主題來說，其間存著很大的鴻溝，如果有人能加以填補，一定可以從中獲利。我們可以想想影印技術剛發明時，很多商業公司根本沒興趣。接下來，亞瑟．萊特成為我們討論的話題。他以很奇怪的方式讓我們聚在一起。我告訴K，基於我最後一次拜會萊特的觀察，如果我還有一次機會和他從容會談，也許我可以說服他支持《中國並不神祕》出書的必要性。K先生送我搭電梯時說：「如果他的反應是正面的，我們可以避免重複做過的事。」我沒有問他的話到底是什麼意思。我只能猜想，也許這本書就可以在出版社內暢行無阻，不必再經過編輯會議或銷售人員。這時我已更加了解K的性格：他相當謹慎，但一旦下定決心，就會毫不猶豫地採取行動。他告訴我，他不喜歡這本書稿的開頭部分，似乎和時事糾纏不清。這句話讓我想到，他對編輯修改的程度已有腹案。他已經預先想到技術上的細節，真是好兆頭。在回家的路上，我橫靠在巴士的座位上，充分利用鄰座無人的好處。我看到路邊的紫色苜蓿花盛開，秋天早已經降臨。這本還沒出版的書稿已經拖了兩年多！如果從此刻起一切都能順利，也許在春季可以出版。第二天，我在課堂上向學生提到，我在前一天和**我的編輯**進行有趣的對話。只有格爾提醒我：「不要言之過早，一切還沒有成定局！」

在耶魯舉行的亞瑟・萊特追悼會上，我就坐在費正清教授夫婦的正後方。我的信才寄出去幾天，顯然他已經看過，但還沒回信給我。我不想造成催促他的印象，於是在追悼會後我極力避開人群，只和萊特太太說幾句話，又和史景遷匆匆打招呼，就迅速離開會場。

我在數天後收到費正清的回信。他說，我的提議很有趣，他很可能接受。他當然會支持我出書，但還可以考慮另外一種可能：「我比較希望你請杜艾特・柏金斯寫序。」無論如何，他都很樂意看看文稿，再決定他是否可以寫出最適合我的序。所以我把書稿寄給他，附加一篇李約瑟和我合著專文的抽印本。這篇專文的價值在於，文中揭示的經濟思想再度出現在我的書稿中。那篇專文業已經過劍橋大學瓊安・羅賓遜（Joan Robinson）教授等五位知名學者的評論，因此至少可以保證，我的基本經濟學知識不致於顛三倒四。我實在應該懊悔自己行動太過匆促。我完全照字面上解讀他的來信，因此使盡全力展現我的技術能力。也因爲如此，我的信再度觸及哈佛專家的權威，重燃六年前在哈佛所引發的爭議。這一次我寄出文稿後，又過了數星期，卻音訊杳然。我拿出舊信仔細研究，發現費正清寫的每一封信都不同於我上次看到的內容。但我必須說，我覺得很困惑。我已出版的稅制專書已說明我的立場。以柏金斯的地位，我窮畢生之力也無法企及，他的地位絕對不會受到威脅。爲了六年前所發生的事，我已經親自站在費正清博士前請他原諒，他也向我確認不會造成傷害。這次還要牽扯到多年前的事，讓我深感意外。

我和費正清博士的關係不曾踏上正軌。我們兩人都已跨過文化的疆界，由於都已經接納對方的社會習俗，因此彼此間更難預測對方的行爲模式。我羨慕瑪麗・萊特和白修德等他早期的門生，可以有機會長期密切跟隨他學習和工作。基本上來說，他是很情緒化的人，對朋友和學生好到極點。我遇見他時，哈佛的學術階級制度已經建立，而且我又一再犯錯，在他面前顯得像肆無忌憚的取巧者，爲追求自己的利益不管他人死活。如果他指控我背叛，我只能無言以對。一些誤解更使關係雪上加霜。一九七一年，我要升爲紐普茲的正教授時，系主任錢寧・連恩（Channing Liem）博士出於對我的好意，邀請費正清來評論我的學術水準和價值。在通常的情況下，校外的評審都是由候選人自己尋找，因爲候選人有權找到最利於自己的推薦人。但連恩甚至沒有事先知會我他要找費正清，等收到費正清的推薦函時，他才告訴我。我如果事先知道，一定會阻止他，因爲就在這一年的春天，我才因爲稅制專書的事和哈佛處得不愉快。如果還希望費正清博士給予好評，此時並不是恰當的時機。即使是我最親近的朋友也不知道，我的視力很差，影像投射在視網膜的時間比多數人晚。在公共場合，我不止一次似乎對費正清博士故意視若無睹。等我發現時，已經太遲了，他的頭已經轉向別處。在求他寫序時，自戀也是錯誤心理的重要一環。在和K往返通信後，我深信自己的書稿很有價值，認定已經被一家素負盛名的商業出版社所接受。我以爲，既然書本身的水準很高，扮演輔導角色的人一定也覺得很滿意。我打從內心認爲，請費正清寫序的同時，我多少也替自己贖罪。我以爲他可以同時支持柏金斯和我，也因此，我忽略信中提到柏金斯的部分。我顯然已經犯下僭越的大錯。

最近我再度告訴費正清，我不同意他的觀點，尤其是讀完他的近著《中國行》（*Chinabound*）以後。在他的新書中，解讀中國歷史的目的在於替美國的外交政策辯護。這種偏差導致史觀過於膚淺，無法和中國問題的深度相提並論。我們可以說，中國這個前工業社會自行發展，最後就形成中國歷史，但如果只站在學科的角度來看問題，中國歷史就會被迫充斥著只有西方學者才懂的批評。如此分析之下，中國的特色完全喪失殆盡。情勢如此，我除了口頭說說之外，無法表達個人對費公的感激。如果我無法出書，我就是沒有影子的人。我不清楚費正清博士自己知不知道，他只要不去積極支持一項計畫，出版社就會感到遲疑，不知是否要幫忙一位非正統的作者去找出「馬丁路德的九十五點主張」，且引用已故萊特教授的比喻。

一九七六年，哈佛仍然遲遲沒有消息，我憂心忡忡，格蘭怒氣沖沖。我開始察覺，自己再度犯下滔天大錯。「如果他拒絕寫序，」內人仍然憤憤不平：「他應該退回文稿，至少寫信解釋爲什麼不能寫序。」感恩節屆臨時，她建議我去哈佛找費正清談。但由於亞瑟．萊特的先例，我了解到這些事牽涉到不同的層面。就個人來說，我仍然是肆無忌憚、自私自利的人，在這一番徒勞無功後更顯得如此。如果我沒有得到回答，原因就是不配得到回答。

那一年年底，我打電話給K，我說自己還沒接到費正清的回信，並確定他那邊也是音訊全無。這通電話確定《中國並不神祕》的第三次葬禮。我們達成共識，如果有一名權威強力背書，這項計畫就可能復活。事實上，這份書稿顯然已碰到三個好球：快速球、內角球和變化球。有時我很希望，我們的領域能像核子物理學一樣容忍修正主義，也就是說，領袖級權威人士的理論被地位較低的人修正時，不會覺得受到惡意的攻訐，至少他們事後可以維持友善的關係。真正的問題在於，就對公共事務的衝擊來說，了解中國的重要性並不太亞於核子物理。

長春藤聯盟的精英同行寧可維持知識階級內的現狀，我理解這一點背後的邏輯，但我也希望他們可以想像金字塔底層的狀況。如果他們願意嘗試，也許就會更同情我的奮鬥。

華勒斯是我替一名我在紐普茲的學生所取的假名。他選修我的中國現代史課程時，大約是二十歲。他連續兩星期缺課後，我建議我們應該談談他的課業。他既不是生病，也不是臨時有事不能上課，他只是早就了解課程內容。國共內戰時，他的叔叔人在中國境內，親眼看到發生的一切。「國民黨人腐敗透了，」他語氣傲慢。

「真是的，華利。我在課堂上提到我曾替國民黨做事，但我無意挑釁，也許我們是腐化沒錯，但這個時期還有許多內容。我已經對班上的學生分析過國民黨失敗的原因和後果。你念過指定教材了嗎？和同學借筆記了嗎？我可以問你一些問題嗎？」

華勒斯這時反守為攻，他顯然相當不高興，但不敢看我：「國民黨的軍隊搶走農民的食物和土地，和軍閥沒什麼兩樣，如果這不叫腐敗，那叫什麼？」

「也有土地嗎？」我很驚訝，自己居然這麼有耐心：「沒關係，華利。我希望你的學習能多一些內容。如果你想說蔣介石是軍閥，沒問題，許多美國人都這麼想。但我教的是歷史課，我希望你能進入歷史中，即使你只能抓到皮毛，我也很欣慰。現在讓我問你。翁文灝是一流的地質學家。王雲五是一流的出版家，甚至可能是中國首屈一指的出版家。胡適是世界知名的作家和教育家。王寵惠是獲得全球肯定的法學家，曾經擔任海牙國際法庭的法官。這些傑出人士都替蔣介石做事，為什麼？為什麼蔣的政府會以失敗收場？除了腐敗以外，你還能再舉出其他原因嗎？也許可以從組織的角度，有些地方出了差錯……」

華勒斯仍然沒有看我，眼睛不停轉動。「我叔叔說，」他又說：「國民黨人只想保住自己的官位，其他什麼都不關心。」

在這次討論後，華勒斯來上了數堂課，之後又消失了。到學期末，他上課的時數約為全部的三分之一。我對學生宣布，如果他們滿意自己的期中考成績，可以用寫報告來代替期末考，否則他們就必須考期末考。華勒斯來問我，是否可以給他I（代表不完整）的成績，因為他連期中考都沒參加。我告訴他，I的評等非常危險，除非在下學期的前六個星期內通過補考，否則註冊組會自動把I變成F，就是死當。但華勒斯堅持要我給他I。他當然再也沒有回來找我。這種例子層出不窮，無法完全避免，但數目應該可以減少。如果我們沒有任意宣揚這麼多粗糙原始、簡單容易、似是而非、彼此關係薄弱的觀念，如果我們一開始就強調中西方的不同，讓學生產生組織感，幫助他們解決問題，如果我們發揮歷史學家的功能，提供較多推論，減少抱怨，把焦點放在如何重建歷史事件，而非情緒化的面對歷史事件，學生和一般大眾就不會相信：一個道德指控可以抵上五年的學習。華勒斯的例子讓我耿耿於懷。不論他的叔叔是誰，這位仁兄應該可以先讀過中國歷史後再冒充權威。他的姪子缺乏學習的意願，被誤導而相信：中國歷史不過是一則《伊索寓言》。後來碰到類似情況時，我會勸學生退選，這次事件是部分原因。當掉學生不會讓我有成就感。

由於哈格提時代對國際研究領域的重視，直到一九七〇年代末期，紐普茲仍然吸引很多外國學生。有一次我們聽說，一名校友變成某個國家的革命分子，這個國家到底在哪裡，要查世界地圖才知道。這件趣聞導致下列對話，發生於我和一名來自非洲新興國家的學生之間：

「亞連，」我說：「我給美國學生評分，心中並沒有太大的負擔。這些分數會登記在成績單上。理論上，較好的成績會通往較好的工作，或是讓他們申請較好的研究所，之後理論上也會有更好的工作。這是出於經濟上的考量。如果運氣好，這些A或B可以轉換成美元和美分。同樣的，如果我給的分數過高，他們可能以後要付出代價，例如被開除。但這些都是假設性的狀況，機會其實相當渺茫，我不必擔心到失眠，應該不用吧？但對你們來說，情況完全不同。你們並不是要找高薪的工作，而是要肩負領導者的角色。否則，爲何政府送你們到國外念書，而且是送到美國？告訴我，你們有多少人享有這個特權？只有少數人或很多人？如果說現在站在我前面的是未來的總理或副總統，我也不會驚訝。但背後潛藏很大的危險，亞連。」

我的學生毫不動容，只是認真望著我。我繼續說：

「危險在哪裡呢？說來容易。你的國家和中國一樣，都還在重建的階段，局勢不免動盪不安。如果你踏錯一步，可能會被吊死或槍殺。我前幾天告訴亞布—吉達：如果你們答錯，我應該當掉你們，因爲美國學生可能因爲一個錯誤而丟掉工作，但你們卻可能丟掉生命！」

亞連露齒而笑，以為我說得太誇張。「黃博士，」他說：「我知道你的意思，但我認為情況不致於這麼嚴重。」

「沒有嗎？」我問：「你告訴我，中國是半封建半殖民的國家，衣索比亞也是半封建半殖民的國家。你開始兩相比較，發生在中國的事也會發生在衣索比亞……」

亞連否認。他說，他的意思沒有這麼簡單。我無視於他的異議，我告訴他，他想用其他人的口號來解決自己的問題。我又建議他閱讀亞瑟・韋利的《中國古代的三種思潮》（*Three Ways of Thought in Ancient China*），但大多數修中國現代史的學生不屑浪費時間去讀。我要他思考孟子的一段話如何影響毛澤東的運動。孟子呼籲全國維持最低生活水準，人人才能溫飽。我告訴他，兩千多年來，中國每個初學識字的兒童幾乎都能背誦這段話。這段故事的教訓是，毛的成功在於他有能力去發掘多數人忽略的潛藏力量，而辭藻不過是最不重要的一環。

這番話能不能發揮功用，還有待觀察。清楚的是，差不多在同一時間，我獨自一人懇求我們這個領域的權威修改現有形式，讓教材多一些內容，但我的努力徒勞無功，就像撞到一堵水泥牆一樣。事實上，在修正舊有的形式以前，新形式的教材出現在校園中，更從根削減我的教學能力，威脅我的生存機會。

紐普茲的同事新增一些中國相關課程：中國的教育、中國的女性、中國的經濟、中國的農民運動、中國的教育等等。這些課程大多屬於「選修主題」，任何人只要想開一門課，不必事先請教他人。如此一來，中國的研究是否可以如我所願，擴大範圍、增添新意、擺脫停滯不前的狀態、啓發學生和教師？如果是就好了！

送到福特基金會的《林北克報告》（*Lindbeck Report*）達成驚人的目的：我的主張幾乎無用武之地。這份報告告訴大家：中國可以被**利用**。事實上，所有討論毛澤東道德的課程全都利用這位偉大的舵手，無一例外。課程進展時，教師的高貴情操被廣爲宣傳，學生被催眠，從中滋生的對話不僅能贏取同情，而且能安撫不知爲什麼原因（但肯定和中國無關）而憤懣塡膺的年輕一代。中國相關課程不斷出現，毛澤東成爲提振FTE的有效良方。只要天真而不加批判地支持他，教師的選課人數就可以增加。這情況不僅限於紐普茲，也出現在長春藤聯盟等主要學府。

我對學生解釋，「封建主義」不能適用於中國的現代史，但一位沒有接受中國史學訓練的同仁卻在教五四運動，還指出是五四終結中國的封建時期，時間是在一九一九年。我提到，事實上中國當前的經濟政策反映出已回歸傳統重心，也就是注重同質性和一致性，但我的一位同事卻用盡經濟術語來稱頌「中國模式」，據說比「蘇聯模式」強多了。我還算了解學生，要他們讀威廉·辛頓的《翻身》。書中提到，充滿革命情操的中國青年用樹枝勾住帽子，邁開大步去參與土地改革時，邊走邊搖晃著帽子。學生讀到這段都很著迷，但他們沒有耐心去看農民如何計算工資和獲利，儘管公式中用到馬克思的勞動價值理論。我也還算了解我的同事。至少有一名是真心誠意推崇馬克思，即使不夠世故。

其他人在課堂上勾勒超級進步的主張後，會聚在一起討論如何使家中的廚房更加現代化，例如腰部以上的地方都貼上塑膠板。

新式教育的影響如何，可以從我的一名學生身上看到，姑且稱她為東妮。東妮修了數科進步的課程。此外，她替校刊《神諭》工作，還可以領到薪水。但這時我已養成習慣，只要學生連續缺席幾次，我就設法聯絡他們。我的學生一開始就很少，可不能再丟掉任何一個。我的課和其他人大不相同，別地方的優等在我這裡不一定吃得開。但我也無意當掉他們，因為他們不好過，我也必須承認教學不力。我會打電話到宿舍去，有時去校園中的餐廳找人，了解問題出在哪裡。我在《神諭》的辦公室找到東妮，她同意喝杯咖啡談談。

我問她是否生病，她說不是。我問她知不知道自己已經缺課快三星期，她不說話。我提醒她，課程上已開始討論中國的文化大革命，也許她會有興趣。她對時事如此有興趣，也許這堂課有益於她的未來。我說，我對這主題不是全無準備，我認識教科書中提到的人物，其中有些還相當熟悉。我向她保證，我不想讓這主題變成左派或右派的路線。我又說，教科書將讀者的注意力轉到關鍵人物的言辭爭論，但從史學家的觀點來看，這些不過是其次。觀察的重點在於，文化大革命的現象揭露中國的基本弱點。公眾利益的務實議題無法就事論事加以辯論，而必須轉換成道德議題和抽象概念，這就顯示上層結構和下層結構之間欠缺必需的機制。這時東妮打斷我。如果我的立場是如此，如何可以自稱爲超黨派呢？我一定是站在批判的角度。

我告訴她，我的確站在批判的角度，但並不是負面的批判。我認爲必需的機制可以發明和設立。事實上，中國人必須從文化大革命學到客觀的教訓，必須劃清何謂公共領域，何謂可容許的私人利益。我始終很樂觀，因爲我把中國一百五十年來的奮鬥視爲一段很長的轉化期，在其中沒有一件事會重複。在目前的情況下，只欠缺某些成分，但以前的政治體卻容不下任何外來成分，只會產生激烈的反應。這兩種情況有天壤之別。各種跡象顯示，中國的革命即將完成。我們可以開始預期革命意識型態會進行修正，現在再也不能舊調重彈。

我們結束討論時，東妮原諒我這位老古板的教師，因爲我顯然侵犯她的隱私，居然對她進行紀律方面的審判。她還自動透露，她並不進步，也不激進，只是覺得疲倦無聊而已。她又要上課，又要工作，之所以選這些課，不過是爲了累積學分，以便拿學位。她所求於紐普茲的，無非是一紙文憑，讓她可以找一份體面的工作，或許是到西岸去。她的招認讓我無言以對，但我並不覺得意外。我記得《神諭》辦公室內還有四、五名學生，全都坐在那裡，百無聊賴。一名學生的帽子上還有一顆紅星。空間內擠滿了人，沒有任何人在工作、閱讀或進行活潑的對話。他們全都顯得無聊而疲倦。我曾看過許多革命分子，全都真材實料，根本不像這群人這麼可悲。

一九七七年和一九七八年，紐普茲學生人數和我的FTE都持續下滑。我對中國歷史的詮釋更因時事而增添價值，但卻不敵外在的現實。負責任的學生向我抱怨，宿舍裡太過吵鬧喧囂，再也無法念書。懶惰的學生持續擾亂我上課，有一名學生已經缺席兩星期，竟然在課堂上要我簡述前兩堂的內容。如果不回答這種擾亂秩序的問題，只會弘揚我心胸褊狹的名聲。但很少有學生想到，他們會降低認真用功學生的士氣，畢竟有些學生和我一樣，情勢雖然惡劣，卻仍然希望有所作爲。有一天，一名女學生跑來建議我，不要對學生的出席率太認真，因爲她修的另一門課有五十名學生，但天氣晴朗時卻只有十名學生來上課。我告訴她，如果十名學生都能固定來上課，就是一個理想的班級。但只有六到十來名學生選我的課，一半以上消失得無影無蹤，或是不定期來上課，我根本無法準備教材，不知該針對誰的水準上課。我提醒她，如果學生具備一定背景，情況就不會如此無助，我甚至可以即席上課。但我所有的課都是基礎層次，缺席只會造成更多的脫序。我知道，劍橋的大學生沒有義務去聽課，但他們跟著導師學習，爲標準考試做準備。那些上課的教師也是因爲學識豐富而取得任教資格，不會受制於FTE。不論是什麼制度，你都必須加以因應。

從一九七七年春季的學期起，我就寫信給常缺課的學生，勸他們退選，讓其餘學生上起課來更順利，更有凝聚力。我總共寄出十五封信。我和直屬上司文理學院院長討論過這件事以後，就把信件的標準格式送到他的辦公室，以便存檔。後來我被解聘時，我寫信給紐約州立大學副校長克里夫頓・華頓，連這種信的影本也一併寄給他。

紐普茲行政人員希望借助考察小組來挽救中國研究課程。他們邀請三位其他大學的專家組成考察小組，調查我們的資源及運作情況，並提出建議。他們的報告理應公正無私又專業，希望能藉此支援行政人員採取建設性的行動。考察小組果然成立，完成調查，還發布一份贊許有加的報告。但紐普茲此時欠缺的並非以理性及邏輯評估局勢的能力，而是行政人員缺乏權威和力量，無法執行合理且合邏輯的決策，而包括主宰FTE人士等全體教職員也欠缺遵守決策的習慣。凡此種種，身爲外人的考察小組並無法提供。小組的建議絕不可具備法院命令的強制效果，甚至也沒有仲裁的約束力。結果造成報告大半時候被忽略，後來就學人數剛有起色時，行政人員卻必須解散整個計畫，和三位學者提出的建議背道而馳。

但我在校園內也面臨個人的困窘。我抱怨得不到同事的幫助或支持，卻無法說服他們，我的歷史觀有利於整個行業。我的FTE不但跌到可笑的水準，而且五年來一直都沒有出版書。在稅制專書出版後，我就再也沒有出書。同事已開始傳言，我雖然寫出兩部書稿，卻缺乏付梓的價值。批評我的人並不了解《中國並不神祕》胎死腹中的由來，也不清楚《萬曆十五年》的困難所在，也就是大學出版社認爲應交由商業出版社，而商業出版社認爲應歸屬大學出版社。說來諷刺，直到一九七八年十二月，在紀念亞瑟・萊特遺著《隋朝》出版時，我才又把文稿交給耶魯，書終於找到知名的出版社。但《萬曆十五年》的書稿被接納時，已經是我收到紐普茲遣散通知的六個月後，出書時我更已離開紐普茲了。這本書被譯成數種語言，但那已是後話。

紐約，紐約

我埋頭撰寫本書已經三年。一千多個日子以來，我忙著構思、寫草稿、修改和重寫這些篇章，最後送到出版社的草稿，可能只接近我打出來的四分之一。當然我的基本障礙之一是語言。雖然我在美國居住的時間比在中國長，但有時還是找不到最直接的表達方式，或是最合乎語言慣例的用語，以便將想法呈現在白紙上。我有時向內人求助，最近也偶而請教十六歲的兒子，這樣的過程減緩我的速度。但目前這個寫作計畫的最大障礙卻在於：我決心拉近的訊息鴻溝實在太大，而且主題的龐大嚴重也考驗我的處理能力。書中似乎包含數十個故事，而每個都忍不住要蹦出來自成一本書。我常常必須濃縮摘要，然後再摘要濃縮後的成果。

這個過程無法避免，因爲正如前述，史學是一種觀點。如果一個男孩遇上一個女孩，陷入愛河，但某一個周末的事件卻讓他們永遠分手，在那個難以忘懷的星期五和不幸的星期六所發生的事，對他的意義會隨時間不同而變化，五年、十年和二十五年以後回顧都不相同，尤其是如果其後兩人都經歷生命的起起落落，例如從幸福美滿的婚姻到分居和離婚。因此我們每個人都總是在重寫和修正寫不完的自傳，過去必須重新投射於現在的嶄新前景中，而現在卻不時在變換中。既然如此，一個民族和國家的悠久歷史怎麼可能始終不修改呢？畢竟就某個層次來看，歷史是經歷過大時代動盪起伏的億萬人的集體傳記。

能與時俱進而讓美國大眾了解的中國通史，仍遲遲不見蹤影，我毋需在此贅述。如果沒有這樣的歷史，在處理外國事務時，我們就永遠無法完全了解其基本議題的本質。我將於稍後解釋，這個問題也會影響到我們的國內政策。但在目前的階段，我認爲妨礙真正了解的基本障礙不在於欠缺資訊或知識，而在於一直存在的文化障礙。不同套的道德標準間很難產生有效的對話。

我曾走過中國和美國歷史的夾縫，自覺有幸能以同樣的坦率來對雙方發言。《萬曆十五年》去年於北京出版，實現了我部分的卑微努力。這本書告訴讀者，中國的問題根深柢固，至少可以往前回溯四百年。法規太粗糙原始，限制太多。政府官員雖然宣揚大我精神，卻無法掩蓋以下事實：他們的所作所爲全是爲了私人目標和私利。由於民法無法認可商業的信用，分工受到限制，貨幣交易也很有限。這些都導致中國的國家經濟發展緩慢，造成軍事積弱不振，文化呆滯不前。這本書的初版就印了兩萬七千五百本，讓我十分欣慰。我有一位在湖南公社的堂兄，他在長沙買到一本。家妹寫信告訴我，她看到廣西的一位政協委員也有一本，書中盡是密密麻麻的眉批和畫線。北京和上海都出現好評，香港和舊金山也是。後來我又有一篇文章登在李約瑟博士八十大壽的紀念集中，在上海出版，讓我的批評文字又邁進一步。該文批評中國官僚制度盛行，因而導致自然法認可隨意統治的假象。這種管理型態無關封建主義、資本主義或社會主義，只不過是政治中央集權古老模式中所滋生出的惡習，將技術上的無能妝點成道德上的優越，以維持其假象。我一位從未謀面的外甥寫信告訴我他的感想：書中揭露的景象太令人失望，但如果實情如此，寧可揭穿也不要掩飾。只要毛澤東還活著，任何編輯、出版商或甚至排版工人就不可觸及此一禁忌。事實上，形形色色的「主義」是構成毛派史學的基石。不說別的，在X-Y-Z（X指鄧小平Deng Xiaoping，Y指胡耀邦Hu Yaobang，Z指趙紫陽Zhao Zhiyang）的領導下，中華人民共和國已經比較容易接受新思想。這兩種著作的出版不只是很大的榮耀，也讓我覺得，中國的革命已告尾聲。革命的意識型態被修正時，革命的舉動也可以重新被納入歷史中（見〈安亞堡〉章）。

在寫這本書時，我不時要離開一個文化的邊界，踏入另一個文化。有時我會覺得，自己就像橫越國界卻沒有護照的旅人，本身就是識別證明。沒有現存的權威可以引述，甚至沒有足夠的辭彙來幫我解決彼此的差異。這真是駭人的經驗。但是，等我存心撤退時，卻發現我故事中的邏輯和推理呼之欲出，讓我有繼續前進的動力，前景不再是無法充分描繪的海市蜃樓。目前的這一頁已到達此一境界。也許這次我可以做得更好，先轉到熟悉的場景，以一個事件爲起點，和我的讀者分享經驗，即使暫時必須把中國擱置一旁。

我開始寫本書時，是在一九八〇年夏天，在德黑蘭的人質仍然是許多美國人的錐心之痛。我們從電視上看到，伊朗的學生在示威時以儀式的動作抽打手腕。他們高喊反美的口號，用美國國旗來拖行李。每天晚上，電視主播總會計算美國同胞被囚禁了幾天。一個遙遠小國的內政居然透過一連串的事件，第一次扯上超級強權，甚至影響總統選舉。幾個月後，人質終於獲釋。媒體邀請人質的太太參加記者會，其中之一是芭芭拉・羅森（Barbara Rosen），無數的美國人一定能分享她的喜悅。電視前的觀眾也許還記得，談判的痛苦道路終於有所突破，在此期間皮耶爾・沙林傑（Pierre Salinger）發特稿記述其過程，細節一無遺漏。獲釋的人質到達史都華空軍基地（Stewart Air Base）時，令人動容。該地離我們只有十五哩，路旁的樹上和電線桿上都繫滿黃絲帶。仍然頭昏眼花的他們搭車前往西點軍校，暫事休息並接受詢問。路人對他們揮動星條旗。但有一個相關問題卻沒有獲得充分解答：美國為什麼會落入此一陷阱中？

我沒有興趣研究CIA的運作或伊朗國王的資產，這些不過是次要議題。如果美國的勢力得到敬重，CIA的干涉就會受到歡迎，伊朗國王存進美國的資產就不會引起軒然大波。但事實上，美國勢力受到極度的憎恨。許多伊朗的領袖即使是在美國受訓或接受西方教育，也都替何梅尼做事，和宗教強硬派分子連成一氣。大學生參加激進國家主義的運動，這件事本身就值得注意。在一般的情況下，他們應該會被西方價值所吸引，而不是支持造成本國落後的中世紀制度。

我們很容易驟下結論，以爲他們瘋狂、不理性、被誤導。沙達特不是稱何梅尼爲瘋子嗎？在他的朋友中，不乏有西方背景的人，何梅尼和美國算帳時，這些人不是被槍決就是被迫逃亡。

美國人還可以進一步肯定，我們對伊朗人沒有邪惡的陰謀。我們以合理的價格向他們買石油，我們也以合理的價格賣給他們軍事配備和其他商品。如果我們勉強算是有陰謀，可以說是透過新聞單位推廣自由體系的好處，其中包括經濟制度，稱之爲資本主義也無不可。我們一點都沒有羞愧之處。我們的經濟制度奠基於自由意志和互利，一點也不像共產主義從階級鬥爭開始，在大規模的暴動和不斷勸誘後，最後就是蘇聯的宰制。

美國人厭惡被稱爲帝國主義，還有一項原因。在所有的主要已開發國家中，只有美國紀錄清白，累積資本時並沒犧牲其他國家。美國本身就是殖民地起家，自然而然同情被壓迫的民族。美國最驕傲的行爲就是拒絕以奴隸建國，這種英雄式的奮鬥卻必須以恐怖的犧牲爲代價。如果世界上有公理可言，美國的前盟友和受益國都應該記得，美國如何參與第二次世界大戰，如何在戰後推行馬歇爾計畫和其他援助方案。

我絕不會挑戰上述主張，這也是我定居美國的主因。我還可以證明，美國生活吸引我之處不只在於自由及便利，還有新奇及魔力。如果這句話顯示我性格中的膚淺成分，我願意承認，不打算辯駁。不過，我想告訴讀者的卻是，系統分析和個人偏好之間存在著差異。除非我們看到這些差異，否則不可能加以統合。

首先，我們必須了解，被稱爲資本主義的現象，本身是一種歷史產物。直到二十世紀，這個名詞才常常被用到。馬克思提到「中產階級社會」和「資本家的時代」，卻不曾使用過「資本主義」這個詞。在亞當斯密的時代，還沒有出現這個名詞，他只把他鼓吹的經濟思想和政策稱爲「商業和重商的制度」，以相對「農業的制度」。時至今日，說也奇怪，描寫已開發國家和開發中國家時，這個對比具備很高的再利用價值。

在二十世紀末的我們，書寫時無法避免「資本主義」這個名詞。我依照喬治．克拉克（George Clark）爵士的先例，認定資本主義是一種組織和運動，把它當成具體的事物，而非一套價值觀。在我和李約瑟博士聯合署名的文章中，我們將資本主義定義爲私人財產權信用的廣泛延伸、不帶人治色彩的管理及服務設施的聚結，但這些要素並非不帶任何意識型態的含意和強制的傾向。資本主義不能只由個人來推行，資本家必須包括雇主、雇員、事業夥伴、銀行家、供應商、客戶、會計師、銷售人員、公關人員和律師。透過奠基於貨幣管理的法律連繫，整個社會因此緊密相連。在這一切背後的原則，是財產權絕對而至高無上，超越皇室特權和傳統的道德觀。這些概念和慣例截然不同於農業社會的基本性格和慣例，因此從歷史上來看，很少不經過相當程度的暴力而被接受。在這些特例中，我們以位於小島上的威尼斯爲例，這個城市透過和平的手法而有資格成爲資本主義的先驅。距離不遠但處於內陸的佛羅倫斯，也嘗試在公共事務中進行貨幣管理，卻引爆激烈的衝突。在十七世紀，新興資本主義國家荷蘭之所以崛起，是因爲抵抗西班牙的宗教大審判。無論是資本或技術勞工，都被代表歐洲主要土地勢力的王室趕到北海邊緣的尼德蘭。我們認爲，英格蘭銀行的成立是英國走向資本主義國家的起點，但必要的前提卻是光榮革命結束內戰。美國依資本主義的路線建國，如上所述，幸虧沒有遭遇農業部門有組織的抵抗，因爲美國有許多未開拓的土地，唯一的例外可能要算是南方邦聯發起的大抗爭。

資本主義容易盛行在有綿延海岸線的小國，而不是處於內陸的大國；比較容易滋長於沒有中央集權文化傳統的國家，而不是中央集權文化豐富的國家。最值得注意的是，亞洲雖然和歐洲勢力接觸達三百多年，但直到近來南韓興起之前，沒有一個亞洲大陸型國家具備明確的資本主義風貌。

一個國家轉變成資本主義，對個人有何影響？我認爲自身的經驗已相當接近。我要求紐普茲的學生想像，如果同樣的衝擊發生在他們身上，改變可能是「從頭到腳」，也就是說，必要的重新調適會影響到他們的婚姻、家庭關係、商業人脈、人生觀、甚至所使用的字彙。所需要的不只是決心，還需要協調，絕非像部分經濟學家所說的，只要甩掉古老習慣，接受新選擇即可，尤其在一個人口密集、深受安土重遷文化影響的國家。

至於資本主義國家中的自由，我已經說過自己是深受其益。但我必須修正的是，我們在美國所享受的自由是「合理」的特權。也就是說，社會所應用的科技相當先進，分工愈來愈細密，人人都有職業和移動的選擇，我們才可能享受到這種自由。所謂的合理，是指法律制度也不斷擴充延伸，將個人和企業的權利義務劃分得更淸楚，以符合新局勢，在新的富裕水準之下，我們所付出的代價不致太離譜。一切都在成長和演化中，時點和協調十分重要。大多數的開發中國家都無法達成這樣的節奏，這也是戰爭和叛亂連連的主因之一。

我無法說資本主義主導美國政府的意識型態，只能說政府的運作依賴資本家的技巧。美國政府專注於貨幣管理以及一系列的社會福利，這種策略需要國家經濟最先進的部門能不斷進步。如果形成不平衡的情況，獲利的動機將誘發第二及第三層階層自動補位，讓後續發展更有深度。至於仍然落後的部門，政府會提供津貼、協助及補償。但和許多組織能力還不夠好的國家打交道時，美國常常顯得冷酷無情。這些國家認爲美國釋出最會攻城略地的商人，利用這些不設防的國家，絲毫不考慮可能引起的混亂或其後必須進行的彌補。

伊朗國王統治的是一個很特殊的開發中國家。他掌握著石油帶來的收益，以爲可以達成上層的現代化，同時完成下層的社會改革。他主導土地改革，提倡女權，實施義務教育。問題在於太短的時間內湧入太多的錢。國家欠缺通達下層結構的體系，無法達成必要的協調整合。伊斯蘭教律是爲了統一中亞貧瘠地區的民族，以軍事化的簡樸風格生活。所有人相親相愛，人人都必須過著潔身自愛的生活。崇敬阿拉是人類生活的主要目的。所有的信徒都必須慷慨施捨。詐欺、偷竊及通奸不僅是私人的罪行，也是公眾的罪行。但這些道德教條卻無法提供複雜組織架構所需的基礎。正統的伊斯蘭教即使傾向神權統治，即使強調聖戰和殉教，也無法脫離農牧的歷史經驗。我曾經瀏覽這個主題的文獻，現代的闡釋果然相互矛盾，混淆不堪，但有一件事很清楚：伊斯蘭教就像儒家教義一樣，將國家視爲文化導向的存在，而非經濟上可以管理的單位。大多數的文化教令集中在家庭和村落的層次，社群以上的司法因此得以簡要明快。犯小錯卻蒙受殘忍不人道的懲罰，毫不寬貸地執行性禁忌，這些我們都聽得太多。我們已經假定，提起這些事未免太落伍，但何梅尼重新在伊朗復興這些教義，因而更加確定下列事實：大眾層次的社會習俗並不曾遠離農牧時代的過去。偏離社會習俗無法被寬容，容忍的錯誤範圍從來不曾太大。雖然一再提到伊斯蘭世界的「重商傳統」，但宗教對商人的認可，無非是依據傳統承認商人對社會的服務，從不曾鼓勵他們相信，財產權絕對而至高無上，可以超越傳統道德，更不用說將同樣的原則施展到大眾層次。從現代的觀點來看，這些條件都不利建設流動而多元化的社會。觀察家指出，伊朗的有錢家庭通常會購買土地，投資股票，而不願把資產投入長期的商業投資。有利分工細密及資本自由流動的環境並不存在，更不用說農業人口占全國的百分之七十五，無論在任何情況下都很難實施現代化。

因此，無論伊朗國王在上層推展任何新方案，後續發展根本不見蹤影。最後，整個現代化的計畫似乎創造出一個外來的物體，針對的是美國及其他西方國家，而不是本國。

就像是外來文化的殖民地，卻又缺乏後者的精髓。石油換來的美元無法妥善利用在建國大業時，就會花在軍備上，和奢華的消費沒有兩樣。伊朗國王的失敗不只是財富沒有充分流通，也不只是他常爲人詬病的管理失當。何梅尼發動革命時，吸引相當人數的都市中上階級，然而在理論上，這些人在經濟上持續受惠於國王的改革。被罷黜的國王向來對軍隊青睞有加，但武裝部隊並沒有支持他。要測量他的失敗有嚴重，就要觀察頭重腳輕的快速現代化產生多少疏離感。無數的伊朗人覺得，社會被切成兩半，他們再也無法安寧度日。只有在這樣的情況之下，美國才會顯得像是邪惡勢力的惡魔。國內的奮鬥轉成國外的聖戰時，美國企業的商業優勢顯得更無法原諒。

我認爲，巴勒維的悲劇不是「錯誤」所能交待。如果說是錯誤，我們等於是將所有的利益衝突，時點的阻塞，以及地理、文化和歷史因素所產生的全球性問題全歸咎於一個人身上。事實上，這樣的錯誤的確存在，通常是由於不幸的領導人過度使用祕密警察。但伊朗國王統治三十九年，理應被視爲歷史人物看待。他面臨制度的陷阱。他只擁有獨裁的權力，我們不可能不切實際，以爲他會將王位的寶座換成「新波斯的第一公民」這個頭銜，因爲這樣做毫無意義，他不可能放棄他所擁有的唯一工具。一旦採取這個立場，他發現討好西方強權既合時宜，又有必要。穆撒德（Mussadegh）必須被驅逐出境。石油資產國家化的速度減緩，簽署巴格達協定，進一步開放西方的投資等等，都是一連串相關的措施。只要他經手的收入龐大而集中，他就可以再投資於大型的重點工程，美國的技術支援自然不可或缺。他不能去注意小的企業單位，因為制度規章及連繫不足，無法使運作順利。也許他可以多注意地方上的慈善活動，而不是像批評家指稱的，讓教師（mallah）去接觸草根勢力。但是，這批評也要小心處理。在伊朗國王統治下，官僚制度的運作原則完全不同於什葉派時期。他已經進展到解放婦女、消除文盲及重新分配土地。總之，伊朗國王的不幸在於他必須從古老的權力基礎上推行十九世紀的改革，同時要面臨二十世紀的問題。他計畫的長期利益還無法實現，但他的惡行卻是昭然若揭。

本文的目的當然不在於替伊朗國王辯護。如上所述，在我的大歷史概念中，中國歷史的底線必須往前挪動四百年。在處理東方遇到西方的主題時，也有必要對西方文明和美國歷史進行深度討論。這個題材過於龐大，需要一定的時間才能讓事件獲得適當的定位。而且我也急著建立觀察的重點。在這個情況下，巴勒維可以符合我澄清前景的目的。到一九八〇年為止，他的故事提供充分的線索，讓我可以完成本書的最後一章。但在我總結一切前，先談談其他要點。

我從來不曾去過伊朗。但在第二次世界大戰期間，我曾在印度待了一年多。一九四三年十月二十四日，身為翻譯官的我隨著中國軍隊在新德里遊行，從比哈爾到新德里後再回來，火車的車程約四十小時。到了德里（譯按：原文如此），我們受到印度軍官熱誠的招待。經過演習和儀式後，我們的英軍主人帶我們去參觀紅堡。多年後，那段旅程的記憶猶新，在龔坡爾站（Cawnpore Junction）燈光暗淡的火車站，置身於萬花筒般的繽紛顏色中，慵懶怠惰的感覺不禁油然而生。小販叫賣食物的聲音竟然憂鬱至此！相反地，阿拉哈巴德（Allahabad）則是吻合《天方夜譚》童話風格的城市，在樹木的掩映之下，白色或奶油色的圓頂和尖塔指向天際。整體的景觀只能從遠處欣賞。我們的火車在這個城市停靠三次，每一次都讓人產生如夢似幻的感覺。我曾經三次前往位於東方的加爾各答。中國駐印軍從藍伽拔營，準備進行第二次的緬甸之役時，我自願開車載運武器到前線。我們的護送部隊花了四天的時間，才通過蜿蜒的恆河下游，到達阿薩密的茶園區。即使是在藍伽營區，我也常常在傍晚騎單車在鄰近的村落進進出出，嚴格來說是違反規定的。因此，我可以宣稱，在情況允可下，我儘可能四處觀光。後來在紐普茲的亞洲文明課堂上，討論到初級的印度文化和歷史時，我並不覺得自己從未接觸過這個題材。

然而，印度總是容易形容，卻難以歸納。「對比的國度」，我只能訴諸這個觀光主題。在靠近藍溪空軍基地，在我經常走過的地區內，通常可以聞到牛糞混合薄荷的清香。從農地回家的農婦頭頂籃子，所哼唱的曲調完全融入薄暮的氣氛中。我如何說明這樣的景致呢？印度鄉間之美或許還有待發現。在嘉牙（Gaya），我看到據說是釋迦牟尼悟道所在地的菩提樹。但就在不遠處，街道骯髒，下水道沒有加蓋，光腳的小孩到處亂跑，也許正說明深奧的智慧誕生於普遍的無知之中。但結構如此鬆散的參考架構並無法增進我們的了解，只會導致誤解。

身為華裔的我，比別人更容易誤解印度。表面上，中印兩國有許多共通點。兩國都長久維持獨特而孤立的文明，最近幾百年來都面臨人口過剩和普遍貧窮的問題，都抵抗外來的侵略成為嶄新的國家，但卻都還沒確定在今日世界中的地位。雖然〈印中拜拜〉（Hindi-Chini Bhai-Bhai）中透露出善意，但喜馬拉雅山的邊界卻充斥著敵意和相互猜忌。我曾經捫心自問：如果我對彼此的了解毫無貢獻，我曾扭曲形象，讓一切顯得更糟嗎？我讀霍蒲．庫克（Hope Cooke）的自傳，讀到一九六四年尼赫魯葬禮的那一段時十分感動。前錫金的王后描述，當她與丈夫抵達現場時，群眾誤認她丈夫是周恩來，立刻即席唱出〈印中拜拜〉。但就在不久前，中印邊界爆發武裝衝突，印軍被打敗，反中國的情緒仍十分高昂。庫克女士所見證的是，在人民的層次，友善的感覺總會克服短期的敵意。人們不應該去破壞這種人類間的真誠善意。

但整體而言，印度和中國並不了解彼此。早期的歷史接觸和印度對中國的影響除外，在現代史上，兩國的文化交流非常有限。我自己發現，如果我和印度同事基於共同的西方文化背景而接觸，比較容易成為朋友，但如果基於各自的族裔文化就比較難。就歷史上來看，印度缺乏政治上的統一，通常把包括村落經濟在內的各種問題訴諸宗教。習於官僚管理的中國人則習慣把公共利益哲學化。把實際轉成抽象的習慣是兩國共通的特性，但由於相信的意願以不同方式和不同層次運作，所以容易看到別國的荒謬，看不到自己的可笑。彼此的誤解和扭曲出現在不同的地方，發展成不同的方向。兩國都仍然在尋找建國的實際公式，都無法揚棄意識型態，儘管許多印度領袖極力將新的共和國建設成一個非宗教的國家。服膺意識型態卻可能導致將行動等同無法討論的道德完美，因此將特定的努力轉成普遍的真理。

最近格蘭和我去觀賞獲得奧斯卡獎的《甘地》。我相信艾登堡和金斯利表現出色，因爲聖雄甘地的一生的確很難用影像來呈現。尤其是對我來說，電影中聚集的群眾讓我回想起，第二次世界大戰期間與我摩肩接踵的真實人群。我看到蒸汽火車頭時，幾乎可以聞到上油的金屬零件所發出的蒸汽味。從房子的屋瓦到浸泡在池塘中的水牛，整個景觀既熟悉又寫實。但這部影片仍讓我有所不安。《紐約客》的影評指出，這部電影的前半部非常成功，吸引大家對甘地產生興趣，但後半部卻不協調。在我看來，錯不在電影，而在主旨本身：甘地身爲革命家的角色很容易理解，但身爲神祕派人物的他，生命中卻染上模糊籠統的色彩。這無法以傳統的邏輯加以解釋。暗殺者的自白也有類似的謎樣色彩。在高瑟（Godse）被判絞刑前，他說他個人對甘地並無私怨，向甘地發射子彈前還對他敬禮，的確尊敬而祝福他。這種不協調無疑構成教師的最大困難，因爲我們必須對美國大學生簡述印度文明的全部歷史。

甘地是偉人，但絕非因此而更容易了解。他的信念是satyagraha，也就是靈魂的力量。換種不敬的說法，我可以說這是一種簡單的戰術。在美國，我們會說，如果你打不贏一大群人，最容易的方式就是加入他們。甘地的戰術一開始就剛好相反，也就是說，如果打不贏，**不要**加入他們。但他的溫和抵抗並不是自限於被動的不採取行動，抵抗必須轉成挑釁的抗爭。此外，**satyagraha**還意味著，外在世界雖然有種種殘暴及不公，但全都可以靠人的內在力量和道德紀律加以克服。可是，不管有無精神上的昇華，這個信念仍然強調成功。你仍然必須獲勝。

甘地認爲，印度的獨立運動必須和國內的社會正義息息相關。他努力推動改善賤民的地位，同時把古老形式的印度村落生活理想化。他認爲不應該有階級歧視，但仍然主張階級之間應該分工。他提倡四海之內皆兄弟，但對自己的子女又很疏遠。他覺得有時自己的理性應該超越聖典的訓示，但又不曾放棄印度教的聖典，而且呼籲人人都保持出生時的信仰。身爲領袖的他贏得億萬人民的心，他的教誨強調共存。但他堅守絕對真理，排除以妥協做爲解決歧見的工具，甚至在同一派人士中也不例外。他和賤民領袖安貝克（B.R. Ambedkar）意見不同時，他就絕食到瀕臨死亡邊緣，最後才解除後者的武裝。衣索匹亞人必須以武力對抗墨索里尼，無法訴諸非暴力的手段，讓甘地深感惋惜，但印度獨立後不久，他就核准派兵前往喀什米爾，儘管其目的是爲了避免社群的暴動。這次的行動仍然顯示，有時使用武力是不可避免的。甘地不信任現代醫藥。他也不用機器，認爲機器會降低人格。他的手搖紡織機和腰布象徵人們崇尚簡樸，熱愛工作，徹底獨立於現代特色的科技分工之外。但他推展運動所以能夠有效，幾乎都要靠現代大眾媒體創造和散播知名度。如果沒有現代科技，這些媒體就絕不可能存在，他的雜誌《神的子民》（***Harijan***）也包括在內。現代科技的首要前提則是複雜的分工體系。

全世界沒有人能否認甘地的偉大。他向世界展示，人類的精神可以有多崇高。他降低自己而提高同胞的尊嚴。他以樂觀自願的心態來承受苦難和處罰，提振膽小喪志的人的勇氣。他已經發現人類性格中的正面情操，一旦釋放出來，領袖不只善用在高位的聰明才智，而且還要走到街頭，圍著腰布，光著腳，以接近最低層的大眾。他希望能啓發領導這些人，但絕不發號施令。然而，他的生平行誼和特定的宗教特色密不可分，我雖然敬畏有加，卻不可能崇拜。

如果我們將革命家甘地和神祕派的聖雄加以區隔，故事頓時鮮明清晰。甘地的策略包括引入宗教的力量，用以抵擋在科技上勝過印度一大截的人類機器。英國能使印度俯首稱臣的主因之一是經濟組織。直到今日，許多印度村落仍然實施「農業階級制度」（**jajmani**），全國有同質的文化，經濟上卻像單細胞一樣。村民的分工牽涉到許多種類的農民階級。只要種姓制度仍然存在，婚姻就限於同一種姓之間，職業沿襲自上一代。陶工的兒子仍然是陶工，洗衣工的兒子也是洗衣工，如此才能延續洗衣工的種姓。在每個村落中，農業階級形成類似員工的工會團體，他們是主要的生產者。相對的則是十來種「服務與供給」的階級，也就是所謂的「卡明」（**Kamin**），執行製陶或洗衣等較專業的功能。他們也像是員工的工會團體。至於服務及供給的酬勞，是由農民階級每年依年齡高低支付給「卡明」，照例以穀物來計算，有時甚至是以「一個人所能肩扛的穀物量」等不容置喙的標準來計算。每一個村莊和每一個階級都有自己的長老團，稱爲五人委員會（panchayat）。此處必須考量到通俗的信仰。正統的印度教認爲，世襲的職業是由神來指派，達成世俗的任務也就是積存靈魂的價值。轉世的信仰更進一步強化理論：工作做得好，來生就可以升級，不過最好能夠完全脫離輪迴。

我們可以主張，農業階級制度在印度一定有淵遠流長的歷史，起因於該國的地理和氣候。缺乏有效的中央集權政權也可能是決定性的因素，強迫村落社群依宗教信念建立架構，並配合自然經濟，以求順利運作和生存。這主張並沒有改變我們的觀察，也就是說，印度社會的下層結構是面臨英國時的致命弱點。事實上，如果對已形成模式的長期發展進行歷史分析，因果之間常常難以劃分。政治不統一和司法制度沒有效力，迫使各地區必須達成經濟上的自給自足。地方經濟的自給自足又造就政治的難以統一。即使各地區的土王都無法藉打散底層來改造區域。只要農民階級存在，印度接受現代科技的能力就極爲有限，家庭工業成爲永恆而不可逆轉的現象。

也因此，十八世紀的英國發現，可以蠶食鯨吞這個國家。英國人先前已來發展貿易，現在又來建立要塞，和印度的土王建立關係。像羅伯特・克萊夫（Robert Clive）和華倫・海斯亭斯（Warren Hastings）等帝國建造者，很快就創造英屬印度的狀態，並沒有碰到太大的抵抗。印度次大陸就此分成德里的蒙兀兒（Mughal）政權、瑪拉薩（Maratha）和錫克族、尼薩姆（Nizam）、納瓦巴（Nawab）及其他土王。其後英國對印度的征服，約和拿破崙戰爭和工業革命同時期，一直進行到十九世紀末，可能是人類歷史上最膽大包天的殖民行徑。外來的統治者仍然以公司自稱，但卻統治一個出色的文明，領土還比英國大了近二十倍。但英國設法組織殖民地軍隊，設立文官體系，劃分行政管理區，引入法律，重新調整當地的收入來符合自己的需求。

英國在印度的經驗已引起充分的辯論，包括歷史學家、經濟學家、社會學家、記者、作家、以及從自由到保守等各式各樣的政治人物。他們的重點不一，從社會達爾文主義、白人的負擔、到馬克思—列寧派詮釋殖民強權到海外尋找原料和市場。有時我們不免看到英國所爲何來的懷疑，因爲到十九世紀初，東印度公司的利潤已經縮水，但英國仍然不斷投入人力和資源。但這已是題外話。英國在印度的**主權**部署綿密深遠，前鋒是帝國主義，後衛是資本主義。有別於一般的認定，資本主義的重點其實並不只是著眼於物質上的獲利，更不企求短期內的獲利。信用的延伸、不帶人治色彩的管理、服務設施的聚結等技巧，都促成財政資源累積到空前的水準。新的管理技巧和更多的資源又使整個國家，或說至少大部分的地區，成爲更廣闊的新冒險天堂——通尼教授稱這種經驗爲亢奮狀態。這種新的生活模式蘊藏更高層次的滿足感，因而釋放出相當大的能量，也讓在印度的英國人如此難以對付。他們的協調工夫一流，因而能維持一貫的衝勁，迅速征服次大陸，讓土王淪爲傀儡。但他們也大規模興建鐵公路，成立電報服務，擴充灌溉系統，改進公共衛生，在饑饉時賑災，推行種種改革。這些成就賦予他們使命感，最後竟然演變成道德優越的幻覺。

這種長鏡頭的看法絕非小看短期的細節。就《甘地》的相關題材而論，我清楚了解，在安瑞薩爾（Amritsar）的賈利安瓦拉巴（Jallianwala Bagh）封閉場所，英軍下令槍殺示威民眾，計三百七十九人死亡，傷者更達三倍以上。下令的瑞吉諾德．戴爾（Reginald Dyer）在韓特調查委員會（Hunter Commission）作證時指出，他下令行動的那一剎那，不再關心原來的目的是爲了驅散群眾，只想到「從軍事的角度製造士氣的效果」。戴爾將軍被迫退休，駐印度總督也予以譴責。但回英國後，上議院支持他，熱心撥給他豐厚的退休金。甘地因而形容英國政府邪惡如撒旦，整個西方文明腐敗。

不過，這些事件更強化長鏡頭觀察歷史的重要。以有限的觀點來討論重大的歷史事件，是極度危險的事。海洋貿易國家比較容易以商業慣例爲基礎來培養組織能力，而大陸型的大型農業國家就比較難，如果能了解這一點，就可以避免戴爾的錯誤。帝國勢力還有另一項優勢：可以從都會中心推行經濟活動，不去考慮臣服國家的下層結構。這是靠武力打造出來的組織。此時的英國顯然已經忘記本身在十七世紀的奮鬥：整合兩種不同的元素，一是英國的農業經濟，二是重商慣例所衍生的組織原則和技巧。此時的英國人也已經忘記，他們已脫離「依賴」荷蘭的「最後桎梏」（借用喬治．克拉克的形容）。

此外，本土的英國人比較容易想到駐印英人的美德懿行，不太會想到他們的惡行惡狀。英國把紡織品賣給印度人，犧牲當地的工業，這個事實已經被遺忘。也很少人提起，安瑞薩爾事件的近因是印度人抗議立法准許預先逮捕。農作物欠收原本不一定導致戰後傳染病盛行，造成數百萬印度人喪生，但英國忙於贏取在歐洲的戰爭，無暇注意這件事。殖民地的管理者想擺脫「先離間再統治」的惡名，但在安瑞薩爾事件中，廓爾喀和俾路支族的軍人在戴爾命令下開槍。綜合種種事件，我們就更能理解甘地的革命策略。殖民地的主人在英屬印度創造出上層結構，雖然凶殘，但結構仍然可行。印度人無法直接對英國正面開戰，只好採取不合作主義。公務人員不上班，大學生罷課，大規模杯葛選舉、納稅、英國法院制度及進口布料。這些行動造成參與者的絕大犧牲。但我無法想像，如果在印度以外的地方推行這樣的運動，是否能同樣有效。這一切的背景因素在於，印度教的傳統認為，情慾的滿足和物質的擁有雖然不是天生的邪惡，但也是個人生命周期中較低階段的實現。一個好的印度教徒應該結婚，過好日子，甚至追求成功。但年紀漸長後，就應該「淡出」世俗的追求，達到更高層次的解放。也就是說，縱情享樂和過正常的生活並不罪惡，但禁慾和苦行的價值更高。讀者應該還記得，在農業階級制度下，印度鄉村事實上根本沒有提供累積財富的機會。不合作主義符合放棄世俗、追求精神價值的教義，還多了一層印度文化傳統的訴求。而且，不合作主義也吻合印度的自然經濟。甘地扛起領導重責時，時年四十九歲，雖已婚但已禁慾十多年。他在南非也享有盛名。總之，一切條件全都俱備。

然而，這番觀察並非指責甘地是機會主義者，或說他的動機並不誠心。事實絕非如此。甘地的悲憫先於狡詐，他的耐心無窮無盡。事實上，他的誠懇常讓部下心煩，因為獨立運動開始有聲有色時，他們想從中獲利。甘地對流血和喪命深惡痛絕，一九二二年，他領導的運動失控，爆發暴力事件，他立刻喊停，直到一九三一年才又繼續。

在這些事件中，聖雄甘地展現他的偉大之處。他的奮鬥已成為他的人生。群眾運動日益擴大之際，他也必須更無私。這是場永無止盡的奮鬥。早期的戰術和策略已歷經靈魂昇華的過程，完全融入他的宗教信念。只有透過無數的絕食和沈默抗議，才能實現權利即力量的理想主義，他的信仰也因此是追求成功的信仰。甘地一直懷抱這些信念，直到一九四八年他死於印度狂熱民族主義分子的槍下為止。但由於他自身印度教—者那教徒的背景，他不可能和我們一樣，清楚劃分神聖和世俗。他顯然將象徵主義視為現實的一部分，因此也贊同聖牛崇拜。這些觀念和世襲分工的概念緊緊相連，如果依邏輯的一貫性加以推展，無可避免會回歸印度教因緣和轉世的正統，雖然無法證明其錯誤，但對現代生活卻形成很大的障礙。另一方面，他的折衷主義雖然成為革命的意識型態，在獨立運動時適時發揮功效，但其後卻喪失動能。幸好他的繼承者，尤其是緊接其後的尼赫魯及現在的英荻拉·甘地（和他沒有親戚關係），並沒有盲目跟從他的政策。他們擺脫聖雄對西方物質文化的猜疑，轉而興建巨大的發電水壩和大型煉鋼廠。他們也沒有確實遵照他的綏靖主義。

甘地的故事讓我們得以綜覽印度獨立以來的歷史。共產主義雖然有時會進入地方政治，但從來不會形成嚴重的威脅。不過宗教始終是引起爭議的議題，巴基斯坦的獨立多少減輕此一問題，但就國內來說，宗教仍然使國家無法維持一貫的現代化節奏。印度幸虧擁有良好的上層結構，和西方民主亦步亦趨。議會制度雖然不時爆發危機，但大體上仍能運作。在開發中國家裡，印度免於軍人主政的惡名。印度的運輸和通訊系統仍然是亞洲大陸型國家羨慕的對象。在這些優勢之下，印度得以在消除文盲前大膽實施全民普選。但下層結構的基本問題仍然存在。

發生在印度的事件，和在中國及伊朗一樣，都讓我想到，今日開發中國家面臨的主要關鍵不是道德問題，而是技術問題。在大多數的國家中，本土的制度已行之有年。毫無疑問的是，這些組織原則會以某種形式獲得道德的支持。但國家藉資本集中和分工細密引進西方科技後，原先的各種制度不再行得通。這些國家起初的脆弱難逃外國的壓力。雙方對峙時，這些國家必須動員最大的人力資源來抵抗外侮。一旦對峙的立即威脅消失後，每個國家仍必須尋求技術上的適應之道。爭取獨立時所建立的防禦機制，極可能無法完全解除，因爲畢竟已成爲國家的文化遺產。也就是說，促成工業組織的基本技巧必須來自於資本主義，但由於各國地理歷史等因素而必須加以修正，最後就會形成不同層次的社會主義。

就印度而言，其村落起源雖難以考據，但可以上推至《吠陀經》和《優婆尼沙曇》，因此至少長達數千年，但受西方影響的歷史最多不超過四百年，而影響最深的部分不過兩百年。我們不難想像，在整頓古老的結構以符合現代需求時，會碰到多少困難。我們提到印度的宗教時，無關神學或教堂。對印度教來說，前者無形而後者根本不存在。另一方面，宗教意味著個人在社群中的社會地位、職業和謀生工具。印度有時被稱爲「全世界最大的民主國家」。接受這個說法的同時，我們必須知道，雖然對村民進行民意調查，但村落仍處在農業階級及長老團的制度下，文盲也尚未絕跡。既然如此，這個國家的新領袖恐怕很難宣稱要全心全意接受資本主義，也很難說財產權可以超越傳統的道德觀。如果請英國人繼續留下來，可能還更好。但在目前的情況下，印度必須保留上層結構中的某些集體工具，以保障無法替自己爭取權益的百姓，否則就會被迫施放補給和津貼，但這又是不可能的任務。因此印度政府將交通運輸產業、最大的銀行企業和全部的保險業全都收歸國有，民間部門只能執行次級或第三級任務。

印度採取不結盟路線，國家領導人自然對他們的決定賦予很大的精神價值，因爲雖然他們也有缺點，但卻認爲自己已經用最合理的方式，結合公共事務中的傳統道德觀及現代科技的好處。這樣的心態讓他們心安理得同時接受美國和蘇聯的援助，卻不積欠任何一方。

我們如何面臨被價值觀所分裂的世界呢？跨越國界或文化疆界時，歷史學家如何以充分的信心來處理這些議題呢？我們書寫時，可以避免成爲「親X人士」或「懼X人士」嗎？更嚴肅地說，如何可以既不對其他國家懷有偏見，又不背叛自己的國家？

一旦體認到上述問題並無萬無一失的答案，我們就可以欣慰發現，標準的紛歧並非始自今日，而是向來都存在。事實上，現代科技將利益衝突散布到全世界的各個角落時，同時也將不同的地區緊密連結在一起。以印度爲例，從收歸國有的產業名單就可以看出，政府致力於可以在數字上管理國家。新政府最感興趣的地方，就是推動資本主義的三大要素：信用、管理和服務。這並非令人沮喪的現象。不久前，甘地代表的是與整個西方世界完全不同的道德，現在這個尊他爲守護神的國家已經開始修正他的革命意識型態，以便能和其他國家分享這些價值。

同樣的，我們必須充分認知到，自由和道德是抽象的原則，其具體化必須取決於時空條件。由於科技不斷進步，我們自己的標準也常常修正。在我住在美國的這三十年期間，已看到美國道德標準經歷劇烈的變化，導致適用到日常生活的自由觀念也有巨大的改變。如果我們期待開發中國家立刻適應我們的標準，是不公平又不切實際的，畢竟這些國家大多數仍處於危急的狀態中，眼看自己的文化傳統在現代化的衝擊下變得支離破碎。

從伊朗、印度和中國的例子中，我們可以發現，其中沒有一個團結一致的國家稱得上是「東方專制政權」，足以威脅到「自由世界」。如果我們仍然聽信這種理論，顯然表示我們還沒有從韓戰的震撼經驗中有任何進展。至於「亞細亞復甦」，這個現象不難解釋，但我們不能把它和一世紀前帶有煽動企圖的「黃禍」畫上等號，才能了解其真正本質。我們必須了解，將資本主義引進開發中國家的風險相當高。資本主義成功的原因不只是儘可能利用科技，透過大量生產來改進全國人民的生活水準，而且還在於利用社會服務推動經濟的最後方，以趕上由前鋒啓動的普遍進步。在我寫作的此時，社會福利是美國支出的主要項目之一。農業補助以實物支付（P-I-K）的形式撥出，提高農業部門的購買力，以人爲的方式支持農產品的價格。我們很幸運，可以採納這些辦法。在開發中國家，甚至連哪些地方需要社會服務都無法確定，更不要設想其實施能讓人人都滿意。一個落後國家冒然引進現代西方文化，無異於邀請技術最精進的管理技巧，和當地經濟中最欠缺組織的成分一起同台競爭，並以國家天然資源做爲獎賞。

我將美國在伊朗與英國在印度的經驗相提並論，本書的部分讀者可能會覺得不快。在面對現代西方發展出的信用、管理和服務的綜合技巧時，日本以外的所有非西方文明所採取的因應之道，被學院派人士冠之以「亞細亞復甦」的一般名詞，他們其實已經先把全世界分成兩個陣營：善於使用數字的人道德上較優越，不善使用數字的人道德低落，而且不老實。這樣的過度簡化也迫使我們以同樣的草率來重新檢視其歸類。唯有如此，我們才能藉同一陣營內部不同之處來顯示，挑起子虛烏有的恐懼是相當荒謬的事。如果我們忽略其間的差異，不如將美國在德黑蘭的人質視爲八十年前義和團攻占北京使館區事件的重演。也就是說，雙方都沒有從歷史中學到任何教訓。

如果說有集體的「亞細亞復甦」，其本質也是防禦式的，而且正逐漸減弱。就最廣泛的意義而言，數千年前孕育於亞洲大陸的偉大文明以農牧立國，無法在全國事務上讓數學發揮最大的功用。使用專制權力當然有其必要。但團結凝聚這些國家和民族的持久力量卻是意識型態的工具：宗教、哲學、詩歌等偉大文學、以及由親屬關係發展出的倫理學。這些要素通常寫於成文法規內，或是成爲習慣法的慣例。在現代，這種體制的可管理程度十分有限，成爲和西方工業國家競爭時的最大具體障礙。大多數的西方觀察家和部分本土的領袖並不了解此一詳情，反而認爲社會階級和不平等是更迫切的議題。但據我們所知，這些國家的主要困境在於問題的「不可度量」。他們欠缺正確的資訊，即使發現問題所在，也無法處理。

但在抗拒西方的入侵和中國抵抗日本的侵略時，本土的領袖已經發現，雖然他們的下層結構是國家落後的原因，但如果能動員傳統價值，還是可以匯集驚人的力量來對抗外侮，因爲這些外國勢力具備現代化的上層結構，總是瞧不起內陸的本土權益。他們代表兩種體系，彼此互不相容。入侵者及其同黨總是占有技術上的優勢；防衛者的技巧在於擴大衝突，形成群眾運動，用量來彌補質的不足。他們強調這些手段時，造成「亞細亞復甦」的形象。我們必須提到這個議題，原因不在於魏復古博士的原創性值得無窮無盡的評論，而在於如果不澄清此一基本議題，美國人和亞洲人之間仍會產生嚴重的誤解，但雙方其實沒有必要長久敵對。

至於特定的發展，我們必須承認，在毛澤東的時代，中國出現一些破天荒的大事，其中之一就是消除私人擁有農地的現象。這項措施將中華人民共和國清楚界定成共產國家，因爲這正是《共產主義宣言》中建議行動名單上的第一項。但這件事可以從不同角度加以探討。首先，馬克思和恩格斯提出這些建議時，是針對「先進國家」。他們假設這些國家累積許多資本，因此工業和商業都專注於剝削工廠內的勞工。從土地徵收的租金對國家的經濟發展貢獻不大，只不過是不勞而獲的另一種形式，很容易消失。毛澤東時代的中國仍然在累積資本的原始階段，一點也不符合馬克思和恩格斯所設想的狀況。其次，毛的運動顯然提倡平等精神和同情心等傳統價值，比較接近孟子，不太像《共產主義宣言》，公社的結構也遵循國家機構的傳統設計。因爲其基礎是便於行政的數學原則，其單純簡樸有利於官僚管理。但從歷史上來看，這樣的安排只會導致沒有分化的最低層農業經濟，無法實施現代化。這個缺點已被發現，因此最近也重新進行調適。第三，中國的土地私有制已廢除三十年，我們必須接受這個歷史的**既定事實**。我自己從來不曾崇拜毛澤東。但我在美國住了數年後，終於從歷史角度了解這個運動的真實意義。考慮到中國人口過剩、土地稀少、農地不斷分割、過去的農民負債累累等諸多因素後，我實在無法找出更好的解決之道。如果說我還有任何疑慮，我的明代稅制專書和對宋朝的研究就可以讓疑慮煙消雲散。管理龐大的大陸型國家牽涉一些特定要素，並不能完全以西方經驗發展出的標準加以衡量。如果沒有這場改革，也許絕對無法從數字上管理中國。就是因爲無法在數字上進行管理，中國一百多年來才會一錯再錯，連在大陸時期的國民黨也不例外。我已經提過，毛澤東是歷史的工具。即使接受土地改革已實施三分之一個世紀的事實，也並非向毛澤東低頭，而是接受地理和歷史的判決。

一旦土地所有權成爲公有，中國政府必須對城市中的大小企業比照辦理。就一般的發展策略而言，這種做法毫無意義。經濟底層的無數連繫和關係應該由民間管理，而不是讓意識型態主宰的官僚制度掌控一切，從頭到腳，從髮夾到鞋帶。但讀者必須擴大視野才能了解，在毛時代的中國，國家經濟持續二十五年類似戰備的狀態。有人會說是極權主義作祟，但事實上也可以被視爲延長的緊急狀態，這是土地改革後的自然結果。農業生產受到國家的控制時，民間商業的主要供應來源就會被切斷。但在戰前，這個供應來源的架構就非常脆弱而不平衡，也許本來就無法成爲新配銷系統的基礎。如果我自己沒有在內陸與通商港埠之間來來回回旅行許多次，我可能也不願相信有這回事。就管理上來說，新政府不可能一方面對全部的農業人口施行生產配額，一方面又鼓勵城市居民發展自由貿易。我們可以想像出，在食物配給制普遍實施之下，無數的生產合作社將產品賣給控制零售價的數百個地方政府。大致來說，中國目前仍然實施這套制度。

在與開發中國家交涉時，已開發國家的信心可以建立在了解這些國家革命的真諦上。關鍵問題在於組織，而非平等。雖然馬克思主義可能在暴動時期煽起狂熱，但無法取代建國時期的資本主義技巧。對這些國家來說，顯然畢其功於一役並非所有問題的解答。如果消滅不合理和障礙可以帶來好處，所清理出來的空間可以用來做爲適應現代經濟和科技的基礎，但成功與否還需繫於對不平衡狀態的巧妙運用。就本質來說，無論是經濟或科技，都不能做爲永久保存同質性和單一性的工具。

熊彼得對馬克思的《資本論》進行很敏銳的觀察。他的《經濟分析史》（*History of Economic Analysis*）是被廣泛使用的教科書，其中提到馬克思的次數不下六次，每一次都指出，馬克思的「剩餘價值」無法實際運用。但熊彼得不曾明顯指出馬克思大錯特錯，仍然推崇馬克思作品中的分析價值。爲什麼呢？

馬克思的理論衍生自古典學派的經濟學家，主張勞動價值理論，只有勞力才能創造價值。在「資本家的生產模式」下，勞工把勞力當成商品出售。但資本家給的工資不等於勞力創造出來的價值，只夠取代勞動力量，牽涉到的社會成本不僅要支付食宿，而且還有訓練和教育。勞工創造出的價值和出售勞動力量的價格（所謂的工資）兩者之間的差異，就構成剩餘價值，被資本家中飽私囊。我們當然無法說這個理論完全錯誤。如果完全沒有剩餘價值這回事，工會憑什麼基礎和雇主談判協商？資本家如何源源不絕地累積財富？美國等資本主義國家爲何必須實施反托拉斯法？

但就身為經濟學家而言，馬克思卻以概念式的簡明風格來呈現他的理念，他的理論無法轉換成實際的數字。熊彼得等批評家已經指出，他概略式的公式應用於實際情況時，必須意味所有的勞工都受到同等程度的剝削，否則就無法導出一致利益的數字。此外，馬克思也沒有考慮到，企業家對自己的事業也投入勞力。但是，其他學者更反對的是，馬克思認為機器創造不出剩餘價值，只有透過磨損折舊來傳遞剩餘價值。因此我們這時就可以問：為何我們稱機器為「節省勞力的工具」？如果依照這個信念的一貫邏輯，信徒可能要追隨甘地的教誨，逆轉機器時代。最後這一點尤其和我們息息相關，因為我們正進入自動化和高科技的年代，勞力的使用大幅降低，腦力有極高的價值。這也就是說，馬克思主義雖然能產生煽動性的影響，卻只能被視為一套哲學概念。任何國家如果想一板一眼地死守他的教條，一定會陷入嚴重的麻煩中，就像是毛澤東進行文化大革命時的中國。黨派的爭議暴露出固定標準的欠缺。依賴抽象原理和通則只會重蹈帝制時期的覆轍。我的《萬曆十五年》顯示出，明末和毛統治下的混亂時期有許多共通點。我無意指桑罵槐，但兩個社會都剛好用道德概念來取代法律。如果採行同樣的做法，中國等於回到從前，無法在數字上管理全國事務。

對中華人民共和國來說，解決之道可以依循一個明確的大方向：強化財產權。就政府和法律而言，道德訓示的功用通常不及財產權，因為前者無法在競爭時提供精確的測量。

我在此提出建議：不要勸中國宣稱，共產主義行不通，應該被終結。這樣的提議只會使中國不穩定，對西方也沒什麼好處。如果中國陷入動盪，美國恐怕只能回到一九五○年代的混亂。

但是我要呼籲中國人，財產權的強化是在他們意識型態的可容忍範圍內。馬克思和恩格斯在近一個半世紀前將「廢除私有財產」寫入《共產主義宣言》時，呼應無政府主義者皮耶爾・普魯東（Pierre Proudhon）的主張。普魯東雖然宣稱「財產即是竊盜」，但他指的並不是所有的財產，而只是用來剝削窮人的不勞而獲的財富。他雖然是無政府主義者，但他期待勞力可以提升到集體擁有財富。《共產主義宣言》的兩位作者把上述口號寫入革命黨綱中，做爲一般而遙遠的目標。事實上，在面對當前的議題時，他們的措施並不會像烏托邦一樣遙不可及。他們在同一著作中建議：普及義務教育，禁止工廠雇用童工，實施累進稅制，國家控制銀行和信用，政府經營運輸通訊服務。這些措施不只是社會主義國家採行，連資本主義國家也都實施，即使不是全部，至少也採納部分。馬克思和恩格斯對現實狀況瞭若指掌，不可能反對勞力集體合作的財產權。

至於我們，當然沒有必要屈服於生活於一個世紀前的外國先知。我們更應該考慮到，地理和歷史因素對自由、道德、甚至財產權等概念所產生的限制。我們目前的財產權觀念脫胎於盎格魯薩克遜的法律制度。英國的法律從十七世紀開始現代化，商業慣例被導入農業部門，前提是有系統的消除小地主現象，農地因而擴大和集中化，足以生產相當的糧食，支付相關成本。後來美國人同時受益於這套法律機制和免費的土地，造成每個美國人的一般家園規模接近於英國的鄉紳。不只是我們的自由是合理的自由，我們的財產權也是合理的財產權。爲爭取這一切，美國早期的移民者發動獨立戰爭。種種證據顯示，公民的權利已將國民性格混合地理特色。今日一般英國人無法和一般美國人享受同樣的特權。

就歷史上來說，在帝制時代的中國，財產權不曾牢靠穩固。直到上一世紀，在受到外國勢力影響下的通商港埠及鄰近地區，財產權才開始沾染西方色彩。無可避免的是，這種都會—自由化元素注定淺薄稀疏，無法在中國社會紮根。我在本書已多次提到這個特徵。我們可以將中國形容成潛水艇三明治，上層是龐大而沒有分化的官僚制度，下層是巨大而沒有分化的農民。我們也可以說，中國的問題就像一個大型盒子或箱子，但沒有把手，所以無從著手。我們可以說，缺乏中間階層導致過去的中國無法在數字上進行管理。事實上，舉一可以反三。在帝制時代，中國培養出無數的小自耕農，讓他們成爲農地的擁有者，但資本累積到超越這個水準時，政府又沒有提供有效的法律保障，對農民也沒有提供農業信用，農民只好彼此借貸。如果有人可以了解上述史實，就可以清楚明白中國當代史。例如，讀到史景遷《天安門》中許多令人不安的故事時，就可以少一些情緒激動，因爲事先就知道，中國的革命分子如果從都會—自由化路線著手，就不可能成功，只是冒著生命的危險。這可以解釋整體而言的國民黨運動，並且說明反對者爲何失敗，甚至還指出部分反毛人士失敗的原因。但最不可思議的是，「中」國中間階層虛弱的現象積重難返，即使偉大的舵手毛澤東也得俯首稱臣。

且讓我再借用先前的類比加以解釋：假設男孩遇到女孩，陷入情網。假設某些誤會讓兩人從此分離。數十年後重新回顧此一事件時，必須置於禍福逆轉的情境來探討。歷史學家的技藝所在，就是站在類似的有利時點來進行整體的重新評估。新的視野會讓我們以不同角度來審視過去。

一九四九年後的近十年間，毛的成就十分驚人，似乎已從一片混沌中打造出秩序，即使在經濟的領域也有明顯的進步。西方學者提出各種不同的解釋：農業土地的合理化使用可以提高生產力；資源的統合使農民得以進行許多空前的嘗試。在一九四九年之前，中國有三套不同的經濟體系：一是工業化的東北，成為日本帝國的衛星；二是通商港埠的現代經濟，但主要是配合西方，而非配合中國的內陸；三是內陸的農業地帶，落後前兩者達數百年。在毛的時代，三種體系才開始聽命於同一主人。從蘇聯來的經援和低利率貸款雖然為數不多，但都能用在最重要的地區，因此常常能達成實驗計畫的目標。中華人民共和國成立前的經濟基期很低，受到戰爭蹂躪地區的情況更是惡化。重建其實相當容易。這些有利的因素全都湊在一起，創造出有所突破的印象。

問題在於，一旦攀登到高原後，動力再也無法持續。後來，中共和蘇聯產生齟齬，走向國際孤立。意識型態的動力取代技術協調，造成大規模的斷層。黨內開始分裂，起初是溫和派和激進派對立，後來則是激進派內鬨。這些都已是眾所皆知的事實。但還有一些尚未被挖掘的祕密。

記者和評論家並沒有提醒讀者注意一項背景因素：之所以會發生爭吵和斷層，原因是中國已經進入一個未知的領域，看不到太多的前導指標。產生困境的唯一原因是發現新大陸，但社會組織準備仍嫌不足，無法容納新的突破。我們說中國的都會—自由化成分很弱時，指的不只是中產階級相當稀少，而是更強調商業法尚未上路，背後的法律概念更是付之闕如。現在讓我們看看西方的發展：在發展西方型態的物質文明時，信用的延展、不帶人治色彩的管理及服務措施的聚集等基本技巧都是無可取代的。基本上來說，資本主義是一種藝術，財務資源藉而累積到空前的高度，達到最大的利用限度，而分工也變得複雜周密，以致個人的才能可以施展到極限。乍看之下，這些運作背後的信用具備法律上的約束效力，但似乎可以用開明的大我精神加以取代。然而，如果只有信念，運作的規模勢必極有限，企業的分化程度也勢必縮小範圍。原因很簡單：意識型態並沒有數學的固定值，不能在數字上進行管理。中國為了讓人人都成為無私的個體，必須讓上億人依西點軍校般的榮譽法則行事。但在達成任何成效前，推行此一法則的成本就已不堪負荷。也因此，無論中國實施儒家學說或毛澤東主義，無論是在一九六六年或一五八七年，結果全都相同。不但私人動機可以偽裝成公眾利益，而且有時公共利益本身都難以確定。

數年前毛澤東仍在世時，「農業機械化」在中國是件大事。所謂的「手扶拖拉機」深受青睞。事實上，這種機器的大小相當於美國的電動除草機，公社每購買一台就要花費約一千三百美元。這種機器的動力還不夠強，在稻田中操作不易，而且很難清洗和維修。但爲達成此一計畫，或說是爲滿足此一意識型態，工廠仍然生產，而農業單位既然是其「俘虜市場」，也被迫購買。這種弊端之所以發生，是因爲財產權和主要生產者完全分開。只有在毛去世以後，這個陋習才被廢除。

不久前，我們聽說，鞍山鋼鐵廠提議劃歸國營事業，同時繳稅給國家和遼寧省。我們從提議書中才知道，這個旗下擁有數十家鑄造廠和工廠的工業集團，過去被冶金工業部要求提高鋼產量，被財政部視爲稅收來源，被省級和市級政府要求提供產品和服務，以支援政府的建設計畫。這樣的「公眾利益」都可能成爲各方的爭奪焦點，而且還不是在最受爭議的地區。

「文化大革命」將意識型態和經濟事務混爲一談，更開啓強人爭奪領導權，而且還達成一個目的：它徹底證明，只靠口號來管理十億人口的國家，根本是不夠的。運動對「資本家剝削」的害怕到達極點，反對分工到歇斯底里的地步，甚至想讓每個人都成爲農民和工人。我們不禁要問：爲何不學習甘地的榜樣，每個人都自己編織腰布，自己擠羊奶？

但如果我們認爲整個中國革命只有負面影響，那就大錯特錯了。從新聞報導可知，在一九八二年，中華人民共和國的外貿順差約五十億美元。再加上先前累積的順差，現有的外匯存底應該接近百億美元之譜（長期外債不計算在內）。對一個開發中國家而言，這真是一項突出的成就。相較於國民黨以前的預算，單是數字就已顯示數十年來的組織力量，足以證明中國已經無法再走回頭路。

中國無路可退。雖然此時無法強調私人的財產權，但卻可以強調團體的財產權，而且也應該強調。農業公社可以被視為企業單位。身為歷史學家的我只能說，這是往前邁一大步，而不是倒退。改革可能填補體系上的空缺，因為世界史上並無詳盡的前例可供依循。也因為這個原因，改革似乎可以符合中國長期追求復甦的獨特模式，在過程中預示更具開創性的未來。

在我寫作的此時，中華人民共和國已朝此方向前進。公社有更多的自主權；政策鼓勵生產副產品；內部管理的眾多形式紛紛加以測試；主要生產者享有更多決策權；地方市場經過整頓組織。這些單位成為半私有企業的道路當然仍很漫長，但到目前為止，地方分權的傾向已經明顯而持續。從一九八一年開始，國務院已經容許設立小商店，以填補公營部門的服務漏洞。如何組織一個全國性的保險網路，已成為許多嚴肅對談的重點。經濟特區的設置已成為事實。外國投資可以進入特定區域。公營事業已逐漸改變，經營階層必須負責企業的盈虧。工資平等逐漸讓位給依功勞敘薪。如果在意識型態上無法承認自利是公共事務的要素之一，我無法想像這個運動如何推廣和持續。為達成法律的合理性和數字上的管理，這個體系必須取決於團體（包括公社在內）財產權的明確界定。這些似乎是相當邏輯的步驟，邁向中國革命後的重新調適階段。

對立概念之間——如公共利益和私人權利——的平衡，並非在短期間內可以企及。但另一方面，我們也發現，歷史上的所有偉大民主體制都是始於各種形式的二元化經驗。我們今天所知道的現代西方兩黨制度，也是起源於兩相矛盾中。代表大我的「陽」和代表私人利益的「陰」能夠同時並存，在中國絕非新鮮事。在過去，由於官僚管理的粗糙，前者才擴展成徒有其表，後者則侷限於持有小農地這種無可爭辯的合法限制。我在《萬曆十五年》已再三重複此一要點。中國當前的任務不在用文字創造完美理想的境界，而是讓「陰」「陽」踏實協調，位於合理的範圍內。歷史已多次證明，這種做法絕對可行。如以前的中國人曾迫於形勢，融和儒家和法家，也曾融和本身的文化傳統和佛家教義。如果舉一個近例，英國十七世紀末的經驗特別能激勵我。我已經說過，衡平法和習慣法的合併，是從對立的思潮中創造出一個法律上可行的秩序，透過司法判決來達成。無可避免的是，爲追求目前的趨勢——事實上是某種工團主義結合聯邦的部分要素——中國人一定會發現，在經濟單位之間，在個人和國家之間，都會產生利益衝突。這是一個大好機會，正好可以將新的司法制度付諸實行。中國所需要的，是一套可以適用於現代社會的法律前例，而不是將中央集體官僚管理加以合理化的法規，雖然後者可能具有統一而整齊的外表。

我也意識到，中國此時仍然擔心食物自給自足的問題。普遍的配給制絲毫未見放鬆。物價和工資仍然受到嚴格的管制。城市中知識青年的失業率仍然節節上揚。生育管制仍是嚴重問題。情勢不容我產生幻想：公社一旦成爲半民營企業，內部的改變將加速進行；交通和其他問題會獲得解決；內陸經濟的多元化將成爲事實；內陸貿易將帶來空前的繁榮。我非常仰慕田伯伯，但我無意學他在武昌市的牆上進行大壁畫。我只能說，我們處理中國的問題時，格局不能太小。範圍有限的建議常常不可行，觀點受限的批評常常無關緊要。中國上一次企圖以分裂的國家來各自解決問題，已經是一千年前的事了。氣候和地理因素讓中國在過去形成完整的體制，今日即使想實施地方分權，也必須有組織地進行。首先要有紮實的基礎，才能逐步實施。

中國歷史的吸引人之處，在於可以激發不同的想法。當你想到中國的大問題時，不能因爲短期的陣痛就放棄治療。治療有時只是治療，但一旦奏效，通常會發展成模式，再變成體制，最後開花結果，形成獨特的文化。最意想不到的是，我在中國時並不了解這一點。我是以流亡人士的身分學到歷史教訓，而且大多是在美國時學到的。

一九四九年初，我離開廣東，取道英國殖民地香港前往日本，之後再也沒有回到中國大陸。我只去過一次台灣，是在一九五〇年。最近美國和中國兩地的朋友都問我：爲何不回去我的故鄉看看？不久前，母校密西根大學的米格爾・歐克森堡（Michel

Oksenberg）教授也問我同樣的問題。不可置信的是，這麼簡單的問題居然最難回答。

我當然可以用經濟理由當藉口。我被紐普茲資遣後，就還沒有找到工作，也沒有申請到研究經費，以便將我的中國歷史觀形諸文字。目前我的家庭支出大半依靠社會福利津貼。自從我們去京斯頓詢問後（見本書九十五頁）又發現，子女如果在十八歲以下，母子每個月都可以領到津貼。因此除了我的五百美元以外，格蘭和傑夫又可以領到四百五十美元。此外，我每個月的教師年金接近三百美元。這些費用讓我們可以勉強維生，低空飛過最低生活水準。我的版稅收入可以用來繳稅。有時我們還動用到格蘭的儲蓄。我只要一聽到熱水器要更新，或是屋頂有破洞，心都一陣抽痛。我們可以設法偶而到附近玩玩。但如果要到紐約市一趟，家庭預算就必須重新大幅更動。我每次訂大筆出版品或買幾本書時，就必須考慮財源。情況最近又有新進展，未成年子女一旦年滿十六歲，社會福利計畫就會停止對母親的補助。事實上，我打到這一頁時，我們剛收到這項補助的最後一筆款項。因此，「賜予我們每日的麵包」不再是祈禱文中的比喻式用法。與其計畫去中國，我還不如擔心傑夫的大學學費。

然而，如果要去中國，「費用已支付」的機會仍然存在，有些可以開放給我。對中華人民共和國學術交流委員會和北京進行各種「交流」計畫。一般原則是，國際機票由學者的母國提供，到達作客的國家後，所有相關支出都由對方負責。一九七九年，我申請參加明清歷史學家訪問中國代表團，但被拒絕。委員會宣稱，代表團有大的學校，也有小的學校，有年長學者，也有年輕學者。實際上，十名代表清一色來自長春藤聯盟和數家主要州立大學。所謂的小學校及年輕學者，是指這些學校的畢業生，其中有兩名以前曾擔任杜艾特．柏金斯先生的研究助理。後來郁興民也曾申請去中國研究工廠的成本控制，我還替他寫推薦函，但也沒通過。我寫到這一段時，興民正打算去中國，提供ＩＢＭ4300系列處理機的安裝後指導，是被公司派去，執行銷售合約的部分內容。

中華人民共和國也邀請海外專家，停留時間長短不一。在多數情況下，來賓或所屬單位必須支付機票錢。但一旦到中國後，所有相關費用都由地主國負擔。外交部有一筆鉅額款項由外專（外國專家）局經管。無論是林業部門或語言研究所，接待單位只要向外專局提出來賓的名字，設立帳戶後，旅館住宿、餐廳帳單、交通開銷等，全都可以簽名報銷。通常會有口譯人員跟著外賓。來賓的任務主要是發表演講。配偶（通常是妻子）則受邀參加非正式的聚會，討論社會習俗和文化事宜。來賓很少領到現金，但同行子女也可以享受免費旅行的優待。任務結束後，還會安排兩、三星期的觀光行程。數年前，有個自稱耶魯教授的仁兄充分利用地主國的慇懃招待，整個暑假都待在北戴河，中方發現此一惡行後，才稍加管制鬆散無度的計畫。（讓我氣惱的是，最近上海和香港各有一家雜誌誤認我也是耶魯教授，在這種情形下我絲毫沒有被恭維的感覺。）我的一名學生也利用這種特權，成爲中華人民共和國的國賓。我的書在中國備受好評，應該可以用一般程序獲得邀請函。事實上，興民建議讓我的出版社或文化機構來安排。

我是出於道德顧慮才不夠積極嗎？可以說是，也可以說不是。

家妹住在中國，彼此已經三十五年沒見面。在文化大革命期間，她和先生被派到河南當工廠工人。一九七三年，我在英國時，我們終於又繼續已中斷十年的魚雁往返。但幾個月後，她的先生在醫院做健康檢查時，被診斷出得了喉癌。她在絕望之中寫信給我，問我是否可以請李約瑟博士動用他的影響力，延後她一家人從北京調到桂林的時間，因為首都的醫療設備比廣西省好太多。我知道院長無力干涉，因此甚至絕口不提這件事。妹妹一家人還是調走了。兩年後我的妹婿死於新職。後來妹妹又問我是否可以安排外甥出國留學，我又再度說沒辦法。他們明白我的困境，原諒了我，但我仍然覺得愧疚。然而，如果說我在道德方面還沒有準備好見他們，我還可以見朋友和其他親戚。

我的朋友都有共同的苦惱：雖然他們住在大都會區，但他們的子女卻在偏遠省分的農場或工廠裡工作。這種流放無關政治，而是牽涉到食物配給、工作機會和房屋等後勤作業。瓊安．辛頓曾提到，她的兒子通過北京大學的入學考試，有資格正式遷徙，但他在配額還沒移轉前就啓程回家，給她添了數星期的麻煩。這個例子顯示，我們所習慣的自由和機動，並不適用於中國。其他來源也證實此一情況。一位朋友告訴我，如果申請雙方互調，會自動獲准，但很難找到適婚年齡的男女願意從北京或上海調到農場去，儘管有時會有財務補助。在這種情況下，我能說什麼呢？我如果無法幫助或安慰別人，至少可以表達同情與理解。但我對歷史的研究卻讓我深信，在這樣的情勢下，並非任意縮減自由來達到邪惡的目的，而是因爲生產增加，但服務能力卻趕不上。無論如何，中國已進入一個新領域，深刻感受到中間階層的缺乏，未來必須同時從實務和制度著手。我們應該讓中國的年輕一代意識到他們與命運之約，而不是煽動他們要求全世界沒有人可以給予的自由。他們必須自己去創造自己想要的東西，一切從基礎開始。有時我會以這種語氣寫信給外甥或堂兄弟，舉我年輕時的努力爲範例。但我必須加強建設自己，才能傳遞這些訊息。我內心也知道，個體間存有差異，我們的例子不可能完全相同。我不願用自以爲是的語調說教，更不想成爲棄中國於不顧的外賓。更重要的是，我只能以歷史學者的身分來作證，而不是以受雇人民委員的身分。

我想，也許我應該培養敏銳的視野，向美國聽眾揭露我的中國歷史觀。到目前爲止，我確實往這個方向努力，結果毀譽參半，而且都很極端。

在一九七五年之前，我曾八次申請歷史研究的計畫經費，核准六次。之後我又申請七次，但沒有一次通過。部分原因在於這些機構資金縮減，而且我年事漸長，競爭力下降。但另一個原因是出在我的大歷史觀點。申請案都必須送交專家審查。身爲專家的他們傾向將歷史切塊切片來處理，因而認定真理來自於精細，老舊陳腐的形式勝過實用價值。尤其是在史學方面，就算威尼斯海邊林木被砍伐殆盡造成海權衰微，但也不會有人問你這個論點有何意義。只要匯集林地的資料，充分證明作者的方法有條有理，就可以贏得立即的肯定。如果申請人偏離慣例，引用的年代大於評審的專長範圍，例如將中國的數個朝代一併討論，就會減少被採納的希望。我認爲中國歷史一脈相傳，情況更是雪上加霜。由於資訊自由法的通過，我可以看到評審拒絕申請案的部分報告，其內容肯定我的猜測。事實上，我曾擔任申請案的評審，對審核的標準並不陌生。

但一旦大歷史的觀念盤據我的腦海，我就無法擺脫它。事實上，我從來不曾發明這個觀點。一切都是自然而然發生的。我們在成都中央軍校踢正步時，企圖達到完美境界。毛澤東時代對「機械化農業」的著迷也透露出類似的渴望，都導致徒有其表。另一方面，國民黨十四師在雲南遭遇後勤的困境，顯示在中國內陸縣政府以下的體制真空。這個問題上承明代，可以解釋毛澤東時代的困擾，也就是服務的發展無法支援經濟擴展。沒有商業貿易，就沒有商業法。過去沒有商業程序，現在就缺乏官僚的引導。我們必須體察到，這一切都是長期的過程，文化導向的社會企圖轉型成現代國家，才能在數字上進行管理。現代中國也持續這個過程，蔣介石虛構上層結構，毛澤東創造下層結構，目前需要填補其間的體系連繫，「從髮夾到鞋帶」，必須一應俱全。我曾檢視這個概念，將現代中國史的底線往前推移四百年，寫出《萬曆十五年》，又在《二十四史》中尋求證明。我從來不曾打算以學習歷史的心態住在英國、美國、日本或印度，將這些國家的發展經驗和中國相比較，但我卻仍然獲得這個機會，和當地人時相往來，還參觀歷史景點。現在我不可能擺脫這個較大的參考架構，而且我也看不出爲什麼要擺脫。

此外，就我目前的歷史觀而言，我並不欣賞將中國歷史切塊切片，卻沒有事先預想到如何還原成整體。如果只考慮具體的事物，可能會忽略當代人製造假象的過程；如果只考慮到他們的觀念和幻想，就可能忽略物質的背景，而後者才是邏輯所在。無論在任何情況下，嘗試以純西方的觀點進行分析時，都會預期中國歷史不可能超越西方經驗的範疇。但即使從我對伊朗和印度的簡短論述中，也可以看出這種預期不切實際。

這種史觀成為我和同行和諧共事的最大障礙。德克・博德替我的處境難過，十分關切我們家的生計，盡全力來幫我。但在徒勞無功後，他就勸我移民。他來信說：「你在此地的前景恐怕一點也不看好。」

有一次他試著要我去參與一項研究計畫，將中國的所有法律名詞全翻成英文。這種編訂手冊的計畫以前曾經試過，但成效不彰。傳統的律法基本上是刑法，根據觸法者與受害人的親戚關係來施行不同程度的處罰。受害人不一定是原告。必須能夠預先理解中國鄉村中的一百零一件瑣事，才能體會其運作情況，否則法規本身只會顯得太粗糙簡單，內涵又太難以名狀，不可捉摸。我希望自己對計畫宣稱的目的不要如此悲觀。但朋友的父親是湖南一個縣城的地方官，我在童年就看過傳統的判案方式，因此不可能對這項集體計畫太熱衷。數名學者將花數年時間從事中翻英的工作，逐字逐句進行，而且還會用註釋補充相關的周邊細節。這就好像將算盤的所有撥算方式輸入電腦，然後再靠電腦來操作算盤。

我和德克一起去哈佛，接受一群年輕學者的面試。我實在不該如此做。我只不過建議他們，應該放寬標準，也許依類別翻譯一些案例，這樣就已經得罪審查小組的部分成員，兩名學者對我投以極輕蔑的眼光。他們對技術的精確講究到極點。我希望德克和他負責審查小組的朋友可以原諒我提這件事。對我來說，現在的學術離最迫切的議題太遠，有一天甚至會被事件所超越。如果我不是有親身體驗，也許就不會強調這一點。我的體驗一方面來自資訊錯誤的大學生，一方面則來自受到壓迫的親朋好友。

不可置信的是，我自己找工作沒有下文，但卻有工作自動送上門來，有一次還提到薪水的詳細數字，但這次又是將中文古籍翻成英文，又是爲了我無法認可的目標。

我在哥倫比亞大學又遭遇一次尷尬的處境。狄百瑞博士過去曾多次幫我的忙。他曾替我寫推薦信，特別是幫我申請到古根漢的研究經費。我們的結識始於一九六五年，他邀我寫論文收入他的研討會合集《明代思想中的自我與社會》（*Self and Society in Ming Thought*）。我的倪元璐專文雜亂無章，他花了數天時間去編輯和潤色。參與他的明代思潮座談會對我是一項殊榮，讓我對明代的新儒學有更深刻的理解。在《萬曆十五年》中的李贄一章，可以說受惠於他的許多研究心得。在我所知道的漢學家中，泰德（即狄百瑞）無疑具備最充沛的精力。聽說他住在塔本齊橋（Tappanzee Bridge），但每天早上七點就出現在辦公室。在經歷一九六〇年代的學生暴動後，他擔任哥倫比亞的學術副校長和教務長，顯然證明他優秀的領導特質，能以嶄新的精力讓大學重新上軌道。他的現職是約翰・米契爾・梅森（John Mitchell Mason）講座的教授，可說是名正實歸。

在我們認識的這些年間，我覺得他有時親切，有時粗魯。他可以從京都寄來一封熱誠的信，有時還從紐約的家中打電話給我。但有一次我去哥倫比亞，只因爲沒有事先約定，他就拒絕我進他辦公室問一個小問題。他堅持完成工作的理由很是充分。他堅守崗位，無法容忍混亂，這兩點都毫無質疑的空間。但我想，他不時突然展現的刻薄不見得全出於無心。舉例來說，一九七六年，在多倫多慶祝《明代名人傳》的出版時，他提醒三百位來賓，一開始提出這項計畫時，由費正清博士進行評估計畫，但評估報告卻說，計畫**不可行**。他翻陳年舊帳，卻沒有明白指控，讓坐在前排的費正清毫無心理準備。泰德對替他工作的人不薄，但也牢牢掌握他們。他雖然對友人客氣，卻沒有人可以刺穿他的鎧甲。別人常在背後說他是「強勢的人」。

但是，狄百瑞的性格卻是美國文化的一部分。在美國的主要大學，學術管理人員就和企業主管一樣，必須外表謙和但內心強悍，才能夠生存。他們的競爭不只表現在實務工作上，也形諸於個人的強烈企圖心。影響力是靠努力爭取而來的，必須在不造成傷亡的情況下贏得權威的地位。在社會容許範圍內，先發制人最爲重要。這種靈活手腕完全不同於我們在軍校所學。

對泰德來說，他有不得不強悍的原因。他承擔起哥倫比亞大學東亞研究的領導者角色時，整個領域進入最競爭的階段。他的學校位於大城的市中心，因此在郊區興起而市區沒落時特別身受其害。學校是由私人贊助，局勢更爲不利。耶魯、普林斯頓、賓大、密西根、及加大的中國研究全都保持特殊的「哈佛關係」，因爲教職員中不乏哈佛的傑出校友。但是哥倫比亞和狄百瑞卻勢力單薄。他們必須進行激烈競爭，爭取研究經費、替畢業生出版論文、替畢業生找出路。這些全都構成吸引未來學生的相關因素，因此主事者勢必機靈大膽。財務是競爭的最主要項目，獎學金也是。出版也很重要，學生的論文能儘速付印，就有機會找到較好的工作。這些因素環環相扣，某一處成功，其他方面也會很順利。相反的，忽略某個地方，就可能全盤皆輸。

我聽到泰德在普林斯頓受到批評，說他主持一些研討會，又寫書又編書，指導的博士論文全都和新儒學有關。我當時回應，哥倫比亞的情況不會比其他地方糟，因爲狹隘冷僻的論文題目已成爲共同趨勢，學生捍衛老師立場的風氣事實上是起源於哈佛。狄百瑞雖然將研究專注在中國文明的一個層面，但他至少來回推移他的時間點。我的評論一點都不圓滑。就中國研究來說，哥倫比亞和普林斯頓的對立相當激烈，因爲雙方的焦點都放在人文研究，但又必須在日益縮水的學術市場上並肩競爭。我既然無法在類似場合保持緘默，很快就不受普林斯頓的歡迎。但我當時卻沒有想像到，我在哥倫比亞犯了更嚴重的錯誤。

一九八一年年初，狄百瑞邀請我。他計畫組織一個研究傳統中國「治國之道」的研討會，預期美東會有一些學者有興趣參加，經費由ACLS贊助。和他通完電話後，我於二月六日傍晚抵達他那裡。約有三十名學者爲此計畫聚在哥倫比亞大學，有一些來自其他校園，甚至有兩位來自印地安那波里。在晚餐的餐會上，泰德熱烈歡迎我。人人都自己付帳，只有我的帳單由他負責。然而開始討論時，我卻很快發現到，不論是資深或資淺，同行和我之間存在巨大的紛歧。直到今日，我仍然要說，本書的大部分材料源於這次的研討會，我很願意開誠布公。我的同行和我在無數的議題上意見相左。但如果我們要以二十世紀末的觀點來審視傳統中國的治國之道，我認爲必須視之爲文化過程，才造成過去的中國有別於全世界其他國家。除此之外，我認爲別無他法。一般主題會誘導我們思考，中國和其他國家的差距是否可以彌補，或是如魏復古博士所預測的，差距會持續擴大。我針對此一主題已研究多年，我的同行願意聽聽我曾遭遇的麻煩嗎？沒有人有興趣。理由很明顯：他們希望維持從文獻著手的慣例。他們想製造出附加註釋的翻譯，以符合論文的規格。只有符合傳統的學術形式，才能申請到充分的經費。

但是，就是因爲如此，美國雖然有許多歷史學家，但美國人民對歷史仍然很無知。何梅尼是瘋子。甘地是好人等等。在此同時，學者發現，威尼斯喪失在地中海的霸權，原因是在亞得里亞海岸砍伐太多樹林。研究中國公社的學者甚至不願多看看普里茅斯殖民區，連枷都在展示之列。評論亞洲諸國的學者也不肯稍微思考一下，美國在一八六二年通過公地放領法，造成東西方的大差距，起先在生活條件的差異後來延伸至社會價值。

我應該在此時退出研討會，如果我繼續發表自己的主張，只會顯得像煽動者，成爲學術圈中的卡斯楚，尤其是在被紐普茲解聘以後。但人生難免意外的事。五月，我在家中收到泰德寄來一封厚厚的信，附帶傑克・朗洛伊（Jack Langlois）厚達六頁的備忘錄。朗洛伊博士是普林斯頓的畢業生，任教於緬因州的波多因學院（Bowdoin College），據我所知還擔任ACLS的委員之一。在我們於二月集會以後，他參加這個研討會的程序委員會。他在備忘錄中建議，我的《萬曆十五年》可以做爲研討會的討論起點。他寫道：「黃博士的《萬曆十五年》中文版將於北京出版，對我們而言應該很有意義。也就是說，中共的學者也可以方便取得這本書，兩國學者將可以就共同的基礎進行合作研究計畫。」這就是我多年來一直努力的目標。我無法拒絕誘惑，無法不回應。

我用四天的時間寫了一封長達九頁的信，重申我的立場。身爲非馬克思主義的歷史學家，我強調財產權的重要。我又說：「財產權不同於意識型態，不只可以界定，而且可以分割、轉移和流通。在財產權推動下的經濟體系中，社會鼓勵服務和商品進行更廣大的交流。另一方面，意識型態是絕對的因素。」我指出經濟發展中司法制度的重要，我還簡述自己將帝制時期的中國劃分成三大時期。我向委員會呼籲：「我不敢妄自托大，期望你們將我的建議當成權威意見。但我要強烈呼籲你們採取規模類似的大範圍前提。」

這封信寄給泰德後，我卻只收到他表示收到的回函。他指出，他必須和委員會討論，詢問其他人的意見後，才能回覆我。在此期間，朗洛伊已回到普林斯頓，準備在經費援助下啓程前往中國住六個月，我打電話問他，是否可以在搭機前來看我們。他說，開車到紐普茲對他來說太遠。我問他，我們是否可以在中間點見面。原來他妻子要從紐瓦克機場搭機，我邀請他在送行後一起吃頓飯。在普林斯頓校外有一家中餐廳A-Kitchen。我們進行《劍橋中國史》的計畫時，曾在那裡用過餐，很喜歡那裡的食物。餐廳在九號公路靠近畢肯（Beacon）附近開了一家分店，店名同樣是A-Kitchen。從機場和我們家開車去，時間都差不多。格蘭和傑夫和我同行。

食物的確不錯，但會談結果就不是了。不知什麼原因，傑克忽然喪失興趣，不再提《萬曆十五年》作爲前提的價值。他也不太熱衷與中華人民共和國進行對話。他提到，許多研討會的人都有興趣致力於地區和當地的研究。

這正是我所擔心的事。中國問題的本質在於其範圍深廣，從秦始皇的兵馬俑到毛澤東的紅衛兵，主題都是群眾。強調同質性和單一化，追求量而犧牲質，以村落當公分母（通常是最低層次）做爲帝國的底線，這些特質都貫穿整部中國歷史。狄百瑞博士編輯了兩大冊《中國傳統的本源》（*Sources of Chinese Tradition*），書名大可以換成「如何在不清楚確切數目的情況下統治數千萬人」，也不會失真。如果忽略基本因素，就只會看到無窮無盡的不理性和荒謬。由於缺乏認識，史迪威才稱蔣介石爲「花生米」。日本人大可避免一切麻煩，只要他們事先了解到，從中國主體邊緣切一部分來統治，可能會更有效率，但統治整個國家時卻不可能做大幅度的更動，除非經歷重大突破，而事實上日軍的入侵剛好帶來突破。回顧過去，我們現在可以明白，滿洲人將中國問題視爲自己的問題時，民族的紛爭才消失。今日這個議題並沒有被忘卻。近年來中華人民共和國累積大量的準備金，西方的投資銀行又困惑又氣餒，因爲中國官員拒絕善用信用評等來借更多的錢，以便在城市產生更多的商業活動。原因在於中國必須想到，前線的經濟有所擴展時，第二線和第三線要有所因應，以連結內陸和下層結構。到目前爲止，均衡和成長仍然同等重要。

從我的觀點來看，目前正是針對這方面進行歷史探討的最佳時機。數年前，我看過一部中國電影，描述本土設計的魚雷快艇在測試時爆炸。工程師的反應分成兩派。第一派認爲中國的海軍建造能力仍然不夠成熟，計畫最好暫時擱置，應該派專家到國外接受先進訓練，才能再建造下一艘快艇。但提倡自立自強的人不肯輕言放棄。他們主張，船艇可以分成三千個部分，如果每個人負責檢查一部分，就可以找出失敗的原因。這部影片反映文化大革命時的一意孤行，意識型態的教條凌駕科技之上，最後電影以第二派獲勝結束。寫劇本的人以爲，只要牽涉到冶金和材料強度即可，並沒有考慮到船本身的設計、引擎和船身相容度、轉矩、推力、壓縮比率、注油和冷卻系統、管線、氣體力學和流體力學等。在普吉西的許多ＩＢＭ工程師看這部電影時，大笑不已。就我的角度來看，許多過去的漢學家也犯類似的錯誤。他們地方化的見解讓自己偏離主題，對別人也沒有好處。如果我們忽略傳統中國的整體特質，讓年輕的博士候選人走向地區和地方研究，我們也可能犯同樣的錯誤。

我沒有私人動機去堅持自己的主張，但又無法在重大議題上保持沈默。狄百瑞的編制會議預定在十月的最後一個周末舉行。到九月底，我的九頁建議已經寄給他四個月。於是我寫給他一封私人信函，繼續追究這件事。我告訴他，數年來的閱覽讓我產生大歷史的新觀點，不同於從學科的本位立場去分析問題。由於如此，「我在其他人之前顯得頑固，喜歡吵架。」既然是他個人邀我參加編制會議，我希望能在之前先和他見面，容我解釋其間的差異有多重要。只要一天前先通知我，我就可以去他的辦公室。或者，「最好由我來請客」。我邀他和我共進午餐，地點在**A-Kitchen**，類似我和朗洛伊見面的模式。我想對他來說尚稱便利，因爲他住在塔本齊橋西端。無論如何，我以爲他會把這封信當成「機密文件」，信只有他自己看，因此我在信中也加入這些字眼。

他沒有回信給我，反而用影印機複製我的信，連同其他參與者的建議，一起發送給所有與會者。因此我的私人信函詳細指示如何從八十四號州際公路開車到當地的餐廳，就這樣分送到西雅圖、到柏克萊、到俄亥俄、到堪薩斯、到哈佛、到耶魯、到康乃爾、到普林斯頓。

哥倫比亞大學的新宿舍緊鄰海門中心（**Heyman Center**）的人文學院，很像汽車旅館。進入房間，關上門，拉上窗簾後，忽然搞不清楚是在大學裡，還是在假日旅館的房間中。每個房間都有一張大床和專用的衛浴設備。雖然很舒適，但我在一九八一年十月三十日搬進去時，卻睡得很少。前一位房客留下的煙味殘留不散。建築的隔音設備絕非一流，我可以聽到隔壁同行的對話。他們和我一樣，都是來紐約參加研討會的編制會議。時過午夜，顯然他們剛從酒吧間回來。

我的生理竟然無法容忍環境的擾攘，令我大爲震撼。我以前曾經是煙槍，抽得很凶，我抽過香煙、雪茄和菸草。年輕時的我隨時隨地都可以睡，帶著舖蓋或甚至是毯子，可以睡在木製地板上、磚面人行道上或散兵坑中。在中國旅行時，我可以在火車上整夜站著，車廂內非常擁擠，必須要先徵求旁邊旅客的同意才能移動雙腿。現在的我居然如此挑剔。

白天的一切也令我不安。我實在不該繼續待下去。我先前的提議沒有受到注意；我的備忘錄沒有得到回應；我建議和狄百瑞博士私下會談的請求被拒絕。我出現在這個會議已經沒有價值，只能站在機密文件的背後作證，我對任何人都毫無惡意。我和同行前輩的意見產生差距，讓我有許多不愉快的經驗。一方面，我必須爲我認定是真理的事辯護，但另一方面又發現自己常被視爲背叛者，老是忘恩負義。更重要的是，所有的一切都徒勞無功。

我被紐約州立大學紐普茲分校解聘時，我的朋友哥倫比亞大學教授夏志清沒有先告知我，就去找狄百瑞，問他是否可以幫我找工作。泰德說，我個人沒有求他，他不好做任何事。其中道理不難理解。我感激他們兩人的善意。但我了解我和泰德的個性差異，尤其是他主持校務的特殊風格，因此遲遲不願去求他。自尊的確是原因之一。我不介意求同行前輩寫推薦信，參加公開的競爭。但即使是毛遂自薦去當別人家的園丁，我都會覺得難爲情。同樣的情況也發生在普林斯頓。崔瑞德和牟復禮說也許可以幫我申請研究經費，我也只是聽聽罷了。自尊的負擔有兩種層次。我希望內人和兒子可以感染我在羞辱時期展現的自尊心，我也希望將自己對中國歷史的寬廣視野傳遞給中國和美國的學術圈。重要的是，我必須保持尊嚴。

在這個研討會的例子中，泰德親自打電話邀我與會。他已經越過中線來迎合我，百般顧慮我的感受，其容忍程度已超過對他的同輩。他召開十月的聚會時，我又再度發言違背他的期許，一定出乎他的意料之外。

但是，不如這麼說吧：我們看待中國的方式，不妨類似十九世紀初當代人看法國的方式。如果法國已經歷過法國大革命、恐怖統治、德性共和國、十一月反動、拿破崙戰爭、滑鐵盧和維也納等事件，十九世紀初的歷史學家研究傳統的法國治國之道時，不可能再沿用平凡傳統的方式。歷史學家非常可能先修正標準，而後再切入主題。他們勢必準備好要清除所有的智識障礙和困難。如果我沒有對狄百瑞提到應該如何修正我們自己的標準，就是不忠於視我爲友的這位同行前輩。在二月的聚會時，印地安那的林恩・史楚夫（Lynn Struve）建議，在討論傳統的治國之道時，我們應該看陳子龍。在傑克・朗洛伊的提議案中，他也提到這個名字。十月，哈佛的孔飛力（Philip Kuhn）教授又說：「我們應該看陳子龍。」陳子龍是十七世紀的學者，和其他數名學者合編《皇明經世文編》，收錄四百二十五位作者探討明代公共事務的文章。我簡稱此書爲《經世文編》，書目中縮寫成CSWP。我自己有這套書，共三十冊，雖然沒有從頭讀到尾，但也全部瀏覽過。在我的稅制專書中，我引用過一百二十五次。即使是《萬曆十五年》這本比較通俗的書，也提到三十二次之多（中文版合併成二十六次）。我必須指出，選集本身並不足以擴展歷史學家的視野。文集的內容漫無章法，多篇文章相互矛盾，有時甚至單篇文章就自我矛盾。如果我保持謙虛，不發一言，等於是欺騙這群人。

然而，在這次會議和尷尬處境兩年後的今天，我寫本章的目的不再是證明自己的正確。隱私權姑且不論，我請泰德以人文歷史學家的身分考慮以下主張：我們的史學必須超越所有的組織原則，高高在上。如上所述，我將自己對中國哲學的基本認識歸功於他的啓迪。狄百瑞指導我寫倪元璐的專文時，寫過多封長信對我解釋，中國的哲學家很少主張純粹的唯物論或唯心論，他們大多兩者兼具。這番見解指引我以「陰」「陽」的觀點來閱讀明代的作家，後來再發展成心理和社會學的層次。我和泰德之間存在許多小差異，讀者不一定有興趣，但和歷史沒有太大的關連。不過，我們意見一致之處卻和歷史大有關係。我的大歷史主張似乎帶著傲慢的色彩，但我們可以遵照經濟學家的榜樣。他們提到總體經濟時，指的是縮減過、基礎的、原始粗糙、簡化過的經濟學，通常不需要受過數學的訓練也可以學會。我最大的野心就是建立中國歷史的類似綜述。從我在紐普茲教書以來，這念頭就揮之不去，我也爲此賭上一切。

美國學者缺乏對中國歷史的綜合視野，部分原因出在現行的學院分工制度、學界的許多傳統和習慣、以及主要大學間的競爭。我在普林斯頓時，企圖說服參與《劍橋中國史》明史部分的同行，從跨學科的途徑來建立更紮實的觀點。我的努力不成功，我的膽大妄爲反而繃緊和朋友間的關係。即使以費正清博士的威望，也無法改進此局勢。在《劍橋中國史》中，由他編纂的現代史部分欠缺凝聚力，「無論是在內容或表現方式」，這是黃宗智在中文期刊《讀書》所發表的評論。黃還預測，這部作品不可能產生太大的影響，不論是對學術圈或一般讀者。曾擔任《亞洲研究期刊》編輯的羅伯特．卡普（**Robert A. Kapp**）博士指出，研究中國的學者無法對這一行的知識產生重大貢獻，原因是「專業和企業要求互不相容」。

但是，根據我和數位資深漢學家的接觸，我更加肯定，對中國的論述一直讓美國人很困擾，因爲這個主題多少帶有道德內涵。也因此，中國必須被視爲白雪公主或老巫婆。還有一項因素導致左右爲難的處境：美國人不願修正自己捍衛自由民主的形象。〈獨立宣言〉和〈蓋茨堡演說〉雖然提供美國所需的組織邏輯，但就技術面而言，我們一直在實施修正過的凱因斯經濟。即使兩者間的關係真實確切，美國的自由民主仍帶有地理的印記。美國之所以成功，是由於從普里茅斯殖民區不斷往西擴張，疆域包括大湖、平原、草原、山脈和沙漠，一直延伸到太平洋彼岸。即使在凱因斯爵士出生前，許多美國人就已經發現，擴張經濟的前提是人口持續成長、自然資源用之不竭、明日的幣值比今日的縮水。最適宜的條件被淋漓盡致發揮，加上信用擴大、不帶人治色彩的管理及服務措施的集結等商業技巧，在美國發表〈獨立宣言〉前，這些都已應用於英國的農業。兩者的愉快結合是世界史上罕見的經驗。在第二次世界大戰以後，美國主義的擴張在各國遇到大小不一的阻力。最大的阻力來自於亞洲大陸，因爲亞洲人口過剩，又背負沈重的文化傳統，都和現代經濟法則相牴觸，妨礙上述條件的運作。時至今日，並沒有證據顯示中國想抗拒傑佛遜揭櫫的理念，但中國卻承擔不起美國經濟特有的民主和自由。因爲這個理由，杜魯門和馬歇爾才宣稱對中國採取「放手」政策。最近包德甫（Fox Butterfield）重塑中國老巫婆的形象。然而，雖然他一再闡述，但《苦海餘生》（*China, Survival in Bitter Sea*）的結論仍然顯示同樣的見解，只不過呈現方式有所不同。

也就是說，理想的完美境界只是抽象的概念。實際上，其具體實現必須混合一國的地理和歷史因素，並受制於這些條件。其徵結在於，所有國家的共同點不在意識型態，而在經濟或數字。有了這層理解，我們可以進一步觀察到，我們今日面臨的奮鬥，大多仍是七百年前事件的延續，當時義大利城邦的商人將他們的貨幣管理技巧西傳到荷蘭和英國，這些技巧終於被採納爲管理的基礎，也就是今日所稱的資本主義。二十世紀的反美國主義大都起源於對美國經濟勢力的恐懼，害怕的是美國的民間部門，而非政府部門。美國企業雖然外表看似毫無惡意，但卻複雜善變，競爭意識濃厚，其嚴密精細就足以讓開發中國家惴惴不安。整體來說，美國企業是全世界勢力最強大、最有效力的利器。但是，開發中國家對這些挑戰的因應，已經形成特定的模式。即使一開始可能產生仇外和退縮的心態，但最後還是要從中製造出防衛機制，以便和挑戰者在互惠的原則下從事貿易活動。這種倒退的運動即使傾向回歸過去，但卻有機會從文化傳統中找出特定的組織原則，以利再度運用，成爲採納貨幣管理的礎石。即便在過程中的平等主義本身都不是最終目的。廓清一切可以消除不平衡，替新秩序創造出可以運作的基礎，如果繼續強調平等，可以使新的上層結構緊密接觸下層結構，否則就會像已開發國家一樣，必須從先進部門徵收所得來補貼較落後的部門，但這已超越開發中國家的能力。我認爲這個全景非常令人興奮。種種跡象顯示，中國已完成清單上的每個項目。我沒有理由不相信，延長近一個半世紀的中國革命即將告終。想到這一點，我歷史學家的身分便有所寄託。回顧過去，我可以用塵埃落定的態度來檢視整個中國現代史，其中心主題是文化導向的社會轉變成經濟上可以管理的國家。中華人民共和國的現況就像是徒有骨架沒有裝潢的結構，擠滿迷惘的住戶，但這現象卻沒有阻止我看出希望所在。最有力的證據是，對法律的需求成爲目前的共識。沈迷於權力的革命分子不可能講出這種話。

同樣給人無窮希望的是，人類的全面歷史可能已經在望。但是，一方面我們必須駁斥馬克思派烏托邦式的想法，也就是社會將沒有階級之分，國家將萎縮；另一方面，我們也要揚棄美國化的觀念，也就是美國習俗可以成爲未來全球的標準。無論在哪一類情

況，原先的假設都太過粗糙簡單，離事實太遠，但對明顯價值的崇拜將使歷史走向目的論的直線進展。我寫本書時，將歷史視爲向外發展的螺旋。（我承認這種寫法並不容易，顯然造成本書有許多缺失。）我此刻建議，將螺旋弧線上向外切的箭頭視爲變動的道德和社會價值，帶我們提升到崇高的境界；另外有一組向內的箭頭和他們相抗衡，代表環境和歷史因素的拉力，包括人類過去所犯的錯誤。歷史的真實路徑介於兩者之間。此外，人類歷史中能夠被確定的部分，正如康德所說的，符合我們認知心靈的主要架構，也就是圖中的實體部分。超過可能經驗的領域被康德稱爲「物自身」，屬於不可知，就是圖中的虛線部分。部分讀者可能喜歡界定爲神學史，屬於信念而非知識的範疇。我們可以藉此避免以目的論開始歷史，同時也可以避免以救世主的保證來終結歷史。這個主張可能造就「宗教與政治的國際性分離」，透過學術手段來達成。

我對中國的大歷史觀念當然不是人類的全面歷史，只不過是其中一小部分，放入圖中的實體區域。這張圖表有何實際用途？這是能夠支持我主張的唯一邏輯方式。

現代中國史牽涉到從偉大的文化傳統轉型到世界經濟大國之一，其起點和終點都相當清晰明確。檢驗鴉片戰爭前的情況時會發現，執行全國事務時大多只是敷衍了事。以石頭起造貞節牌坊仍是政府的有效工具。執行刑法的主要目的在於支持社會價值。官僚由詩人擔任。皇帝並不清楚稅負的確切數字。所有的財政單位都不過是粗略的配額，經過地方官員的擴大和壓縮。把焦點轉向中華人民共和國時會發現，國務院下設許多部門，有一半和經濟相關。法定貨幣人民幣是現代中國唯一成功發行的全國貨幣。全國生產的主要商品全都由政府來購買和重新分配，農業稅除外。只要經過簡單的邏輯推理即可得知，一個半世紀以來，中國已經達成本質的轉型，轉變並非在一次或一代之內可以完成。但今日卻沒有任何學術著作以統一的主題上溯這一百五十年。爲什麼呢？

我們仍然活在昨日的觀念和有限的視野中。我們常把事實和自己的價值、偏好混爲一談。主要的困難在於，我們所檢討的事件大於我們的經驗範圍。中國革命延展一個半世紀，相當於兩倍的個人壽命。但又像離我們不過幾呎的懸崖，很難給予超然的評估。中國籍的學者自然無法免於黨派的爭議。他們想找出來，在上一回政治之爭中，到底誰是誰非。美國的學者除了要應付美國主義的心結以外，還發現整合的主題威脅到學術分工。我們如何將文化討論轉成經濟？我們如何進行一半人文科學一半社會科學的課程？如此一來，教師豈不是被迫先教七堂課的詩歌，然後再教統計學到學期結束？這樣的混合前所未見。如果你研究中國哲學，就會以毛澤東思想做總結。如果你處理清代的土地資料，可能將討論延伸到目前的穀物產量。你不可能跨越領域。此外，在你的一般主題被接納前，你還必須考慮，加州大學洛杉磯分校或是芝加哥大學比較願意接受你的研究。

也因此，我們將中國革命視爲永遠的失敗，數億人口的國家一個半世紀以來不停「搞砸」或「弄糟」。我發現這種說法有違史實時，就必須將一百五十年視爲一個單位。以上的圖是我唯一能憑藉的權威，讓我能了解，在巨大的時空之下，個人有多渺小。全世界最偉大的領導人只能在曲線運動上施加短期的推力。他們的意識型態是一回事，其實現又是另一回事。但是，雖然看起來像是失敗，實際上卻只是偏離所宣稱的目標。考慮到代表一般轉型的曲線時，每個人都貢獻一小段弧度，一個接著另一個。就這方面而言，蔣介石和毛澤東只是在空間上相斥，而非在時間上。無論他們自己有何感受，就歷史的角度來說，他們一起促成轉型。轉型以弧線的形式逐漸改變路徑，是受制於中國自然經濟的力量，不需要這兩人的認可。與其悲悼中國人民在過去所遭受的苦惱和痛苦，我們應該感到高興，畢竟終於可以完成轉型。愉快的音調應該可以引發希望和樂觀。

如果以已開發國家過去的發展歷史爲參考，並和開發中國家現在的情景相比較，中國的歷史更加確定我們的觀察：由於科技的進步，各國之間服務和商品的交換勢必擴大範圍。壓力驅使所有的國家重整自己，以符合需求。目標不只是更高的生活水準或更公平的商業交易，而且還牽涉到組織的問題。除非一個國家可以在數字上進行管理，否則就不可能在今日的世界上占有一席之地。全球地理和不同的文化模式可能引導不同的國家走上不同的調適之路。但面臨更商業化的國際關係時，中國的轉向證明，長期趨勢是朝向各國間的整合而非分裂。

我不可能說服中國成爲和平的維護者或世界強權。我也不可能刻畫出全球的景象，並堅持它確實證明，重要的歷史發展正在進行，具有自然法的約束效力。但我主張，中國已經展開從文化傳統進化到經濟體系的過程，證據已經經過廣泛而具體的報導。到目前爲止，這個事實並沒有受到太大的重視，因爲推動事件的人並沒有聲張。我的圖可以寫實呈現前因後果及真實狀況。我還想補充，歷史事件的真正意義何在，締造者和史家往往有不同看法。中國人並沒有受惠於我們的超然立場。我們的學術界人士則忙著捍衛神聖的事務，無法脫離修正歷史的立即後果，不能從中享有自由。

在我和長春藤同行前輩的對抗中，我並沒有提到上述的主張。我並沒有提到，蔣介石和毛澤東的作爲具備互補的歷史意義。我也沒有說，中國革命的真正意義在於從文化傳統轉型成經濟體系。我只是指出，就大歷史的觀點而言，從西元前二二一年到現在的中國歷史具有邏輯的一貫性，中國今日的最佳遠景是在集體或合作的基礎上強化財產權，現代中國可以從十七世紀的英國擷取靈感，研究相互衝突的觀念如何在法律體系下融爲一體。只不過如此，我就失去工作和出書的機會。我被迫以不同的手法和形式來寫這一本書，參考資料不足之處，我必須以個人經驗來填補。在高層次的概論之後，必須轉換到卑微的觀點，暴露自己的缺點和瑣碎。但還有另一重困難：在嘗試就物質面詮釋中國現代史時，我不知如何消除道德衝突。我不知如何表達，我親眼目睹的殘暴確實發生了。我以這個圖表建議，螺旋形狀牽涉到康德、我們在宇宙中的地位、命運預定說、原罪、「因緣」和「陰陽」等，也許可以減輕我們的良知負擔，因爲可以藉由他們來吸收在過去時點殘忍行爲所帶來的衝擊，超越人類救贖或挽回的力量。

崇高憧憬向來不是我的習慣或個性。我原來的目標不過是對一個小型文學院的大學生概述通史。但有一就有二，最後我再也無法暫停。我已說過，我開啓這段生命時，不過是想尋求舒適和隱私，並無更大的野心。問題在於，在過程中我逐漸捲入比生命更寬廣的歷史。到最後，我避免放肆時，就顯得很不誠實；我壓制自己的反對意見時，就顯得很虛僞。在此同時，我歷史觀點中的實用價值讓我無法維持緘默。離奇的環境導致我出版這本書，依據的是三十年前在密西根大學取得的新聞特許。我是自己雇用自己的記者，我爲一般讀者大眾而書寫。

梅爾．高爾德曼（**Merle Goldman**）將我的朋友廖沫沙歸類成「自由主義者」，他弄錯了。雖然沫沙駁斥死硬派毛派分子的虛僞主張，但他自己仍是理論派的馬克思主義者。

他替我書的封面題字，原因不在於他贊同書的內容，而在於我們長達四十多年的友誼。自從他獲得平反後，我們通了五、六次信，有兩、三次還寫了數千字的長信。他最近的一封信顯示，他雖然沒有鼓吹階級鬥爭，但仍然相信，中國歷史符合馬克思主義的直線進展。我雖然不同意他的看法，卻可以從他的處境中想像中國此刻的困境。在新的民法地位穩固並開始生效前，中國的公共事務只能透過共同決議和普遍聲明來協調。在此期間，我認爲一黨政治無法完全避免。要消除此一現象，社會必須在官僚之外建立中間階層，我建議從工團主義和團體財產權著手。西方的自由主義者忽略技術上的準備，要求立刻解放中國的年輕叛逆分子，等於是建議中國人：「忘記你們的公社，忘記你們的食物配給和鞍山鋼鐵廠。你們只要讓每位婦女塗不一樣顏色的口紅，讓男人吹自己喜歡的曲調或玩自己的樂器，一切就可以解決。」

田海男是田伯伯的兒子。他和我於一九三八年一起進入成都中央軍校。我們在國民黨軍隊中的服役歷史相近，直到抗戰勝利爲止。在一九四五年年底或一九四六年年初，他加入共軍，部分原因是他父親劇作家田漢（見本書一九七頁）和周恩來關係密切。他有功於人民解放軍中野砲部隊和裝甲部隊的初期成軍，而且還參與韓戰。雖然田伯伯在文化大革命期間死於獄中，但沒有動搖海男以社會主義改造中國的決心。我最近才收到他的第一封直接來信，信中附上一張郵票，記念田伯伯塡詞的〈義勇軍進行曲〉重新被當成中國的國歌。我雖然仍不知道他的現況，也不清楚他對黨對軍的義務，但我仍然寫信給他，希望他能以自己的影響力去癒合內戰倖存者的情緒傷口。我粗略建議，就我的歷史觀點而言，國民黨和共產黨不應該將對方視爲永久的敵人。我在信中又強調，蔣介石在歷史中自有定位。信寄出後，我不確定自己是否做對了，畢竟我們已經近四十年沒聯絡。但他的回信卻充滿快活的語調。他希望我和內人回中國看看，而且我們可以一起去登泰山。對中國人來說，「登泰山以小天下」，登上泰山頂，才知世界有多小。

盧益一度是《新華日報》（共產黨在戰時重慶的黨報）的首席特派員。我認識他是因爲范長江成立中國青年新聞記者學會（見本書二一〇頁）時，他是活躍會員。他已離開報界多年，目前活躍於人民政治協商會議的上海支會，同時擔任兩所大學的新聞學副教授。我於一九八〇年重新和他取得聯繫。從他的出版品中，我發現他就新聞報導的演說含有豐富的歷史內涵，提到在日軍包圍下從徐州撤退，在新四軍事件後在重慶身爲共產黨官員的艱困處境，周恩來親自下達他的命令等等事件時，他都會交待背後的歷史因素。我寫信給他時，忍不住勸他降低對黨派的強調。我的舉動並沒有政治動機，只不過是希望能領導下一代擴大視野。但我不知道我的訊息是否能被接受，而且，就算他同意我的看法，是否能採行我的建議也都不可知。但我欣慰發現，在《萬曆十五年》中文版問世後，他收到出版商直接寄給他的贈書，非常高興。這本書說明現代中國的問題已經過數百年的醞釀，應該也可以發揮類似的勸說效果。

在進行上述書信往來時，我並沒有得到贊助者的支援，甚至沒有任何一所學術單位付我文具和郵資費用。然而，我卻了解，如果繼續進行這類溝通，萬一運氣不好，可能引發猜疑，危及我的朋友。因此我更急著讓本書出版，可以藉此澄清我身爲獨立觀察家的地位，也可以確定我報導中的學術源頭。這項澄清工作對台灣友人的意義，可能大於對中國大陸的友人。

一九八〇年耶誕節是成都中央軍校第十六期一總隊畢業四十周年，爲此重新印行當年的通訊錄。校友會成立，決議每三個月發行簡訊，讓大家知道同學和家人的消息。在原來的兩千名畢業生中，中國大陸以外的共聯絡到三百三十位，其中有一位在日本，三位在美國。大多數留在台灣的同學都已退役，其中有許多晚近經商有成。在仍然服役的同學中，有幾位已經爬到高位，包括二級上將郭汝霖，是中華民國空軍總司令。我的一位要好同學汪奉曾也有不錯的成就。我上一次見到他，是在三十年前的雷溫烏茲堡，他也是參謀大學的學生。回到台灣後，奉曾官拜師長，保衛金門，部隊每日面臨共軍的重砲轟擊，死傷慘重，經歷長期的不確定感。他的若干英勇事蹟仍可見於西方媒體的舊檔案中。最近我才得知，他以中將退役，轉往非軍方的政府單位任職。但由於台灣堅守意識型態，我和在台朋友的關係緊張，程度更勝於與在大陸的友人之間。也因爲這個原因，我和汪將軍已有數十年不曾聯絡。即使我與在台灣的表弟通信，也都只限於討論家務事。我看到成都中央軍校校友名單時，腦海中不禁浮現四十年前的光景，在成都草堂附近，德國製鋼盔底下是一張張朝氣煥發的臉龐和一對對好奇的雙眼。好奇心驅使我想了解他們過得如何，無論是民航局的局長或副局長（劉德敏與左宗慧），或是在欣欣向榮的民間企業中當董事長或總經理。信件的往返勾起懷舊氣氛，回憶當時擔任國民黨下級軍官時所遭遇的辛苦。然而，在實際生活中，我們之間的差距就像太平洋一樣深。

自從我們在成都的歲月以來，國民黨就不曾放棄行之已久的慣例，也就是將管理等同於完美理想狀態的憧憬，仍然以哲學的手法來經營政府，造成外在的假象。由於國民黨以傳統價值的捍衛者自許，因此不可能放棄這種半宗教的外觀。也就是說，今日的台灣政府仍然認爲自己在擔負神聖的使命。特定官方刊物仍然視中國大陸爲「匪區」，中華人民共和國仍然被稱爲「僞政權」。無可否認的是，早期流亡政府存在不安全感，必須保留舊習慣來證明自己**存在的價值**。但近年來這個位於小島的省分明顯繁榮富庶，對照大陸的混亂和停滯，更強化其說服力，造成官方採取的意識型態更難以加修正。這種堅持對歷史學家造成的最大障礙是史學的「固定前端」，所有的研究和闡述都必須緊扣此一結論，或至少也不能牴觸。

寫到目前這一段時，我曾認真考慮，提到以前的同學有何好處，也許會讓他們困擾、尷尬和不便。但經過多天的思考以後，我決定如實呈現。隨著本書的推展，我愈來愈覺得，本書的目的在於消除誤解，連我自己的也包括在內。經過數十年的時間，歷經長久的旅行、閱讀和自我探索，終於造就今日的視野。但多年來我以歷史學家爲榮，背後的心理因素就在於我在成都中央軍校當軍校生，以及在國民黨軍隊中擔任下級軍官的生活歷練，而這些正是我和名冊上其他三百二十九名同學所共享的資歷。本書既然包含私密的個人特質，我不願意在出版時假裝自己無視於以前同袍的感受。但另一方面，我痛恨將道德抽象概念作爲處理公共事務的合法工具，如甘地、何梅尼，甚至美國的若干共同價值，更不用說是馬克思主義和毛派的口號。我對傳統夢幻治國的批評已見諸北京和上海，很希望台北也可以看到。我絕無意造成在台朋友的困擾、尷尬和不便，只希望自己的歷史研究甚至可以提高他們堅忍犧牲的真正價值，讓他們的事蹟在下一代面前更形突顯，據我了解，這也是仍在世同學所宣布的目標之一，他們將帶子女參加一年一度的同學會。

歷史證實，國民黨在大陸之所以失利，並不在於其邪惡企圖；在台灣島上化危機爲轉機，也不能歸功於夢幻般的美德。在這兩種情況下，技術是更決定性的因素。就本質來說，在濱海省分實施貨幣管理，要比在廣土眾民的情況下容易得多。台灣的捍衛者造就國民黨的主張得以成功，在給予應有的肯定以外，其成就卻必須觸及下列幾點事實：

即使是在二次大戰以前，台灣的農業就和貿易相關，多餘的稻米、樟腦、糖和茶葉都特別出口到日本。國民黨接管後，這些農產品持續賺取外匯，有利台灣的資本化。和大多數的亞洲國家一樣，台灣的農作單位很小。但由於地理位置較爲有利，普遍貧窮的程度不及中國內陸的許多地區嚴重。國民黨政府改善佃農生計的主要貢獻在於一九五三年實施「耕者有其田」法案，效法麥克阿瑟在日本推行的土地改革。每戶人家只能擁有約七點五英畝的普通等級農地，超過上限的部分必須交出，由政府重新分配。政府保證給予的補償約等於兩年半的農作收益，幾乎只具象徵意義。補償金的百分之三十是股票，來自政府從日本接收的企業，其餘則是以稻米及甘薯支付的商品契約，期限為二十年，年息百分之四。就像麥克阿瑟監管下的日本，法案能夠實施，不過是因為國家仍在軍事占領的狀態，疆域也夠小巧，可以用現代化的商業技巧和數學加以管理。不過，國民黨的改革者強迫富裕的地主進入農業以外的其他經濟部門，這個明智之舉功不可沒，不但紓解務農人口的壓力，而且還開創提升經濟的一般模式。

美國十多年的大額援助更增添經濟成長的動力。大量資金湧入時，正值本土經濟正要起飛的最佳時刻。經濟發展策略更進一步展現獨到的眼光。在美國的合作之下，外貿受到嚴格的控制。台灣更避開所有的資本密集計畫和高級產業，數十年來專注於勞力密集的外銷產業。國民黨控制的這片土地就憑藉這種方法，進攻戰後先進國家經濟擴張所創造出的廣大市場。近年來，台灣才開始進入高科技產業，出口鋼鐵，和日本合作製造汽車。台灣的經濟發展成就斐然。但明顯的是，台灣善加整合大陸所不具備的有利條件，才能有如此出色的表現。濱海的地理位置有利貿易的促進，政治影響力也隨著加深。當前的問題在於外來的競爭。高科技產業面臨和日本的艱困競爭。依亞洲標準而言，台灣低階的勞力也不再算是廉價，必須面臨其他開發中國家的挑戰，其中包括大陸的中華人民共和國。

我確定我在台灣的朋友會同意一件事：他們代表在這個沿海省分的年長一代，必須保持和大陸的兄弟與同輩間的感情連繫。他們自己非常清楚，如果不是中國人付出慘重代價，贏得一九四三年簽訂開羅和約，因而賦予他們在這個小島上的合法地位，成功的故事就不可能上演。台灣的光復是勝利的果實之一，如何傳遞給後代，仍然有待觀察。至於捍衛台灣和增進台灣福祉的人，他們的功勞不應被抹煞，他們和子孫的安全也不應被輕忽。但另一方面，發生在離島的砲戰已經是四分之一世紀前的事，足以收入史書。一個全世界政要都訪問過的敵對政府，一個在聯合國已有十多年歷史的敵對政府，不應該被斷然稱爲匪徒。這個議題當然可以交由積極參與的人士，但畢竟牽涉到亞洲的未來，甚至間接影響到人類的未來。

我深知，我對歷史的評論會讓自己陷入更深的爭議中。情況類似於：如果你明確反對一群人，不管對方人數有多少，你的地位還比較安全。但是如果你和他們享有共同的利益，卻又針對某些要點反對每一個人，這時如果就不同的角度來看，你的意見顯得更加靠不住。我的大歷史概念就是如此，置我於一點也不值得羨慕的處境。在這種情況下，我唯一能替自己辯護的理由，就是自己這些意見的學術源頭。如果我的意見和外交有關，也只限於民間的層次。我的推論依據是基於已印行或可以出版的資訊。我所提的建議因此歸屬一般論壇的領域。

如果我們有清楚的視野，就可以察覺，中華人民共和國正進入最特殊的發展階段。表面來看，只見到無盡的笨拙粗陋。但如果就基本架構來看，其組織已經健全，可以開始建設的工作。最鼓舞人的層面在於目前的問題都可以「被確認」，目前必須努力推及內陸的下層結構，但過程顯得緩慢辛苦。這種工作不但毫無光彩，而且還需要拓荒者的犧牲與奉獻。但是節奏一旦確立，也就是說，農業公社開始成爲有利可圖的貿易單位，內陸的運輸能順利運作，動能就會加快，而這種速度將使大城市的現代計畫更風光。美國人當然可以伸出援手。例如，他們可以啓發中國青年成爲運動中無名的英雄，援引美國開疆拓土的歷史爲經驗。但到目前爲止，美國的啓發似乎導向相反方向，非常可惜。

時至今日，意識型態仍是中美關係的嚴重障礙。有時我很希望，中國人不要自稱是共產主義信徒，也不要掛紅旗。但我更希望，我的美國同胞不要去中國推銷自由與民主，如果不得不去，他們至少應該了解，他們的商品像電壓不同的進口電器一樣，需要加上變壓器。事實上，資本主義和共產主義間的爭議，以及自由社會和極權社會間的爭議，都掩蓋真正的利益衝突。我們從已出版的文字中可以發現，部分美國人希望中國打開市場，讓外國商人能做選擇性的購買，同時能傾銷他們想出售的任何商品。這種期待並非頭一回。先開放武器等國家經濟中的最先進部門，是美國對開發中國家的慣例。但中國已經奮鬥數十年，發展出足以抵抗基於這種條件的貿易。他們的目標在於減少前端的貿易，以提高本國經濟的底線。這不只是政策而已，還會影響到體質，因此必須壓制特殊部分的利益，以兼顧全體的利益。

我們有理由依中國人訂立的條件和他們做生意嗎？理由很多。

目前中國大環境的特色在於農業公社的成立，內陸和沿海城市有必要聯繫，各省間貿易擴大衍生出對法律和架構的預期。但目前的處境並非由中國人發明，也不是由西方顧問所設計，而是長期奮鬥的結果。在這段期間，不論是內在或外在，人類的努力逐漸在地理和歷史因素影響下定型。所有的可能方法都試盡後，我們沒有理由不相信，這就是中國現代化的終極答案。只要集體擁有仍是明顯特色，中國進行的計畫就需要集體轉型。但基本的發展技巧牽涉到信用的擴大、不帶人治色彩的管理、及服務措施的整合，這些都已經在資本主義國家中實行，應該可以運用到中國。也就是說，就集體的意義而言，中國的經濟可以和已開發國家長期互動。但由於中國經濟的群眾路線，其波動程度應小於西方國家的現行制度，每人平均消耗量較低，但會比較堅實，附帶更多的人類價值。就未來的潛力和規模而言，中國經濟應該可以成爲二十一世紀的安定力量，而且成爲第三世界國家的楷模。

中國經濟發展所引發的立即問題是：我們如何面對其廉價勞力？美國成衣和紡織業已感受到中國進口的壓力。一九八三年七月，一名汽車業分析師在底特律宣稱，到二〇〇〇年，美國將沒有獨立的汽車製造商。根據他的說法，全世界將只剩下三家汽車公司，歐洲和中國各一家，另一家可能在南美洲。首先，我不相信中國在短期間內可以取得這種地位，因爲這和目前的深度發展策略相矛盾。但另一方面，開發中國家的崛起是當今不可抗拒的世界潮流。許多開發中國家已經發現，不發展就只有死路一條。日本可以說是開啓先例。目前日本不但挑戰美國在汽車和電腦產業的領導地位，而且，據某些專家指出，還要邁向民航業大國的目標。但日本在鋼鐵製造的優勢逐漸輸給南韓及台灣。這整套連鎖發展雖然沒有獲得美國的贊助，但仍然受到美國的鼓勵與提倡。潮流所趨，我們無法阻擋或逆轉。就中國的例子來說，我們還要考慮到中長期的互惠貿易。長期來看，中華人民共和國將持續向美國購買農產品。（由於氣候無法預測，中國主要城市都儲存五年的存量。部分遊客指出，當地食用的米有怪味。）將沿海探油權租給美國公司，和東方汽油公司合作生產煤，和美國汽車公司生產吉普車等，都展示目前的互惠和將來潛力開發的範圍。我們還可以運用想像力，預想未來中國內陸完全開發後的景象。

至於部分國家工業化造成美國勞工失業，美國也許還要考量數項因素。財政赤字會持續推動國家的經濟，創造就業機會：這個過度盛行的財政政策是否有持久的價值，我們不禁要懷疑。另一個考量因素是自動化。高科技帶來的混亂可能比外國進口品更爲嚴重。無論如何，在下一代有生之年可能發生關鍵性的改變。我們只能希望，如果能妥善準備，對他們的衝擊可望減輕。爲達成此一目的，我們應該有更多的動機改善和蘇聯的低盪關係，才有助解開心結，降低軍事費用。我們毋需再辯論凱因斯經濟理論的優缺點。

在正常的情況下，國家就和健全的家庭財政一樣，可以受惠於小額的商業貸款，而在經濟擴張時，小額商業貸款會節節上揚，但經濟仍然能健全發展。以上不過是常識，但我們面臨的前景絕非正常情況，如果我們將所有的重大問題交給下一代，應該給他們財政優勢，或至少讓他們享有處理問題的部分財政自由。

就我的研究而言，我希望中美關係可以持續蓬勃發展。但如果在過程中要將中國當成一張「牌」，希望玩的是和平遊戲，而非戰爭遊戲。如果我們和中國建立更密切的關係，目的只是爲了增加和蘇聯開打核子戰爭的可能，這一切就毫無意義可言，對中華人民共和國也沒什麼好處。

在此時此刻無法改善預算赤字的情況下，龐大的軍事支出不但浪費，而且不過是欺騙自己。前國防部長羅伯特．馬克納瑪納（Robert S. McNamara）曾說：「核子武器無法達成任何軍事目的，完全沒有用——只不過可以用來嚇阻敵人使用同樣的武器。」事實上，即使是傳統的武器，一旦發展到一定程度，也是同樣沒有用。即使人類從來沒發明核武，今日超級強權仍會以殲滅或嚴重癱瘓對手爲戰爭目標，並且不遺餘力去追求，但他們自己是否會滿意，令人懷疑。兩次世界大戰都建立以下模式：戰爭行爲透過動員和遣散確實啓動大規模的地緣政治趨勢，老舊的制度因而消失，誕生的新系統更有利於自然經濟的運作，對大眾媒體也更能有所回應。這些都使得窮兵黷武者的原始目標變得無關緊要。面對歷史教訓，保守分子沒有好戰的空間。進步人士的當務之急不是反戰示威，而是找到執行他們計畫的最好方式，同時避免自取滅亡的暴力發生。目前所有的重大議題都已變成全球議題。我們活在宇宙的螺旋中，我們的信念無法主宰人類前進的方向。人類是否能繼續生存，其實是信念的問題。

三年來格蘅和我總共去紐約兩次，都是參加美國書卷獎的年度頒獎典禮。在一九八二年和一九八三年，《萬曆十五年》都被提名爲歷史類的好書，第一次是精裝版，第二次是平裝版。我兩次都沒得獎，但我們有機會見識一些有趣的人物。我們聽到評審之一的蘇珊‧布朗密勒（Susan Brownmiller）解說，她如何用消去法來挑選入圍的書。她還對聽衆說，單單是一九八二年，在非小說的一般類別中，就有三本和中國有關的書被提名（得獎作品是包德甫的《苦海餘生》）。茱蒂絲‧瑟爾曼（Judith Thurman）從約翰‧浩斯曼（John Houseman）手中領取傳記暨自傳類的獎項和一千美元的支票，有趣的是，她在得獎感言中對他說，她是「靠老派的方式賺錢」。我還很高興能和約翰‧厄卜代克短暫交談。

「我很欣賞你的淘氣，厄卜代克先生，」我說，指的是他小說中一些煽動的段落。

「我，淘氣？」他擔出抗議，一臉無辜狀：「你認爲我很淘氣？」

順帶一提，厄卜代克替《紐約客》寫《萬曆十五年》的書評。當期雜誌出刊時，我非常訝異他竟然對我的書有興趣。後來他透過書信聯絡告訴我，他從《紐約時報書評》

中知道《萬曆十五年》這本書，因此主動替《紐約客》寫書評。我表達幾點見解：我很驚訝他對當前國際關係保持如此正面的看法，居然如此關心，因爲他的作品讓我以爲他很悲觀。他很好心，不但寫回信給我，而且同意我在此處引用他的話：「我當然是樂觀分子，否則絕不可能寫得如此悲觀。」

在頒獎典禮中，我見到哈利森．索斯伯利兩次，第二次終於有機會問候他和他迷人的妻子。我想問他一個嚴肅問題：我研究中國時發現，由於缺乏商業組織的平行單位，官僚體系的意識型態事實上代表的是一種「行政算術」。俄羅斯歷史上也出現類似的跡象。我研究全球的衛星地圖時，注意到蘇聯部分地帶比中國西北部更容易遭受大自然的處罰，旱災一再發生。在蘇聯境內的多種民族中，回教徒占相當大的比例，其文化傳承中帶有無法抹滅的遊牧民族印記。這些情況讓我懷疑，蘇聯領土綿延千里，可能也要運用絕對而專斷的意識型態，以包裝其管理邏輯。我們從許多新聞特稿中得知，他們的侵略成性事實上反映某種防衛心理。既然如此，我開始猜想，我們是否可以減少武力衝突，避免刺激他們，而是透過貿易和文化接觸來表達同情和理解，和他們共同探索如何在工業生產和農業社群間建立更有效的連繫，如此一來，接近自然算術的消費者導向經濟才能使我們的關係更融洽，製造友好的氣氛，更有利於解除軍備。數學至上時，建立於意識型態之上的熱情或許可以逐漸消退。但這是個大哉問。我們有權利去窺伺其他國家的家務事嗎？窺探的同時，我們不也應該揭露自己的虛實嗎？國民外交和正式外交關係之間的差異也會浮現。在考慮過這些因素之後，這個問題不但難以回答，而且難以啓齒。但另一方面，如果我們不採取行動，如何打破冷鋒呢？我想過多次要向索斯伯利提出這個問題，而且幾乎要寫信或打電話給他，但最後又打消此念。

對我來說，難處還牽涉到私人問題。我提出的不只是問題，而且還是我自歷史主題衍生出的假設性推論。如果我太過積極，無可避免會顯得在強力推銷不受青睞的商品。而且，現況也必須納入考慮。索斯伯利先生不過捧了我一下，說他喜歡我的書。我因此應該利用他的同情心，對他說我被解聘，三年沒有工作，缺錢孔急，死命推銷新的書稿？問題在於，如果我真的結識索斯伯利先生、戹卜代克先生或其他名人，我可能終究會說出這些事情，甚至提到我和同行前輩的紛歧。

實際上，在我寫這本書的期間，我曾和其他名人接觸。我和他們的接觸不過是偶然的舉動，提到他們甚至有侵犯他們隱私權的嫌疑，爲什麼我還要在此攀附名流呢？我的目的是記述真相的實情。我希望讀者理解，我們面臨嚴重的對談困難。並非我生性好戰，到處宣揚與生命中每個貴人之間的不和。有時我無法連絡到我最想溝通的人。舉例來說，約翰·戹卜代克在評我的書時指出，美國版的自由主義已造成許多不受歡迎的後果。他就此下結論：「顯然需要一點小小的魔力來調和一切。」但除非本書依原狀出版，我永遠無法說服他：他以犀利眼光注意到的問題的確非常迫切。

三年前我開始動手寫這本書時，只想著要一吐怨氣。出乎意料的是，替自己辯解的意志逐漸減弱，書寫的有用價值逐漸浮現，甚至愈來愈強烈。例如，三年前我們不曾想過，對台灣軍售案竟然成爲重大議題。但目前一般認爲，如果我們堅持出售武器給台灣，可能對中國大陸產生壓力，讓他們也加強採購武器。中華人民共和國不但可以因此配合我們的政策，而且一旦建立親密關係，還可以用來對蘇聯施加壓力，克里姆林宮終究會依我們的條件來解除核子軍備。我多麼希望這個手段可以貫徹執行，達到預計的目標。但不難想像的是，我自己可以替交涉的有關方面提供服務，藉此建立友誼和獲得好處。但就我對中國的了解，我必須提出警告，如果鹵莽實行此一政策，只會引來災害。就本質上來說，人民解放軍的確是支龐大的國民兵，其裝配也許需要一定程度的更新，但絕對不能到社會無法接納的地步。我們甚至可以完全忽略意識型態的問題。姑且不談士氣，我們必須了解，現代軍備是社會工具。透過指揮功能、私人化的管理、軍務和補給，軍中生活自有其獨特的氣氛。他們的技術需求迫使社會必須適應。不加思索就引入進口時，武裝力量會變得像是外來的單位，和民間的支援並列，所造成的問題將多過所解決的問題。中國人當然很提防來自蘇聯的威脅，他們更有理由關心社會的空洞架構，轉型時還必須整體進行。不久前，麥克·華勒斯在〈六十分鐘〉中提出代表中國立場的解釋。歷史學家可以提供更多深度的解釋。

對中國歷史的研究還可以是一面明鏡，讓我們反省自己。中國體系過度強調法律和政府機構等公共部門。即使在晚近的階段，即使人口眾多，但強調民間部門才是解決之道，可以先從社群的財產權著手。美國的問題剛好相反。我們仍然受到亞當斯密的影響，他認爲個人如果可以儘情追求自己的利益，自然而然會找到「最有利社會的工作」，帶來「社會的改進和教化」。但亞當斯密出版《國富論》是在一七七六年，和美國發表獨立宣言同年。當時和今日的差異也就是極端簡單和極端複雜間的差異，我們重讀他的作品時，必須三思。

兩百年來美國有不錯的表現。但如果我們目前的生活水準太高，以致於不但我們的產品逐漸被排擠於全球市場之外，而且我們版本的自由也無法被全球的開發中國家所吸收，目前不正是重新檢視國防政策的最佳時刻嗎？我們當然很小心謹慎，不會自行片面解除軍備。如果沒有強力的國勢，也不可能進行談判。但在我們仍然派遣武裝部隊到全世界各角落之際，不也是重新定義捍衛目標的最好機會嗎？

另一項較少被提到的因素是，相對於中國司法制度的簡陋，我們的法律體系太過複雜。在亞當斯密和獨立宣言後的兩百年，這個領域已擁擠不堪。經濟的先進部門被鼓勵不斷進步，社會的分工也日益細密，因此源於十八世紀的法律義務權利也跟著分化和分裂。目前技術的複雜程度已讓人人吃不消。美國的一位前總統和一位最高法院院長都曾說，這套系統已經過度使用，變成死巷。

關於上一點，我自己勉強算是深受其害的見證人。我在紐約州立大學紐普茲分校任教，是凱因斯經濟學派的結果。（不過，已故教授瓊安・羅賓遜可能要反對，她認為這一切都是對凱因斯的曲解。）在省長尼爾遜・洛克斐勒（Nelson Rockefeller）任內的財政赤字下，州立大學的教職員在十年內增加了四點七倍。權利義務的分化分裂造就法律的迷宮，包括泰勒法、公務人員法、削減預算條款、大學董事政策等等。我的教職被終止時，我不知道該向誰爭論，在奧本尼的中央行政單位？地方上的分校？行政人員？歷史系？職務終止是基於年資還是績效紀錄？解聘是行政人員的決定？和勞工聯盟有關嗎？教職員私下的多數決？或只是FTE？我只能說，我不鼓勵大家去深入研究這套系統。我的同行前輩可能沒有意識到，但我和他們的緊張關係也是起源於相同的陷阱。學術圈的架構如此，圈內人也必須勇於作戰，以保障自己的特殊權益，不惜犧牲整體的權益。否則，我努力提倡對中國歷史的綜合史觀，也不應該觸怒如此多的人。我的努力來自於我的信念：中國歷史的循環較長，超越美國大學目前採行的學科分工制度。如果我事先知道這個看似無害的概念會引發這些反應，我會採取略為不同的作法。

但在提出抗議和申訴後，我還不想宣稱自己是輸家，請求別人的同情。我還沒重返中國，但我的書卻在那裡發行及流通。《讀書》是北京的期刊，其影響力介於《圖書館期刊》和《出版人周刊》之間，雖然說我「不是馬克思主義者」，卻仍然向讀者推薦我寫的書。我的編輯才剛告訴我，中國的《出版年鑑》將刊登討論《萬曆十五年》的專文。此書的英文版既沒有得獎，也不暢銷，但卻是歷史書籍俱樂部和世界歷史圖書館的選書，被一些大專院校當成教科書。法文版將於本月出版，德文版預定於明年初出書，日文版正由東京早稻田大學的教授翻譯。本書出版後，國際筆會邀我成爲會員，我欣然接受。

我不打算移民。美國現在是我的家，也是我的國家。我不需要多談對美國的愛或感情聯繫，因爲我毫無意願離開。我享受美國的種種事物。我成爲歸化公民，心情坦蕩，一點也不後悔。寫這本書時雖然碰到困難，但大體仍相當悠閒自在。就自由表達自己和接觸出版意見這兩點而言，我恐怕找不到比美國更理想的地方。我目前領社會福利退休金和養老年金，來源不只出於美國藍領和白領階級的勞工，而且還必須感謝基金管理和各級公務員的盡心盡力。我們對彼此仍然有義務。

內人是土生土長的美國人。獨子的英文名字傑佛遜，源於有「蒙地沙羅智者」（Sage of Monticello）之稱的傑佛遜總統和他的「生者之地」的信念（格蘭在南方的親戚會聯想到傑佛遜．戴維斯Jefferson Davis，那也好）。他已經是全國榮譽學會的學校分會會員，是學校合唱團的副團長，還是學生與校長溝通委員會的委員之一。身高六呎一吋的他擔任大學足球校隊的守門員，也是管絃樂隊的隊員。聖派垂克節時，整個赫遜河中游地區的遊行隊伍會通過紐普茲村，學校的軍樂隊隊長問他是否可以當掌旗手之一。他說：「我要負責美國旗。」隊長說：「可以！」在遊行當天，格蘭和我站在街角，除了隱約的敬意以外，我平生第一次湧起對星條旗的衷心喜悅。

然而，在不顧顏面地輪番揭露自己的羞辱與驕傲，以及和志業相關的挫折與樂趣後，我必須要說，我們即將邁向二十一世紀，我卻無法肯定美國的前景。就某些方面而言，美國的未來甚至沒有中國明確。今天（一九八三年九月二十二日）《紐約時報》的頭版標題如下：

初步數據顯示
第三季GNP
成長7%

樂見趨緩

對復甦過熱的擔心
已降溫——白宮表示
成長步調可望維持

這不是好消息嗎？但我開始想到，美國目前的經濟成長率已經接近飽和點。我用傑夫的電晶體計算機輕易算出以下的數字：

$$100 \times (1.07)^{10} = 196.71515\ldots$$

也就是說，如果目前的成長率可以持續十年，或說是重複十年，屆時我們的國民生產毛額會加倍。我們如何尋找原料？我們出口的全球市場何在？廢料和污染已經造成許多湖泊和河川不堪使用，未來如何處理這些問題？強迫性消費只會產生更多差強人意的商品，同時讓許多有用的書無法出版，將來我們又該如何因應？這其中潛藏危機，只怕更甚於中國鼓勵人口成長政策的害處。分析師當然會告訴我們，目前生產和服務部門的比率勢將改變。有些人還預測，二十年後，高科技主宰一切，美國製造業勞工的比率將降爲現在的三分之一。我們的社會準備好要面對無可避免的職業變動和失業嗎？我們的法律體系足以支撐井然有序的過渡期嗎？誰會購買我們的機器人？最重要的，如果這些問題全都獲得解答，我們如何維持下一輪的成長率呢？我們還有其他的替代方案嗎？

在許多天的晚上，我讀著悲觀的報導，上床時悶悶不樂。身爲特殊類別的歷史學家，我知道大規模的僵局會導致暴動。在紐普茲，有一個適宜低收入家庭的新住宅方案，事實上，這些房子位於管理妥善的住宅區。有一天，我看到一個白膚金髮的小男孩，大約八、九歲，從其中一間房子中走出來，旁邊是一個年齡相當的黑人小男孩，兩人手上都拿著球棒和棒球手套。這個景象令人感到心曠神怡。但當晚我又讀到關於世界局勢的喪氣報導，隨後想到這兩位男孩的命運，他們居然出現在我的惡夢中。不過，第二天早上的陽光卻大大振作我的士氣。我發現自己對兒子說：「傑夫，即使我們必須消除內燃機的文明，人類也可以生存。看看我們擁有的科學知識和實驗室設備吧。我們應該可以開發新能源。我想應該可以發掘金屬和化學物，讓物質重新循環使用。你們這一代應該至少可以維持我們目前的生活水準，或者活得更好─如果我們沒有把地球炸掉的話。」

我近來不太旅行。但我還在密西根當研究生時，我曾開車到華府，去國會圖書館找資料，然後再一路往西開到西岸，看我的弟弟一家人，之後再開回底特律。我也常常搭飛機來往紐約和曼菲斯，波士頓和普吉西之間的短程距離更是往返無數次。我記得城市和郊區呈巨大的棋盤圖案在眼前展開，燈火燦爛，鄉間有許多景緻優美的住宅，附帶形狀各異的游泳池，黃昏時水光瀲灩。這是一個機敏又長於協調的國家和民族，我不相信他們會讓自己走向大災難和毀滅。

也許我們在學校教美國歷史時，應該採取不同公式和重點。我的經驗告訴我，許多美國人誤以為美國史開始於太平洋岸。也就是說，他們認為美國主義的威信是起源於物質的成功，因此而忘卻真正的美國精神。不久前，他們的祖先就是秉持著這種精神克服外在的艱辛，穿越一整個大陸的大湖、平原、草原、山脈和沙漠。如果開發技巧受重視的程度勝過真正的國民性，如果機巧的成果比機巧本身更被看重，幻想遲早會破滅。這樣的人忽略自己優勢的來源，只會經常仰賴運氣。

也許美國人應該多參與其他民族的生活。在我的經驗中，接觸可以消除偏見。從孩童時期起，我就被教導要恨英國人、日本人和俄國人，後來還或多或少要恨美國人。但有機會近距離觀察這些人時，我很能理解，我們如何讓爭論點發展出對外國公民的刻板印象，尤其是牽涉到驕傲和偏見的爭論點。我認爲本書很有用，是因爲本書是根據我正常工作外的許多客觀觀察，如果讀者容忍我的自大，我要說這些觀察擴大我的眼界。也許我可以用回憶中的一件小故事來幫我強調論點。

一般而言，蘇聯人可以說是全世界最難理解的民族。很少中國人有機會接觸他們，更別說和他們進行對話，突破他們的心防。我們只能想像蘇聯人陰鬱、低俗、粗魯、凶暴和野蠻。在二次世界大戰後的東北，我們有充分理由讓他們就此凝固在這些永遠的形象中。但發生一件離奇的事，讓我上了最難忘的一課。

時值一九四六年五月，我在國民黨軍中，我們剛從共軍手中奪回長春。身爲副總司令副官的我，負責撤走大和飯店的房客，準備迎接蔣介石的到來。旅館屬於前日本南滿洲鐵道會社的財產，一般大眾不可能住進去。我們攻下長春不到五天，房客包括我們自己的軍方人員、六名外籍特派員和蘇聯人。第一種人什麼話也沒說，就搬走了。記者有宋子文當代言人，雖然願意配合，但仍然提出抗議，我們解釋撤離是爲了安全理由，他們根本不相信。（西方讀者對宋子文並不陌生，他的照片出現在涂克門的《史迪威及美國在華經驗》〔*Stilwell and American Experience in China*〕）接下來，我們預期趕走蘇聯人會遇上困難。他們分住不同的樓層，有些還攜家帶眷。不論他們如何搬進來，不論他們是否有外交官的地位，他們住在大和的時間都比其他人久。

結果連一點抵抗的跡象都沒有出現。無論男女，這群蘇聯公民都很有風度，接受我們的驅逐命。他們的代表是一位茶色頭髮的削瘦男人，英文說得不錯，中文還過得去。他只要求半天的時間讓他們搬到朱林（Tchurin）公司。朱林是官方的俄國貿易公司，在長春擁有辦公大樓。他又提到，他擔心他們這群人的安全。我們進入長春時，國民黨的軍官和士兵都對蘇聯人在東北的作爲非常生氣，因此砸毀任何看得到的俄文標幟，而且很可能如法新社所報導，甚至以愛國之名掠奪無人看管的外國人財產。這位蘇聯人的憂慮不難理解。但當時我太過驕傲，無法接納他的意見，因爲這無非暗示我們喪失掌控權。在我還想不出如何應答時，這位蘇聯代表仍然輕聲細語，以他的誠摯解除我的武裝：「我無意冒犯，上尉，」他用英文說：「不過數星期前，我們的軍隊才犯下全世界最惡劣的行徑。我了解你的感受。」這個人顯然是使館官員之類的，居然如此坦誠，令我大感驚訝。感動之餘，我向他保證會保護他們這一群人。他已贏得我的尊敬。

真是多事之秋。同一天早上，大概才半小時之後，這個人要侍者請我去他的房間一探究竟。我直衝過去。在走廊上，我看到他和一名我們的士兵在搶檯燈。這個糟糕的傢伙是被派去保護他們的士兵之一，一定以爲既然蘇聯人被命令離開，他們房間和套房中的每樣東西都可以隨意拿走。這位直言無諱、髮色淺淡、語調柔和的蘇聯人，這時用中文說：「看，這甚至不是我們的東西，而是你們的！」我羞愧難當。他在提醒我們所有的人，這個檯燈既然是旅館的財產，事實上也就屬於我們。那一剎那我覺得自己被背叛和羞辱。我說話不算話，軍隊的名譽掃地，國家顏面盡失。這一切都是因爲這個可恥愚蠢的士兵，我本能想當場殺了他。我怒急攻心，立刻從皮套中抽出四五口徑的自動手槍，就要開保險，扣扳機，槍口則早已對準他。只要一、兩秒鐘，一切就結束了。一聲槍響、幾絲火藥味、鮮血噴出、皮膚撕裂、肌肉抽搐，在長春大和飯店鋪上地毯的走廊上，就會平添一樁橫死案件，而我會永遠被貼上殺人者的標籤。也許我能夠無罪開脫，我可以宣稱是爲了防止掠奪，是爲了挽救軍隊的榮譽。我知道一些國民黨軍官確實這樣做，用自己的手來執行戰爭條款，最後不過訓斥了事。但這畢竟是槍殺一個手無寸鐵的受害者，這種永恆的負擔一定一輩子跟著我。

但當時我免於經歷那種可怕的經驗，否則到臨終時這件事都還會懸在心頭，刻在腦海中。在那要命的瞬間，我停了一下。首先是眼前的軍人忽然自知死到臨頭，眼中浮現難以形容的恐懼，讓人看了心煩。然後我轉頭去看向我申訴的那位蘇聯人。畢竟，會發生這一切懸而未決的執刑過程，部分原因是爲了讓他滿意，讓他知道我們如何認真兌現我們的承諾。他啞口無言，極度震驚，被**我的殘暴和野蠻**嚇呆了。我覺得，今天在蘇聯某處的他，一定還記得三十七年前的這件事。如果他碰巧看到這一段，我想讓他知道，雖然他當天兩次解除我的武裝，但我永遠感激他，他已經改變我人生的方向。他不需要說任何話，只靠沈默的表情就已足夠。當時我讓那位可恥而愚蠢的士兵離開，把手槍放回皮套中。我仍然羞愧交加，而且可能比先前更嚴重，但我離開現場時心安理得。從此以後，我再也沒有配戴任何武器。

這起事件能證明什麼？它本身的意義並不大。我不可能從單一事件中建立起刻板的印象，那和已經存在的其他刻板印象也沒什麼差別。但重要的是，這個人是我唯一親身接觸的蘇聯人，卻能顯現出人類的關懷和敏感，而就我所能看到的中國和西方新聞報導中，有數十篇故事和文章提到他的國家和民族，卻沒有一篇令我動容。我還記得二次大戰前我們對日本人所持有的僵化印象，和我後來在日本結識的人全無相像之處。法國人也不是我們抵法前所想像的輕浮模樣。不說別的，如果可以打破這些僵化的形象，就可以促進更多的了解。

在今日的世界中，公民對外國的印象是決定性因素，可以影響我們推展對外事務。不幸的是，仇恨和誤解很容易傳播。透過媒體，充滿感情訴求的議題可以立即散布給成千上萬的人，深入的解釋卻非常難與匹敵。危險之處在於，偏見持續累積，我們可能強迫自己走入最不想見到的情況：言行強悍的政客才能當選；企圖平衡報導的作家沒有銷路；具有外國血統的公民在講真話時，必須冒著被輕視和猜疑的風險。在此期間，中曾根康弘先生和索忍尼辛先生絕對不缺聽眾，緊張的氣氛勢必變得更緊張。至於下一代，將在這些因素累積的影響之下受教育。

但我不是改革者。我覺得，示威也可能將技術問題轉爲道德議題，因此會逐漸抽象化。就我所知，今日的世界面臨重大的數字問題。已開發國家的確沒有太多時間可以浪費，必須尋找下一段文明，不能停留在以鋼鐵和石油建立起的數字成長。開發中國家（其中有些已經可以在數字上進行管理）可以在國內外創造許多就業機會，應該用來填補彼此間的差距，作為緩衝，紓解已開發國家的過渡期，讓他們繼續前瞻。這麼龐大的工作無疑會引發重大規模的調適，但如果我們視之為生命中的挑戰，用來展現我們的聰明才智，作為一生追求的目標，成為昇華的「生存空間」和「共榮圈」，這樣不是很好嗎？何必因為我們不是唯一的受益者就視之為挫折和逆轉呢？重點在於，無論我們是否喜歡，問題都已超越國界，沒有一個國家會覺得心安。就全球來說，「大趨勢」不只是我們可以縱身投入的流行；協調整合有所必要；在世界史中，歷史事件並不會完全重演：以上都是實際的問題，只有這樣的結論才能讓我的史觀呈現出宇宙螺旋（如本章所示），在上面增加一段實線，並且更上一層，邁向代表未知世界的虛線。

這不只是像在紐普茲「超越聽眾的理解能力」。如果耶魯的萊特教授仍在世，一定會被我的大膽嚇到，因此我要對讀者表示歉意。無論我已提過多少次，我仍然希望你們了解，我才疏學淺，壞習慣和缺點倒是很多，但我仍然踏入相當奇特的處境。就某程度來說，這本書的成果對我也是一大意外，因為我從來不清楚自己何時開始踏上史學的不歸路，只有透過回想，這段盤旋漸進的過程才變得明晰。我以「中間階層」的立場觀察醞釀中的歷史，讓我更為確定：目前東西方的衝突不是極權主義和自由世界的對立。本質上來說，這兩方都是不完美的體系。一邊發現自己在技術層次上無法定義及照顧民眾的特殊利益，因此強迫人人完成大我，直到僞裝已超過最低限度的現實面。另一邊提倡以特殊利益來領導群眾利益，在有利的地理因素之下，一直能保持某種數學節奏，但這體系已經到達僵化的狀態，因爲可消耗物質面臨短缺及各種規定日益複雜。一旦發生上述情況，就連本身也無法確定自己的群眾利益和目標。也許最後的攤牌可以避免，前提是雙方都決定不再宣稱自己的一方具備道德上的優越，而是以坦誠和互助來解決實際的問題。

譯後記

看到黃仁宇用英文寫的回憶錄時，第一個反應是：「翻譯這本書的人好可憐」。外國人寫中國東西也就罷了，翻譯成中文後就算洋腔洋調，反正是外國人嘛。但中國人用英文寫回憶錄就不一樣了，中文翻譯流不流暢，一看便知。

何況這個人叫做黃仁宇，是以《萬曆十五年》名揚海內外的歷史學家，有名到根本無需作任何介紹。讀者已熟知他的文筆及語調，如果換成一個後輩寫的白話文（而且恐怕還不是很通順），怎麼看就怎麼彆扭。

沒想到，後來我就成爲這個可憐的人。黃仁宇的中英文俱佳，對譯者更是莫大的壓力，有時不免想到：如果他能自己用中文寫回憶錄就好了。

除了口氣不像黃仁宇以外，翻譯本書時碰到的最大困難就是一大堆人名及組織名，找資料時才深刻體會到，何謂「上窮碧落下黃泉，兩處茫茫皆不見」。由於時間有限，最後仍無法確定的人名只能以音譯表示，對相關人士只能說抱歉，並寄望方家指正，以後有機會再行修補。

本書所以能順利出書，友人馬耘居功厥偉。馬耘年紀輕輕，但彷彿像黃仁宇時代的人，對當時的人事、單位組織及習慣用語瞭若指掌，簡直是從中國現代史書中飄逸而出的精靈。此外，友人楊惠君也查到若干人名，同樣價值連城。如果沒有他們的熱誠，本書絕對會貽笑大方。其他朋友的關心、鼓勵及協助，在此一併感謝。

在此也要感謝中央研究院中山人文社會科學研究所所長梁其姿教授的協助。聯經出版社總編輯林載爵在百忙之中，還抽空審閱本書的部分章節，顯見對本書的重視。縱使這一譯本仍不盡理想，但仍希望成果不致辜負他們的指導。

也希望這譯本能對得起黃仁宇在天之靈。

索引

六劃

七劃

八劃

九劃

十劃

十一劃

十二劃

十三劃

十四劃

十五劃

十六劃

十七劃

十八劃

十九劃

二十四劃